KB046721

*Paradigm Shift*를 위한
4차 산업혁명 시대의 경영사례 I

정진섭

제2판 글로벌 혁신기업의 ESG 경영을 중심으로

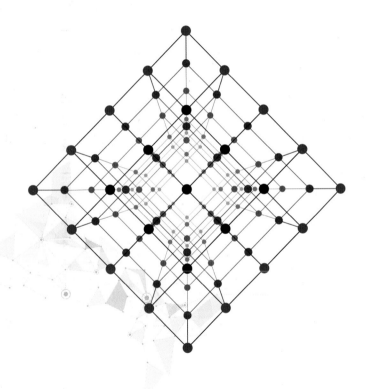

Management Cases for Paradigm Shift
in the Era of the Fourth Industrial Revolution

박영사

머리말

4차 산업혁명 시대를 맞아 이제는 기업과 정부는 물론, 대학도 변화되어야 한다. 특히, 방법론적 측면에서는 기존 교과서 위주의 경영학 강의에서, 현장을 중시하는 실습 및 사례의 중요성이 더욱 커지게 되었다.

미국의 경우, 하버드 법대에서 경영대학이 분리되면서 경영사례 강의가 시작되고 중요시되어 왔으나, 한국은 대학의 자율에 따라 좌우되는 실정이다. 저자는 대학에서 20여 년 이상 "경영전략"과 "글로벌 기업사례" 등의 과목을 가르치면서, 최근 변화하는 경영 패러다임을 반영한 적절한 사례집이 없어 고심해왔다. 특히, 최근 4차 산업혁명과 글로벌화 및 ESG에 부응하는 경영사례 교재를 찾기에는 더욱 어려운 상황이었다. 따라서 그러한 필요에 따라 본서를 집필하게 되었다.

본서는 일반적인 경영사례집이라기 보다는 최근 4차 산업혁명의 변화와 비즈니스 모델의 변화 그리고 ESG 경영에 부응하여 보다 현실성 있는, 크게 다음과 같은 세 가지 필요에 따라 집필되었다.

첫째, 4차 산업혁명 시대의 비즈니스 모델
둘째, 패러다임 전환에 도움이 되는 경영 이론과 실무의 접목 및 ESG 경영
셋째, 글로벌화와 기업생태계에 부응하는 가치네트워크의 관점

4차 산업혁명의 시대

4차 산업혁명의 가장 큰 특징은 비약적으로 급증한 연산력과 방대한 양의 데이터 유효성을 기반으로, '초연결'과 '초지능'이 가능해지고, 다양한 특성들이 서로 '융합'되어 비즈니스가 시간과 공간의 제약으로부터 벗어나 새로운 가치와 변화를 추구하는 것이다. 즉, 사물인터넷IoT, 클라우드 등 정보통신기술ICT의 급진적 발전과 확산은 인간과 인간, 인간과 사물, 사물과 사물 간의 연결성을 기하급수적으로 확대시키고 있으며, 인공지능과 빅데이터의 연계 및 융합으로 인해 일정한 패턴 파악이 가능해지고, 이러한 분석 결과를 토대로 인간의 행동을 예측할 수 있는 새로운 비즈니스가 탄생되고 있다. 또한, 가상세계와 물리적 세계가 강하게 결합하면서 전통적인 비즈니스에서는 나타나지 않던 '초연결', '초지능', '초융합' 및 '초예측'이라는 특성을 축으로 하는 새로운 비즈니스 모델들이 탄생되고 있다그림 1.[1]

그림 1 4차 산업혁명 시대의 비즈니스 모델[2]

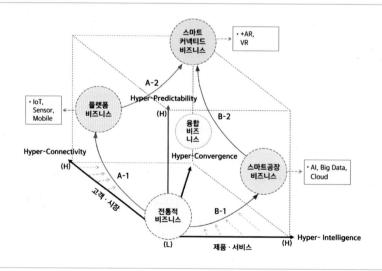

---

[1] Lee, Min Jae & Jung, Jin Sup (2018), "Competitive Strategy for Paradigm Shift in the Era of the Fourth Industrial Revolution: Focusing on Business Model Innovation." *Indian Journal of Public Health Research & Development*, Vol. 9, No. 8, pp. 736-741.

[2] 상게서(上揭書).

먼저, 초연결성hyper-connectivity은 전면적 디지털화에 기초한 초연결화전면적 온라인화에 따른 '현실―가상 경계의 소멸' 및 데이터베이스화를 의미한다Schwab, 2016. 이러한 초연결성으로 인해 공유경제 비즈니스도 가능해지며, 많은 플랫폼 기업이 나타나게 되었다[플랫폼 비즈니스].

초지능성hyper-intelligence이란 초연결을 통해 확보된 데이터에 기초한 기계학습의 발전으로 인한 비인간 행위자non-human agent의 자율화를 뜻한다. 즉, 데이터의 분석, 딥러닝을 통한 인공지능의 발전, 그리고 이를 통한 '기계―자율의 확대'가 초지능성의 핵심이며, 여기서 중요한 변화는 개인화personalization와 기계자율화 machine-automation이다. 이로 인해, '개인 맞춤형 경제'가 탄생하게 되고 '인간 노동의 대체'가 발생되어 기존 노동의 기회가 감소하게 된다. 이제는 '인간―기계 협력의 시대'가 열리는 것이다[스마트공장 비즈니스].

초융합화hyper-convergence란 초연결성과 초지능성의 확대로 인해 결국 분리되어 있던 영역들이 융합 또는 복합을 통해 새로운 가치가 창출되는 것이다. 예를 들어, (1) 오프라인 활동의 온라인화, 또는 이를 통한 융복합화, (2) 증강현실 및 가상현실로 인한 융합, (3) 산업 간 융합 등이다[융합 비즈니스].

그리고 그러한 다양한 특성을 통해 '초예측'이 가능하게 되면서 알파생 비즈니스[3]와 같은 모델도 나타나게 되었다[스마트 커넥티드 비즈니스].

패러다임 전환의 시대: ESG 경영(이해관계자 중심 경영)

신속한 글로벌화와 4차 산업혁명의 시작으로, 기업들은 이젠 기존 비즈니스 모델로는 한계에 직면하게 되었다. 〈그림 2〉에 보듯, 과거의 성장전략이 1단계의 벤치마킹을 통해 어느 정도 가능했다면, 이제는 2단계인 패러다임 전환paradigm shift이 불가피해졌다. 즉, 과거에는 차별화와 비용우위의 두 전략을 중심으로 벤치마킹을 통해, 생산비 절감, 매출증가, 관련분야로의 진출, 효율성 및 신속성의 성과를 창출했다. 그러나 이제는 기존의 생산가능곡선을 뛰어넘는 패러다임의 전환paradigm

---

3 알파생(=알파 라이프, Alpha Life) 비즈니스 모델이란 4차 산업혁명의 특징과 AR, VR 등의 기술들이 결합되어, 모든 생활 속의 라이프 스타일에 맞춘 뉴 콘텐츠 시장을 창출하는 비즈니스 모델을 말한다.

shift이 필요하게 되었다.

먼저, 신제품과 신시장 개척에 중점을 둔 블루오션 전략이 주목을 받았다. 또한 단순한 다각화가 아닌 시너지 효과를 극대화하는 다양한 융합 전략도 나타났다. 이제는 효율성과 신속성을 뛰어 넘는 윤리경영, 투명경영도 중요하게 되었으며, 결국 이해관계자 중심 경영이 절대적으로 필요한 시대가 도래하였다.[4]

그림 2 단계별 패러다임 전환전략과 이해관계자 중심 경영[5]

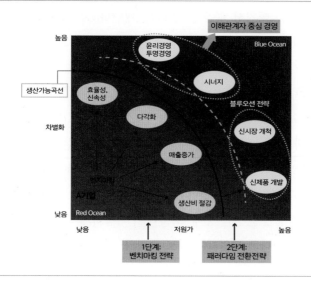

글로벌화와 기업생태계에 부응하는 가치네트워크의 시대

기업 및 산업의 경쟁력 강화를 위해 중요한 이슈 중 하나가 클러스터를 통한 발전전략인데, 이러한 클러스터도 진화되고 있다그림 3.[6] 먼저 1단계는 순수한 초기 Porter 방식의 지역 클러스터regional cluster이며, 초기의 실리콘밸리, 캠브리지, 시스

---

4 신제품 개발과 신시장 개척을 중시하는 블루오션 전략도 크게 보면 패러다임 전환을 통한 전체 성과 중 하나이다.

5 문휘창(2006)에서 일부 수정.

6 Moon, Hwy-Chang & Jung, Jin Sup (2010). "Northeast Asian Cluster through Business and Cultural Cooperation," *Journal of Korea Trade*, Vol. 14, No. 2, pp. 29-53.
문휘창·정진섭(2008), 클러스터 진화의 단계적 고찰과 새로운 글로벌 연계 클러스터의 생성, 경영사학, 제23권 제1호, pp. 77-104.

타, 중관촌 등을 그 예로 들 수 있다. 중요한 점은 늘 1단계 상태로 머무는 것이 아니라, 점차 다음 단계로 진화할 수 있다는 것이다. 예를 들면, 현재 실리콘밸리는 뒤에 설명될 4단계까지 진화한 뒤, 이제는 사이버연계 클러스터로 변모하고 있다.

그림 3 클러스터의 발전과 진화[7]

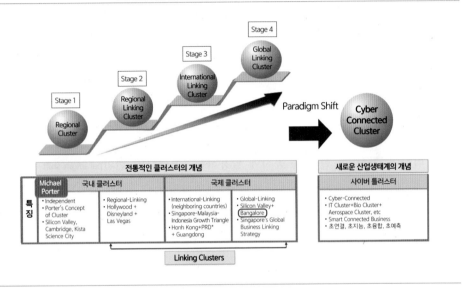

＊PRD: Pearl River Delta

2단계는 지역연계 클러스터regional-linking cluster로서, 이는 한 국가 내에서 지역과의 연계를 통해 시너지 효과를 증가시키는 형태이다. 엔터테인먼트 클러스터entertainment cluster로서 캘리포니아의 할리우드Hollywood는 인근의 디즈니랜드Disneyland와 라스베이거스Las Vegas의 카지노casino와의 연계를 통해 종합 엔터테인먼트 클러스터의 역할로 업그레이드될 수 있다. 한국의 춘천과 카지노가 있는 정선, 그리고 동해안의 속초도 이와 같이 긴밀한 오락 및 휴양의 연계 클러스터로 발전시킬 수 있을 것이다.

3단계는 국제연계 클러스터international-linking cluster이다. 이는 서로 다른 인접국가

---

7 Moon & Jung(2010); 문휘창·정진섭(2008).

의 클러스터끼리 결합하여 규모의 경제, 기술 및 자본 제휴 등 시너지 효과를 발생케 하는 것으로 '싱가포르－말레이시아－인도네시아의 성장삼각형growth triangle'이 여기에 포함된다. 또한 홍콩과 주변배후지인 PRDPearl River Delta 및 광동廣東지역도 홍콩의 서비스업과 연계된 주변의 제조기지로서, 이러한 역할을 하고 있다.

4단계는 글로벌연계 클러스터global-linking cluster로서 거리와 관계없이 전 세계에서 시너지 효과가 있는 클러스터끼리 서로 긴밀하게 연계되는 것이다. 예를 들어, 실리콘밸리의 많은 기업들은 인도 뱅갈룰루舊, 뱅갈로의 기업에게 프로그래밍을 아웃소싱하는 등 실리콘밸리와 뱅갈로라는 두 개의 클러스터가 상호 경쟁력 향상을 위해 밀접하게 연결되어 있다. 싱가포르는 '전 세계 비즈니스의 2/3가 싱가포르와 연결된다'는 네트워크 전략을 모토로 삼고 이러한 연계전략을 수행하고 있다.

그런데, 이제는 그보다 더 혁신적인 기술혁명이 나타나면서, 글로벌 개념에 더하여 '가상'과 '현실'을 동시에 활용하는 "패러다임 전환paradigm shift"이 필요하게 되었다. 이러한 클러스터를 4차 산업혁명으로 인한 '사이버연계 클러스터 cyber-connected cluster'라 명명하고자 한다. 이러한 가치네트워크에서는 진보된 과학기술을 기반으로 지리적 경계뿐 아니라, 산업분야 간 경계가 없고, 플랫폼 비즈니스 연계 전략이 중요하다.[8]

사이버연계 클러스터에서는 가상공간의 플랫폼을 활용하여 IT, 바이오, 항공우주 등 각기 다른 특성의 산업분야 클러스터가 서로 융합하여 경쟁력을 향상시키고 새로운 부가가치를 창출한다. 예를 들어 미국의 실리콘밸리는 IT 중심의 클러스터이지만 구글, 아마존 등에서 제공하고 있는 플랫폼을 사용하여 바이오산업 기술, 항공우주 기술 등과 연계되면서 새로운 부가가치를 창출하고 있다. 또한, 산업간 융합을 통해 세계적 바이오 기업도 용이하게 탄생되는 입지가 되었다. 이와 같이 클라우딩과 IT 기반기술의 발달로 사회·문화적 가상화가 급속히 진행되고, 물리적 인프라를 통해 가능했던 산업지원활동이 가상공간활동으로 대체 가능해짐에 따라, 가상의 공간에서 새로운 형태의 산업생태계 조성이 긴요해지고 있으며, 가

---

8 정진섭 · 이민재(2018), 혁신적인 클러스터 생태시스템 구축을 통한 한국의 성장전략, 국제·지역연구, 제27권 제2호, pp. 77-110.

상의 공간에서 새로운 산업생태계를 위한 플랫폼의 구축과 활성화가 산업의 성장을 결정하는 핵심경쟁력으로 작용하고 있다.[9]

이러한 맥락에서 경영전략에 있어서도 포터의 클러스터론,[10] 하멜과 프라할라드의 핵심역량[11]을 넘어, 무어의 생태계론[12]이 대두되고 있다. 이러한 생태계론도 넓게 생각하면 클러스터의 확장된 개념으로도 생각할 수 있지만, 기존과 다른 차별화된 시각이 필요하다. 즉, 경쟁위주의 전략적 전개보다는 핵심역량을 기반으로 하되, 생태계의 조성 및 공동진화, 생태계 상에서의 가치네트워크의 강화 및 혁신이 무엇보다 중요해졌다. 따라서 단순한 기업 간 경쟁보다는 구글 생태계와 애플 생태계와 같이 생태계 간의 경쟁 및 협력이라는 구도가 현 상황을 보다 명쾌하게 설명할 수 있을 것이다.

글을 맺으며 …

의과대학에서 예비적으로 수술을 경험하듯이, 경영학에서도 사례를 통한 생동감 있는 교육이 필요하며, 따라서 하버드를 포함한 대부분 선진국 대학에서는 이러한 사례교육을 매우 중시하고 있다. 이미 서울대를 비롯한 국내 많은 대학에서도 경영사례의 중요성 및 학술적 가치를 인정하고 널리 사례교육을 진행하고 있다.

또한, 전술했듯 이제는 4차 산업혁명 시대의 비즈니스 모델, ESG 경영으로의 패러다임 전환, 그리고 생태계 중심의 가치네트워크가 매우 필요한 상황인지라, 이러한 현실을 반영하여 본 사례집을 새롭게 업데이트하였다.

그런데, 위의 세 가지 중요한 변화는 따로 구분되어 작동하는 것이 아니라 상호 밀접하게 연관되어 있음에 주목할 필요가 있다. 4차 산업혁명 시대의 기술의 발전과 이로 인한 비즈니스 모델의 변화가 ESG 경영으로의 전환에 도움을 주며, 이를 통해 새로운 가치네트워크를 형성한다. 또한 ESG 경영이 새로운 비즈니스 모델에

---

9 상게서.

10 Porter, Michael. E. (1990). *The Competitive Advantage of Nation*, London, Macmillan.

11 Hamel, Gary & Prahalad, C. K. (1994). *Competing for the Future*, Harvard Business Press.

12 Moore, James E. (1996). *The Death of Copetition: Leadership and Strategy in the Age of Business Ecosystems*, New York: Wiley, Harper Business.

경영을 주고 있으며, 기후위기 시대에 인류공영의 새로운 비즈니스 생태계를 만들고 있다. 나아가 새로운 가치네트워크는 ESG 경영과 혁신적 비즈니스 모델 창출의 원동력이 되고 있다.

네트워크, 신뢰, 규제 등과 같은 사회적 자본은 이제 더욱 중요한 역할을 하면서, 4차 산업혁명 시대의 비즈니스 모델과 ESG 경영, 혁신의 기반이 되고 있다. 동시에 우리는 '디지털 전환'이라는 이 시대의 핵심도 잊지 말아야 하며, AI와 로봇을 무조건 칭송하거나 두려워하기보다는, 자연과 인간 존중의 기반하에 더불어 번영하는 방법을 모색해야 할 것이다.

이 책을 발간 및 업그레이드할 수 있게 도움을 주신 김한유 과장님, 김민조 님 등 박영사의 관계자들을 비롯하여, 업그레이드된 사례 수집 및 작성에 도움을 주신 충북대 정원덕 교수님, 그리고 꼼꼼하게 검토해준 김한솔, 김보람 박사과정, 실제로 작성 및 업데이트를 수행한 많은 학생들에게도 감사를 드린다.

끝으로, 이 책으로 강의하시고 학습하시는 많은 분들께서 ESG 경영을 비롯한 새로운 시대의 비즈니스 모델에 전략적으로 접근할 수 있는 혜안을 얻고, 실무적·학문적으로 원하시는 바를 성취하시길 기원한다.

2023年 2月
새로운 ESG 경영 시대의 비즈니스에 대한
전략적 혜안을 갈구하며,
정진섭 교수

차 례

CHAPTER 01

아마존의 다각화 전략: 그 성공과 실패

CHAPTER 06

스마트 팩토리의 리더, 지멘스

CHAPTER 07

스마트 팩토리

: 4차 산업혁명 시대의 제조 스마트화

CHAPTER 10

기업생태계의 창조자, 실리콘밸리은행

CHAPTER 11

라인프렌즈(IPX)의 글로벌 전략과 콜라보레이션

CHAPTER 12

구글의 크로스 라이선싱 전략

Paradigm Shift를 위한
4차 산업혁명 시대의 경영사례 1

아마존의 다각화 전략 : 그 성공과 실패

학습목표

- 아마존의 사업 다각화 전략을 파악한다.

- 아마존 사업 다각화의 성공 및 실패 사례를 통해,
  그 원인과 결과를 분석하고 기업 운영의 올바른
  시사점을 도출한다.

- 4차 산업혁명 시대에 아마존이 진행하는 사업들을
  ESG 측면에서 파악하고, 기업의 역할과 사회와의
  관계를 생각해본다.

아마존의 다각화 전략 : 그 성공과 실패*

아 마 존

① 아마존 소개

1.1 아마존이란?

> "사람들이 온라인에서 원하는 것은 무엇이든 제공하는 기업,
>
> 지구상에서 가장 고객을 중요시하는 기업이 되자!"

이는 아마존의 사명 선언문이다. 고객을 생각하지 않는 기업은 없다. 고객이 변화한다면 기업도 변화에 따라가야 한다. 고객의 니즈needs를 만족시키기 위해, 고객의 필요와 욕구를 해결하기 위해, 끊임없이 노력하는 것이 아마존이 추구하는 목표다.

---

* 본 사례는 정진섭 교수의 지도하에, 오경근, 안치운, 이수원, 김민정 학생이 작성하고, 김경식, 권가은, 곽은서, 강명성 학생이 추가로 업데이트했다.

아마존Amazon은 도서뿐만 아니라 의류, 음반, 가전용품, 식품과 무형적인 콘텐츠 등 다양한 품목을 판매하는 미국 최대의 온라인 커머스commerce 기업이다. 2021년 기준, 미국 온라인 쇼핑몰 매출 1위, 미국 전체 온라인 소매 시장에서 약 37%의 시장점유율을 차지하고 있다.

그림 1 미국 e-commerce 매출 상위 10대 회사 순위 및 시장점유율

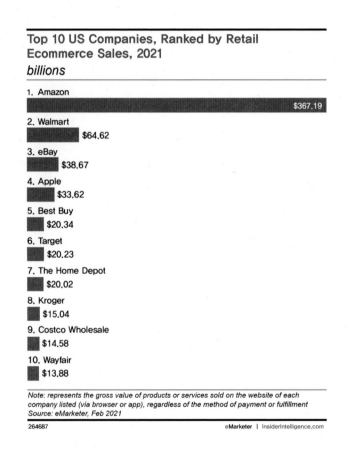

Top 10 US Companies, Ranked by Retail Ecommerce Sales, 2021
billions

1. Amazon $367.19
2. Walmart $64.62
3. eBay $38.67
4. Apple $33.62
5. Best Buy $20.34
6. Target $20.23
7. The Home Depot $20.02
8. Kroger $15.04
9. Costco Wholesale $14.58
10. Wayfair $13.88

Note: represents the gross value of products or services sold on the website of each company listed (via browser or app), regardless of the method of payment or fulfillment
Source: eMarketer, Feb 2021

264687   eMarketer | InsiderIntelligence.com

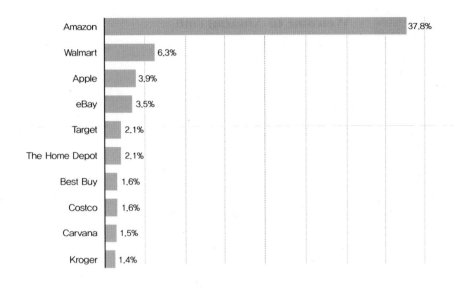

출처: INSIDER INTELLIGENCE, Top 10 US Companies, Ranked by Retail Ecommerce Sales, 2021 / Statista, Biggest online retailers in the U.S. 2022, by market share

1.2 아마존의 역사

(1) 초기의 아마존

제프 베조스Jeff Vezos가 설립한 아마존닷컴Amazon.com, Inc.은 1995년 봄에 클로즈 베타 테스트Close Beta Test, 비공개 테스트 수준의 웹사이트를 운영하기 시작하면서 1995년 7월 16일 공식적으로 사업을 시작했다. 시작한 지 3일 만에 야후Yahoo의 추천 사이트 페이지에 등록되고, 1주일 만에 폭발적인 주문량이 들어왔지만 자체 재고가 없던 터라, 실제로 그 주에 배송된 책은 846달러어치에 불과했다.

즉각적 주문에 대응하기 위해 막대한 재고 물량이 필요했고, 자금 투자가 필수적이었다. 따라서, 아마존은 1996년 실리콘밸리로 이전하고 벤처 투자자들로부터 투자를 받아 성장의 기반을 마련했다. 기본적으로 다른 웹사이트에서 책을 구매할 고객들을 아마존으로 보내주면 수수료를 지불하는 제휴 마케팅을 시작했다. 결국 1996년 6월에는 인터넷 전자상거래 사이트로는 최초로 회원 수가 1,000만 명을

그림 2 최초의 아마존 웹 사이트[1]

넘었으며, 1997년 5월에 18달러로 나스닥에 상장되었다.

아마존닷컴은 이에 만족하지 않았다. 1998년부터 음반 판매 서비스를 시작하여 도서에 이은 두 번째 카테고리를 확장했다. 약 13만 장의 음반 데이터베이스를 구축하면서 음반 유통 회사로 자리 잡았으며, 4개월이 지나지 않아 아마존의 음반 판매 규모는 1,400만 달러를 넘어섰다.

이 밖에 1998년부터 본격적인 M&A를 시작하면서 영화 데이터베이스 사이트 IMDB를 인수하여 영화 DVD를 판매하고, 경매 사이트를 론칭하며, 대규모 물류 센터 확장 등 다양한 카테고리 사업으로 다각화하였고, 마침내 전자상거래에 가능한 모든 제품을 온라인 커머스로 전환시켰다.

(2) 현재의 아마존

2007년 11월, 아마존은 킨들Kindle을 공개했다. 킨들은 전자책 단말기e-book reader로 아마존의 킨들 스토어에서 구입한 전자책과 신문, 잡지, 사전, 도서 등을 이 단말기를 통하여 읽을 수 있다. 킨들은 종이책과 비슷한 크기로 휴대가 간편하다. AZW라는 독자적인 전자책 지원 포맷을 사용하여 txt, doc, rtf, html 형식의 문서를 읽을 수 있으며, 킨들 DX 기종의 경우 pdf 파일도 읽을 수 있다. PC 없이도 3G 무선통신망을 통하여 아마존에 직접 접속하여 전자책을 다운로드할 수 있는데, 무선통신망 이용요금은 별도로 내지 않아도 된다. MP3 외에 오디오북의 부가 기능도 갖추고 있다.

또한 아마존은 안드로이드 기반의 자체 앱 스토어를 2011년 3월 출범시켰다.

---

1 티스토리, "미국 온라인 유통의 최강자 아마존의 역사", 2017.09.20.

출범 당시 아마존 앱 스토어에 등록된 앱은 3,800여 개에 불과했으나, 현재 800,000개 이상의 앱이 제공되고 있다. 아마존 앱 스토어의 특징으로는 하루에 한 개씩 유료 앱을 무료로 제공한다는 점이다. 이는 소비자가 아마존 앱 스토어에 지속적으로 방문하도록 하는 유인책으로, 개별 기업이 아닌 플랫폼 사업자 차원에서는 첫 사례이다. 또한 테스트 드라이브Test Drive 기능이 있는데, 이는 앱 구매 결정을 내리기 전에 가입자로 하여금 웹에서 30분간 앱을 사용해 볼 수 있는 기능이다. 구매 전에 충분히 테스트해 볼 수 있는 경험을 제공한다는 점에서 소비자들에게 유용한 기능이다.

2014년 아마존은 에코Echo를 출시했다. 당시에는 클라우드 서비스, 인공 지능, 사물인터넷을 활용하는 알렉사Alexa라고 불리는 음성 인식 시스템과 연결되어 음악을 연주하거나 뉴스, 스포츠, 날씨 등의 필요한 정보를 제공하는 단순 비서 서비스였으나, 지금은 구매와 금융 서비스를 포함해 1만 5,000여 가지 이상의 서비스가 제공되는 인공지능 비서 시스템으로 자리 잡았다.

2017년 아마존은 홀푸드 마켓을 인수해 진정으로 온라인에서 오프라인까지 고객이 필요로 하는 모든 서비스를 제공하는 회사가 되었다. 아마존의 홀푸드 마켓 인수는 사업에 대한 '혁신 의지'를 보여 준다. 즉, 아마존의 온라인 역량을 오프라인 세상에서 구현함으로써 기존의 산업구조를 혁신하겠다는 뜻이며, 이는 앞서 보여준 아마존 사명 선언문의 내용을 그대로 실천하겠다는 아마존의 의지이다.

최근 아마존은 물류 신기술에 투자를 늘리고 있다. 자율주행 기술업체 죽스Zoox 인수12억 달러, 물류용 자율주행 차량업체인 오로라 이노베이션Aurora Innovation 투자, 창고 내 운반용 자율 로봇 카트업체인 캔버스 테크놀로지 인수, 자율 트럭 스타트업 엠바크Embark와 파트너십 체결 등이 그 예다. 전기 트럭 제조업체Rivian로부터 2024년 말까지 10만대의 전기 밴도 구매한다. 아마존은 풍부한 물류 경험과 자금력을 바탕으로 사업을 확장하고 있다. 한 가지 본업을 중심으로 연관 산업으로 확장하는 전략은 사업 다각화 측면에서 중요한 시사점을 제시한다.[2]

---

2 최민성, 아마존 사업 다각화는 물류를 기반으로 한다, 아주경제, 2022.05.10. https://www.ajunews.com/view/20220509084217184

1.3 아마존의 경영전략

`그림 3` **아마존의 플라이휠 모델**

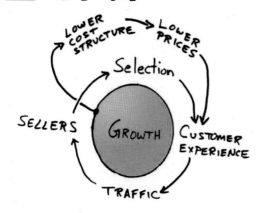

출처: 구글

아마존의 핵심 경영전략은 생각보다는 아주 단순하다. 즉, 박리다매의 순환구조이다. 이는 베조스가 사업 계획을 구상하면서 냅킨 위에 그렸다고 알려진 '플라이휠Flywheel' 모델에도 잘 나타나 있다. '플라이휠 효과Flywheel effect'는 일관된 방향으로 가해진 힘이 누적되어 합쳐진 힘과 관성에 의해 회전운동에너지를 저장하는 효과를 말한다.

아마존의 플라이휠 모델은 2중 선순환 원리로 설명할 수 있다. 2중인 이유는 소비자와 판매자를 모두 고객으로 삼는 아마존의 특징에서 비롯된다. 먼저 비용구조를 낮추어 저렴하게 판매하여 고객의 경험을 향상시키면 향상된 고객 경험이 트래픽교통량, 통행량을 높여 판매자의 유입을 유도한다. 그 결과 규모의 경제를 통한 비용 절감과 소비자의 선택의 폭이 넓어지는 논리이다.

궁극적으로 상품과 서비스 판매자가 증가한 만큼 고객 경험의 질도 한층 상승하는 2중 선순환 구조가 이루어지게 된다. 이윤창출이 아닌 고객가치고객 경험를 최우선으로 삼고 성장에 초점을 맞춘 아마존의 정체성이 이 한 장의 그림을 통해서 설명된다.

아마존의 기업 슬로건은 'Get Big Fast'인데, 이는 '빠르게 실행해서 크게 만들자'는 의미이다. 이는 아마존의 모든 사업 기획과 실행에 있어 핵심 전략이자 키워드로 자리 잡고 있다. 앞서 다룬 것처럼 아마존은 온라인 서점으로 시작했지만 초기 사업 모델에 안주하지 않고 끝없는 혁신과 도전을 거듭하면서 빠르게 신규 사업 모델을 창출하고 성장을 거듭하고 있다. 아마존은 이러한 기업 슬로건을 실행하기 위해 '구매력 강화Buying power, 브랜드와 신뢰Brand & Trust, 원가관리Cost management'의 기본 3대 전략을 수행함으로써 인터넷 유통 모델의 전형으로 자리 잡았으며, 다른 기업들의 성공적 벤치마킹 사례로 회자된다.

1.4 아마존의 수익구조

표 1 아마존 실적 테이블

(US$M)	Q3		Q1~Q3	
	2021	2022	2021	2022
Net Sales	110,812	127,101	332,410	364,779
North America	65,557	78,843	197,473	222,517
International	29,145	27,720	90,515	83,544
AWS	16,110	20,538	44,422	57,718
Operating Expenses	105,960	124,576	310,991	355,268
Cost of Sales	62,930	70,268	189,509	203,191
Fulfillment	18,498	20,583	52,666	61,196
Marketing	8,010	11,014	21,741	29,420
Technology and content	14,380	19,485	40,739	52,399
General and administrative	2,153	3,061	6,298	8,558
Operating Income	4,852	2,525	21,419	9,511
North America	880	(412)	7,477	(2,607)
International	(911)	(2,466)	703	(5,518)
AWS	4,883	5,403	13,239	17,636
OPM(%)	4.37%	1.98	6.44	2.6
North America	0.79	(0.32)	2.24	(0.71)
International	(0.82)	(1.94)	0.22	(1.51)
AWS	4.40	4.25	3.98	4.83

출처: Amazon.com Inc. 사업보고서

〈표 1〉은 2022년 3분기 아마존닷컴에서 발표한 실적 테이블이다. 매출액과 영업이익은 각각 전년 동기 대비 9.74% 성장, 55.6% 하락하여, 364억 달러, 9.5억 달러를 기록하였다. 매출액은 3분기 기준 North America북미 61.0%, International글로

별 23%, AWS아마존 웹 서비스 16%의 비중을 보이지만 영업이익은 North America -2.6억 달러, International 5.51억 달러, AWS 17.6억 달러로 AWS 부분의 매출 비중은 가장 낮지만, 영업이익의 일등 공신은 AWS 부분이다.

아마존은 경쟁사에 비해 낮은 원가 구조, 저렴한 가격 책정, 다양한 선택 폭을 제공해 고객 경험을 강화시킨다. 강화된 고객 경험은 사이트 트래픽traffic을 증가시키고, 이는 더 많은 고객들을 아마존 사이트로 불러들이는 선순환 모델을 만들어 냈다. 이런 배경 하에서 아마존은 경쟁사보다 신속하게 규모의 경제를 조속히 달성하고자 규모를 확장하는 성장전략을 추구하게 되었다. 그러나 외형 위주 전략에 따른 적자를 줄이기 위해 내부 운영비를 절감하는 노력도 잊지 않았다. 다만, 대부분의 수익은 신규 비즈니스 모델, 관련 핵심역량 확보 등 미래를 위한 사업 기회에 집중적으로 투자했고, 결과적으로 지금의 아마존으로 성장할 수 있었다.

아마존의 주요 수익창출 아이템인 아마존 웹 서비스AWS: Amazon Web Services는 개별 웹 사이트 소유자 및 개발자에게 웹 서비스를 창출할 수 있도록 도와주는 무료 플랫폼을 제공해줌으로써, 그들의 웹 사이트에서 아마존의 콘텐츠 및 각종 기능을 통합할 수 있도록 해준다. 아마존의 웹 서비스를 사용함으로써, 제3자 사이트는 아마존닷컴의 상품을 진열하고 검색할 수 있으며, 고객들은 개별 사이트에 마련되어 있는 아마존닷컴 쇼핑 바구니에 아이템을 추가하면 된다. AWS는 서비스 제공을 통한 수익과 음악, 동영상 등의 콘텐츠 판매 촉진을 위한 하나의 수단으로 작용하여, 아마존 사이트 신규 가입자 유치를 이끌 수 있는 등 여러 가지 의미를 지닌다.

아마존 AWS의 분기별 매출액과 이익률을 보면 매출액도 가파르게 상승하는 모습이지만, 그보다 매출액이 올라가면서 영업이익률도 올라가는 것이 인상적이다. 또한, 신규 기업 고객 확대로 매출액이 전년 동기 대비 25% 증가했다. AWS 부분은 전체 매출액에서 차지하는 비중은 16%에 불과하나, 높은 영업이익 기여도 17.6억 달러로 인해 아마존이 물류센터 및 M&A 등 투자를 지속할 수 있는 원동력이 되고 있다.

그림 4 아마존 AWS 실적 추이 및 매출비중

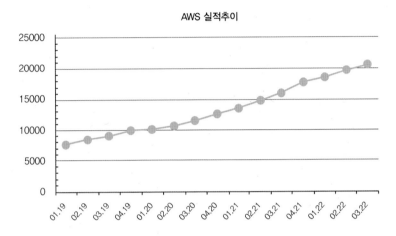

AWS 실적추이

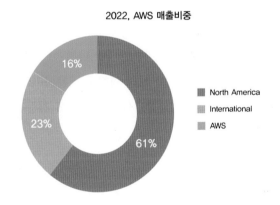

2022, AWS 매출비중

출처: Amazon.com Inc. 사업보고서 참조

❷ 아마존의 ESG 경영

2.1 아마존 ESG 경영모델을 완성하다!

"세상의 모든 물건을 판매한다"는 야심찬 포부로 시작해 글로벌 대기업으로 성장한 아마존. 단순한 이커머스 산업을 넘어 이와 관련된 모든 것을 사업으로 확장시킨 '제국형 모델'을 완성해낸 아마존의 최대 고민은 바로 'ESG'다. 급속도로 성장하는 과정에서 포장 및 교통 관련 환경오염, 어마어마한 전력 사용 등 '탄소 배출의 주범'으로 떠올랐기 때문이다.

이에 아마존 창업자이자 전前 CEO인 제프 베조스Jeff Bezos는 주주들에게 공식 서한을 보내, 본격적인 ESG 경영에 집중할 것을 다짐했다. 2019년 9월 19일에는 '기후 서약'의 주체가 되었으며, 2040년까지 이산화탄소 발생량을 '0'으로 만들고 2030년까지 100% 재생 에너지 사용을 하겠다는 목표를 세웠다. 그 밖에도 환경문제에 대한 다양한 방안을 내놓으며, 친환경 기업으로 탈바꿈하는 중이다. 글로벌 리더인 아마존이 보여주는 이와 같은 ESG 실천은 전 세계 이커머스 기업들에게 지대한 영향을 끼치고 있어, 쿠팡을 비롯한 우리나라 이커머스 기업들이 ESG 실현을 위해 적극적으로 나선 것도 아마존의 영향력 때문이라고 할 수 있다. 아마존의 상징이던 제프 베조스가 떠난 상황에서도 계속해서 친환경 행보를 이어갈 수 있을지 많은 관심이 쏠리고 있다.[3]

---

3 박지은, 아마존, 기후 서약에 최초로 서명하며, 환경 기업 표방, 노동문제는 취약, 한스경제, 2022.02.25., http://www.sporbiz.co.kr/news/articleViewAmp.html?idxno=611164

표2 아마존 ESG 경영 주요내용[4]

구분	드라이버	주요활동
E	탄소제로 2040 지속가능한 운영 클라우드의 지속가능성 순환경제 제품 지속가능성	· 2025년까지 100% 재생 에너지 운영 · 배송 제로(Shipment Zero)*: 2030년까지 50% 탄소 제로 · 2040년까지 사업 전반 배출량 제로 달성 · 2030년까지 전기 배송 차량 100,000대 배치 · 기후기금 1억 달러 투자 · 탈탄소화 기술 및 서비스 개발 지원 20억 달러 투자 (※ 지속가능 관련 기술 투자)
S	인권	· 현저한 인권 이슈 대응: 근무환경, 다양성, 형평성, 포용성, 노동 문제, 공정한 인권, 임금과 시간, 종업원
	종업원	· 90% 이상 정규직, 경쟁력 있는 급여(S15/ROur)와 혜택, 교육 및 경력 발전, 코로나19 기간 직원 보호, 헬프라인(Ethics Hotine) 등
	공급망	· 책임 구매 프로그램(Responsible Sourcing Program) (2011~) · 공급망 결속(Supply Chain Commitnents) · 저소득자 대상 주택 개발과 공급(Housing Equity): 주택 자산 펀드 출시(2021.1)
	지역사회	· 코로나19 대응 활동 커뮤니티 · 컴퓨터 공학 교육(Computer Science Education) · 리스크 감독: 기업지배구조 위원회, 리더십 개발 및 보상 위원회, 감사위원회
G	거버넌스와 보고	· 리스크 감독: 기업지배구조 위원회, 리더십 개발 및 보상 위원회, 감사위원회 · 지속가능경영을 위한 우선 순위[기후와 에너지〉 인권과 공급망〉인재개발와 순환경제〉코로나19와 지역사회] · 청정에너지 및 기후변화 공공정책 지지 활동

* 넷 제로(net 2er0)글 목표로 하는, 모든 물품의 포장 및 배송의 전 과정에서 탄소를 배출하지 않는 것

---

4 서용구, 이현이, 정연승. (2022). 유통산업의 ESG 전략과 사례: 월마트, 아마존, 이마트, 쿠팡을 중심으로. 유통연구, 27(2), 77-99.

E 환경(Environment)

2.2 아마존의 기후 서약 서명

아마존은 기후 서약Climate Pledge에 처음으로 서명한 회사다. 이 서약은 동사가 기후 변화에 중점을 둔 조직인 글로벌 옵티미즘Global Optimism과 함께 수행되었고, 파리협정의 2050년 목표보다 10년 앞서 기업이 사업 전반에 걸쳐 탄소중립을 실현하겠다는 야심찬 포부를 내세우고 있다.

기업이 서약서에 서명하는 것은 세 가지 일을 하는 것에 동의하는 것을 의미한다. 첫째, 온실가스 배출량을 측정해 정기적으로 보고하는 것이다. 둘째, 효율 개선, 재생 에너지 사용, 자재 감축, 기타 탄소 감축전략 활용을 통해 '탈탄소'를 추구하는 것이다. 셋째, 동 기업이 2040년까지 운영상 제거할 수 없는 탄소에 대해 추가적이고, 수량화 가능하고, 실제적이고, 사회적인 이익이 있는 상쇄물을 구매하는 것이다.[5]

2.3 기후·환경 단체와의 협력 관계 형성

아마존은 비영리 기후 단체인 '위민비지니스We Mean Business'와도 협력 관계를 맺었다. 위민비지니스We Mean Business는 기후 변화에 대한 조치를 취하기 위해 세계에서 가장 영향력 있는 기업과 협력하는 비영리 단체의 글로벌 연합이다. 이들의 공동 목표는 아마존의 기후 서약에 따라 2040년까지 탄소중립을 실현하는 것이다. 아마존과 위민비지니스와의 파트너십은 세 가지에 기반을 둔다.

첫째, 기후 서약을 충족하기 위해 기업들의 목표를 가속화하도록 장려한다. 둘째, 중소기업SME을 포함한 공급망을 동원해 기후변화에 대한 측정 가능하고 직접적인 조치를 취하고 이를 확대한다. 셋째, 기업들이 기후 전략에서 자연 기반 솔루션을 신뢰성 있게 통합하기 위한 야심차고 책임감 있는 수단을 결정하도록 돕는다.

---

5 박지영, 아마존 제프 베조스의 '기후서약', IBM 등 20개 기업 참여, 임팩트온, 2021.03.04., https://www.impacton.net/news/articleView.html?idxno=1356

이들은 과학기반목표Science Based Targets를 통해 배출가스 감축목표를 설정하고, RE100을 약속하고 있다. 그리고 공급업체, 특히 중소기업이 기후 목표를 달성하도록 장려하기 위해 프레임 워크, 실행 및 보고를 위한 툴킷, 역량 구축을 제공하기 위해 대기업과의 공급망에 참여시킨다.

위민비지니스의 CEO인 마리아 멘딜루스는 "과학적 사실은 분명하다. 우리는 기온 상승을 1.5°C까지 막아야 하며, 기후서약을 통해 협업과 혁신에 주력함으로써, 이 서약에 참여한 기업들은 2040년까지 순배출 제로net-zero emissions에 도달할 수 있다. 이를 위해 우리는 공급망 행동을 가속화하고 심도 있는 탈탄소화뿐 아니라 자연 기반 솔루션에 대한 강력한 접근방식을 개발해야 한다"고 말했다.[6]

또한, 아마존은 산림농업 복원에도 속도를 내고 있다. 이를 위해 2021년 9월, 글로벌 환경 단체인 네이처 컨서번시The Nature Conservancy와 손을 잡고 재조림 reforestation, 再造林 및 재생 산림농업에 중점을 둔 브라질 아마존 열대우림의 탄소 제거 프로젝트 '산림농업 및 복원 가속화 사업'Agroforestry and Restoration Accelerator을 출범했다. 이 투자는 지속가능한 수입원 조성을 통해 3,000명의 농부를 지원하고, 자연 열대우림 복원을 통해 2050년까지 대기 중 이산화탄소를 최대 1,000만 톤까지 제거할 것을 목표로 한다.

2.4 Climate Pledge Friendly 라벨

아마존은 제품들이 다양한 자연 보존 목표에 부합하는 경우, 기후 서약 프렌들리Climate Pledge Friendly 라벨을 제공하고 있다. Climate Pledge Friendly 라벨은 고객들이 더 지속가능한 제품을 발견하고 쇼핑할 수 있도록 하기 위해 19개의 환경성 인증 기준 중에 하나 이상을 만족하는 제품에게 부여된다. 현재까지 식료품, 가정용품, 패션, 뷰티, 개인용 전자기기 등 다양한 품목에 걸친 약 25,000개 제품에 이 라벨이 부여되었으며, 홈페이지 내 특정 섹션에 본 라벨을 획득한 제품을 모아서 볼 수도 있다.[7] 아마존 창업자이자 前 CEO였던 제프 베이조스는 "기후 서약 프렌

6 워터저널, [미국] 기후서약 및 위민비즈니스 연합, 기업들의 도전적인 배출 감소 목표 주도 위해 제휴, 2020.0
7.20., http://www.waterjournal.co.kr/news/articleView.html?idxno=51063

들리는 고객이 자연계를 보존하는 데 도움이 되는, 보다 지속가능한 제품을 찾을 수 있는 간단한 방법이다. 외부 인증 프로그램과 자체 콤팩트 바이 디자인 인증을 통해 판매 파트너에게 인센티브를 주어 미래 세대를 위해 지구를 보호하는 데 도움이 되는 지속가능한 제품을 만들도록 하고 있다"고 밝혔다.

2.5 아마존, 글로벌 에너지전환 주도

아마존은 전 세계 여러 국가에서 유틸리티 규모의 풍력·태양광 프로젝트를 발표하면서 청정에너지로 전 세계 사업장에 전력을 공급하고 활동의 100%를 재생에너지로 전력화하겠다는 목표에 한 걸음 더 다가가고 있다. 아마존은 2020년 12월 총 3.4기가와트GW의 전력 생산 능력을 갖춘 26개의 새로운 유틸리티 규모의 풍력 및 태양광 프로젝트를 발표하면서 세계 최대 기업 구매자가 됐다. 신규 풍력 및 태양광 사업에는 프랑스, 독일, 이탈리아, 남아프리카 공화국이 포함되며, 호주, 스웨덴, 영국 및 미국도 포함됐다.

또한, 아마존은 미국, 핀란드, 독일, 이탈리아, 스페인, 영국에서 총 5.6GW에 달하는 유틸리티 규모의 신규 풍력 및 태양광 발전 에너지 프로젝트 18건을 새롭게 발표했다. 현재 아마존은 전 세계적으로 재생 에너지 프로젝트 274건을 수행하고 있으며, 기존 목표인 2030년보다 5년 이른 2025년까지 사업 운영을 위한 전력 100%를 재생 에너지로 공급할 예정이다.[8]

새롭게 공개된 유틸리티 규모의 풍력 및 태양광 발전 프로젝트가 완전히 가동되면 아마존의 총 재생 가능 전력 생산 용량은 12GW 및 33,700GWh이상으로 증가한다. 이는 연간 300만 가구 이상의 미국 가정에 공급 가능한 양의 전력이다. 아마존의 이러한 행보는 알파벳과 페이스북, MS 등 대형 IT 기업의 친환경 에너지 확보 움직임에도 영향을 주었으며, 다른 업종의 기업까지 친환경 에너지 확보에

---

7 Roa, Amazon, 친환경 제품 서칭(searching)을 돕는 Climate Pledge Friendly 프로그램 런칭, https://engine.roa.ai/articles/166008

8 최정훈, 아마존, 5.6GW 규모 재생에너지 대거 확보··· 4년 이내 '탄소제로' 달성 방점, 인더스트리 뉴스, 2021. 12.14., https://www.industrynews.co.kr/news/articleView.html?idxno=44652

뛰어들게 하는 ESG 리더 역할을 하고 있다.

S 사회(Society)

2.6 탄소중립 기업을 지원하는 기후서약 펀드 출시

아마존은 2020년 6월, 벤처 투자 프로그램인 기후 서약 펀드Climate Pledge Fund를 발표했다. 탄소중립경제로의 전환을 촉진하는 제품과 서비스를 개발하는 비전 있는 기업을 지원하기 위해서다. 초기 자금만 무려 20억 달러에 달하는 이 펀드는 2040년까지 탄소중립 실현을 포함해 기후 서약에 설명된 목표를 달성토록 돕는다. 이 기금은 운송 및 물류, 에너지 생성, 저장 및 활용, 제조 및 재료, 순환 경제, 식품 및 농업 등 여러 산업에 걸쳐 기업에 투자하게 된다.

이에 아마존은 2040년까지 이산화탄소 발생량을 '0'으로 만들고, 2030년까지 재생에너지로 100% 사용하겠다는 목표를 세웠다. 이러한 목표로 시작한 기후 서약 기금 펀드의 첫 번째 투자는 인도에서 진행되었다. 리튬이온배터리 중심의 첨단 전자제품 및 소프트웨어 플랫폼 회사인 인도의 'ION Energy'의 자금 조달에 참여하는 방식이다.

아마존의 지속가능성 담당 부사장인 카라 허스트는 "ION에너지는 전기자동차와 에너지 저장 시스템에 전력을 공급하는 리튬 이온 배터리의 수명과 성능을 향상시키는 기술을 구축하고 있으며, 궁극적으로 기후목표를 달성하는데 도움이 되는 솔루션을 확장한다는 기업 사명을 가지고 있어, 성공적인 투자가 될 것이라고 기대하고 있다"고 밝혔다.

2.7 일자리 창출과 지역사회 공헌

아마존은 생필품에 대한 고객 수요를 충족시키기 위해 17만 5,000개의 새로운 일자리를 창출했다. 2020년 3월부터 약 3개월 동안 미국, 캐나다, 유럽 매장 직원의 급여를 시간당 약 2달러·유로2400원 인상했다. 또한 초과 근무 시간마다 정규

시간 대비 기본급을 두 배로 늘렸고, 코로나 바이러스 진단을 받은 직원에게는 100% 급여와 유급 휴가를 지급했다. 직원과 배달 파트너에게 5억 달러6억 원 이상의 특별 감사 보너스를 제공하기도 했다.

아마존의 제프 베조스 CEO는 "올해 창출한 17만 5,000명 일자리 중 12만 5,000명을 정규직으로 전환하기 위한 절차를 밟고 있다"며, "예측 불가능한 시기에도 우리는 사회·경제 발전에 상당한 자금을 투입했다"고 설명했다.

또한 전 세계 직원들의 안전을 보장하기 위해 매장 및 회사 시설 청소 횟수를 증가시키는 등 공급망과 홀푸드 마켓 매장 내 안전 프로세스를 구축했다. 40억 달러4700억 원 이상을 투자해 직원들에게 개인 보호 장비를 지급했으며, 코로나 바이러스를 확인할 수 있는 테스트 장비도 구입했다. 직원뿐 아니라 사회 안전에 대한 책임을 지기 위해 450만개의 마스크, 온도계 등 개인 보호 장비를 비영리단체에 기부했으며, 2억 개 이상의 필수 건강 및 안전 제품을 의료 및 정부 기관에 전달했다.

코로나 바이러스 위기에도 아마존의 지역사회 공헌활동은 계속됐다. 은행 및 학교와 제휴해 호주, 일본, 싱가포르, 스페인, 미국 등 취약계층을 대상으로 700만 끼 이상의 식사를 제공했으며, 흑인과 아프리카계 미국인의 삶을 개선하는 12개 비영리단체에 총 2700만 달러321억 원를 기부했다.[9]

2.8 아마존, '저소득층 쇼핑 포털' 론칭

아마존이 저소득층을 위한 쇼핑 포털 '아마존 액세스Amazon Access'를 론칭했다. 기존 아마존 쇼핑몰 내 오픈한 아마존 액세스에서는 연방 보충영양지원프로그램 SNAP EBT 카드를 사용할 수 있으며, 아마존 레이어웨이layaway 프로그램을 통해 8주 할부 결제도 가능하다. 레이어웨이 프로그램은 세일 제품에 대해 당일 20%만 결제하고 나중에 언제든 세일가로 구매할 수 있게 하는 등 저소득층 고객들에게 다양한 쇼핑 혜택을 제공한다.

아마존은 보도자료를 통해 "이미 저소득층 고객에게 프라임 회원 가입 시 할인

---

9 김환이, 【지속가능보고서 Review ⑧】아마존, 17만5000명 일자리 만들고 넷제로에 기여, IMPACT ON, 2020. 08.24., http://www.impacton.net/news/articleView.html?idxno=414

혜택을 제공하고 있으며, 아마존 프레시, 홀푸드마켓 구매 시에도 EBT 결제가 가능하다"며, "이런 혜택들을 한 곳에 모아 운영하는 것이 아마존 액세스"라고 설명했다.[10]

2.9 지역사회 주민과 소통

아마존이 알링턴 펜타곤시티에 건설하고 있는 제2본사의 디자인은 주민들의 요구를 대폭 수용해 변경했다. 지역 주민들은 교통수단부터 지속가능성, 건축에 이르기까지 모든 요소에 대해 아마존 본사의 영향을 평가해 왔으며, 그 결과 아마존 제2캠퍼스를 더욱 걷기 좋고 자전거 친화적이며, 푸르고, 건축학적으로 더 차별화를 꾀하는 방식으로 공식 제안했다. 아마존은 주민들의 아이디어를 대폭 수용했다. 캠퍼스의 전반적인 연결성을 향상시키는 방향으로 변화를 주었고, 지속가능한 요소와 함께 더 많은 녹지공간을 조성하기로 했다. 주민들에게 캠퍼스를 개방해 모든 사람들에게 수혜가 돌아가도록 조치했다. 당초 주민들은 아마존이 처음에 제공한 복합 교통수단에 대해 비판적인 입장이었다. 이에 대응해 아마존은 캠퍼스를 둘러싼 순환 패턴을 일부 변경하고, 더 많은 보행자와 자전거 이용자를 수용하기 위해 동서로 이어지는 길을 넓혔다. 또한 보호 자전거 도로도 추가해 주변 자전거 도로와 연결했다. 디자인 조정을 통해 캠퍼스는 더 넓은 연결로를 만들며, 캠퍼스 중심의 공공 센트럴 그린파크와 도시 숲을 즐길 수 있는 접근성을 높여주게 된다.

아마존 블로그 게시물에 따르면, 계획 과정에 참여한 주민들은 아마존 캠퍼스에 녹지 공간과 토종 식물 종들을 더 많이 추가하라고 권고했다. 이에 따라 아마존은 식물 재배 면적을 5,500 평방피트 추가하고, 포장도로와 같은 인공 불침투성 표면을 줄였다.

지역 주민들은 더 헬릭스 외에 다른 세 개의 계획된 사무실 건물에도 다양한 건축 디자인을 추천했다. 이에 따라 아마존은 나선형 건물 외에 건축 디자인에 창의성과 독특함을 더하기 위해 각 건물이 다른 건물들과 서로 다르게 보이도록 재

---

10 이주현, 아마존, '저소득층 쇼핑 포털' 론칭, 중앙일보, 2022.10.03.,https://news.koreadaily.com/2022/10/03/economy/economygeneral/20221003200255983.html

설계했다. 건물 면적을 쪼개서 각 층과 중간, 상단이 더욱 돋보이게 만들었다. 또한 세 개의 건물 외관을 지역의 풍경과 조화되도록 색과 질감을 다르게 만들어 건물마다 더 뚜렷한 개성을 부여했다.

옥상 태양 전지판의 수를 두 배로 늘리는 한편, 스카이라인을 바라볼 수 있도록 했다. 보행자가 방문하는 소매 전시관에는 목초지가 조성되며, 모든 건물 테라스에 조경을 더했다. 아마존은 여전히 주민들로부터 디자인에 대한 추가 피드백을 받고 있다. 앞으로의 건설 과정에 추가 참여해 계획을 변경시킬 수 있다. 의견 수렴은 설문조사로 진행된다. 직원 2만 5,000여 명이 근무하는 제2본사는 1단계 공사가 진행 중이며, 오는 2023년 완공될 예정이다.[11]

G 지배구조(Governance)

2.10 이사회 리더십 및 리스크 감독

아마존 이사회는 아마존의 통제와 방향을 책임지고 관련 위험과 이를 해결하기 위한 전략을 포함한 아마존 사업의 다양한 측면에 대한 보고서를 정기적으로 검토한다. 이사회 전체는 위험 감독에 대한 전반적인 책임을 지고 있다. 하지만, 임명 및 기업지배구조 위원회, 리더십 개발 및 보상 위원회, 감사 위원회를 포함한 특정 위원회에 구체적인 책임을 위임한다.

2.11 비즈니스 윤리

아마존은 지역, 주, 연방 및 국제 법을 엄격하게 준수하도록 권장하고 시행한다. 아마존의 비즈니스 행동 및 윤리 강령행동 강령은 이해 상충, 내부자 거래, 차별 및 괴롭힘, 준수와 같은 잠재적 윤리 문제와 관련하여 직원들에게 기대하는 행동을 개략적으로 설명한다.

---

11 조현호, 아마존 알링턴 제2 본사, 지역사회 요구 수용해 디자인 변경…주민과 소통하는 모범 보이다, smart city today, 2021.11.03., https://www.smartcitytoday.co.kr/news/articleView.html?idxno=21791

2.12 뇌물과 부패

아마존은 뇌물과 부패에 대해 무관용이다. '아마존 중앙 집중식 글로벌 반부패 컴플라이언스 프로그램'은 수많은 추가 정책, 절차 및 기타 커뮤니케이션의 지원을 받는 행동 강령에 기반을 두고 있으며, 어떠한 종류의 뇌물 수수도 전면적으로 금지하고 있다. 또한 비즈니스 행동 및 윤리 프로그램에는 적절한 정책과 절차를 수립하기 위해 광범위한 비즈니스 의견을 수렴하는 위험 평가 및 컴플라이언스 목표 설정 프로세스가 포함되어 있다.

2.13 데이터 개인 정보 보호

아마존은 고객이 개인 데이터의 수집, 사용 및 공유 방법에 신경쓴다는 것을 이해하고 있으며, 고객의 신뢰를 얻고 유지하기 위해 노력하고 있다. 모든 제품과 서비스에서 개인 정보 보호에 대한 원칙적인 접근 방식은 투명성, 고객 제어 및 보안에서 시작된다. NAT은 Amazon.com 개인 정보 보호 알림 및 AWS 개인 정보 보호 알림을 포함하여, 개인 정보 보호 및 데이터 보안 정책, 관행 및 기술을 고객에게 알려준다.

2.14 내부고발

아마존은 직원들이 보복의 위험 없이 안전하고 접근 가능한 채널을 제공한다. 따라서 직원들은 비밀리에 위반 사항을 신고할 수 있다. 아마존의 행동 강령에 설명된 바와 같이, 직원들은 행동 강령의 적용에 대해 질문이 있거나 특정 상황에서 적절하게 행동하는 방법에 대해 의문이 있을 때 관리 체인 또는 법무부서의 모든 사람과 이야기할 수 있다.

2.15 옹호 및 공공정책

아마존은 세계에서 가장 시급한 과제를 해결하기 위해 공공과 민간 부문이 함께 행동해야 한다고 믿는다. 아마존은 기후 행동, 지역 사회 권한 부여, 이민 개혁 등을 포함하여 사업에 중요한 다양한 주제에 대해 옹호한다. 예를 들어, 2021년 아마존은 기후 변화를 해결하기 위한 미국 연방 정부의 조치를 지지했고, 미국이 2030년까지 배출량을 줄이겠다는 야심차고 달성 가능한 목표를 가능한 한 빨리 설정할 것을 촉구하는 위민비즈니스 연합We Mean Business Coalition에 가입했다. 또한, 아마존은 주택 형평성에 대해 공공 부문과 협력하고 공립학교, 특히 대표성이 낮은 지역사회의 컴퓨터 과학 교육에 대한 더 큰 지원에 초점을 두고 있다.

아마존의 ESG 경영과 디지털 전환

아마존 배송 제로: Shipment Zero의 이행

출처: Actualidad Motor

아마존은 물류과정 상의 탄소발자국을 줄이기 위해 'Delivering Shipment Zero' 운동을 전개하고 있다. 이는 2030년까지 아마존 배송의 50%에서 탄소 배출량 '0'을 달성할 목표로, 100% 재생 에너지 사용으로 물류 시설 전력 공급, 포장 과정에서의 재사용 소재 등의 탄소중립 포장재 사용, 운송 과정에서의 전기차 사용 확대라는 세부 목표들을 포함하고 있다.

이에 아마존은 배달용 차량을 전기 차량으로 바꿔가는 디지털 전환Digital Transformation을 시도하고 있다. 아마존은 향후 5년 간 10억 유로약 1,390억 원 이상을 투자해 유럽을 누비는 배달용 전기 차량을 1만대 이상으로 늘리기로 했다. 현재 유럽에서 쓰이는 라스트 마일 배달용 전기 밴과 트럭은 3,000대 수준인데, 이를 3배 이상 규모로 늘리기로 한 것이다. 2021년에는 배달용 전기 밴과 트럭을 이용해 1억 개 이상의 택배를 배송했다. 아마존은 앞으로도 배달용 전기 차량을 확대하면서 배달용 차량을 운영하기 위한 수천 개 이상의 충전 시설에 투자하기로 했다. 단거리 배송 차량을 전기 차량으로 확대하면서 장기적으로 중거리 이상의 배송 차량도 전기 차량으로 전환하기로 했다. 단거리 배송 밴이나 트럭보다 긴 거리를 이동하는 '미들 마일' 전기 배송 트럭을 1,500대 이상 구매한다는 계획이다.

앤디 제시는 "탄소 제로 미션을 달성하기 위해서는 실질적이고 지속적인 투자가 필요하다"며, "이들 전기 차량을 통해 화석 연료 의존에서 벗어나는 데 도움이 될 것으로 본다"고 밝혔다.[12]

---

12 정혜진, 아마존, 유럽 누비는 전기 배달차 1만대 이상 확대, 서울경제, 2022.10.11., https://www.sedaily.com/NewsView/26CB5KIA5P

❶ 최근 인수합병 사례

그림 5 아마존의 주요 인수합병 사례 및 매출 증가율[13]

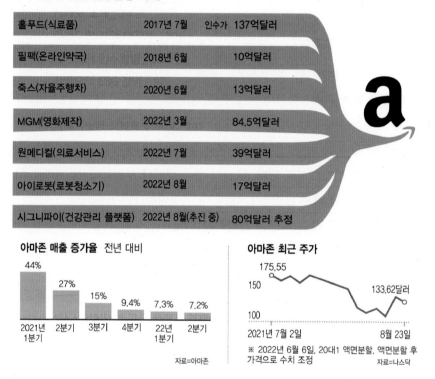

아마존의 최근 인수합병 사례

홀푸드(식료품)	2017년 7월	인수가	137억달러
필팩(온라인약국)	2018년 6월		10억달러
죽스(자율주행차)	2020년 6월		13억달러
MGM(영화제작)	2022년 3월		84.5억달러
원메디컬(의료서비스)	2022년 7월		39억달러
아이로봇(로봇청소기)	2022년 8월		17억달러
시그니파이(건강관리 플랫폼)	2022년 8월(추진 중)		80억달러 추정

아마존 매출 증가율 전년 대비

44% / 27% / 15% / 9.4% / 7.3% / 7.2%

2021년 1분기 / 2분기 / 3분기 / 4분기 / 22년 1분기 / 2분기

자료=아마존

아마존 최근 주가

175.55 / 133.62달러

2021년 7월 2일 / 8월 23일

※ 2022년 6월 6일, 20대1 액면분할. 액면분할 후 가격으로 수치 조정

자료=나스닥

출처: 조선일보

아마존은 할리우드 스튜디오 MGM을 85억 달러에 최종 인수했다고 밝혔다. 이로써 1980년 이후 여러 번 주인이 바뀐 MGM 스튜디오는 지금까지 가장 강한 재력을 가진 지배주주를 만났다. 동시에 아마존은 100년 스튜디오의 콘텐츠를 확보해

---

13 김성민, 위기의 아마존 CEO, 30兆 들여 인수합병 몰아친다, 조선일보, 2022.08.25., https://www.chosun.com/economy/tech_it/2022/08/25/KSXOWJITQRHYZJKFTSDY2NWXF4/

스트리밍 시장에서의 경쟁력을 높일 수 있게 됐다. MGM은 1924년 설립된 대표 할리우드 스튜디오다. 아마존은 이번 인수로 4,000여 편이라는 어마어마한 영화 타이틀을 보유하게 됐다. 「록키」 프랜차이즈와 「12명의 성난 사람들」, 「금발이 너무해」, 「툼 레이더」, 「핑크 팬더」 등의 유명 영화들이 모두 아마존 품에 안겼다. 아마존은 프라임 비디오Prime Video를 중심으로 2억 명에 가까운 구독자를 보유하고 있다. 하지만, 순수하게 스트리밍 서비스만 보기 위해 가입할 사람들은 별로 없기 때문에 MGM을 앞세운 스트리밍 콘텐츠 강화에 나설 것이다.

MGM은 좋은 콘텐츠를 보유하고도 제대로 활용하지 못한다는 비판을 받아왔다. 더 많은 시청자를 확보하기 위해 유명 영화를 드라마로 만들고 책이나 음악으로 전환하는 이른바 '원 소스 멀티 유스' 노력이 부족했다는 이야기다. 그러나 아마존이라면 이제는 다를 것이다. MGM이 가진 콘텐츠 자산들을 앞세워 자신들의 구독 고객아마존 프라임 확대에 최대한 활용할 가능성이 높다. 아마존은 현재 MGM이 가지고 있는 4,000편 영화 라이브러리 중 가능성 있는 콘텐츠 일부를 현재에 맞게 다시 만들거나 스핀오프 작품으로 제작할 가능성이 높다. 현재까지도 사람들의 기억 속에 남아있는 「록키」와 「핑크 팬더」 같은 작품은 리메이크될 수 있는 기회가 많을 것으로 전망된다.

아마존은 온라인 책 판매로 전자상거래의 가능성을 확인하고 사업분야를 다각화하기 시작했다. 컴퓨터 같은 전자기기부터 잡다한 신발, 의류 등 다양한 생활용품까지 판매하지 않는 것이 없는 '온라인 백화점'으로 정체성을 확대했다.

아마존 플랫폼의 혁신적인 대표적 성과는 다음과 같다. 첫째, 책에서 일반 제품으로 확대된 대형 온라인 종합 쇼핑몰로 부상했다. 둘째, 제휴사 배너를 통해 아마존 매출을 발생시켜 수수료로 제공하는 온라인 제휴 마케팅 프로그램affiliate program을 수행했다. 셋째, 온라인 스토리지storage와 가상 서버virtual server를 임대하는 클라우드 컴퓨팅Amazon Web Service 비즈니스를 성공리에 수행하고 있다. 넷째, 기업과 개인에게 아마존 전자상거래 플랫폼을 제공하는 아마존 웹 스토어Amazon Webstore 등 오픈 API를 활용하여 아마존 비즈니스 모델과 적절하게 결합하고 있다. 다섯째, 2007년에 출시하여 전자책 시장의 폭발적 성장을 견인한 플랫폼으로서 킨들이 출판 유통의 변화를 바꾸고 있다.

다음에서는 아마존이 혁신적으로 다각화에 성공한 성과 중 아마존 웹 서비스와 디지털 전환 사례, 실패 사례라고 평가받는 아마존의 파이어 폰, 제약회사 진출 사례를 분석하고, 그 시사점을 탐색해보고자 한다.

성공 사례

❶ 사례 분석 ①: 아마존 AWS

표 3 아마존 웹 서비스 기본 정보[14]

AWS 기본 정보		클라우드시장 압도하는 AWS[15]	
설립	2006년	1위	AWS(33%)
진출 국가	245개국	2위	마이크로소프트(22%)
고객사	10만개	3위	구글(10%)
연매출	62억 달러(8조) / 2021년	* 괄호 안은 글로벌시장 점유율, 2022년	
사업 내용	클라우드 컴퓨팅, 웹 운영 · 개발 등		

출처: AWS

2002년 아마존은 AWS아마존 웹 서비스, Amazon Web Services를 발표했다. 아마존이 클라우드 서비스를 시작한 것은 자사의 경험에서 얻은 통찰에서 우러난 큰 수확이었다. 그 시작은 미국 유통의 특징이라고 볼 수 있는 블랙 프라이데이[16] 및 사이버 먼데이를 위한 준비였다. 이날에는 엄청난 소비자들이 유통업체 또는 사이트에 몰려들어 쇼핑이 일어나는 시즌으로 이 시기 유통 사이트의 트래픽을 감당하기 위해 평소의 10배 이상 서버를 운용한다고 한다. 그러므로 이를 대비하려면 대용량의 컴퓨팅 파워와 저장 공간이 필수였다. 그러나 이 기간이 지나면 평소 아마존이 사

---

14 AWS, 기본정보, https://aws.amazon.com/ko/?nc2=h_lg

15 나호정, 3강 아마존, MS, 구글이 주도하는 클라우드 시장, 한국클라우드신문, 2022.07.12. https://www.kcloud news.co.kr/news/articleView.html?idxno=11118

16 미국의 추수감사절(11월 넷째 목요일) 이튿날, ICT 시사용어 300.

용하는 시스템의 가동률은 전체의 20%를 넘지 않았다. 그래서 베조스는 평상시 80%가 넘는 시스템의 여유자원을 다른 사업자들이 사용할 수 있도록 연동해 주고 쇼핑몰의 운영 능력을 향상시키는 것이 효율적이라고 판단하였고, AWS는 오늘날 공용 클라우드 서비스의 시초가 되었다.

클라우드 서비스는 당시로서 굉장히 충격적인 서비스였다. 기업은 서버 용량을 늘리려면 물리적인 서버를 구입하고 설치하고 세팅해야 하므로 오랜 시간이 걸렸다. 이는 시장의 변화에 즉각 대응할 수 없었고 서버를 증설하는데 드는 비용도 만만치 않았다. AWS를 활용하면 기업은 시장 환경 변화에 바로 대응할 수 있고, 예전처럼 서버를 관리하기 위해 많은 전산 인력을 운영할 필요가 없어져, 막대한 유지 비용을 절감할 수 있었다. 이러한 장점들 덕분에 AWS는 빠르게 성장할 수 있었고, 클라우드 시장의 리더가 될 수 있었다.

아마존은 최초로 클라우드 시장을 연 기업으로서 클라우드 선순환가치기반 가격책정 → 더 많은 고객 → 더 많은 이용 → 더 많은 인프라 → 규모의 경제 → 인프라 비용 절감 → 지속적인 혁신/가치 창출의 이점을 가질 수 있었다. 이를 통해 비교할 수 없는 가격 경쟁력으로 2006년 이후 총 48번의 가격 인하를 단행했다고 한다. 또한 기업의 특성과 환경에 맞추어 클라우드 서비스를 사용할 수 있도록 다양한 서비스를 제공했고, 조건에 따라 수십 개의 서비스가 존재해 기업은 이를 자유롭게 선별하여 서비스를 구성할 수 있다.

그림 6 AWS의 빠른 성장 비결: 클라우드의 선순환

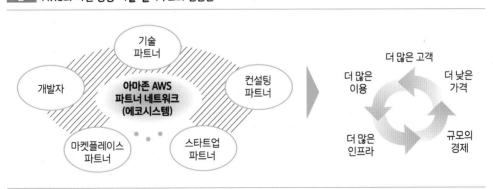

출처: 아마존 웹 사이트 및 Wikibon 2013 아마존 클라우드 사업 선순환 고리 자료

전술했듯, 아마존은 클라우드 서비스인 AWS를 통해 개별 웹 사이트 소유자나 개발자들에게 웹 서비스를 창출할 수 있도록 도와주는 무료 플랫폼을 제공했다. 대부분 AWS의 고객사들은 AWS를 사용해서 자사가 운영하는 사이트를 통해 아마존의 상품을 진열하고 검색할 수 있게 됐고, 일반 고객들은 개별 사이트에 연결된 아마존의 장바구니에 로그인하고 아이템을 추가할 수 있었다. 이와 같은 웹 서비스를 통해 아마존은 제휴의 속도와 범위를 빠르게 확대시키고, 막대한 매출과 이익을 확보하는 기반을 마련할 수 있었다.

그림 7 AWS의 고객 기업

출처: 구글

AWS는 이미 미국의 대형 신문사인 '뉴욕타임스'와 세계 최대의 벤처기업 주식시장인 '나스닥 증권거래소'가 이용하고 있다. 뉴욕타임스는 자사의 웹 사이트에서 과거의 신문기사를 기록·보관하고 사이트를 방문한 이용자가 텍스트를 검색할 수 있게 되어 있다. 미국의 나스닥 증권거래소에서는 자사에서 개발한 나스닥 마켓 리플레이라는 애플리케이션에서 아마존 S3를 이용하고 있다. 나스닥 마켓 리플레이는 금융 전문가들이 시장 동향을 언제든지 재현할 수 있는 툴이다. 이 툴을 사용하면 투자가가 거래할 때의 시장 상황을 상세하게 분석할 수 있다.

아마존은 창업 이후 전자상거래를 통해 체득한 다양한 기술 경험과 전문 인력 영입을 통해 IT사업에 대한 전략적 행보를 탄탄하게 준비해왔다. 어떠한 형태의 사업이든 아마존의 예측력은 매우 뛰어난 것으로 시장 전문가들 사이에 평가되고 있다. AWS는 웹 서비스에 주력한 모델로 IT 업계의 주목을 받으면서 높은 이익률이 담보되는 사업으로 성장해갔다. IT와 연관되지 않은 사업이 거의 없을 정도로 빠르게 팽창하면서 아마존은 '데이터베이스의 미래'에 대한 고민과 전략 수립의 인사이트를 접목시키기 위해 부단히 노력해왔다. 이처럼 데이터 기반의 수많은 서비스와 해당 산업은 성장을 거듭하고 있었지만, 데이터의 중요성 가치를 더욱 높일 수 있는 방법을 찾아야 한다는 숙제를 풀어야 할 시대에 직면했다.

AWS는 빅데이터 시 대를 준비하기 위해 선 행적이고 능동적인 대 비를 해왔다. 수억 명에 가까운 회원들이 매 시 간 구입하는 상품과 콘 텐츠를 통해 확보한 구 매 정보와 이용자 정보 들은 상당한 가치를 내 재하고 있다. 즉, 고객 성향에 따라 앞으로 구

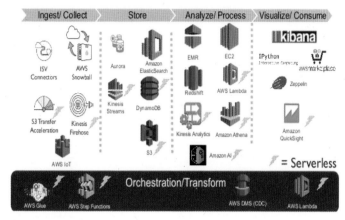

그림 8 AWS 빅데이터 서비스[17]

출처: Amazon.com

매할 확률이 높은 상품과 콘텐츠에 대한 신뢰도 높은 정보들을 생성해서 마케팅 전략 수립과 실행에 적극 활용한다.

이제 대용량 데이터를 효율적으로 처리할 수 있는 기업일수록 경쟁우위를 확보 할 수 있는 시대가 되었다. 단순히 수집된 정보를 분석하는 데 그치지 않고 실증적 인 정보로 응용할 수 있어야 한다. 따라서, 아마존은 AWS를 기반으로 클라우드와 빅데이터 서비스를 위한 전문 기술력과 인력 확보에 집중하면서, 유통업계뿐만 아 니라 IT 기술 분야에서도 강자의 위치를 차지하려 노력할 것이다.

2010년 아마존 웹 서비스는 아마존 매출의 약 2%인 5억 달러의 매출을 담당했 지만, 2017년에는 아마존 총매출의 11%와 영업이익률의 73%를 달성했다. 아마존 의 박리다매 전략은 20년간 1%의 영업이익률밖에 내지 못했다. 그러나 이러한 수 익구조 내에서 AWS는 아마존의 높은 이익의 견인차 역할을 톡톡히 해주고 있다. 2015년 기준 아마존 전체 영업 손익은 22억 달러였는데, 그중 AWS가 19억 달러의 영업이익을 담당한 만큼, 절대적인 기여를 하고 있다. 〈표 4〉의 2020년, 2021년의 AWS 비중도 여전히 굳건하다.

---

17 2017 Ad-tech on AWS 세미나, 2017.09.05.

표 4 아마존의 효자가 되어버린 AWS[18]

(US$M)	2020	2021
상품 매출	215,915	241,787
서비스 매출	170,149	228,035
총매출	386,064	469,822
영업이익	22,899	24,879
AWS		
매출	45,370	62,202
비용	31,839	43,670
영업이익	13,531	18,532
AWS 비중	60%	74.4%

출처: Amazon 사업보고서

베조스는 아마존이 다른 대부분의 경쟁업체보다 뛰어난 클라우드 컴퓨팅 서비스를 제공할 수 있다고 자신한다. 또한 그는 "현재 클라우드 컴퓨팅은 대단히 거대한 영역임에도 관련 서비스가 매우 비효율적인 방식으로 이루어지고 있다. 거대한 무언가가 비효율적으로 이뤄지고 있다면 거기에는 분명히 기회가 존재한다"라고 밝혔다.

AWS는 개발자를 위해 지속적으로 신기술을 추가하고 있다. 2013년 280개, 2014년 516개의 신기술을 추가했고, 2015년에는 4개월 만에 200개가 넘는 신기술을 추가했다. 2022년 현재, AWS 상에서 175개가 넘는 클라우드 서비스가 제공되고 있다.

현재 아마존 웹 서비스는 전 세계 245개국에 있는 수천 개의 비즈니스 운영을 지원하고 있다. 미국, 유럽, 브라질, 싱가포르, 일본 및 오스트레일리아에 데이터 센터가 위치해 있어, 모든 업계 고객들이 AWS의 이점을 누릴 수 있다. 향후 호주, 캐나다, 인도, 이스라엘, 뉴질랜드, 스페인, 스위스 및 태국에 8개의 AWS 지역과 24개의 가용 영역을 추가할 계획이다.

남는 서버를 다른 기업에 빌려주는 발상의 전환으로 '클라우드 서비스'라는 새

---

18 AboutAmazon, Investor Relations, 분기별 사업보고서 참조.

로운 비즈니스 모델을 구상하고, 이를 거대하게 성장시킨 아마존의 전략에 감탄을 금할 수 없다. 이는 베조스가 새로운 기회를 포착할 때 얼마나 과감해질 수 있는지를 잘 보여주는 대표적인 다각화 성공 사례라고 할 수 있다.

그림 9 AWS 글로벌 인프라[19]

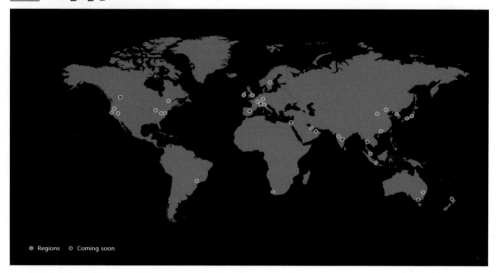

● Regions   ○ Coming soon

출처: AWS 글로벌인프라

② 사례 분석 ②: 아마존 Alexa [에코, TM]

(1) 알렉사와 알렉사TM

아마존 알렉사는 아마존에서 개발한 인공지능 플랫폼이다. 알렉사는 음악재생, 알람설정, 날씨정보 제공, 교통정보 제공 등 많은 기능들을 제공해준다. 알렉사는 클라우드 기반으로 작동되기 때문에, 알렉사를 자주 사용할수록, 알렉사는 사용자가 말하는 패턴, 단어, 개인적인 기호 등을 학습해서 더 잘 받아들인다. 알렉사의 단점은 독일어와 영어로만 의사소통이 가능하다는 것이었다. 최근 아마존은 이러

---

19 AWS, 글로벌인프라, https://aws.amazon.com/ko/about-aws/global-infrastructure/

그림10 Alexa (에코, TM)[20]

출처: Amazon.com

한 단점을 개선한 AlexaTM을 공개했다. AlexaTM은 아랍어, 엉어, 프랑스어, 독일어, 힌디어 등의 언어를 지원하고 이 외에도 수많은 최첨단 기능을 가지고 있다. 알렉사는 소량의 데이터로 새로운 작업을 학습할 수 있는 퓨샷 러닝few-shot learning 이 가능한 seq2seqsequence-to-sequence 구조의 대규모 언어 모델이다.

또한 AlexaTM 20B 모델은 잡음 제거denoising 및 인과적 언어 모델링casual language modeling 작업이 혼합된 사전 훈련 과정을 가지고 있다. 잡음 제거 작업을 수행하려면 모델이 누락된 범위를 찾고 완전한 버전의 입력을 다시 생성해야 한다. 인과적 언어 모델링은 의미 있는 텍스트를 계속 입력한다.[21]

(2) 아마존 에코와 에코의 변형

아마존 에코Amazon Echo, 간단히 에코는 아마존닷컴이 개발한 스마트 스피커이다. 알렉사는 에코에 처음 사용되었다. 에코는 "알렉사"Alexa라는 이름에 반응하는 음성

---

20 Amazon.com, Alexa Echo, TM.

21 박찬, 아마존, 다국어 언어 모델 AlexaTM 공개, Ai타임스, 2022.08.19., http://www.aitimes.com/news/article View.html?idxno=146426

통제 가상 비서 서비스 알렉사에 연결된다. 사용자는 아마존 에코를 이용해 알렉사와 의사소통을 할 수 있으며, 알렉사는 음악재생, 알람설정, 날씨정보 제공, 교통정보 제공 등 많은 기능들을 제공해준다. 알렉사는 클라우드 기반으로 작동되기 때문에, 알렉사를 자주 사용할수록, 알렉사는 사용자가 말하는 패턴, 단어, 개인적인 기호 등을 학습해서 더 잘 받아들인다. 현재 아마존은 알렉사에 대한 소프트웨어 정보를 공개하였고, 이러한 정보들을 이용해 여러 기업에서 가전제품, 자동차 등에 도입했다.

❸ 사례 분석 ③: 자율이동 로봇 프로테우스

`그림11` 아마존 자율이동 로봇 (AMR)

출처: Robot Media

　미 전자상거래 기업인 아마존이 자율이동 로봇AMR인 '프로테우스Proteus'를 공개했다. '테크크런치' 등 매체에 따르면 프로테우스는 지난 2012년 아마존이 키바시스템즈Kiva Systems를 7억 7500만 달러에 인수한 이후, 처음으로 내놓는 자율이동 로봇이다.

　아마존 물류창고에 설치된 '고카트GoCarts'의 밑으로 미끄러져 들어가 픽킹Picking한 후, 물류창고를 가로질러 작업자들이나 다른 로봇 셀cell로 이동한다. 이는 아마존 작업자들이 선반에서 물건을 픽킹하는 데 들어가는 시간을 크게 줄일 수 있다. 또한, 아마존의 물류 작업자들과 떨어져 있는 격리된 공간에서 동작하는 기존의 키바 로봇 시스템과 달리 작업자들 사이를 자유롭게 이동할 수 있다.

AMR과 함께 아마존은 앞으로 로봇 워크셀인 '카디날Cardinal'을 투입한다는 계획이다. 카디날은 상품 더미에서 패키지 상자를 골라내고 패키지 상자의 레이블을 읽어 고카트에 옮기는 역할을 수행한다. 카디날은 최대 50파운드 무게의 패키지 박스를 처리할 수 있으며, 현재 시제품 단계다. 2023년부터 현장에 적용될 것으로 예상된다.[22]

❹ 사례 분석 ④: 아마존 스타일

그림12 아마존 스타일 오프라인 매장

출처: CIO

아마존 스타일은 오프라인 공간에 첨단 디지털 기술을 접목한 의류 매장으로, 오프라인 '가게'에 대한 또 다른 형태의 디지털 트랜스포메이션의 시도라고 할 수 있다. 온라인 쇼핑업계의 선두주자인 아마존이 그동안 축적해 온 다양한 형태의 자산과 노하우를, 의류 매장이라는 오프라인 공간에 접목하는 새로운 도전이다. '입어보고 사야' 만족감을 극대화할 수 있는 의류 쇼핑의 특성에 빅데이터, 인공지

---

22 장길수, 아마존, 물류센터에 AMR '프로테우스' 도입한다, 로봇신문, 2022.06.24., http://m.irobotnews.com/news/articleView.html?idxno=28844

능, 머신러닝, 물류 네트워크 등 다양한 첨단 기술을 결합한다.[23]

(1) QR 코드와 스마트폰으로 픽업, 인공지능이 다른 상품 추천

아마존 스타일은 기존의 옷 가게와 별로 다를 것이 없어 보이지만, 아마존 스타일에서 쇼핑을 하려면 스마트폰에 설치된 아마존 쇼핑 앱이 있어야 한다.

가게 안을 둘러보다 마음에 드는 옷을 만나면, 옷걸이에 부착된 QR코드를 아마존 쇼핑 앱으로 찍는다. 그러면 아마존 스타일 페이지에서 해당 상품 관련 정보가 스마트폰에 표시된다. 온라인에서 보는 상품 페이지처럼 가격, 색상, 사이즈, 고객 평가 등을 볼 수 있다. 아울러 인공지능 알고리즘을 활용해 고객이 관심 있을 것 같은 다른 옷도 함께 추천해 준다. 그래서 옷걸이나 매대에 올려져 있는 모든 제품에서, 일일이 발품과 손품을 팔아가며, 찾아야 하는 수고를 줄일 수 있다. 실제 제품을 눈으로 보고 앱에 있는 장바구니에 넣어두었다가, 나중에 매장에 방문에서 구매하거나 아니면 온라인으로 주문해도 된다. 아마존 스타일은 옷을 사고 구경하는 오프라인 옷 가게를 넘어, 옷에 대한 정보와 경험을 얻는 새로운 형태의 쇼핑 공간인 셈이다.

(2) 온라인과 오프라인의 결합, 가격과 편의성의 시너지 도모

온라인으로 옷을 구매할 때 항상 신경써야 하는 부분은, 실제 색상과 사이즈를 정확하게 알 수 없다는 점이다. 아마존 스타일은 이런 점 때문에 온라인에서 의류를 구매하기 주저하는 소비자를 감안했다.

아무리 오프라인 매장에 넓은 공간을 마련한다고 해도, 온라인에서 판매하는 수백만 개의 의류 품목을 모두 진열하거나 판매할 수는 없다. 또한, 고객 입장에서 어느 정도 마음에 들지 가늠하기 쉽지 않은 상품도 많다. 아마존 스타일은 물리적 공간과 디지털 기술을 활용해 이런 간극을 해소하거나 줄여 보려는 아마존의 새로운 실험이라고 할 수 있다. 이를 위해 온라인으로 상품을 주문하면서 아마존 스타

---

23 김달훈, 디지털과 만난 패션 쇼핑 경험은?⋯ 아마존, 오프라인 '옷 가게' 연다, CIO, 2022.01.24. https://www.ciokorea.com/news/223044#csidx8e38a3b1e38ae1e80aaf81b9b520d70

일로 배달을 요청할 수 있게 했다. 아마존 스타일로 상품 배달이 완료되면, 고객은 매장을 방문해 피팅룸에서 입어보면 된다. 입어보고 마음에 들면 그냥 가져오면 되고, 마음에 들지 않는다면 매장에서 반품 처리를 하면 된다.

(3) 아마존 오프라인 '마법의 옷장'

아마존 스타일 매장에서는 전용 쇼핑앱과 '마법의 옷장'이라고 부르는 터치스크린 피팅룸을 통해 AI 알고리즘이 추천하는 개인 맞춤형 스타일 제안, 생체인식 고객서비스 '아마존 원' 등의 첨단 기술을 사용한다.

'아마존 스타일'이 기존 패션 매장과 가장 다른 점은 진열 상품은 최소화하고 쇼핑객이 피팅룸에서 오래 머물면서 쇼핑하도록 만들었다는 것이다. '아마존 스타일'에서는 쇼핑앱 내에서 비어 있는 피팅룸을 찾아 가상 대기열에 들어가 있다가 앱이 알려주는 번호의 피팅룸에 입장하면 되는데, 이 피팅룸에 한 번 들어가면 다른 사이즈나 색상의 상품을 가지러 다시 매장을 헤맬 필요가 없다. 입장하는 동시에 앞서 매장을 둘러보며, 스캔했던 QR코드, 선호도, 요청 항목에 따라 선택했던 추가 옵션이 터치스크린에 뜬다.

상품을 고르고 입어본 후 최종적으로 구매를 원하는 상품은 쇼핑앱 또는 터치스크린에서 픽업 카운터로 보내면 된다. 결제는 생체인식 시스템 '아마존 원'으로 손바닥을 갖다 대기만 하면 된다. 결제가 끝난 상품은 고객이 직접 가져가거나 배송을 요청할 수 있고, 매장에서 반품도 가능하다.[24]

❺ 사례 분석 ⑤: 아마존 살롱

(1) 아마존 살롱과 목적

아마존 살롱은 기존의 미용실에 증강현실과 포인트 앤 런point-and-learn 기술 등을 결합한 새로운 개념의 헤어 살롱이다. 증강 현실을 활용해 머리카락 색상을 자

---

24 이채연, 아마존, 오프라인에 '마법의 옷장' 구현, 패션포스트, 2022.01.24.,
http://fpost.co.kr/board/bbs/board.php?bo_table=newsinnews&wr_id=2896

그림13 아마존 살롱 매장내부²⁶

출처: 데일리트렌드

유롭게 바꾸며, 가상으로 스타일링을 경험하거나, 관심 있는 제품이나 브랜드의
비디오나 교육 콘텐츠 등의 정보를 제공할 예정이다. 아마존 파이어 태블릿을 활
용한 엔터테인먼트_{고객들에게 아마존이 만든 태블릿인 파이어를 제공함으로써 예약에 활용할 수 있도록 함}
전용 크리에이티브 영역 등도 아마존 살롱에 포함된 실험 대상이다.²⁵

'아마존 살롱'의 사업 목적이 단순히 머리를 손질하고 염색하는 데 그치지 않을
것이라는 예상이다. 최신 증강현실VR 기술을 활용, 서비스 산업의 첨단 기술화를
기업 핵심 자산으로 촉진하는 게 목적일 것으로 파악되고 있다. 즉, '데이터' 확보
가 중요하다. 그래서 아마존이 또다시 새로운 사업 모델을 위한 테스트를 시작했
다는 분석에 힘이 실린다. 미용 목적의 서비스 '아마존 살롱'을 선택한 것도, 코로
나 전후 폭발적인 수요 변화를 경험한 업종이라는 것도 굳이 의미를 부여하자면
아마존이 이목을 끌기 위한 수단일지 모른다.

---

25 ZOOMINLIFE, 시애틀은 아마존 원, 런던은 아마존 살롱…아마존, 손바닥 결제와 신개념 미용실 실험,
    2021.04.22., https://www.zoominlife.com/1919
26 데일리트렌드, 아마존이 헤어살롱을 열었습니다.

(2) 고객에게 IT기술 체험 기회를 제공

2020년 아마존 영국 법인에서는 '아마존 프로페셔널 뷰티 스토어'의 온라인 유통 서비스를 시작했다. '아마존 살롱'을 통해 수집된 고객 데이터가 사업에 활용될 가능성도 적지 않다. 때문에 '아마존 살롱'은 복합적인 실험이 될 가능성이 크다. 그 배경에는 아마존에 '필연적'이라고 할 만한 이유가 있다. 우선 아마존의 발표에 따르면, '아마존 살롱'은 미용실 이용 고객이 체험할 수 있게 고안된 IT기술을 포함하고 있다.

증강현실 카메라를 활용해 미리 헤어 컬러를 시뮬레이션 하는 기술부터 어떤 컬러의 염색제를 사용할지 체험할 수 있다. 거울에 달린 작은 태블릿 화면을 통해 선택한 헤어 컬러가 적용된 고객의 시술 전후 영상을 띄우는 방식도 있다. 또 다른 하나는 진열대에 배치한 '포인트 앤 런Point and learn' 디스플레이 기술이다. 디스플레이 앞 선반에 비치된 제품 가운데 고객이 관심이 있는 제품을 가리키면, 디스플레이에서 제품에 대한 각종 정보를 띄워준다. 접객 판매를 위한 점원이 필요 없다.

선반 앞 배치된 디스플레이가 고객이 제품을 가리키는 손가락 방향을 인식하는 게 이 기술의 핵심이다. 선반에 부착된 QR코드를 스캔하면 고객은 제품을 구매했던 다른 소비자의 리뷰 정보나 평점 등의 정보도 손쉽게 확인할 수 있다. 아마존 영국 전자상거래 사이트에서 판매 채널까지 연결한다. 직접 아마존 살롱에서 현장에서 제품을 수령할 수도 있고 배송받을 수도 있다. 전자상거래 기업으로 이미지가 고착되고 있는 아마존이 단순하게 머리를 손질하기 위한 미용실 사업에 뛰어들었다는 것만 놓고 보면 뜻밖의 결정으로 받아들여질지 모르지만, '아마존 살롱' 서비스에 포함된 각종 IT 기술과 몇 년간의 행보를 보면 이상하지 않다.[27]

---

27 임경량, 미용실 차린 '아마존'이 선택한 미래, 패션포스트, 2021.06.02.http://www.fpost.co.kr/board/bbs/board.php?bo_table=special&wr_id=684

실패 사례

❶ 사례 분석 ⑥: 실패 사례

미국 기업들 사이에서 아마존은 절대강자와 같은 존재로 묘사된다. 그러므로 실패란 아마존과는 거리감이 드는 단어라고 느껴질 수 있다. 성공한 혁신기업의 대표명사가 된 아마존이지만 항상 성공가도만을 걸어온 것은 아니다. '어쩌면 아마존의 성공 비결은 숱하게 실패한 사업들이다'라는 말이 있듯, 아마존 역시 수많은 실패 끝에 사람들이 기억하는 성공사업을 만들어낸 것이다.

사실 아마존이 도전했던 분야는 매우 많다. 아마존에게도 실패가 있었고 뚫지 못하는 장벽이 존재했다. 다음에서는 대표적으로 제약회사 진출과 아마존 파이어폰 사례를 살펴보고자 한다.

1.1 제약회사 진출

표 5 아마존의 차기 성장 동력[28]

패션	시장 규모: 2,000억 달러
	아마존 시장 점유율: 1.7%
	관련 서비스: '에코 룩', '프라임 워드로브'
뷰티 (화장품)	시장 규모: 800억 달러
	기존 업체 인수, 자체 브랜드 화장품 출시 유력
제약	시장 규모: 3,000억 달러(처방약 기준)
	기대 매출: 250~500억 달러
	사내에 제약사업 전담팀 구성

* 매출은 미국 내 기준

〈표 5〉는 아마존의 2017년 기준, 예상 성장 동력이다. 사람들은 아마존이 패션·뷰티 분야와 어깨를 나란히 하여 제약이 큰 성공을 거두는 동력이 될 것이라고

---

28 노현, "유통포식자 아마존 다음 타깃은..패션·뷰티·제약 초긴장," 매일경제, 2017.08.16.

예상하였다. 아마존은 사내에 제약 사업 전담팀을 구성하고 총책임자를 영입하며, 제약 사업에 큰 기대를 걸었다. 아마존은 제약 회사의 약품을 대량 구입해 소매점에 납품하는 방안을 기초로 의약품의 판매와 배달까지 여러 방향으로 틀을 잡았다. 이 모든 사업이 이미 아마존이 갖고 있는 유통 분야의 방대한 빅데이터를 기반으로 했기 때문에 가능할 것으로 예상되었다.

아마존은 의약품 도매 및 온라인 판매를 본격적으로 시작하려고 물밑 작업을 해왔다. 미국 제약사 페리고의 일반의약품을 판매하기 위한 전용라인을 구축하고 일부 병원들에게 납품하기 위한 영업도 시도했다. 이런 소식이 들리자 CVS 헬스나 월그린 등 미국 의약품 유통업체들의 주가는 10% 이상 하락하기 시작했다. 모두 아마존이 아마존답게 성공할 것으로 예상하였기 때문이다.

하지만 베조스는 제약업계라는 장벽에 부딪혔다. 진출하는 시장마다 독식하는 아마존에게도 제약업계 진입장벽은 쉽지 않았다. 아무리 공격적으로 사업을 확장하는 아마존일지라도 의료·제약 시장 진입장벽이 예상보다 높았음을 실감하게 됐다. 보수적 제약업계 관문은 쉽지 않았다. 왜냐하면 의약품 고객들은 다른 많은 분야와 달리 아마존의 경쟁력인 '최저가'보다 '안전성'을 우선순위로 봤기 때문이다. 또 아마존이 의약품 유통시장에 한발 물러선 이유에 대해 기존 시장에서 굳어진 제품 공급구조를 깨지 못했기 때문이라는 분석도 있다. 제약회사들과 대형병원들의 오랜 제휴관계를 뚫지 못해 납품 계약 체결이 어려웠기 때문이다. 그리고 온도에 민감한 약품을 다루기 위한 물류창고 네트워크를 갖추지 못한 점도 걸림돌이었다.

앞서 아마존은 자기들이 이커머스에서 수많은 종류의 상품을 판매하고 있는 것과 같은 방법으로 의약품이 유통 가능할 것이라고 판단했다. 하지만 생각보다 의약품에 대한 소비자들의 두려움은 완연했으며, 의약품의 유통구조는 단단했고, 물류창고 네트워크는 부족했다. 아마존은 병원이나 소규모 의원 등을 상대로 추진하던 의약품 유통계획을 잠정 보류하기로 했다. 아마존의 실패는 당초 시장의 전망과 다른 결과이다. 아마존은 진출하는 시장마다 독과점사업자로 급부상했기 때문에, 제약업계도 예외는 아닐 것이라는 관측이 우세했다. 하지만 제약업계의 장벽은 생각보다 높았다.

하지만 베조스가 제약업계 진출을 다시 시도할 여지는 남아있다. 그는 포화된 소비영역을 넘어 의료 등 공공영역까지 진출하려는 의지를 줄곧 보여 왔다. 아마존이 물류창고에서 의약품을 다룰 능력을 확보하게 된다면 제약사업 진출을 다시 검토할 가능성이 충분히 있다.

사실 지금까지 아마존은 아마존 비즈니스B2B용 사이트를 통해 건강 의료기기를 판매해왔다. 혈당 측정기, 혈압계, 청진기 등 소비자용 의료기기 온라인 판매와 처방 의약품을 소비자에게 직접 판매하는 소규모 유통 사업 등에 우선적으로 주력할 것으로 예상된다. 이미 미국 47개 주에서 의료기기 판매 허가를 받았고, 인공지능 비서 플랫폼인 '알렉사'를 통한 건강관리 프로젝트를 꾸준히 추진하고 있어, 제약부문의 유통 비즈니스를 위한 여건 마련이 머나먼 일만은 아니다.

또 JP 모건, 버크셔 해서웨이 등과 의료비용을 낮추기 위한 비영리 조직 구성 계획도 밝힌 바 있다. 이와 같이 아직 완전히 포기하지 않은 아마존의 후퇴는 2보 전진을 위한 전략으로 보인다.

1.2 파이어 폰

파이어 폰Fire Phone은 베조스가 남다른 공을 들여 개발해 선보인 스마트폰이다. 아마존은 2014년 7월 '파이어 폰'을 내놨지만 그야말로 처참하게 실패했다. 파이어 폰은 아마존이 자체 운영체제OS를 적용해 야심차게 내놓은 첫 스마트폰이었다. 그러나 소비자의 외면으로 극심한 판매 부진을 겪으며, 결국 '공짜폰'으로 전락했다. 베조스가 자신감을 갖고 시작했지만 파이어 폰은 결국 아마존의 대표적인 실패 사례가 된 것이다.

그림 14 아마존의 파이어 폰

출처: 구글

베조스는 파이어 폰을 아이폰보다 더 갖고 싶은 폰으로 만들고 싶다는 욕심이 있었다고 한다. 파이어 폰은 2014년 당시에 하이엔드 칩인 스냅드래건 800에 램 2GB, 1,300만 화소 카메라를 탑재했고 카메라로 촬영한 상품을 순간적으로 판단, 아마존 사이트로 이동하거나 재생 중인 음악이나 영화 콘텐츠를 알아채 스트리밍 정보에 곧바로 접근할 수 있는 파이어플라이Firefly, 모션 추적 카메라 4대를 이용해 얼굴 위치를 판단해 보는 각도에 따라 디스플레이에 비추는 영상을 바꾸는 동적 입체 기능 등 다른 제품에는 없는 기술도 있었다. 파이어 폰의 하드웨어 기술 수준 자체는 높았다.

하지만 파이어 폰 개발팀에 따르면 당초 파이어 폰을 고성능 기기로 개발할 계획은 없다고 한다. 파이어 폰 개발을 시작한 건 애플이 아이폰 4를 출시한 2010년 무렵이었다. 베조스는 흔한 단말기보다는 고객이 아이폰 대신 아마존 폰을 구매하기를 원하도록 하는 독창성을 요구했다고 한다. 스마트폰에 의욕이 과했던 베조스의 의향은 디자인팀의 반대에도 불구하고 강행됐다. 예를 들어 800만 화소로 개발하던 후방 카메라는 베조스의 한마디에 1,300만 화소로 바뀌었다. 디자인 개발사의 한 디자이너는 베조스가 매니저를 초월한 슈퍼 관리자라는 유일무이한 존재로 모든 의사 결정은 그의 관리하에 있었다고 말한다. 당시 상황은 스마트폰을 사용할 고객보다는 베조스의 생각에 따라 제품을 개발했다는 것이다.

베조스의 의견에 따라 높은 사양을 가진 파이어 폰은 32GB와 64GB 모델이 애플 아이폰과 비슷한 199달러와 299달러에 판매됐다. 높은 가격 때문에 소비자에게 외면받아 거의 팔리지 않았고 결국 출시한 지 두 달 만에 아마존은 파이어 폰 가격을 199달러에서 99센트로 대폭 인하하게 되었다. 이런 조치에도 불구하고 파이어 폰 판매량은 늘지 않았다.

또한, 안드로이드 기반이지만 독자 규격의 OS를 적용한 탓에 모바일 앱 호환성이 낮아 쇼핑과 전자책 앱 외엔 쓸만한 앱이 많지 않았다. 〈표 6〉을 보면, 당시 스마트폰 시장을 대부분 점유하고 있는 아이폰이나 갤럭시에 뒤지지 않는 사양이다. 하지만 소비자들은 아마존의 가장 큰 장점인 저렴한 가격을 기대했지만, 그 기대에 미치지 못하는 점 때문에 아무래도 외면을 받은 것으로 보인다. 지금까지 낮은 가격에 단말기를 제공해 온 만큼 파이어 폰 역시 세상이 놀랄 만한 저렴한 가격으로 판매할 것이라는 기대감이 컸던 반면, 실망감이 컸다는 것이다.

---

29 윤태희, "아마존 파이어폰, 경쟁 최신폰들과의 차이점은?", 나우뉴스, 2014.06.19.

표 6 아마존 파이어 폰과 경쟁 제품 비교[29]

	Amazon Fire Phone	iPhone 5S	Nexus S
OS	Fire OS 3.5.0	iOS 7	Android KitKat 4.43
CPU	Quad-core 2.2GHz and Adreno 330 graphics processors	Apple A7 chip and M7 motion	Quad-core 2.3GHz Krait 400
Display	4.7″ IPS LCD HD	4″	4.95″
Resolution	720p HD	640×1136	1080×1920
Ppi	315	326	445
Memory	2GB	1GB	2GB
Storage	32/64GB	16/32/64GB	16/32GB
Camera	2.1 MP front w/ 4 others for 3D	1.2 MP front, 8 MP rear	8 MP rear
LTE	Yes	Yes	Yes
Battery	2400 mAh	1570 mAh Li-ion	2300 mAh Li-ion
Weight	5.64 ounces	3.95 ounces	4.59 ounces
Footprint	5.5″×2.6″	4.87″×2.31″	5.43″×2.72″
Thickness	0.35″	0.3″	0.34″
Price	$200-$300(T&T contract)	$200(contract)	$350 for 16GB(off contract)
NFC	Yes	No	Yes
Wireless Charging	Yes	No	Yes

결국 파이어 폰이 출시된 2014년 3분기, 아마존은 최악의 적자를 기록했다. 4억 3,700만 달러의 적자 중에 무려 1억 7,000만 달러가 파이어 폰 사업 부진 때문인 것으로 지목됐다. 사업 진행 1년 만인 2015년 8월, 아마존은 결국 파이어 폰 생산을 중단했다.

사실 스마트폰과 태블릿 같은 모바일 기기가 급속도로 보급되고 소비자가 PC보다는 모바일 기기를 이용해 인터넷 쇼핑을 즐기는 시대가 열리고 있는 만큼 인터넷 쇼핑의 거인인 아마존 입장에서 파이어 폰 개발은 꼭 해내야 하는 과제로 여겨질 수 있다. 사실 아마존이 전용 스마트폰을 개발하는 건 인터넷 쇼핑을 더 친밀하게 만들 수 있다는 점에서 합리적인 선택이기도 하다. 아마존은 이미 전자책인 킨들 시리즈나 태블릿인 킨들 파이어 시리즈 등으로 검증된 회사이기도 하고 파이어 폰이 사실 개발 당시부터 유출 정보가 쏟아질 만큼 높은 관심을 모은 것도 사실이다. 구글 에릭 슈미트 회장이 강력한 라이벌로 지목하며, 경쟁심을 드러낼 만큼

IT 업계에서 세력을 확대해온 아마존 입장에서 보면 애플이나 구글이 최종 고객과의 접점을 붙잡고 있다는 사실은 용납하기 어려운 일이었을 것이다.

이에 아마존은 구글이나 애플과 같이 직접 소비자를 만나고 싶어 독자적 운영체제os를 적용하였다. 하지만 이 새로운 운영체제os의 생소함이 소비자의 외면을 불러온 것이라는 실패요인 분석도 있다. 사실 안드로이드도 경쟁력 있는 콘텐츠를 확보하는데 많은 시간이 걸렸다. 아마존의 새로운 운영체제도 경쟁력 있는 콘텐츠를 확보하려면 보다 많은 시간을 투자해 소비자들에게 다가갈 필요가 있어 보인다.

스마트폰 시장 진출 실패 후 베조스는 "파이어 폰은 재앙이었다"고 인정하면서 "실패는 버리는 것이 아니라 이를 기반으로 새로운 비즈니스와 경험을 해야 한다"고 직원들을 다독였다. 결국 파이어 폰 개발팀은 처절한 실패를 딛고 인공지능 음성인식 스피커 '에코'와 인공지능AI 비서 '알렉사'를 출시해 대박을 터뜨렸다. 그리고 아마존은 스마트폰 시장에 재도전하기 위해 중저가 스마트폰 '아이스'를 준비하고 있다.

맺음말

① 4차 산업혁명 시대의 아마존

그림 15 아마존 키바

출처: 구글

아마존은 우리가 꿈꾸던 로봇이나 기계들을 사용하는 것도 서슴지 않는다. 아마존이 2012년에 7억 7,500만 달러라는 거액을 들여 인수한 '키바Kiva' 로봇은 실제 비용절감 효과를 내고 있다. 아마존은 키바를 통해 약 20%의 영업비용을 절감했다고 한다. 이를 물류센터 1개당 비용 절감액으로 환산하면 약 2,200만 달러에 이른다.

키바 로봇은 사람과 협업하는 코봇Co-Bots이다. 물류창고에서 5mph의 속도로 바닥에 깔린 레일을 따라 지정해 준 경로로 이동하며, 700파운드의 용기들을 거뜬히 싣는다. 키바 로봇이 물품을 찾아 컨베이어 벨트로 가면 픽업 장치Picker Units 로봇이 물건을 들어 주문 바구니에 담는다. 주문 바구니는 컨베이어를 타고 수 마일을 이동한다. 직원들이 각각의 박스를 손으로 포장하고 분류하면, 선적을 위한 트럭으로 보내진다.

그리고 '아마존 고Amazon Go'는 'Just Walk Out그저 걸어 나가라'가 핵심 컨셉으로 카메라, 중량센서, 딥러닝 기술의 총체이자 일종의 '미래형 매장'이다. 소비자는 매장에 들어와 자신이 원하는 제품을 집고, 그저 매장을 나오기만 하면 된

그림 16 아마존 고

출처: 구글

다. 결제는 자동으로 완료된다. 스마트폰 애플리케이션으로 영수증이 발행된다. 계산대에 서서 줄을 기다려야 하는 번거로움이 없어진 것이다. 이런 아마존을 견제해 MS와 같은 기업들이 도전장을 내기도 하고 있다. 4차 산업혁명의 중심에 있다고 해도 과언이 아닌 아마존의 미래에서 '아마존 고'는 빼놓을 수 없는 혁신이다.

온라인에서 오프라인으로 나아가고 4차 산업혁명을 주도해 나갈 기업으로 평가받는 아마존은 지구를 넘어 우주까지 넘보고 있다. 실제로, 아마존 창업자 제프 베조스가 민간 우주여행에 성공했다. 상업적 우주 비행이 가능한 준궤도 및 궤도 로켓을 만들고 있는 우주개발기업 '블루오리진Blue Origin'을 직접 설립하여 로켓을 만들었고, 이를 이용해 고도 100km 상공까지 올라가 3분간 무중력 상태를 체험하고 무사히 돌아왔다. 베조스와 블루오리진이 그리는 큰 그림은 '우주관광'보다 '우주 접근 비용 감소'에 초점을 맞춰, "지구를 이롭게 하기 위해 사람들이 우주에서 살고 일하게 하자"가 궁극적 목표이다.

'한 걸음씩 맹렬하게Gradatim Ferociter'라는 회사의 모토로, 2000년 설립 이후 10년 이상을 추진체인 로켓과 사람이 타는 캡슐의 프로토타입을 만들고 테스트해 왔다. 블루오리진 우주여행 판매 이사인 아리안 코넬은 "뉴 글렌New Glenn을 도입해 운항 비용을 낮출 것"이라며, "이것은 우주에서 수백만 명이 살고 일한다는 우리의 비전을 이루는 데 매우 중요하다"고 강조했다.

덧붙여, 이런 노력이 누적되면 먼 미래에는 "별들 사이를 탐험하거나, 다른 행성으로 가서 착륙하거나 또는 우주식민지를 만들어 인간의 삶을 지속가능하게 만들 수 있을 것"이라고 예상하며, "허황된 이야기로 들릴 수도 있겠지만 충분한 시간이 주어지면 가능한 미래의 현실"이라고 밝혔다.[30]

② 시사점 및 전망

사례에서 다룬 것 외에도 아마존 사업 중에는 아마존 뮤직 임포터음악 재생 플랫폼, 아마존 언박스동영상 서비스, 웹 페이모바일 결제, 아마존 데스티네이션호텔 예약 서비스 등 찾아보면 실패한 것이 적지 않다. 그러나 이런 실패들은 아마존에게 거름이 됐다. 실패에서 많은 것을 배운다는 베조스의 남다른 실패론 때문이다.

베조스는 실패의 경험을 강조해왔다. 그는 주주들에게 보낸 서한에도 "실패와 혁신은 쌍둥이다. 그래서 나는 아마존을 가장 성공한 회사라기보다 가장 편하게 실패하는 회사로 만들고자 한다"라고 적었다. 또, "도전했다가 실패하는 것은 자연스러운 것 아닌가? 큰 성공은 수십 번의 실패가 쌓인 뒤에야 온다"라고 하면서 "CEO로서 나의 일 중 하나는 직원들에게 실패할 수 있는 용기를 주는 것이다"라고 말했다. 그리고 베조스는 실패가 아마존의 '문화'가 되도록 했다. 그는 성공을 목표로 하면 거기서 멈춰 버린다는 것을 강조하면서 "실패를 목표로 하면 실패할 때까지 끊임없는 혁신과 변혁이 일어난다. 오히려 지루하게 성공한 직원들이 회사에 불필요한 존재이다"라고 실패의 중요성을 역설하기도 했다.

---

30 임유경, "지구를 이롭게 하자"…제프 베조스가 우주로 가는 이유, ZdNETkorea, 2021.07.21. https://zdnet.co.kr/view/?no=20210721171826

아마존이 설립된 지 꽤 많은 시간이 흘렀지만 해마다 20%대 높은 성장률을 기록하는 것은 혁신을 게을리 하지 않았기 때문이다. 그럼에도 아마존에게도 약점이 있는데 그것은 낮은 이익률이다. 매출은 고성장세를 유지하지만 순이익률은 1%대에 불과하다. 하지만 여전히 배송 시스템 개선, 저렴한 가격 등에 수익을 대부분 쏟아 붓는다. 그 비결은 다음과 같다. 아마존은 순이익률이 낮음에도 아마존이 초기 투자에 성과를 거두면서 매출이 급성장했고, 이러한 이익 증가를 바탕으로 연구개발과 마케팅에 막대한 돈을 소비, 핵심사업에 재투자가 가능한 선순환 구조를 만들어냈기 때문이다.

"많은 기업이 혁신적 아이디어를 수용하지만 그에 도달하기 위한 수많은 실패는 받아들이지 않는다. 홈런을 노린다면 많은 삼진을 감수해야 한다. 결국 그런 삼진들 끝에 홈런이라는 성과가 나오는 것이다"는 베조스의 말처럼 그의 실패는 실패로 끝나지 않을 것이고, 그렇기 때문에 그의 차기 행보를 기대하고 지켜볼 필요가 있다.

또 하나 주목할 부분은 베조스의 '미래지향성'이다. 베조스는 '고객 중심'이라는 키워드 못지않게 '미래지향성'을 강조한다. 세계적인 투자 전문가 워렌 버핏이 아마존에 투자하지 않은 것을 후회한다고 고백할 만큼, 아마존은 현재보다 미래가 더 기대되는 기업임이 분명하다. 베조스의 미래지향성을 드러내주는 명확한 예가 '1만년 시계'다. 미국 롱나우재단The Low Now Foundation에서 1만년 동안 멈추지 않고 자동으로 작동하는 시계를 만들기 위한 사업을 추진하고 있었는데 베조스가 여기에 4,200만 달러나 되는 거액을 기부했다. 1만 년 후의 아이들이 살아갈 미래를 위해 많은 사람에게 사회공헌과 환경보호에 대한 의식을 갖게 하려는 목적이다. 1만년 후까지 내다보는 초장기적 관점을 위한 상징물로서 1만년 시계를 건축하고 있는 것이다. 이와 같이 베조스가 미래를 강조하듯이 아마존의 미래 역시 전망이 밝을 것으로 기대된다.

Assignment Questions

1. 아마존이 가지고 있는 장·단점을 분석하고, 우리나라에 진출할 시 어떠한 변화가 예상되는지 논의해보자.

2. 4차 산업혁명과 관련된 모든 미래 산업에 클라우드가 활용되고 있다. 클라우드 시장 점유율 1위인 아마존 웹 서비스(AWS)의 경쟁력은 무엇인지 고찰하고, 우리나라 기업들의 대처방안에 대해 논의해보자.

3. 무인 편의점 시스템을 도입 중인 '아마존 고'의 실효성을 분석하고, 이러한 시스템의 도입이 미래 생활 및 비즈니스에 어떻게 영향을 미칠 지 논의해보자.

4. 아마존이 27년 만에 CEO를 교체했다. 새로운 CEO 앤디 제시의 지휘 아래, 향후 아마존의 행보에 대해 논의해보자.

5. 글로벌 탄소중립 스탠다드에 대응하기 위한 아마존의 전략적 방향성에 대해 논의해보자.

6. 4차 산업혁명 시대에 디지털 전환의 기반이 되는 아마존의 마케팅 전략에 대해 논의해보자.

CHAPTER

02

카카오의
사업 다각화 전략

학습목표

- 기업의 핵심역량과 경영자원에 대한 분석을 통해,
  기업이 M&A를 통해 어떻게 시너지효과를 창출할 수
  있는지 살펴본다.

- 카카오가 사업 다각화를 통해 얼마만큼 성장하고,
  또 어떻게 성장해 나갈지 분석해본다.

- 카카오의 M&A가 사업 다각화에 어떤 영향을 끼쳤는지
  고찰하고, 궁극적으로 카카오가 현재 카카오의 모습으로
  발전할 수 있던 주요 요인을 살펴본다.

- ESG 경영 및 미래 지속가능한 전략을 고찰한다.

CHAPTER

02

카카오의
사업 다각화 전략*

"'Connect Everything' 새로운 연결, 더 나은 세상
카카오는 새로운 연결을 통해 더 편리하고 즐거운 세상을 꿈꿉니다.
사람과 사람, 사람과 기술을 한층 가깝게 연결함으로써
세상을 어제보다 더 나은 곳으로 만들기 위해 노력하고 있습니다."
– 카카오의 비전 –

M&A와 사업 다각화란?

기업들은 시장에서 자신들의 핵심역량을 성장시키고, 경쟁기업들보다 우수한
우위를 차지하기 위해 치열하게 경쟁한다. 따라서 성공적인 기업경영을 위해서는
기업에 맞는 최적의 경영전략이 필요하다. 즉, 기본적으로 기업들은 자신들의 핵

---

* 본 사례는 정진섭 교수의 지도하에 김은지, 윤민아, 정승희 학생이 작성하고, 김생호, 윤병헌, 전진우, HOANG TUAN ANH 학생이 추가로 업데이트한 것이다.

심역량을 기반으로 차별화, 사업 다각화, 인수합병 등의 전략을 실행시켜 나간다.

다각화란 한 기업이 다른 여러 산업에 참여하고 비즈니스를 영위하는 것이다. 다각화 전략에는 여러 가지 유형이 있다. 제품이나 판매지역 측면에서 관련된 산업에 집중하여 다각화하는 '관련 다각화'가 있고, 서로 관련되지 않은 산업에 참여하는 '비관련 다각화'가 있다. 그리고 한 기업이 완제품과 부품 생산을 같이하는 '수직적 통합'도 다각화의 또 다른 유형으로 볼 수 있다.

이와 같은 다각화 전략은 경영전략의 중요한 요소로서 오래전부터 연구되어 왔다. 경영전략 분야에서 다각화 전략에 관한 최근 연구경향은 진화론적인 관점에서 다각화 과정 자체를 연구한다. 기업들은 끊임없는 탐색과 선택을 통하여 계속 새로운 분야로 진출하고, 이와 동시에 유망하지 않은 사업분야에서는 계속 탈퇴하고 있다. 즉, 기업들은 신규 사업으로의 진출과 동시에 기존 사양 산업으로부터의 탈퇴를 계속 반복하게 된다.

이러한 다각화 전략의 결과로, 진출한 다양한 사업분야를 어떻게 관리할 것인가의 문제가 중요하게 대두된다. 먼저 시장점유율과 성장률을 양축으로 하는 BCG매트릭스기법을 통해 기업의 사업포트폴리오를 관리하는 방법과 이러한 다양한 사업부들이 경영자원과 핵심역량을 공유하고 축적하는 활동을 체계적으로 조직화하는 방법이 있다. 이와 같은 방법으로 기업은 사업분야를 관리하고 발전시켜 성공적인 성과를 내려고 노력한다.

또 다른 경영전략인 인수합병이란, 두 기업이 하나로 통합하여 운영하는 형태이다. 기업들은 다른 기업들과의 효과적인 인수합병을 통해 기업이 갖지 못한 경영자원을 피인수 기업으로부터 획득한다. 이처럼 인수합병은 두 기업이 서로가 너무나 절실히 필요로 하고 있기 때문에 합하여 하나의 기업으로 새롭게 탄생되는 것이다. 인수합병은 시장진입 시 필요한 시간을 절약하게 하거나, 규모의 경제와 범위의 경제를 도와주며, 때로는 신속한 해외시장의 개척을 가능케 한다.

이러한 기업들의 인수합병이 실패로 돌아가는 경우가 종종 있는데, 가장 큰 이유는 인수합병을 통해 새로운 가치를 창출하지 못하기 때문이다. 가치창출의 실패는 기업들이 인수합병 시 많은 프리미엄을 주고 기업을 인수한다는 사실 때문에 더욱 심각해진다. 인수합병을 통해 창출될 수 있는 새로운 가치는 합병으로 얻을 수 있는 시장 지배력의 증가, 규모와 범위의 경제를 통한 비용의 절감, 그리고 두 기업이 갖고 있는 경영자원을 결합하여 어떠한 새로운 경쟁우위가 창출될 수 있는 가 등에 달려 있다. 인수 프리미엄 이상으로 새로운 가치가 창출될 수 없는 경우, 인수합병을 포기하는 것이 바람직하다. 따라서 인수합병 시에는 인수합병 전략에 대한 분명한 전략적 검토와 아울러 인수합병 기업에 대한 면밀한 검토와 이에 기 반을 둔 협상이 가장 중요한 이슈이다.

인수합병 당사자인 두 기업이 가진 경영자원이 아무리 상호보완적이고 좋은 인 수합병 기업일지라도, 실제 인수 후 두 기업의 통합과 운영에서 실패한다면 긍정 적 부가가치 창출이 어렵게 된다. 특히, 두 기업이 상충된 기업문화를 갖고 있을 경우, 많은 갈등을 일으킬 소지가 있다. 따라서 인수합병은 인수 과정을 살펴보면 서 통합의 속도를 조절하는 진화론적인 접근이 중요하다.

요약하면, '사업 다각화'를 하는 방법에는 새롭게 비즈니스를 만들 수도 있고, 기존에 다른 사람이 하던 비즈니스를 인수합병M&A하는 방법도 있다고 생각하면 된다.

본 장에서는 사업 다각화의 사례로 '카카오Kakao'를 다루고자 한다. 카카오는 검 색, 송금, 결제, 쇼핑, 동영상, 미디어 등 다양한 기능을 갖춘 '모바일 라이프 플랫 폼' 기업이다. 이 중 '카카오톡KakaoTalk'이라는 국민 메신저를 기반으로 브랜드의 인 지도를 높이고 다양한 편의 서비스들을 개발했다. 빠르고 간편한 것을 선호하는 현대인의 라이프스타일에 적합하게 성장하여, 오늘날 한국인 일상생활의 일부분 이 되었다.

'카카오'는 사업 다각화의 방법으로, 다른 기업과의 인수합병도 적극 활용하고 있다. 카카오의 가장 큰 인수합병은 '다음Daum'과의 인수합병이다. '다음'은 웹 검 색 산업에서는 대형 기업이어서 처음 카카오와의 인수합병 소식을 발표하였을 때, 많은 사람들이 깜짝 놀랐다. 이와 같이 브랜드 인지도가 큰 두 기업이 인수합병을 하게 된 이유와 과정, 인수합병을 통해 어떠한 시너지를 창출해낼 수 있는지를 고 찰하고자 한다. 또한 인수합병을 하는 과정에서 생긴 문제점을 분석해보면서, 어 떻게 성공적인 인수합병을 달성할 것인지 고찰하고자 한다.

카 카 오

❶ 카카오 소개

1.1 주요 사업 및 최근 인수합병

표 1 카카오의 기본 내용

항목	내용
회사명	주식회사 카카오
영문회사명	Kakao Corp.
본사 주소	제주특별자치도 제주시 첨단로 242(영평동)
홈페이지, 전화번호	http://www.kakaocorp.com, 1577-3321, 1577-3754
주요 사업	온라인, 모바일 게임소프트웨어 개발 및 공급업
매출액(2021년)	6조 1,367억 원

카카오에 대한 기본 요약은 〈표 1〉과 같다. 카카오는 여러 기업과의 인수합병
을 많이 하는 기업으로 널리 알려져 있다. 2014년 5월 '다음커뮤니케이션'은 카카
오가 보유하고 있는 모바일 트래픽을 활용한 인터넷 사업의 성장성 확보를 위해
카카오와 합병계약을 체결했다. 2014년 8월 다음커뮤니케이션이 카카오를 흡수·
합병함에 따라 다음커뮤니케이션은 존속법인으로 남고, 카카오는 소멸하였다. 같
은 해 10월 1일 다음커뮤니케이션과 카카오의 통합법인 '다음카카오'가 출범했다.
그리고 다음카카오는 '모바일 라이프 플랫폼' 기업으로의 전환을 선언했다.

새로 출범한 다음카카오의 최대주주는 김범수였다. 한편 카카오의 전신은
2001년 NHN현, 네이버의 공동대표였던 김범수가 2008년 NHN을 나와 인수한 (주)
아이위랩이다.

2010년 3월 '카카오톡'을 출시했고, 9월에는 '아이위랩'이 사명을 '카카오'로 변
경했다. 2014년 10월 14일 다음카카오가 코스닥시장에 신주를 상장했다. 2015년
3월 택시 기사와 승객을 쉽고 빠르게 연결하는 모바일앱 '카카오택시'를 출시하였
다. 5월 (주)카카오프렌즈[1]를 설립하고, 인도네시아의 SNS 플랫폼인 '패스Path'를

인수한 뒤, 6월에는 록앤올(주)을 인수했다. 같은 해 10월 1일 회사명을 다음카카오에서 카카오로 변경했다. 2016년 3월 음반 기획, 제작, 판매 및 온라인 음원 서비스를 제공하고 있는 (주)로엔엔터테인먼트의 지분 76.40%를 인수·완료하여 경영권을 취득하였다. 2021년 9월 카카오 계열사인 카카오엔터테인먼트가 멜론컴퍼니를 합병하여 사업 부문을 확장하고 있다.

또한, 인공지능 사업을 본격적으로 추진하기 위해 2017년 2월 주식회사 카카오브레인을 설립하고, 3월 카카오 본사에 AI 전담 조직을 신설했다. 이 조직이 분사하여 2019년 12월 카카오 엔터프라이즈가 되었다. 이후 카카오 브레인에서 개발한 카카오 I를 기반으로 카카오 I 클라우드, 2022년 5월 출시한 카카오 I LaaS 등을 서비스하고 있다.

2017년 4월 주식회사 카카오페이를 설립하고, 7월 27일 두 번째 인터넷 전문은행인 한국카카오은행약칭 카카오뱅크이 카카오뱅크 서비스를 시작했다. 카카오뱅크의 최대주주는 ㈜카카오로 27%를 보유하고 있으며, 그다음으로 한국투자밸류자산운용과 ㈜국민은행이 각각 23%와 8%의 지분을 갖고 있다. 또한, 8월에는 카카오모빌리티를 출범시켰다. 카카오모빌리티는 카카오택시, 드라이버, 내비 등을 운영하는 카카오 모빌리티 사업부문이 독립한 회사다.[2]

1.2 카카오의 대표 서비스 분야

(1) 카카오톡

카카오가 대표적으로 꼽을 수 있는 서비스는 단연 '카카오톡'일 것이다. 카카오가 가지고 있는 가장 큰 강점이기도 한 카카오톡은 우리나라 모바일 이용자의 대부분이 사용하고 있는 서비스로, 모바일 시장에서 절대적인 영향력을 보유하고 있으며, 카카오톡이 가지고 있는 가능성은 한국에서는 가히 상당하다고 볼 수 있다. 거리를 거니는 모든 이들이 스마트폰에 설치해 두고 있는 앱일 뿐 아니라, 실제로

---

1 현재는 카카오 IX가 카카오프렌즈 캐릭터의 저작권을 가지고 관련 사업을 운영하고 있다.

2 카카오의 연혁, 위키백과, 카카오엔터프라이즈 홈페이지.

그림 1 카카오톡

전 우주
통신규약을 꿈꾸는
대한민국 대표 메신저

전세계 어디서나 즐기는
1:1 및 그룹채팅

TALK

문자보다 확실한 **무료 채팅**

언제 어디서나, 1년 365일,
꼭 옆에 함께하는 무료입니다.

서비스를 매일 이용하고 있기 때문이다.

카카오가 카카오톡 앱 이용자들을 기반으로 어떻게 수익을 창출해야 하는가에 대해서 유명한 사례가 있다. 바로 '카카오게임'이다. '애니팡'과 같이 카카오 플랫폼의 게임에서 발생하는 수익의 일부를 수취함으로써 카카오톡은 그 전까지 제기되던 카카오톡의 수익성에 대한 우려를 일축시킨 것이다. 또한 카카오톡의 캐릭터 '카카오프렌즈'도 국내 캐릭터 시장을 휩쓸고 있는 상황이며, 전체 모바일 상품권 매출의 90%를 차지하는 '카카오 선물하기', 일정 금액의 입점 비용을 내고 카카오톡에 입점하여 카카오톡 플러스 친구 목록에 노출하는 '카카오톡 플러스 친구' 역시 카카오톡의 수익 플랫폼 모델이다.

카카오톡의 수익 플랫폼: 큐레이션

카카오톡의 수익 플랫폼 모델 중 하나인 '카카오 선물하기'는 선물을 쉽게 카카오톡으로 전할 수 있는 간편 서비스이다. 다양한 맞춤 선물 큐레이팅으로 선물을 고르는 고민 없이 간편하게 고를 수 있는 상황별 맞춤 선물 큐레이션curation이 구비되어 있으며, 선물에 맞는 리액션 카드 또한 손쉽게 이용할 수 있다.

또한, '카카오파머'로 농산물 전문 큐레이터가 엄선한 전국 산지의 싱싱한 농산물과 레시피를 만날 수 있다. 생산자 실명제를 바탕으로 착한 농부와 산지의 모습을 생생하게 전달하며, 직접 구매하고 먹어본 사용자들만 남길 수 있는 솔직한 상품평으로 안심하고 이용할 수 있다.

카카오게임은 카카오톡에서 새로운 수익 창출을 위해 2012년 6월부터 시작한 서비스로, 이 서비스 덕분에 창업 초기, 막대한 투자금을 유치한 것에 비해 부실한 비즈니스 모델이라는 비난을 받던 카카오를 단번에 흑자로 만들었다.

카카오톡 계정을 필요로 하지만 단지 소셜 로그인일 뿐, 카카오톡을 통해서 게임을 하는 것은 아니다. 카카오톡이 제공하는 것은 게임 제목에 for Kakao를 붙이는 것, 게임 목록 제공과 게임 목록에서 앱 다운로드 및 실행을 지원하는 것, 그리고 경쟁 모드에 카카오 친구목록을 이용할 수 있게 하는 것 정도다. 하지만 카카오톡의 엄청난 친구 라이브러리를 기반으로 하여, 지금까지의 모바일 게임이 페이스북이나 오픈 페인트, 게임 센터 등을 이용한 경쟁 모드가 경쟁자 수가 적어 부실했다는 점을 완벽히 보완하는 데 성공하며, 여러 히트작을 배출하고 있다.

또한 카카오는 가입자 기반을 대상으로 모바일 게임, 모바일 광고, 모바일 커머스, 모바일 콘텐츠 등의 서비스를 연계하여 수익을 창출한다. 2022년 1분기 기준 (주)카카오는 총 153개사의 계열회사를 두고 있다. 온라인과 오프라인을 연결해주는 온디맨드On-Demand 영역에서 소비자의 욕구를 충족시키고자 혁신적 서비스인 국내 1위 택시앱인 '카카오택시'를 출시하여 편익을 제공하고 있으며, 2016년 5월 '카카오드라이버' 승객용 앱을, 같은 해 7월에는 '카카오 헤어숍'을 정식 출시하여 새로운 O2O 영역으로 점차 그 기반을 넓혀나가고 있다.[3]

(2) 카카오페이

카카오페이는 카카오톡을 통해 결제, 송금, 멤버십, 청구서, 인증 등을 제공하는 종합 핀테크 서비스로, 2014년 9월 5일부터 결제 기능을 통해 서비스를 시작했다. 2017년 4월에 카카오페이 주식회사라는 독립 법인이 출범하여, 현재 (주)카카오페이에서 관리하고 있다. 이후 2019년도에 대출 비교 서비스를 시작하였고 2020년도에는 자산관리 서비스 확대와 카카오페이증권, 펀드 상품을 출시하였다. 2021년도에 KOSPI에 상장하였고, 2022년도 현재에는 업계 최초 한국형 보험상품 비교 서비스인 KP보험 서비스를 시작하였고, 카카오페이증권에서 MTS모바일트레이딩시스템를 시작하였다. 간편 결제 서비스로 시작하여 송금, 멤버십, 청구서, 인증, 대출, 투자, 보험 등 여러 서비스를 하고 있다. 카카오톡에 신용카드 정보를 등록해 놓은 뒤, 인터넷 쇼핑몰 등에서 물건을 살 때, 비밀번호 입력만으로 간단히 결

---

3 카카오 기업분석 보고서, 잡코리아, 2017.08.11.

제할 수 있는 서비스로 소비자들에게 많은 관심을 받고 있다. 현재 카카오가 개발한 결제 시스템으로 변경되어 신용/체크카드뿐만 아니라 등록한 은행 계좌로도 결제할 수 있으며, 지문인식도 지원한다.

(3) 카카오 T

그림 2 카카오 T

카카오 T에 속한 통합 서비스들을 살펴보며, 본래 카카오가 서비스했던 콜택시 애플리케이션 '카카오택시'였으나 통합 브랜드 '카카오 T'가 출범하면서 카카오 T 택시로 리브랜딩Rebranding되었다. 서울특별시 택시운송사업조합과 한국스마트카드가 함께 손잡고 업무협약을 맺을 정도로 규모가 큰 사업이다. 2015년 7월 말 기준 출시 4개월 만에 기사 회원은 13만 명, 누적 콜 1,000만건 돌파하였다. 같은 해 12월에는 5,000만 건 돌파 기록을 세웠다.

그로부터 6년이 지난 2021년, 6년간 카카오 T 택시는 누적 택시 운행 수 13억건, 호출 수는 22억 2천만 건 이상으로 2015년 4월부터 2021년 6월까지, 운행 건수는 월평균 6.5% 성장률을 보이며, 폭발적으로 성장했다. 카카오 T 택시를 활용하는 기사 수는 23만 명으로 전국 택시 기사 24.4만 명 중 90% 이상은 카카오 T 택시 앱을 활용하고 있고, 3,000만 명의 이용자가 카카오 T를 이용하고 있다.

카카오 T는 다양한 서비스를 하고 있는데 2022년 기준으로 택시, 바이크, 대리, 퀵, 택배, 렌터카, 항공, 기차, 주차 등을 서비스하고 있다. 이 중 가장 유명한 택시는 블루, 벤티, 모범, 블랙으로 나뉘어져 있어 필요에 따라 대형 택시인 벤티나 고급 차량이 오는 블랙 서비스를 이용할 수도 있다. 카카오 T 대리는 '카카오 T' 앱 내에서 제공하는 대리운전 호출 서비스로 아직까지는 카카오드라이버 앱과 별개로 서비스되고 있는 실정이다. 기존의 드라이버 앱과 마찬가지로 출발지와 도착지를 기입한 후, 결제수단과 차종을 입력하면 드라이버를 호출할 수 있다. 드라이버 서비스를 이용하려면 먼저 카카오페이를 통해 결제 수단 등록을 완료해야 한다.

카카오 T 주차는 본래 '카카오파킹'이라는 이름이었으나 2017년 10월 24일 '카카오 T' 출범과 함께 카카오 T 주차라는 이름으로 변경하며, 정식 서비스를 개시하였다. 카카오 T 내비는 '카카오 T' 앱 내에서 제공하는 내비게이션 서비스로 아직까지는 카카오내비 앱과 별개로 서비스를 제공하고 있다. 카카오 그룹 내에서 카카오맵, 카카오내비, 카카오 T 내비까지 3개로 나뉘어져 있지만, 셋 다 데이터는 카카오맵의 지도 데이터를 사용한다.

❷ 카카오의 사업 다각화

카카오가 등장하고, 서서히 성장하는 것 같더니 어느 순간 카카오의 확장이 심상치 않아졌다. 온라인 메신저 카카오톡 뿐만 아니라 오프라인에서도 카카오 브랜드가 눈에 자주 띄고, 어떤 분야에서도 카카오를 볼 수 있게 되었다. 예를 들어, 카카오는 자사의 브랜드 '카카오프렌즈'를 각 기업과 제휴를 통해 온라인을 벗어나 오프라인까지 확산시키고, 카카오택시 고급화 전략과 물류 사업까지 진출을 하는 등 여러 방면으로 사업 다각화를 진행하고 있다. 다음에서는, 앞서 '카카오의 기업 소개'에서 간략하게 살펴보았던 카카오의 다양한 사업들과 카카오의 다각화 전략과 향후 전략 방향을 살펴본다.

표2 카카오의 사업 다각화

2010년 3월	카카오톡 아이폰 앱 출시
8월	안드로이드 앱 출시
2012년 7월	게임하기 서비스 시작
2013년 6월	카카오톡 PC버전 출시
9월	카카오뮤직 서비스 시작
2014년 4월	웹툰, 웹소설 서비스 시작
5월	다음 커뮤니케이션과 합병
9월	카카오페이 출시하여 간편 카드 결제 서비스 시장 진출
10월	다음카카오로 사명 변경
12월	'스마트 알림장' 키즈노트 지분 인수
2015년 3월	카카오택시 출범으로 콜택시 시장 진출
5월	캐릭터 회사인 카카오프렌즈 설립
9월	카카오로 사명 변경
11월	대리운전 시장 진출 선언, 카카오 택시 블랙 출시, 인터넷 은행 예비인가 취득
2016년 3월	카카오엠 지분 인수
9월	카카오맵 출시
2017년 2월	인공지능 사업 본격화를 위해 카카오 브레인 설립
4월	카카오페이 설립
8월	카카오모빌리티 출범
10월	카카오 T 출시, 모바일 주차 서비스 시작
2018년 3월	클록체인 관련 자회사, Ground X 설립
4월	카카오모빌리티, AI 기반 배차 시스템 '스마트 호출' 서비스 개시
11월	스마트홈 플랫폼 '카카오홈' 출시
12월	카카오커머스 설립
2019년 11월	카카오메일 베타 서비스 출시
2020년 2월	카카오페이증권 출범
2021년 9월	카카오페이손해보험 설립
10월	카카오페이지와 카카오 M 합병 후 카카오엔터테인먼트로 출범 후 멜론 합병

출처: 금융감독원 전자금융시스템

2.1 카카오의 다각화 비즈니스

(1) 카카오프렌즈

카카오는 2014년부터 카카오
프렌즈 캐릭터를 이용한 오프라
인 사업에 손을 대기 시작했다.
전국 주요 도시 백화점에 캐릭터
매장을 열고 쿠션과 인형, 휴대
폰 케이스, 노트 등을 판매하고
있다. 또한, 카카오는 프렌즈 IP
지식재산권를 이용하여, 각종 식음

그림 3 카카오프렌즈

료 업체들과의 제휴를 통해 시너지 효과를 내고 있다. 던킨도너츠와 베스킨라빈스
등과 협업해 캐릭터 음료와 케이크 등도 개발했다. 카카오는 2015년 초부터 LG생
활건강과 협력을 통해 카카오프렌즈 치약세트 등을 판매하여 욕실용품에서도 카
카오프렌즈를 쉽게 만나볼 수 있다.[4]

코카콜라는 콜라 캔이나 페트병에 카카오프렌즈 캐릭터를 삽입한 '코카콜라 카
카오프렌즈 스페셜 패키지'를 내놨다. 또한 메이크업 브러쉬 전문 브랜드 '플라리
아'에서는 카카오와 정식 라이선스 계약을 맺고 카카오프렌즈 메이크업 브러쉬 7
종과 스펀지를 출시했다. LG유플러스도 자녀 안심 기능을 강화한 아동 전용 디바
이스인 'U＋키즈폰 with 리틀카카오프렌즈'를 출시했다.

카카오프렌즈는 아시아 지역에서 한 해 동안 가장 큰 업적을 남긴 IP에 수상하
는 아시아 최대 규모의 시상식인 '2022 라이선싱 인터내셔널 아시안 어워드'에서
'올해의 아시안 프로퍼티Asian Property of the Year'를 수상했다.[5] 유통업계 관계자는 "카
카오프렌즈의 높은 인지도를 이용해 기존 제품의 홍보 효과를 높이고 특히 젊은
고객층을 공략하는 기업들이 '카카오프렌즈'와 협업을 시도하고 있다"고 말했다.

---

4 이신영, "거침없는 카카오의 확산 … 사업'다각화'", 시사포커스, 2015.10.20.
5 Kakao, "카카오프렌즈, 2022라이선신 인터내셔널 아시안 어워드 수상", 2022.04.28.

카카오는 '카카오프렌즈'를 단순한 캐릭터 콘텐츠가 아닌 하나의 브랜드로 여기고 콜라보레이션collaboration, 라이선스 비즈니스 등 사업영역을 확장해 나갔다. 이와 같은 관점에서 경영 전문성을 제고하고 독립을 통한 사업 추진력 확보를 위해 카카오 내 조직에서 독립법인으로 2015년 6월에 분사했다. 카카오프렌즈가 이후 시작한 주요 사업 중 하나는 '카카오프렌즈 스토어'다.

스토어에서는 카카오프렌즈 캐릭터가 활용된 인형, 장난감, 노트 등 다양한 품목이 판매되고 있다. 카카오프렌즈는 온·오프라인 상품 유통 채널을 다각화하는 등 사업을 펼쳤고, 유의미한 수요를 창출했다. 카카오프렌즈 플래그십 스토어 홍대점은 지난 2016년 12월 개점 후 첫 달 매출이 35억 원에 이르기도 했다. 현재 운영 중인 국내 스토어는 홍대·강남·부산 등 3개 플래그십 스토어를 포함 30개에 달한다. 카카오프렌즈는 향후 국내 지점 확장을 비롯해 해외 지점 설립도 검토 중이다.

모회사 카카오는 카카오프렌즈 캐릭터를 디자인으로 만든 음성인식 AI 스피커 '카카오미니'를 2018년 9월에 출시한 후, 4개월간 8만대를 판매하는 성과를 거뒀다. 업계에서는 제품 인기 비결 중 하나로 카카오프렌즈의 인지도를 꼽고 있다.

카카오프렌즈 IP를 활용한 사업이 활발히 추진되면서 수익도 꾸준히 증가해왔다. 상품 소매 판매, 로열티 수익 등이 포함된 카카오프렌즈 매출은 2016년 705억 원에서 2019년 1천 536억 원으로 우상향 곡선을 그렸다.

그림 4 **카카오미니**

2019년 4분기 기준, 카카오프렌즈 IP 비즈니스 기타 매출은 1,163억 원이다. 이는 전 분기 대비 29% 성장, 전년 동기 대비 75% 증가한 수치이다.[6]

---

6 손요한, "카카오, 연간 매출 3조 898억, 영업이익 2,066억 원", Platum, 2020.02.13.

(2) 카카오엔터테인먼트

또한, 카카오는 연재 중인 웹툰의 내용을 바탕으로 한 영화를 동시 제작하면서 콘텐츠 사업 다각화에도 나섰다. 바로 2017년에 개봉했던 '강철비'와 관련된 내용이다. 카카오 관계자는 "강철비는 국내 최초로 웹툰 연재와 영화 제작을 동시에 진행하는 콘텐츠 융합 사례"라고 설명했다.

그림 5 카카오엔터테인먼트

카카오페이지는 이번 사례를 시작으로 향후 웹툰, 소설 등의 지적재산권(IP)을 적극 활용한 영화·드라마 제작 사업을 지속 추진할 계획이라고 한다. 이진수 카카오 콘텐츠사업부문 총괄부사장은 "2017년이 국내 플랫폼을 정교화하고 해외에서 성과를 거두기 시작했던 해라면, 2018년은 본격적인 IP 비즈니스 원년이 될 것"이라고 말하여, 2018년 카카오 IP 활용도를 주목하는데, 기대를 한껏 높였다.[7] 또한, 카카오 엔터는 페이지컴퍼니, M컴퍼니, 멜론컴퍼니 3개의 CIC 체제에서 벗어나 스토리, 뮤직, 미디어 등 3개의 주요 사업분야를 중심 축으로 통합 개편을 단행하고 이를 통해 엔터 산업 전 분야와 전 장르를 유기적으로 결합한 카카오엔터의 IP 밸류체인 효과를 본격화하며, 글로벌 엔터 기업으로서 도약할 것으로 기대된다.

(3) 카카오페이

'카카오페이'에서도 카카오의 다각화에 대한 특별한 활약을 찾아볼 수 있다. 2014년 9월 5일 카카오의 간편 결제 서비스로 출시된 '카카오페이'는 별도 앱 다운로드, 공인인증서 등이 필요 없고 특정 통신사, 단말기, 운영체제에 종속되지 않는 서비스 설계와 높은 보안성을 기반으로 출시 1개월 만에 가입자 120만 명을 돌파했다. 2022년 3분기 기준, 가입자는 3,848만 명을 넘어 생활 금융 플랫폼으로 확장되었다.

---

7 한순천, 무섭게 큰 카카오엔터, '한국판 디즈니' 꿈 이루나, 서울경제, 2022.09.20.

카카오페이는 지난 8년간 가맹점 확대, 신규 결제 방식 도입 등 종합 핀테크 플랫폼을 전략으로 내걸고 송금, 멤버십, 청구서, 투자, 대출, 보험, 인증과 같은 신규 사업을 공격적으로 추진해 왔다. 그 결과 2022년 3분기, 총 거래액이 30.5조 원을 기록하였고, 순수 이용자 수가 2,298만 명이 되었다.

카카오페이는 출범과 함께 적극적인 제휴사 확대 및 서비스 인지도 강화를 통해 자사 비결제 서비스의 성장을 빠르게 추진했다. 2021년 기준 금융 제휴사의 개수도 127개로 국내 최다 수준이고, 월 거래 금액도 44만 3천원, 거래 건수도 102건을 기록하였고 내 주변 상점을 한눈에 파악하는 '내 주변' 서비스를 오픈하여 사용자 위치를 기반으로 주변의 가맹점과 혜택, 멤버십 정보 등을 한눈에 파악할 수 있게 되었고 마이데이터를 기반으로 카드 추천 서비스와 금융 일정 서비스도 시작하였다.

그림 6 알리페이X카카오페이 협업

간편 결제와 송금 서비스로 폭넓은 사용자 기반을 만들고 각종 청구서·고지서와 인증, 멤버십 서비스 등을 통해 사용자가 카카오페이 플랫폼 안에서 일상적인 경제활동을 처리할 수 있게 만들었고 이렇게 유입된 사용자들에게 대출 상품 중개 및 자회사를 통한 투자, MTS모바일 주식 거래 서비스 보험상품 등 다양한 금융 서비스도 제공하여 국민 생활 금융 플랫폼이 되어 가고 있다.

이외에도 테크핀 선도 기업으로서 AI와 딥러닝 기술을 적극 도입하고, 블록체인 기반 인증이나 생체 인식 등 사용자 인지−인증 기술을 통해 안전한 금융거래는 물론, 디바이스리스 시대에 대한 준비도 하고 있다. 또한, 알리페이와 제휴하여 일본, 중국에서 알리페이 플러스가 가능한 곳에서 결제 가능하게 하였고 이처럼

해외 국가에도 결제처를 늘려가고 있다.[8]

카카오페이는 '알리페이플러스'와의 제휴를 통해 중국에서 결제 서비스를 시작했다. 중국 일부 지역 오프라인 매장에서도 '카카오페이 결제'를 이용할 수 있게 되었는데, 중국에서 사용이 가능한 최초의 해외 간편 결제 사업자가 되었다. 사용자들은 카카오페이 로고가 비치된 사용처에 QR코드나 바코드를 제시하는 방식으로 카카오페이 결제 서비스를 이용할 수 있다.

(4) 카카오 엔터프라이즈

카카오 엔터프라이즈는 카카오 산하의 인공지능 기반의 플랫폼과 솔루션을 개발하는 B2B 전문 기업으로 자체 개발한 엔진을 사용해 만든 카카오 i가 주요 인공지능 기술이다. 카카오 엔터프라이즈는 2022년 5월 '카카오 i LaaS서비스형 물류'를 출시하였다. 카카오 i Laas는 AI를 기반으로 화주貨主와 물류센터를 연결하고, 판매, 주문, 창고 관리까지 물류를 관리할 수 있도록 돕는 물류 생태계 플랫폼이다. 카카오의 플랫폼 노하우와 쉽고 편리한 사용성, 모바일 연결성이 강점이다. 여기에 고도화된 AI와 검색, 데이터 분석까지 제공한다.

화주는 매칭 서비스를 통해 쉽고 편리하게 최적의 물류센터를 쓸 수 있고, 주문부터 창고 및 재고 관리, 배송 등 물류 전 단계의 정보를 한눈에 파악할 수 있다. 물류센터는 유휴공간을 효율적으로 운영해 새로운 수익을 창출하고, 고객 유치 비용도 줄일 수 있는 장점이 있다.

2.2 카카오의 다각화 산업 매출 분석

카카오 측에서 밝힌 바에 따르면, 총매출은 2022년 3분기 전년 대비 7% 성장하였다. 매출 비중은 플랫폼이 53%, 콘텐츠 47%이고, 플랫폼 부문은 전년 대비 27%, 전 분기 대비 6% 증가하며 성장세를 보이고 있지만, 콘텐츠 부문은 전년 대비 -9%, 전 분기 대비 -2%로 나타났다.

---

8 박기영, 카카오페이 "하나로 다 되는 전 국민의 금융 플랫폼 될 것", 이투데이, 2021.10.25.

콘텐츠 부문 중 미디어 부문에서 <수리남>의 흥행을 통한 제작 역량 입증과 제작 작품 수 확대로 전년 대비 13% 증가하였고, 뮤직 부문에서 자사 아티스트들의 음원/음반 판매 호조와 콘서트 및 해외 활동 성과에 따라 전년 대비 27% 성장하였다. 하지만 '게임 콘텐츠' 매출은 '오딘'의 대만 출시 효과가 사라지고 '우마무스메'도 기대에 미치지 못했으며, PC 부문도 '배틀그라운드'가 호조를 보였으나 매출 인식 지연에 기존 '아키에이지'의 매출 감소 등으로 전년 동기 대비 36%, 전 분기 대비 12% 줄어들어, 전체적인 콘텐츠 부문의 매출이 감소하였다.

이외에 '광고 부문' 매출은 톡 채널 메시지와 선물하기 배송 선물의 견조한 성장으로 전년 대비 증가하였고, 플랫폼 기타 부문에서는 모빌리티 이동 수요 증가와 페이 결제/금융 서비스 거래액이 성장하여, 작년 대비 61% 전 분기 대비 9% 성장하였다. 카카오는 카카오 3.0 시대를 성공적으로 이끌고 나가기 위해서, AI, 블록체인 등 중장기 성장 기반 마련을 위한 공격적인 신규 투자를 추진하고 있다.[9]

2.3 카카오의 향후 다각화 방향

카카오는 2018년 3월 16일 주주총회를 계기로, 공동 대표이사 체제 전환과 함께 수익 다각화 등 대대적인 변화에 나섰으며, 현재까지 꾸준히 다각화를 추구해 왔다. 이러한 급격한 사업의 확장은 문어발 확장, 소상공인 침탈이라는 비판을 받았지만 현재 카카오 자회사의 80%는 웹툰·웹소설·게임·영상·음악 제작 관련 30인 미만의 소규모 스튜디오들이고 지적재산권IP 확보가 필수적인 콘텐츠 사업을 펼치며, 콘텐츠 제작에 경쟁력을 보유한 스튜디오들에 투자를 이어간 결과다. 배재현 카카오 수석부사장은 3분기 실적발표 컨퍼런스콜에서 "소규모 회사를 제외하면 주요 계열사 숫자는 10개 미만이고 초창기부터 스타트업에 투자하며, 카카오의 상생 모델을 만들고 있다"고 밝혔다.

따라서 카카오는 자회사를 통해 매출 성장세를 계속 이어간다는 계획이다. 카카오 자회사인 '카카오모빌리티'는 이동 수요가 팬데믹 이전 수준으로 회복되면서

---

9 김남규, "카카오 게임 분야 성장세 지속, 분기 매출 1,000억 최초 돌파", 게임동아, 2018.05.10.

3분기 주차 사업 부문이 전년도 동기 대비 285% 성장했으며, 자율주행과 UAM 등의 다각화 방향을 가지고 있다. 한편, 카카오 국내 콘텐츠 서비스인 카카오페이지와 같은 유형의 서비스를 제공하는 카카오픽코마가 일본에서 콘텐츠 매출액 증가율이 눈에 띄었다. 일본 전체 앱 매출 1위, 글로벌 만화 앱 매출 1위, 글로벌 전체 앱게임 제외 7위를 기록하면서, 기타 콘텐츠 매출액은 1년 전보다 62% 증가한 538억 원을 기록했다. 카카오는 웹툰과 웹소설을 넘어 동영상 서비스를 한국과 일본에서 확대할 계획이다.

그 외에서도 카카오페이는 2022년 3분기 거래액 30.5조 원으로 작년 대비 21%의 성장치를 보여주고 있다. 카카오모빌리티의 경우, 2021년 3분기 기준 대한민국 전체 인구의 절반인 3,000만 명의 이용자가 이용하고 있으며, 고급택시 서비스, 가맹 택시 서비스, 대형 택시, 대리, 주차, 바이크 서비스와 같이 다양한 방향으로 서비스를 제공하는 방향으로 발전하고 있다.

카카오페이의 경우, 송금과 결제 서비스 모두를 합치면 2022년 1분기 거래액이 30조 원에 달한다. 3가지 이상 서비스를 사용하는 비중도 18년 말 22%에서 68%로 46% 성장을 기록하였으며, 카카오 페이 손해보험, 오프라인 가맹점 확대, 예적금 비교 서비스, MTS, 애플워치 결제 서비스 제공 등 다양한 서비스의 확장을 통해서 수익성을 높이고 있다.

카카오 모빌리티는 T퀵도 도입하였다. 2021년 6월 퀵과 택배 중개 서비스를 시작하였고, 퀵 기사 모집 한 달 만에 10만 명이 넘는 기사들이 지원해 서비스를 시작하였다. 퀵 서비스는 확장성이 무궁무진한 서비스로 오토바이만이 아닌 다양한 차종이 배송을 하기 때문에 다양한 물품의 취급이 가능하고 다양한 소비층을 끌어모을 수 있을 것으로 기대하고 있으며, 2019년 도입한 카카오 T 바이크도 공유 바이크 시스템으로 전주, 울산 하남, 안산, 서울 송파, 경기도 안양, 충북 청주 등 서비스 지역을 확대하고 있다.[10]

---

10 카카오페이 2022년 3분기 실적발표, 2021 카카오모빌리티 리포트, 이정후, 정은지, '수익성 빨간불' 카카오 4분기도 실적 먹구름, 2022.11.03.

③ 카카오의 인수합병

3.1 다음

(1) 합병형태

그림 7 다음카카오

우선 합병형태를 살펴보면, 두 회사의 통합법인의 이름은 '다음카카오'로 결정됐다. 형식적으로는 카카오가 다음Daum에 합병되는 형태다. 기준주가에 따라 산출된 약 1 : 1.556의 비율로 피 합병 법인인 '카카오'의 주식을 합병 법인인 '다음커뮤니케이션'의 발행신주와 교환하는 방식이다.

이렇게 두 회사가 합병될 경우, 김범수 카카오 이사회 의장이 이재웅 전 다음 대표를 제치고 최대주주가 될 것으로 보인다.

김 의장은 합병 후 신주를 받게 되는데 2013년 말 현재 카카오톡 주식이 808만 3천 800주(29.9%)인 점을 고려하면 다음 신주를 500만주 이상을 취득하게 된다. 다음 최대주주인 이재웅 전 대표(198만주)를 넘어 최대주주로 등극하게 된다.

[출처] 2014.05.26 SBS뉴미디어부

그림 8 다음-카카오 합병 후 최대주주 지분율 변화

(단위: %)

	기존지분율		다음카카오 지분율
DAUM	13.67	이재용	3.28
	0.48	박은숙	0.12
	12.19	KB자산운용	2.92

	기존지분율		다음카카오 지분율
KAKAO	29.24	김범수	22.23
	23.15	케이큐브홀딩스	17.60
	13.0	maximo*	9.9
	5.43	위메이드*	4.13

*는 우선주

업계에서는 카카오가 다음을 합병했다고 보는 시각이 우세하다. 비상장사인 카카오의 시장가치는 최소 2조 3,500억 원대로, 코스닥에 상장된 다음의 1조 590억 원대에 비해 두 배 이상으로 평가된다. 상장을 추진해 왔던 카카오는 이번 합병으로 우회상장을 하게 됐다. 우선 증권업계에선 이러한 합병이 두 회사 모두에게 이득이 될 것이라고 보고 있다.[11]

(2) 합병이유

카카오의 합병이유

2006년 설립된 카카오는 2010년 3월 카카오톡을 선보이면서 국내 모바일 메신저시장을 지배했다. 카카오는 2012년 게임 플랫폼을 출시하면서 흑자전환에 성공했고, 카카오스토리와 카카오앨범 등 다양한 콘텐츠를 개발했다. 카카오는 2013년 매출 2,108억 원과 영업이익 659억 원을 기록했다. 2012년보다 각각 357%와 843%나 증가한 수치다.

하지만 카카오의 미래를 책임질 '킬러 콘텐츠'가 없다고 전문가들은 지적했다. 메신저나 게임 외에 새로운 수익모델이 없어 성장성에 의문이 제기된다는 것이다. 카카오의 수익 포트폴리오에서 85%나 차지하고 있던 게임 사업은 신작 게임의 부진과 게임포화 등으로 성장이 정체위기에 있었다. 네이버가 폐쇄형 SNS인 '밴드'를 통한 게임사업 진출을 선언했을 뿐 아니라, 안드로이드 애플리케이션 마켓인 구글플레이에 직접 공급하는 비 카카오톡 게임이 증가하면서 경쟁자들도 늘어나고 있었다.

또한, 해외사업은 카카오의 가장 큰 고민거리였다. 카카오의 해외법인인 카카오 재팬과 카카오 싱가포르, 베이징 카카오는 지난해 모두 순손실을 기록했다.

카카오는 이미 해외에서 확고한 자리를 잡고 있는 페이스북과 왓츠앱, 위챗 등에 밀려 점유율 확보에 어려움을 겪고 있었다. 카카오의 해외 가입자 수는 1억 3,000만 명으로 4억 2,000만 명을 확보한 네이버의 라인보다도 한참 뒤처졌다. 결국 카카오가 새로운 수익모델을 개발하고 해외사업을 강화하기 위해 가장 필요한

---

11 허완, "다음과 카카오는 왜 손을 잡았나", 허핑턴포스트코리아, 2014.05.26.

것은 '자금'이었다. 카카오가 상장을 추진한 것도 투자자금을 확보하기 위함이었다. 이석우 대표는 기자간담회에서 "빠르게 변화하는 모바일 환경에서 인재확보와 자금지원 면에서 벤처기업의 한계를 느꼈다"라며, "세계 IT모바일 시장에서 선도기업이 되기 위해 다음의 지원이 필요했다"고 말했다. 물론 카카오는 독자적 상장을 통해 투자금을 마련할 수도 있었다. 업계에 따르면 카카오는 합병과 단독상장을 동시에 추진했다. 다음과 협상이 결렬되면 스스로 자금 조달에 나서야 하기 때문이다.

카카오는 이런 한계를 감안해 다음을 통한 우회상장으로 전략을 선회한 것으로 보인다. 상장을 통해 신사업 확보와 해외사업 확대를 위한 실탄을 마련하는 것이다. 특히 국내 1위 모바일 광고 플랫폼을 가진 다음의 지원을 받으며, 네이버를 등에 업은 라인과 정면대결을 벌일 수 있게 됐다.[12]

다음의 합병이유

다음은 국내 2위 포털업체라는 타이틀을 내세우기 부끄러운 상황이다. 인터넷 리서치 업체인 코리안클릭에 따르면 2014년 3월 검색 시장에서 네이버의 점유율은 75.09%이다. 이에 비해 다음의 점유율은 20.27%로 3배 이상 차이가 난다.

다음은 국내 최초로 무료 이메일인 '한메일'과 커뮤니티인 '카페' 서비스를 선보였다. 국내 포털업체 중에서 가장 먼저 모바일에 최적화된 서비스를 선보이기도 했다. 하지만 포털시장에서 네이버에 밀리면서 모바일 시장에서도 이렇다 할 성과를 내지 못하고 있다. 2013년 1분기 다음은 매출 1,270억 원에 영업이익 151억 원을 기록했다. 매출 6,380억 원과 영업이익 1,898억 원을 거둔 네이버와 비교하기 부끄러운 실적이다. 특히 포털사업의 가장 핵심 수익원인 광고매출의 경우 네이버와 격차가 무려 7배나 난다. 네이버의 1분기 광고매출이 4,771억 원인데 비해 다음의 광고 매출은 646억 원에 불과했다.

네이버는 보유하고 있는 강력한 포털을 바탕으로 라인을 성공시키는 등 사업 다각화에 본격적으로 나서고 있다. 반면 다음은 '마이피플'이란 메신저를 내놨지

---

12 이도현, "다음-카카오 합병, '다음'이 안 보인다", 인베스트조선, 2014.05.26.

그림 9 2013년 카카오·다음·네이버 실적

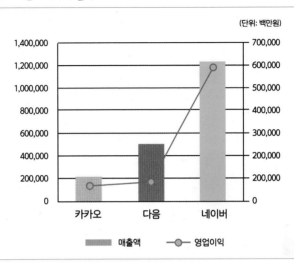

(단위: 백만원)

만 카카오톡과 라인에 밀렸다. 지난해 SNS 서비스인 '요즘'과 블로그 서비스인 '다음 뷰' 등을 차례로 선보였지만 기대한 만큼의 사용자들을 끌어 모으지 못했다.

이러한 상황에서 다음이 카카오와 합병을 결정한 것은 결국 기존 포털사업에서 더 이상 네이버를 추격하기 어렵다는 것을 인정한 것으로 보인다. 그 대신 카카오라는 강력한 모바일 플랫폼을 품으며, 모바일 시장에서 네이버와 경쟁하겠다는 의지로 합병을 하게 되었다.[13]

(3) 합병 후 서비스 변화

카카오 TV 출시

합병 후 카카오톡 업데이트에서 많은 사람들이 주목한 부분은 '카카오 TV'였다. 카카오 TV를 간단하게 표현하자면 '카카오톡과 유튜브의 결합'이라고 설명할 수 있다. 카카오톡 사용자는 메신저를 이용하면서 클립영상, 라이브, VOD 영상을 시청할 수 있다. 최근 모바일 시장에서 강렬하고 짧은 클립영상이 빠르게 성장하고 있는 가운데, 메신저를 통해 동영상으로 소통할 수 있는 카카오 TV는 모바일 동영상

---

13 이민재, "카카오와 다음은 왜 합병하나", 비즈니스포스트, 2014.05.26.

그림 10 카카오 TV

시장을 장악하기 위한 다음카카오의 기민한 움직임으로 바라볼 수 있다.

카카오 TV를 통해 모바일 동영상 소비가 증가할수록, 카카오톡의 동영상 광고도 함께 성장한다.

〈#〉 검색기능 도입

지금까지 채팅을 하다가 궁금한 내용이 있으면 채팅방을 종료한 후 포털 앱(네이버, 다음)을 실행해야 하는 번거로움이 있었다. 〈#〉 기능이 도입되어, 카카오톡 유저는 메신저를 이용하는 도중에 채팅방 내에서 궁금한 사항을 실시간으로 검색할 수 있다. 즉, 메신저와 포털이 결합되었다고 생각할 수 있다. 카카오톡 검색기능이 강화된다면 키워드에 따라 검색결과가 상위에 노출되는 검색광고 상품이 등장하게 된다.

다음카카오는 많은 유저를 확보한 카카오톡을 기반으로 새로운 기능을 추가하고 있다. 카카오스토리 및 카카오뮤직 등도 별도로 운영되는 것 같지만, 카카오톡을 통해 모두 연결되어 있다. 이번 업데이트를 통해 카카오톡은 동영상 콘텐츠를 제공할 수 있게 되었고, 이후 '채널'이라는 서비스를 통해 다양한 콘텐츠를 제공하고 있다. 또한 검색기능이 추가되어 실시간으로 다양한 정보를 확인할 수 있다.[14]

3.2 다른 기업들의 M&A

카카오가 최근 대규모 해외 투자유치에 성공하면서 글로벌 기업 인수합병(M&A)에 탄력을 받고 있다. 이를 통해 카카오는 글로벌 콘텐츠 시장 영향력 확대를 위한 일환으로 M&A를 적극 활용할 계획이다. 더불어 그동안 고배를 마셔왔던 카카오

---

14 심상용, "광고인으로 바라본 다음카카오의 행보", MOBI INSIDE, 2015.06.22.

92 _ Paradigm Shift를 위한 4차 산업혁명 시대의 경영사례 I

의 글로벌 진출 가능성은 더욱 커지고 있다.

그림 11 카카오 인수합병 리스트

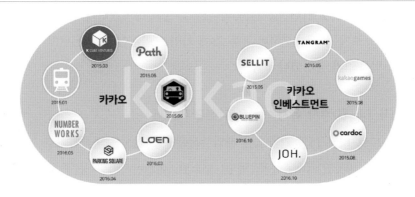

그림 12 카카오의 M&A

단위 : 억원

기업 명	인수 건	인수 대상	인수 금액
		M&A로 덩치 키우는 네이버 · 카카오	
네이버	3	문피아(웹소설 연재 플랫폼), 나매인(스니커즈 리셀 플랫폼), 왓패드(캐나다 웹소설 업체)	8740
카카오	23	세나테크놀로지(무선통신 디바이스 개발), 래디쉬미디어(북미 웹소설 플랫폼), 보라네트워크(블록체인 기반의 디지털 콘텐츠 플랫폼), 타파스미디어(북미웹툰 플랫폼), 바달(퀵서비스), 나투스핀, 딜카, 코리아드라이브 외 9개 회사, 손자소프트(퀵서비스), 스튜디오8(MMORPG 개발사), 스튜디오하바나(장르 웹툰 · 웹소설 플랫폼), 스트리스(HD맵 스타트업), 쓰리와이코프레이션('가짜사나이' 제작사), 아이앤아이소프트(영상 실시간 재생 기술 업체), 안테나(엔터테인먼트), 애드엑스(모바일 광고 플랫폼), 예원북스(출판사), 웨이투빗(블록체인 게임 플랫폼 개발사), 코드독(모바일 게임 개발사), 크래들스튜디오(드라마 제작사), 클로브클럽(의류 브랜드), 키위미디어(다국어 번역 업체), 플러스티브이(디지털 사이니지 스타트업)	1조1460

국내 양대 빅테크 기업 중 올해 인수·합병M&A의 승자는 카카오다. 한경비즈니스가 기업데이터연구소 CEO스코어와 함께 네이버와 카카오의 2021년 11월 말까지 M&A 현황을 분석한 결과, 카카오는 계열사 카카오게임즈, 카카오엔터테인먼트를 중심으로, 2021년 1조 1,460억 원을 투입해 타파스미디어·래디쉬미디어·세나테크놀로지·스튜디오하바나 등 23개 기업을 인수했다. 2020년의 13건, 3,646억원에 비해 크게 증가했다.[15]

(1) 1조 원 투자 유치 ··· 글로벌 진출 가시화

2017년 12월 15일 카카오는 해외주식예탁증서GDR를 발행하기로 공시하고, 싱가포르를 비롯한 홍콩, 뉴욕, 런던, 보스턴, 샌프란시스코 등 주요 금융시장에서 해외 로드쇼를 개최했다. 당초 36회로 예정되어 있던 투자자 미팅은 현지에서의 폭발적 관심으로 총 55회까지 늘어났으며, 이후 실시한 수요예측에서도 대규모 청약이 이어져, 조기에 GDR 발행을 확정지었다.

박성훈 카카오 최고전략책임자CSO는 "최근 일본에서 선보인 만화 플랫폼 '픽코마'가 급격한 성장세를 이어가고 있는 등 콘텐츠를 통한 글로벌 진출 전략이 성과를 거두고 있는 만큼, 해외 투자자들이 카카오의 미래 성장 가능성을 높게 평가했다"며, "향후 성장성과 수익성이 담보된 업체 중심의 M&A를 추진하고 신성장 동력을 확보해 나감으로써, 주주가치를 극대화하는 데 최선을 다할 것"이라고 말했다.

(2) 글로벌 콘텐츠 플랫폼 M&A 본격화

유치한 자금으로 카카오는 게임과 웹툰, 음악, 동영상 등 글로벌 콘텐츠 플랫폼 업체의 M&A와 인공지능AI 관련 투자 등에 사용할 계획이다. 카카오는 수차례의 M&A와 지분투자를 거쳐 성장해왔다.

2014년 다음과의 합병 이후 카카오는 서비스 포트폴리오를 재정비하는 한편 로엔엔터테인먼트와 포도트리를 인수하고 카카오프렌즈와 카카오페이, 카카오모빌리티, 카카오게임즈 등 주요 사업부문을 분사하는 등 새로운 성장 기반을 마련

---

15 안옥희, 네이버 vs 카카오, 빅테크 M&A 승자는, 한경BUSINESS, 2021.12.23.

하는데 성공했다. 특히 카카오의 핵심 매출원 콘텐츠 분야인 게임, 웹툰, 음악·영상 등은 모두 M&A로 만들어졌다고 해도 과언이 아니다. 게임은 지난 2015년 카카오가 모바일 게임 퍼블리싱 기업인 엔진을 인수해 지금의 카카오게임즈로 탄생시켰다. 또한 2016년에는 1조 8,000억 원으로 로엔을 인수해 음악과 영상 콘텐츠 강화를 위한 발판을 마련했다.[16] 로엔엔터테인먼트는 국내 최대 인터넷 음악 플랫폼인 멜론Melon을 운영하는 기업으로 잘 알려져 있으며, 음원 및 음반의 유통, 음악 관련 콘텐츠 투자·제작, 아이유와 같은 아티스트들의 매니지먼트 사업도 하고 있다. 2016년 카카오에 인수된 이후 2018년 3월에는 사명이 '카카오M'으로 변경되어 9월 1일 모회사인 카카오에 흡수 합병되었다.

표 3 카카오의 로엔엔터테인먼트 인수

이사회 결의일	2016년 1월 11일
양수일자	2016년 3월 16일
양수주식 수	19,322,346
양수금액	1,874,267,562,000원
양수 후 지분비율	76.40%
양수목적	모바일 콘텐츠 플랫폼 성장 동력 확보 및 경쟁력 강화
거래상대방	Star Investment Holdings Ltd. 및 SK플래닛
거래대금지급	1) 지급형태: 현금 및 유상증자를 통한 신주 발행 지급 2) 지급시기: 2016년 3월 16일 3) 자금조달방법 : 보유현금, 유상증자(제3자 배정), 인수금융, 투자유치 등
외부평가기관	한영회계법인

출처: 이민교, 박진우, 2019.05, 카카오의 로엔엔터테인먼트 인수 사례, 한국경영학회, p.69

(3) 유아 콘텐츠 '블루핀'에 80억 원 지분 투자, 로엔 포함 총 6건

'카카오톡'을 운영하는 카카오가 2016년 음악사이트 '멜론' 운영사 등을 인수합병M&A하면서 2조 원 가까운 금액을 쏟아 부은 것으로 나타났다. 이 가운데 멜론

---

16 김승한, "카카오, 실탄 1조 원 들여 글로벌 M&A 쏜다", 한국금융신문, 2018.01.29.

서비스업체 로엔 인수 금액이 대부분을 차지하는 등 콘텐츠 분야에 대한 '통큰' 투자가 눈길을 끈다.

카카오에 따르면 2016년 1년간 M&A를 마무리한 곳은 로엔·나비로NAVIRO·파킹스퀘어·넘버웍스·피플러그·블루핀 6곳으로 이들 지분 취득에 들인 비용은 총 1조 9,036억 원이다. 이는 2015년 한해 케이큐브벤처스 등 13개사 지분 취득과 2건의 사업 양수에 투입한 비용총 2,274억 원에 비해 8배 이상 증가한 금액이다.

카카오는 2016년 말에 투자전문 자회사100% 케이벤처그룹을 통해 유아 콘텐츠 개발사 블루핀 지분 51%를 80억 원에 사들였다. 블루핀은 '로보카 폴리' 등 인기 캐릭터를 활용해 애니메이션과 영어·한자 교재 등 유아 교육 콘텐츠를 개발하는 곳이다.

아울러 카카오는 게임 계열사 카카오게임즈구, 엔진를 통해 14억 원을 들여 모바일게임 개발사인 피플러그 지분 78.9%를 확보했으며, SK텔레콤 데이터 전문가 출신들이 만든 빅데이터 분석 스타트업 넘버웍스의 지분 100%를 66억 원에 사들이기도 했다.

표 4 카카오, 2016년 M&A 활동

업체명	취득한 지분(%)	투입자금(억 원)
로엔	76.40	1조 8,775
NAVIRO(구 DeNA Locations)	100.00	44
파킹스퀘어	100.00	56
넘버웍스	100.00	66
피플러그	78.90	14
블루핀	51.00	80
합계		1조 9,036

출처: Business Watch

주차장 검색·예약 앱 '파크히어'를 서비스하는 파킹스퀘어 인수와 내비게이션 앱 '김기사' 운영사 록앤올의 일본 합작법인 'DeNA Locations현, NAVIRO의 잔여 지분을 확보하는데 각각 56억 원과 44억 원을 투입하기도 했다.

무엇보다 카카오 M&A의 하이라이트는 국내 최대 음악사이트 '멜론' 운영사 인수이다. 카카오는 로엔 지분 76.4%를 취득하는 데 무려 1조 8,776억 원의 막대한 자금을 들였다. 단일업체 인수 금액으로는 이전과 비교할 수 없을 정도로 큰 액수이다. 2016년 전체 M&A 금액의 대부분을 차지한다.

'카카오택시'와 같이 메신저 카카오톡을 기반으로 온라인과 오프라인을 연결하는 O2O 사업에 집중하던 카카오가 작년부터 콘텐츠 확보에 역량을 모으는 것은 모바일 시대를 맞아 콘텐츠의 중요성이 갈수록 커지고 있기 때문으로 해석된다.[17]

(4) SM엔터 인수해 K팝 시장 진출

카카오엔터는 현재 이수만 SM엔터 총괄프로듀서가 보유한 SM엔터 지분 18.27%를 인수하는 협상을 진행하고 있다. 카카오는 SM엔터가 CJ와 벌이던 협상이 결렬되자 그 틈을 파고들어 협상 테이블에 앉았다. 2021년 7,015억 원의 매출을 올린 SM엔터는 슈퍼주니어, 소녀시대 등을 거느린 '원조 K팝 기업'으로 꼽힌다. 이런 SM엔터를 카카오가 품게 되면 합산 매출이 2조 원대로 확대될 뿐 아니라, 전체적인 콘텐츠 파워도 대폭 업그레이드된다. K팝 수출 등 해외 시장 공략에도 탄력이 붙을 가능성이 높다.[18]

❹ 카카오의 ESG 경영

4.1 Environmental

'지속가능한 미래 환경을 위한 일상의 작은 혁신'이라는 비전을 가지고 2022년에는 Scope 1, 2 배출량에 대한 2040 Net Zero 목표를 수립하였으며, 점진적으로 가치사슬 전반의 온실가스 배출량을 관리할 계획이다. 특히 액티브 그린 이니셔티

---

17 임일곤, "카카오, 콘텐츠 무한사랑 … '작년 M&A 2조 투입'", 비즈니스워치, 2017.03.07.
18 김희경, M&A로 영토확장…카카오 '엔터 강자' 등극, 한경, 2022.04.13.

브의 3원칙을 '카카오 안에서', '카카오를 통해', '카카오와 함께'로 정의하여 종업원, 파트너, 이용자 및 사회 구성원 모두가 기후변화 대응에 함께 기여할 수 있는 환경 전략을 추진하고자 한다.

카카오는 파리협정에 기반하여 2030년까지 2021년 대비 Scope 1, 2 배출량을 40% 감축하고, 2040년까지 100% 감축을 달성하고자 한다. Scope 3 배출량의 경우, 2030년까지 2021년 대비 17% 감축을 중기 목표로 수립하였다. 2040 Net Zero 달성의 일환으로 2021년에는 오피스 내 환경영향 저감을 위해 오피스에서 발생하는 온실가스 배출 집약도를 전년 대비 5% 줄이는 목표를 수립했다. 그 결과 2020년 배출 집약도 대비 2021년 배출 집약도를 13% 감축하는 성과를 거두었다.

환경경영에 대한 사례로는 카카오모빌리티에서 카카오 T 블루 개인택시 기사를 대상으로 '전기택시 스토어'를 오픈하였다. 일반 택시 1대의 전기 택시 전환은 연간 약 10tCO2e의 탄소 배출량을 절감하는 효과가 있다. 카카오페이는 전자문서 및 모바일 청구서 서비스인 공인 전자문서 중계자로 모바일 메신저 기반 전자문서 서비스를 운영하며, 기존 우편 안내문, 종이 고지서 등을 카카오톡을 통해 제공하여 페이퍼리스 시대로의 전환을 기여하고 있다. 이는 종이 생산 및 사용량 감소에 기여해 산림 보호와 탄소 배출량 저감 등 환경 보호 효과로 이어지고 있다.

4.2 Social

기업의 사회적 책임 이행에 대한 이해관계자들의 관심과 기대 수준은 갈수록 높아지고 있다. 이에 따라 기업이 선제적으로 이해관계자의 다양한 요구사항을 파악하여 경영활동에 반영할 필요가 있다.

카카오는 지역사회 일원으로서 책임감을 가지고 사회문제를 해결하며, 파트너 및 이용자와 함께 성장할 수 있는 기회를 마련해야 한다고 발표했다. 콘텐츠 제작자, 제휴사, 협력사 등 다양한 파트너들이 경쟁력을 갖출 수 있는 건강한 생태계를 조성하여 협력사의 동반성장을 추구한다. 카카오의 기본적 이념을 바탕으로 한 협력사 행동규범은 카카오의 협력사라면 준수해야 하는 기준을 제시한다. 카카오는 행동규범에 입각해 협력사를 선정 및 관리하고 우수협력사에는 혜택을 줄 수 있도록 체계를 재정비하고 있다. 더불어 협력사의 고충이 실시간으로 해결될 수 있도록 소통 채널을 강화하고 있다. 또한 이용자의 권리를 보호하기 위한 다양한 제도를 운영하며, 데이터의 연결과 보호 사이의 균형을 추구하여 기업의 디지털 책임을 다하도록 노력한다.

4.3 Governance

기업의 지속 성장을 위해서는 지배구조의 건전성을 확보하고 이해관계자의 신뢰를 획득하는 것이 필수적이다. 특히, 국내외 공시 제도의 요건은 꾸준히 강화되고 있으며, 이해관계자들은 지배구조 투명성에 대한 요구를 높여가고 있다.

카카오는 기업지배구조헌장을 제정하여 지속가능경영의 초석을 마련했으며, 경영진은 전문성, 다양성, 독립성을 갖춘 이사회의 감독 아래 책임 경영을 이행한다. 더불어 중장기 주주환원정책 도입을 통해 주주가치를 제고하며, 통합 리스크 관리 규정과 세무 정책을 수립하여 체계적이고 원칙에 따른 경영활동을 수행하고자 한다. 또한 선제적 리스크 대응 및 사후 관리 강화를 위해 리스크 관리 규정을 제정하고, 전사 리스크 모니터링 및 대응 체계를 구축했다. 뿐만 아니라 기업 윤리 규정에 기반한 사업 운영으로 이해관계자와 신뢰 관계를 형성하고, 크루 대상 주기적인 윤리 교육을 실시하여 청렴을 추구하고 있다.

⑤ 카카오 데이터센터 화재사건[19]

2022년 10월 15일, 성남 판교에 있는 SK 데이터센터에서 화재 사고가 일어났다. 이 화재사건으로 서버 작동에 필요한 전원 공급이 끊겨 카카오톡, 다음 등 카카오가 제공하는 서비스가 일시 중단되어 이용자들이 불편을 겪었다. SK 데이터센터에서 발생한 화재는 8시간 만에 진화되었고, 사건이 발생된 지 약 4일이 지난 19일까지 카카오의 서비스가 원활하게 복구되지 않았다. 이로써 카카오의 먹통 사

---

19 김동진, 동아일보, "제2의 카카오 먹통 사태 막아야"..해법은 철저한 '이중화', 2022.10.20.

태는 카카오 역사상 가장 긴 시간 이어진 장애라는 기록을 세우게 되었다.

5.1 원인

카카오는 먹통 사태 당시 "이중화 조치를 했지만, 데이터의 양과 복잡도, 복구 장비의 특수성 등으로 인해 핵심 서비스의 복구가 지연되고 있다"고 해명했다. 반면, 전문가들은 카카오 서비스 정상화가 지연된 이유에 대해 카카오가 "인프라에 제대로 투자하지 않고 비상 프로세스도 제대로 마련하지 않은 탓"이라고 진단하며, "이중화 조치를 했다고 따지기보다는, 어느 정도로 했느냐로 접근해야 할 문제"라고 진단했다. 경쟁사인 네이버 서버도 이번 불이 난 판교 데이터센터에 있었지만 타격이 작았던 것은 강원도 춘천에 자체 데이터센터를 구축해 이원화 수준이 높았기 때문이다. 따라서 카카오의 이원화 대비가 취약했던 것이 문제의 원인이라고 분석했다.

5.2 문제점

이중화 서비스란 복사본을 따로 백업 받아서, 한쪽 서버에 문제가 생기면 자동으로 백업 받은 서버로 연결되도록 하는 것을 말한다. 이것이 잘 되어 있다면 판교 데이터센터에 불이 났더라도 정상적으로 작동하는 다른 데이터센터로 자동 접속되기 때문에 카카오의 서비스가 먹통이 되지 않았을 것이다.

전기통신사업법상 카카오와 같은 회사는 서비스 안정성 의무를 지니고 있다. 국내 트래픽의 1% 이상을 차지하고 있으므로, 민간기업이라 해도 거의 국가 사업자처럼 영향력을 끼치기 때문이다. 특히 카카오톡을 국민 대부분이 이용하게 되면서, 지방자치단체나 국가기관도 카카오톡을 활용해왔고 공공기관도 카카오톡을 통해 문서를 발송하는 등 행정 서비스까지 이뤄지는 대국민 소통 수단으로 여겨져 왔다.

위와 같은 카카오 서비스를 활용하면서 카카오톡이라는 수단이 사라지거나 멈추는 것에 대해서는 아무도 심각하게 고려하지 않았다. 이번 사태를 계기로 전체

인프라를 카카오에 의존했던 것에 대한 경각심이 부각되었다.

5.3 대책

카카오는 먹통 사태를 초래한 SK 데이터센터 화재사건을 통해 피해를 본 이용자들에 대한 피해 보상 문제를 논의하기 위해 비상대책위원회를 출범했다. 화재 직후, 경영진과 각 부분 책임자들로 구성해 가동해온 컨트롤타워를 비상대책위원회로 전환하였고 원인조사 소위원회, 재난대책 소위원회, 보상대책 소위원회 등 3개의 분과로 구성했다.[20] 원인조사 소위원회는 이번 화재 사건의 원인 및 전원 공급 지연, 복구 과정 등 정확한 사실을 규명하고, 재난대책 소위원회는 유사한 사건이 재발하지 않도록 대책을 마련하고, 외부전문가들의 자문을 거쳐 시행하는 역할을 담당한다. 보상대책 소위원회는 이번 장애로 손해를 입은 이용자 등 모든 이해관계자에 대한 보상 정책을 수립한다.

또한, 현재 카카오는 9만 대의 서버를 4곳으로 나눠놨는데, 이 중 30%가량의 서버가 판교에 위치한다. 카카오는 늘어난 수요에 대응하기 위해 4,600억 원을 투입해 2023년 중으로 안산에 자체 데이터 센터를 완공할 예정이고, 서울대 시흥캠퍼스에 2024년 착공을 목표로 10만 대 이상의 서버를 운영할 수 있는 자체 인터넷 데이터센터도 설립할 예정이다.

5.4 영향

카카오의 셧다운은 크고 작은 영향을 미쳤다. 카카오톡을 통한 연락이 두절되어 중요한 업무상 메일이나 메시지를 받지 못하는 경우가 발생했고, 안전 신문고 등 카카오 서비스와 연계된 정부 앱도 작동을 멈췄다. 이에 따라 여러 앱스토어에서 라인, 텔레그램, 네이버 지도 등의 카카오 서비스를 대체할 수 있는 앱들이 인기 목록을 채우고 있다.

---

20 장은진, "카카오페이, 먹통 사태 보상 어디까지", 위키리스크 한국, 2022.10.18.

그림 13 카카오 데이터 센터의 화재 영향

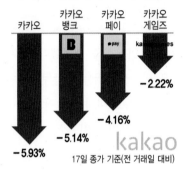

카카오 계열사 주가 하락률

카카오 | 카카오 뱅크 | 카카오 페이 | 카카오 게임즈

-5.93% | -5.14% | -4.16% | -2.22%

kakao

17일 종가 기준(전 거래일 대비)

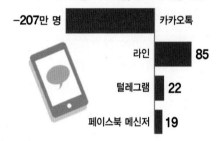

메시지 애플리케이션별 사용자 증감 현황

2022년 10월 14~16일, 만 10세 이상 기준

카카오톡 -207만 명
라인 85
텔레그램 22
페이스북 메신저 19

애플리케이션 분석 서비스인 '와이즈앱'에 따르면 라인 이용자는 카카오 데이터센터의 화재가 일어나기 전인 2022년 10월 14일 43만 명에서 10월 16일 128만 명으로 85만 명이 증가했다. 반면 카카오톡 사용자 수는 3,905만 명으로 화재가 일어나기 전인 10월 14일보다 207만 명 감소했다. 이처럼 카카오에 대한 신뢰가 무너지면서 다른 메신저를 보조 수단 혹은 대체 수단으로 사용하겠다는 이용자가 늘게 되었다. 또한 17일 주식시장이 열리자 카카오, 카카오뱅크, 카카오페이 등 카카오 계열사의 주가가 폭락하여 시가총액 2조 원이 증발했다.

⑥ 지속가능한 성장을 위하여

카카오의 확장 속도가 심상치 않다. 다양한 사업 다각화와 M&A의 활약으로 새로운 성장의 길을 꾀하고 있다. 선점 효과·무료 정책과 함께 메신저 서비스이던 카카오톡의 '플랫폼으로의 변신' 역시 한국인이 카카오톡을 많이 활용하는 이유다. 사실 메신저는 모바일 기기를 활용한 서비스 상품이다. 카카오는 카카오톡이라는 서비스 상품을 넘어 개발자와 사용자를 직접 연결해주는 플랫폼으로 변신을 시도했다. 게임 개발자가 자신이 만든 게임을 카카오톡에 공개하면서 사용자는 이 게임들 중 원하는 게임을 카카오톡에서 쉽게 내려 받을 수 있게 한 것이 대표적인 예다. 이와 같이 게임은 물론 TV나 영화, 음악 등 각종 콘텐츠는 물론 회사 업무까지도 카카오톡을 통해 쉽게 해결할 수 있도록 통로를 만들어준 것이 바로 카카오이다.

더 나아가 스마트폰 사용자와 택시기사를 직접 연결해 준 카카오택시나, 취객과 대리운전 기사가 카카오톡을 통해 만나는 서비스, 복잡한 시내에서 주차 공간 제공자와 차량 운전자를 연결해 주는 서비스 등 소소하지만 있으면 편할 것 같은 방법들을 카카오톡이라는 한 공간에서 해결할 수 있게 해줬다. 이른바 메신저에서 플랫폼으로의 이 같은 변신 시도가 다른 모바일 메신저들과 차별화를 가져오며, 시장지배력을 굳힌 결정적 요인이 됐다.

카카오톡 외에도 카카오페이, 카카오프렌즈, 카카오 T, 카카오게임 등의 다양한 사업들이 국내 모바일 시장의 성장에 큰 발판이 되고 있다. 현재도 성장을 지속하고 있는 카카오에게 'M&A'라는 수단과 '다각화 전략'은 절대적 핵심 도구다.

카카오는 수차례의 M&A와 지분투자를 거쳐 성장해왔다. 2014년 다음Daum과의 합병 이후 카카오는 서비스 포트폴리오를 재정비하는 한편 로엔엔터테인먼트와 포도트리를 인수하고, 카카오프렌즈와 카카오페이, 카카오모빌리티, 카카오게임즈 등 주요 사업부문을 분사하는 등의 방법으로 새로운 성장 기반을 마련하는데 성공했다. 또한, 전술했듯 최근 일본에서 선보인 만화 플랫폼 '픽코마'가 급격한 성장세를 이어가고 있는 등 콘텐츠를 통한 글로벌 진출 전략도 성과를 거두면서, 해외 투자자들 역시 카카오의 미래 성장 가능성을 높게 평가하고 있다.

카카오는 향후 성장성과 수익성이 담보된 업체 중심의 M&A를 지속적으로 추진하고, 새로운 성장 동력을 확보해 나감으로써 기업 가치의 극대화를 성공적으로 지속할 것인가? 특히, 최근 기업의 사회적 책임CSR, 지속가능 개발목표SDGs, ESG 경영 등 기업과 사회 및 환경과의 관계가 중시되는 상황에서도 지속가능한 성장세를 유지할 수 있을 것인가?

맺음말: 핵심역량과 사업 다각화를 생각하며 …

기업의 지속적인 성장을 위해서 사업 다각화는 중요한 원동력이 될 수 있다. 기업이 성장해야 하는 이유는 수익성을 강화하고, 위험을 줄이며, 시장 지배력을 강화하기 위해서, 이 외에도 다양한 이유들이 존재한다. 기업은 산업성장률, 시장점유율, 그 외의 다양한 변수들에 따라서 많은 영향을 받는다. 기업이 한 가지 분야에서만 뛰어나서는 계속 동일한 성장세를 유지하는 것이 쉽지 않다. 선도 기업이 경쟁사들보다 지속해서 우위를 점유하려면, 그리고 지속해서 성장하려면, 어쩌면 사업 다각화는 자연스러운 현상일 수도 있다. 특히, 4차 산업혁명으로 인해 융합의 중요성이 높아지면서, 경쟁사들이 발을 들여놓지 않은 곳에서도 시장을 만들어 내고, 차별화된 서비스나 제품을 소비자들에게 제공해야 지속적 생존과 성장이 가능할 것이다.

한편, 기본적으로 어떤 기업이 사업 다각화를 꾀하기 전에 고민해야 할 중요한 사항은 '현재 핵심 비즈니스에 대한 재평가'와 또 '새롭게 진출할 사업에 적용할 수 있는 회사의 핵심역량 및 자원을 파악'하는 것이다. 이 두 가지를 분석해 본다면 어떤 방식으로 사업을 다각화할 수 있는지에 통찰력을 지닐 수 있을 것이다. 사업 다각화 전략은 바로 이러한 질문에서부터 출발해야 할 것이다.

카카오는 이러한 통찰력과 더불어, ESG 경영 시대에 신속하고 유연하게 적응할 수 있을 것인가?

1. '다음카카오'의 M&A 사례를 통해, 기업들이 M&A를 할 때 주의해야 할 요인과 갖춰야할 자세는 무엇인가?

2. 카카오의 사례와 같이 최근 사업 다각화에 있어서, M&A가 선호되는 이유는 무엇인가?

3. "과거 한 우물을 파야 성공한다"는 공식이 깨지고 있으며, 카카오, 아마존 등 국내외 많은 기업들이 사업을 다각화하면서도 전체 기업의 가치를 높이고 있다. 그 이유가 무엇이며, 이러한 방식으로 지속적으로 성장이 가능한지 토론해보자.

4. 한국 기업들은 기업 자체의 규모 확장을 위해 빈번하게 비관련 다각화를 하는 경향이 있다. 하지만, 삼성의 자동차 사업 철수, 카카오의 자회사 축소 등 주력사업으로의 회귀가 나타나는 사례도 있다. 이러한 이유에 대해 논의해보자.

Paradigm Shift를 위한
4차 산업혁명 시대의 경영사례 1

세계인을 연결하는 첨단 기술 플랫폼, 우버

학습목표

- 공유경제의 개념을 학습하고, 4차 산업혁명과 공유 플랫폼 경제의 미래에 대해 생각해본다.
- 우버의 핵심 성공요인을 이해하고, 공유경제 비즈니스 모델에 대해 분석해본다.
- 우버의 ESG 경영에 대해 논의해본다.
- 우버의 해외진출 사례를 읽고, 각국의 경영환경과 해외투자를 통한 기업의 성장 전략을 고찰해본다.

세계인을 연결하는
첨단 기술 플랫폼, 우버*

"세상을 움직여 기회를 창출한다!"

– Uber –

공유경제

① 4차 산업혁명과 공유 플랫폼 경제의 부상

4차 산업혁명 시대는 우리가 이제껏 상상도 하지 못한 세계이다. 스마트폰과 3D 프린팅, AR/VR 등 아날로그 트랜스폼을 위한 기술들이 발달하면서 실현되었다. 4차 산업혁명 시대는 인공지능, 로봇기술, 사물인터넷, 빅데이터, 생명과학이 주도하고 글로벌 기업들의 주요 경쟁력은 플랫폼과 데이터에 따라 결정된다. 또한 4차 산업혁명은 현실과 가상의 세계가 융합하는 O2OOnline 2 Offline 융합의 모습으로 다가오고 있다. 물질로 이루어진 소유의 세상과 정보로 이루어진 공유의 세상

---

* 본 사례는 정진섭 교수의 지도하에, 성혜미, 박세훈, 문선정 학생이 작성하고, 유주현, 임정은, 김민정, Mao Kangui, 강서현 학생이 업데이트한 것이다.

이 융합하는 O2O 플랫폼에서 시작된 공유경제는 이제 4차 산업혁명의 중추 역할을 하고 있다.

2차 산업혁명은 오프라인의 물질 혁명으로 소유경제가 전체 경제의 99%를 차지하고, 공유경제가 그 나머지를 차지하는 수준에 머물렀다. 그러나 인터넷이 만든 3차 산업혁명디지털 트랜스폼으로 인해 95%의 오프라인 소유경제와 5%의 온라인 공유경제의 혼합 경제체제로 변화되었다. 3차 산업혁명이 창출한 인터넷 서버 기반의 온라인 플랫폼이 활성화되면서 정보의 공유가 실현된 것이다.

그러나 이때까지도 경제 가치의 대부분은 오프라인에 있었다. 하지만 온라인과 오프라인이 융합하는 4차 산업혁명이 도래하면서 이제 가치와 자원이 분리되어 현실과 가상이 통합되기 시작했다. 현실오프라인경제가 가상온라인과 융합하여 공유경제로 변화되기 시작한 것이다. 즉, 현실을 가상화하는 '디지털 트랜스폼'과 가상을 현실화하는 '아날로그 트랜스폼'이 순환하는 4차 산업혁명과 현실과 가상의 융합인 O2O 플랫폼이 등장하면서 공유경제가 급속도로 확장되고 있다. 이에 따라 5%에 불과했던 공유경제 협력의 영역은 4차 산업혁명으로 전체 시장의 절반 이상이 될 것으로 예측되고 있다.

그림 1 4차 산업혁명으로 공유경제 확대

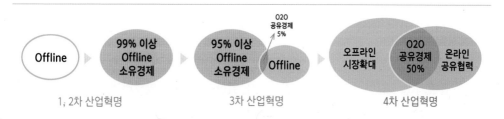

1, 2차 산업혁명	3차 산업혁명	4차 산업혁명
• 소유경제	• 온라인 시장 공유경제 　- 기득권자 반발 적음 　- 정보공유 단계 　- 오픈소스	• O2O 시장 공유경제 　- 기득권자와 갈등(소비주권, 생산자) 　- 오프라인 공유화 　- 정보가치와 자원의 분리

출처: 공유 플랫폼으로 가는 길 KCERN

제레미 리프킨은 '한계비용 제로 사회'[1]에서 사물인터넷을 통한 초연결사회로의 진입과 3D 프린터 등의 기술 발달로 소프트웨어나 디지털 콘텐츠의 무한 복제에서나 가능했던 한계비용 제로의 현상이 하드웨어나 오프라인에서 일어나면서, 소유의 종말이 일어나고 협력적 공유사회[2]로 진화한다고 주장하였다. 인터넷이 발달하기 이전, 오프라인에서는 높은 연결비용과 수확체감의 효과로 인해 공유의 가치가 적었다. 하지만 온라인은 인터넷 덕분에 연결비용이 줄어들고, 공유의 효과가 수확 체증하여 전체 가치가 증대되도록 하였다. 즉, 인터넷에 기반을 둔 혁신들로 자원의 공유가 손쉬워지고 공유비용이 거의 제로에 가까워짐으로써, 공유가치의 네트워크 효과로 자발적 협력과 공유경제가 확대되었다고 볼 수 있다.

공급과 수요가 각각 인공지능과 더불어 혁신되면서 궁극적으로 전체시장이 융합되는 소셜 이노베이션으로 진화하게 되었다. 이는 공유 데이터를 기반으로 한 공유 플랫폼경제가 등장한 것으로, 과거 시장경제의 연결성과 신뢰성의 한계를 극복하고 정보와 협상력의 비대칭을 축소할 수 있게 되었다. 따라서 혁신은 1세대 공급 중심에서 2세대 수요 중심을 거치고 네트워크 형태인 오픈이노베이션을 거쳐서 이제는 소셜 이노베이션의 공유경제로 진화하기 시작하였다.

❷ 공유경제란?

2000년 J. 리프킨은 'The Age of Access소유의 종말'이란 저서에서 소유의 시대는 가고 접근의 시대가 올 것이라고 예견했다. 그리고 그 예견이 차츰 현실이 되고 있다. 소유하지 않고도 필요한 것을 필요할 때 필요한 만큼 사용할 수 있게 된다. 따라서 돈을 덜 들이면서 더 많은 것을 더 편하게 누릴 수 있기 때문에 경제적이면서

---

1 한계비용은 소비자가 동일한 효용을 얻기 위하여 지급하는 비용으로, 제레미 레프킨이 말한 '한계비용 제로 사회(The Zero Marginal Cost Society: The Internet of Things, the Collaborative Commons, and the Eclipse of Capitalism)'는 과거보다 급격하게 비용이 감소한다는 점을 경제학 관점에서 분석한 것으로서, 그 의미는 적지 않으나, 현실적으로 온라인 세계에서도 비용이 발생하며, 온 · 오프라인이 공존하는 영역이 커져가고 있다는 점에서는 설득력이 부족하며, 따라서 비판도 적지 않다.

2 협력적 공유경제 사회는 금전적 보상에 따른 목적이 아닌 콘텐츠 자체에 대한 기여로 한계비용이 제로에 수렴한다고 생각한다.

그림 2 혁신 패러다임의 진화와 공유경제

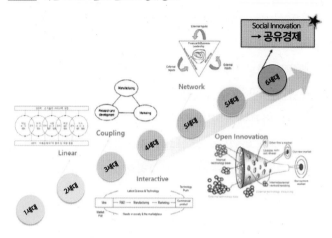

출처: 공유 플랫폼 경제로 가는 길 KCERN

더 풍요로운 삶을 살아갈 수 있다. 이것이 공유경제 개념의 기반이 된다. 공유경제란 한번 생산된 제품을 여럿이 공유해 쓰는 협력 소비를 기본으로 한 경제방식을 말한다. 물품, 생산설비, 서비스 등을 개인이 소유할 필요 없이 필요한 만큼 빌려 쓰고, 자신이 필요 없는 경우 다른 사람에게 빌려주는 공유 소비를 의미하는 것이다.

공유경제라는 용어는 하버드대 로렌스 레식L. Lessig 교수가 2008년 그의 저서 '리믹스Remix'에서 처음 사용하였는데 20세기의 대량생산과 대량소비의 자본주의 중심의 시장경제와 대비되는 개념으로 소개되었다. 전통 산업경제에서 공유경제로 패러다임 자체가 바뀌는 것이다. 과거 산업경제는 시장에서 기업과 소비자의 거래 관계로 이루어지며, 이때 소비자의 궁극적 목적은 재화의 소유를 통한 소비로써 효용을 얻는다. 반면에 공유경제는 네트워크를 통해 사람들과의 관계 속에서 거래가 형성된다고 할 수 있다. 또, 산업경제는 소유의 경쟁이 이루어지지만, 공유경제는 협력적 소비 및 생산을 가능하게 한다. 대량생산과 소비로 인한 환경파괴가 일어나는 산업 경제와는 달리 공유경제에서는 기존의 재화를 재사용함으로써 환경을 보호하고 자원의 낭비를 최소화할 수 있다. 산업 경제에서는 개인이 보유한 자산이 신용의 척도로 국내총생산의 증가를 중요시하지만, 공유경제에서는 평판이 쌓여 신뢰를 구축하게 되며, 사회 후생에 기여하는 것이 궁극적인 목표이다.

표 1 산업경제와 공유경제의 차이

산업경제	공유경제
Company + Consumer	People + Gig
집중화	분산화
신용과 자산	평판과 신뢰
경쟁	협력
시장	네트워크
환경파괴	환경보호
GDP(Price-Cost)	후생(Value-Cost)

출처: 공유 플랫폼 경제로 가는 길 KCERN

유휴자원의 공유로 시작된 공유경제 개념은 일반인이 경제 가치생산의 주체가 되는 모델로 확대되고 있다. 수동적인 소비자였던 일반인이 기술 발달에 따라 서비스를 제공하고, 제품을 만들고, 에너지를 생산하는 경제주체자로서 떠오르고 있다.

그림 3 유휴자원의 공유로 시작된 공유경제

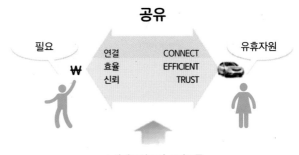

출처: 공유경제와 미래사회 KCERN

공유경제의 유형은 영리 공유경제Sharing Economy와 비영리 공유경제Shared Economy로 나뉜다. Sharing Economy에서 기회를 공유하는 시장경제 공유경제로, Shared Economy는 결과를 공유하는 사회적 경제 공유경제로 간주할 수 있다. Sharing Economy에서 영리 목적의 공유 플랫폼 기업은 판매자와 소비자를 직접 연결하는 과정에서 일정 비율의 중개 수수료를 서비스 요금을 부과하여 이득을 취하며, 중개 수수료 외에 구독료, 광고료, 라이선싱, 아이템 판매 등의 영리 공유 기업의 비즈니스 모델을 지닌다. 비영리 목적의 공유 플랫폼 기업이 주체인 Shared Economy에서는 사회적 가치를 위한 비즈니스 활동을 한다고 간주되기 때문에, 주로 사회적 기업이 여기에 해당된다. 사회적 경제란 구성원, 공익을 위한 목표를 가지고 협동조합, 상호공제조합, 민간단체 등에 의해 수행되는 경제활동의 개념으로서,[3] 비영리 공유경제는 사회적 경제 패러다임을 반영하고 있다.

공유경제에서 공유하는 요소는 정보, 물질과 이를 연결하는 인간관계이다. 정보의 공유를 통해 지식은 폭발적으로 증가하며, 사회적 가치를 창출하고, 물질의 공유를 통해 자원은 최적화되고 비용은 감소하게 된다. 그리고 관계의 공유를 통해서 자기 조직화하는 사회를 이루게 되는데, 관계의 핵심에 사회적 자산인 신뢰의 공유가 필연적이다.

공유경제 서비스가 나타나는 분야는 매우 다양한데, 이를 이동, 물류, 업무, 생활, 자원, 금융 6가지 분야로 분류하면 다음과 같다.

그림 4 공유경제의 6줄기 거대한 흐름

출처: 공유 플랫폼 경제로 가는 길 KCERN

① 이동(MaaS+H: Mobility & Human as a Service): 이동, 교통수단 등과 관련된 공유경제 시장으로서, 우버미국, 모바일 차량 예약 이용 서비스, 디디추싱중국, 모바일 차량 공유 서비스, 풀러스한국, 카풀 애플리케이션, 카카오모빌리티한국, 카카오맵, 카카오네비, 카카오택시 등이 대표적 기업임

② 물류(MaaS+L: Mobility & Logistics as a Service): 물류와 관련된 공유경제 시장으로서 아마존미국, 온라인 물류 서비스, 알리바바중국, 전자상거래, 쿠팡한국, 전자상거래 및 물류 서비스 등이 있음

③ 업무(WaaS: Work as a Service): 업무 및 업무 공간의 공유 서비스로서, 위워크미국, 공유 오피스, 르호봇한국, 공유 오피스, 태스크래빗미국, 채용중개 서비스, 위시켓, 크몽한국, 채용중개 서비스, 바이클립IoT 기반 숙박공유 서비스 지원 등이 대표적임

④ 생활(LaaS: Life as a Service): 생활 영역에서 찾을 수 있는 공유 서비스로서,

---

3 CWES(conseil wallon de l'économie sociale: 왈룬사회적경제위원회), 1990.

에어비앤비미국, 숙박공유 서비스, 코자자한국, 숙박공유 플랫폼 등이 있음

⑤ 자원(RaaS: Resource as a Service): 자원 공유를 위한 플랫폼으로서 Vandebron네덜란드, 재생에너지 P2P 서비스, Sonnen GmbH독일, 커뮤니티 기반 재생에너지 저장 시스템 등이 대표적임

⑥ 금융(FaaS: Finance as a Service): 금융 산업의 공유경제 서비스로서, 공유금융이라고도 불리며, 주로 P2P 금융 플랫폼이 여기에 속함. 대표적으로 Lending Club미국, P2P 대출, ZOPA영국, P2P 대출, 8퍼센트한국, P2P 금융, 렌딧한국, 개인 신용 대출투자, COINONE한국, 암호 화폐 거래 플랫폼 등이 있음

이처럼 다양한 형태로 등장하는 공유경제의 본질은 경제 주체와 객체의 공유라는 하나의 개념으로 귀결되며, 이로써 경제 주체와 객체가 자기 조직화하는 초연결 공유경제에 이르게 된다.

❸ 공유경제의 배경

공유경제의 등장 배경에는 사회의 특정 부문에서의 발전 또는 변화만 있는 것이 아니라 경제적 환경, 정보통신 환경, 인구·사회 환경 등이 복합적 요인이 작용하고 있다. 이는 크게 세 가지로 나눌 수 있다.

첫 번째는, 2008년 시작된 세계 경제의 위기이다. 전 세계적 저성장 경제 환경과 높은 실업률은 실질 가계 소득을 저하시켰고, 이는 소유와 과소비의 소비패턴에서 필요한 만큼 적정하게 소비하는 합리적 소비패턴으로 변화시켰다. 특히, 가계소득의 저하는 소비자들은 '소장가치'보다는 '사용가치'에 비중을 둔 합리적인 소비에 집중하게 하는 등 소비방식에 근본적인 변화를 불러왔다. 예를 들어, 필요한 물건은 대여, 교환하거나 또는 중고로 구입함으로써 비용을 절약하였고, 자신에게 불필요한 물건, 또는 빈방 등을 대여함으로써 새로운 소득을 창출하기도 한 것이다. 즉, 소비자들은 수동적인 태도보다 프로슈머Prosumer와 같은 능동적인 주체로 시장 변화에 참여함으로써, 공유경제 비즈니스 모델의 발전을 촉진하였다.[4]

두 번째로는 IT기술의 발달이다. 소셜네트워크 서비스SNS와 정보통신기술ICT의 발전에 기반을 둔 융·복합 형태의 새로운 산업의 등장은 공유경제 확산에 큰 영향을 주었다. 소셜네트워크 서비스의 확산은 개별 소비자들이 오프라인상의 중개자 없이 직접 거래하고, 신뢰와 평판이라는 무형의 가치가 개인의 중요한 자산이 될 수 있는 토대를 조성하는 데 기여했다. 이는 합리적인 소비를 원하는 개인과 개인을 IT플랫폼인 SNS를 중심으로 연결하여 거래에 참여하는 것을 가능하게 해 주었고, 지역사회에서만 이루어지던 공유경제라는 개념이 일상생활로 확산에 기여하였다. 또한 정보통신기술의 발달은 기존에는 상상할 수 없었던 새로운 융·복합 형태의 비즈니스의 출현을 가능케 했다. 예를 들어, 에어비앤비의 경우 스마트폰을 통해 예약하고, 소셜네트워크를 통해 정보를 얻거나 평판을 확인하고, 온라인으로 결제하는 방식에서 확인할 수 있는 것처럼 단순한 하나의 숙박산업이 아닌 ICT 기반의 융·복합형 산업으로 인식되어야 한다.

마지막으로 인구 구조 및 사회적 인식의 변화 역시 공유경제의 등장과 확산에 중요한 요인으로 작용하였다. 최근 들어 1인 가구가 가파르게 증가함에 따라 기존 가족 중심의 소유문화보다는 실용적인 소비문화가 확대되고 있는 추세이다. 이와 같은 1인 가구 등장에 따라 한정된 자원으로 주거환경의 질을 높이기 위해 개인 방을 가지되 거실, 창고와 같은 공용공간은 공유하는 셰어하우스가 주목받는 것이 실용적인 소비문화의 대표적인 예이다.[5] 또한, 기존의 대량생산과 과잉 소비가 불러온 환경문제에 대한 사회적 인식의 확산 역시 공유경제 등장의 배경으로 작용하였다. 즉, 대량생산으로 인한 과잉 소비 현상과 태생적으로 피하기 힘든 소유형 경제방식에서 벗어나, 한 번 생산된 자원을 효율적으로 활용하고자 하는 공감대가 확산되는 것이 공유경제의 등장을 초래한 중요 요인이다.

---

4 Arun Sundararajan(2014), "Peer-to-Peer Businesses and the Sharing (Collaborative) Economy: Overview, Economic Effects and Regulatory Issues," small business.

5 김형균 · 오재환(2013), 도시재생 소프트전략으로서 공유경제 적용방안, 부산발전연구원.

④ 공유경제의 사회 · 경제적 효과

공유경제의 경제적 효과는 크게 거래자원의 범주 확대를 통한 신규 거래시장 창출과 유휴자원의 경제성 제고에 따른 수익성 창출로 요약될 수 있다.

먼저 공유경제를 통해 의류 · 도서 · 공구 등의 유형적 재화뿐만 아니라, 여행경험 · 지혜 · 시간 등의 무형적자원까지도 거래가 가능하기 때문에, 구매 비참여자의 수요참여와 소기업 및 개인의 공급시장 진입을 촉진하여 새로운 시장을 창출한다. 또한, 사용되지 않고 방치되는 유휴자원을 통한 수익 창출 역시 또 다른 경제적 효과이다. 비싼 가격을 지불하여 구매한 후 자주 사용하지 않는 가정용 공구를 필요한 이웃에게 필요한 시간만큼 대여해 주는 서비스를 통해 유휴자원의 수익성을 창출할 수 있게 된다. 도시의 가정에서 보유하고 있는 유휴자원은 자동차로부터 빈방, 전자제품 등 다양하다. 한 도시의 가정에서 1년에 한 번도 사용하지 않는 유휴자원의 감가상각으로 잃는 경제적 가치를 모두 합친다면 엄청날 것이다. 이렇게 놀고 있거나 또는 가끔 사용되는 유휴자원을 필요한 사람들에게 제공함으로써 경제적 가치를 창출할 수 있다. 이전에도 중고품 거래를 통해서 유휴자원을 처분할 수 있었지만 스마트폰의 등장과 공유경제 플랫폼의 활성화로 좀 더 편하게 팔거나 공유할 수 있게 되었다. 공유의 대상도 확대되고 참여하는 사람들이 증가하면서 이전에는 묵혀 있다가 사라질 물건들을 이용한 경제가치가 대단히 빠르게 증가할 것이다.

이런 경제적 효과뿐만 아니라 지역경제 활성화 및 일자리 창출이라는 사회적 효과의 창출도 가능하다. 육아 때문에 직장을 그만두고 집에 머무는 주부나 은퇴한 노인도 쉽게 공유경제에 참여할 수 있다. 빈방을 공유하면서 경제 가치를 만들 수도 있다. 자투리 시간을 이용해 우버 기사로 또는 택배 업무에 종사할 수 있다. 이와 같이 유휴자원을 경제적 가치로 만들고 누구나 경제가치 창출에 참여할 수 있음으로써, 일정한 사회 문제를 해결할 수 있게 된다.

〈그림 5〉처럼 공유경제는 차량 1대가 9대의 대체 효과와 같이 제품의 효용성을 증대시킨다. 공유경제가 활성화되면 이처럼 자원의 가치를 증폭시켜 같은 금액으로 더 많은 것을 누리고 계속하여 소비를 창출시킨다. 따라서 공유경제는 사람

표 2 공유경제의 사회 · 경제적 효과

경제적 효과	신규시장 창출	• 수요시장 확대: 기존 구매포기고객군 거래참여로 신규시장 창출 • 공급시장 확대: 비전문가(아마추어)인 개인의 판매거래 참여 가능
	수익성 개선	• 수요시장 수익증대: 저렴한 거래비용 수요자 수익성 개선 • 공급시장 수익증대: 유휴자원을 통한 거래수익 창출
사회적 효과	사회적 가치창출	• 지역경제 활성화, 일자리 창출, 소외감 등 사회문제 개선

출처: 크라우드산업연구소

들의 접근을 통한 새로운 소비를 진작시켜 더 큰 경제적 유발효과를 일으킬 것이다. 또한 소유가 아닌 공유를 통해 환경보호와 같은 사회적 가치를 만들어낸다. 결국, 공유에 의한 배타적 소비의 둔화를 넘어, 전체적인 소비와 공급을 진작시켜 세계 경제를 활성화하고, 지속성장을 가능하게 할 것이다.

그림 5 차량 1대의 효율적 공유를 통한 9대 대체 및 그 효과

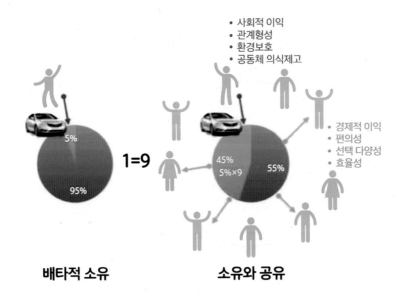

출처: 공유 플랫폼으로 가는 길 KCERN

⑤ 공유경제의 성장과 현황

2007년 글로벌 시가 총액 상위권 순위는 대부분 엑손모빌, GE 등과 같은 제조업이나 금융기관이 차지했었으나, 10년만인 2017년에는 애플, 아마존, 페이스북 등과 같은 플랫폼 거대 기업들이 글로벌 증시를 견인하고 2022년에도 플랫폼 거대 기업들이 그 자리를 견고히 지키고 있음을 볼 수 있다.

그림 6 글로벌 시가 총액 10위 기업의 변화 (2022년)

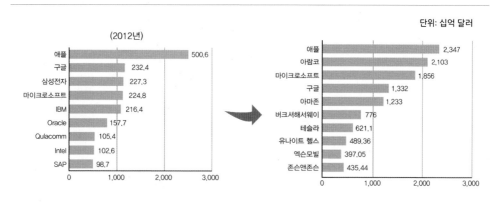

출처: 정보통신산업진흥원

그림 7 대륙별 공유경제 비중

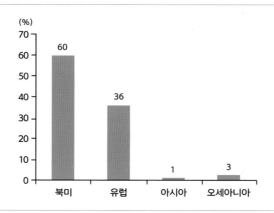

출처: KB지식비타민(17-66호), PWC(2014)

세계 공유경제는 2010년 이후 폭발적으로 성장하기 시작했다. 전 세계 공유경제 시장규모는 2010년 이후 5년간 연평균 증가율이 78%에 달한다. 미국 공유경제 조사기관인 크라우드 컴퍼니는 지난 15년간 약 260억 달러가 공유경제 분야로 유입되었다고 추정했다. 공유경제는 아시아보다는 특히 미국과 유럽을 중심으로 성장해 왔다.

그림 8 세계 공유경제 시장 규모 및 성장 전망

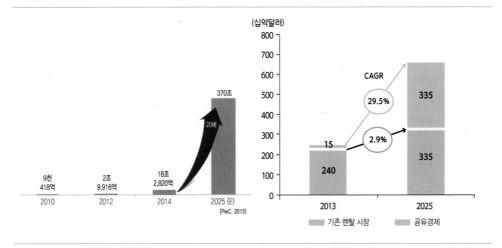

출처: KB지식비타민(17-66호), PWC

세계 공유경제의 규모는 2025년이 되면, 전체 산업 규모의 절반 이상을 차지할 것으로 전망된다. 2010년 이후 세계 공유경제가 폭발적으로 성장하기 시작했으며, 2013년 26억 달러에 불과했던 공유경제 시장 규모는 2025년이 되면 3,350억 달러로 확대될 것이다.[6] GE2012가 발표한 보고서에 따르면 전체 시장에서 산업인터넷이 46%를 차지했던 전통 시장은 2025년 공유경제 산업이 글로벌 경제의 절반을 차지할 것으로 예측된다.

또한 CB Insights2017가 발표한 유니콘 스타트업[7] 중 상위권을 차지한 기업은

---

6 PwC(2014), The Sharing Economy: How Will It Disrupt Your Business.
7 기업가치 10억 달러(약 1조) 이상, 설립한 지 10년 이하인 스타트업을 칭한다.

우버1위 680억 달러, 디디추싱3위 338억 달러, 에어비앤비4위 300억 달러, 위워크8위 169억 달러 등이 있는데, 이들 모두 공유 플랫폼 기업이다.

표 3 유니콘 스타트업 상위 10

	기업명	가치(억 달러)	국가	분야
1	Uber	680	미국	공유경제(차량)
2	Xiaomi	460	중국	스마트폰/디바이스
3	Didi Chuxing	338	중국	공유경제(차량)
4	Airbnb	300	미국	공유경제(숙박)
5	Palantir Technologies	100	미국	빅데이터 분석
6	Lu.com	185	중국	핀테크(P2P대출)
7	China Internet Plus	180	중국	전자상거래
8	WeWork	169	미국	공유경제(사무실)
9	Flipkart	160	인도	전자상거래
10	SpaceX	120	미국	항공우주

출처: 공유경제 플랫폼으로 가는 길 KCERN, CB Insight

공유경제에 대한 전 세계인들의 호감도 역시 매우 높은 편이다. 북미와 유럽이 글로벌 공유경제 시장의 2/3를 차지하고 있으며, 전 세계 각국으로 그 비중이 확대되고 있다. 특히 중국은 2017년 공유경제 시장 규모가 전년 대비 103%나 성장한 3조 4,520억 위안에 달했고, 공유경제 서비스 이용자 수가 6억 명을 넘었을 정도로 그 규모가 확대되고 있으며, 2025년이 되면 GDP의 20%를 차지할 것으로 전망되고 있다.[8]

국내 공유경제 시장도 향후 전체 유통시장의 절반 이상을 차지할 것으로 추정된다. 한국은행이 발표한 자료에 따르면, 2017년 5월 기준 국내 공유경제 시장은 연간 GDP의 0.005%의 수준으로 추정되었다. 국내 온·오프라인 시장 규모를 분석한 결과, 2017년 321조 원 수준이며, 2020년에는 약 1,081조 원 규모까지 성장할 것으로 보였으며, 2021년이 되면 전체 5,432조 원 가까운 온·오프라인 시장의

---

8 2017년 중국 공유경제 발전보고(2017.02.), 중국 인터넷협회, 국가정보센터(國家信息中心) 공동 발표.

규모 절반 이상이 O2O 공유경제 시장이 될 것으로 추정된다.[9] 국내에도 차량쏘카, 카카오택시, 모두의 주차장, 사무실 공유르호봇, 메이커스빌, 숙박코자자, 여행마이리얼트립, 업무크몽, 위시켓 등 다양한 분야에서 공유 플랫폼 기업들이 등장하고 있다.

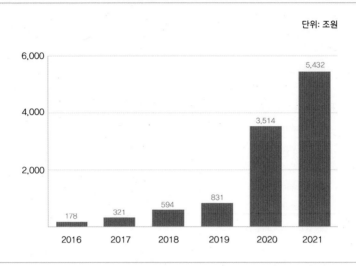

그림 9 국내 O2O 시장 규모(온라인/오프라인 시장 분석)

단위: 조원

출처: 공유경제 플랫폼으로 가는 길 KCERN/정보통신기획평가원 2021년 O2O서비스 산업 시장 조사 결과

우 버

① 우버의 시작

2008년 12월 눈 오는 저녁, 파리에서 택시를 잡기 위해 애쓰던 트래비스 칼라닉과 개럿 캠프에게 버튼 하나로 차량 서비스를 요청할 수 있는 'UBER'라는 아이디어가 떠오른 것이 그 시작이다. 다음 해, 이들은 스마트폰 앱인 UberCab을 출시하여 샌프

9 KT경제경영연구소(2017).

그림 10 플랫폼으로서의 우버

승객
핸드폰에
우버 앱
다운로드

우버 앱에서 배차 신청
①

③
배차 내역 전송

운전자

스마트폰·태블릿으로
승객 위치 제공
②

우버에 가입신청.
한국은 검은색
고급세단만 가입가능
(국가별로 다름)

앱에서 입력한 신용카드
정보로 모바일 결제

중개료로 요금의 **20%** 받음

요금 **80%** 받음

출처: 조선비즈(2014.08.08.)

란시스코 전역에서 라이더와 블랙 타운카를 연결하였고, 이것이 최초의 우버이다.

스마트폰 기반 교통서비스를 제공하는 미국의 교통회사운송 네트워크인 우버Uber
는 최초의 우버 Ubercab에서 Cab을 삭제하고 택시업계로부터 회사를 분리한
2010년부터 실질적인 서비스를 시작하였다. 우버는 명실공히 1세대 공유기업이
며, 고용되거나 공유된 차량의 운전기사와 승객을 모바일 앱을 통해 중계하는 서
비스를 제공한다. 즉, 차를 타려는 사람과 태워주려는 사람을 연결해주는 것이다.
2010년 샌프란시스코에서 고급 리무진을 대상으로 한 콜 서비스로 시작한 우버는
현재 이동이 필요한 사람이 앱으로 서비스 요청을 하면 자기차를 갖고 있는 운전
자가 와서 목적지까지 태워주는 호출형 일반 차량공유 서비스로 활용되고 있다.
앱으로 쉽게 서비스를 부를 수 있다는 점에서 우버를 주문형 서비스인 '온디맨드
on-demand 서비스'라고 부르기도 한다. 우버가 콜택시와 크게 다른 점은 우버의 기
술로 최적의 운전자를 연결해서 빠르게 차량이 도착한다는 점과 회사 소유의 택시
가 아닌 일반인이 운전하는 차량이라는 점이다. 일반인이 기본적으로 주차장에 놀
고 있을 차를 이동이 필요한 사람과 공유함으로써 돈을 버는 공유경제 모델이다.
수요자와 공급자를 시간적으로나 가격으로나 최적으로 연결하는 모델인 것이다.

우버 앱에서 승차하고자 하는 출발점을 깃발로 표시하면, 주변에 있는 우버 차
들을 지도에서 볼 수 있다. 기다려야 하는 예상 시간, 운전자의 프로필 및 차량정보
를 확인하고 차를 선택할 수 있다. 전체 요금에서 운전자가 80%, 우버가 20%로 요

금을 분배한다. 이용하기 전에 출발지와 목적지를 선택해서 미리 견적을 내서 비용을 산출해 볼 수도 있다. 목적지에 도착하면 승객에게 자동적으로 요금이 부가되고 운전자에게 송금되게 되어 있다. 차량의 예약은 텍스트 메시지나 모바일 앱을 통해 진행되며, 모바일 앱에서는 예약된 차량의 위치가 승객에게 실시간으로 제공된다.

❷ 우버의 사업분야

우버는 2017년 기준, 전 세계 70여 개국, 500여 개의 도시에서 운영 중이며, 우버 엑스, 우버 블랙, 우버 택시 등 여러 가지 서비스를 제공하고 있다. 우버 엑스Uber X는 우버에 등록한 개인 차량을 공유하는 서비스이며, 우버 블랙Uber Black은 렌터카 업체와 제휴한 프리미엄 우버 서비스로 고급 리무진 차량을 중계해준다. 우버 택시Uber Taxi는 서비스를 활용하여 일반 및 법인 택시와의 제휴를 통해 승객에게 택시 차량을 중계해주기도 한다. 이외에도 Uber Chopper우버 쵸퍼: 헬리콥터 탑승 서비스, Uber EATS우버 잇츠: 레스토랑 음식 배송 서비스, Uber Pool우버 풀: 카풀링 서비스, Uber PASSPORT우버 크로스보딩: 우버 패스포트 서비스 등의 서비스가 최근 출시되었다. 2022년 기준 활성화 고객 수는 약 1.18억 명이다.[10]

우버 드라이버로 등록하기 위해서는 21살 이상, 면허 필수, 3년 이상 운전경력의 자격요건을 갖춰야 한다. 이에 따라 우버는 기사들의 신원조사, 경력 확인을 하고 주에 따라 기본 보험 및 차종을 등록하게 한다. 특히 메사추세츠주는 2016년에 우버와 같은 라이드 헤일링Ride-Hailing, 호출형 승차 공유 서비스 회사를 규제하기 위한 법을 제정하여, 그 회사의 운전자로 일하기 위해서는 반드시 신원조사 과정을 거쳐야 하게 만들었다. 또한 우버 드라이버의 서비스 수준을 높이기 위해서 드라이버 평가 제도를 운용하고 있다. 드라이버들이 받은 고객의 피드백은 곧 개개인의 매출에 직접 영향이 가도록 설계되었다. 예를 들어 우버 드라이버가 낮은 평가를 받으면 다시 예약 받을 확률과 기회가 낮아진다. 따라서 이 제도는 드라이버들이 서비스 수준을 유지하도록 하는 요인이 된다.

---

10 삼성증권 Global Research.

우버의 서비스는 실시간으로 수집된 이용자들의 데이터를 기반으로 하는데 우버 이용자들의 통행 자료를 바탕으로 특정 시간대의 통행 특성 등을 파악하고, 특정 지역의 교통 수요와 공급을 분석할 수 있다. 이를 이용하여 최근 도시의 교통 서비스를 무료로 제공하는 '무브먼트' 서비스를 출시하였다.

표 4 우버 서비스

우버 서비스	내용	요금(달러)	차량 종류	서비스 차량
Uber Black	• 대형 고급세단 이용 가능한 프리미엄 택시 서비스	• 기본요금: 7 • 분당요금: 0.40 • 마일요금: 3.50 • 취소요금: 10 • 서비스요금: 0 • 최소요금: 15	• 인피니티 Q70 • 재규어 XF • 벤츠 E-class • BMW 5시리즈 • 아우디 A6, 7 • 캐딜락 XTS	
Uber X	• 가격경쟁력에 중점 • 일반택시에 비해 저렴 • 다양한 국가에서 서비스 중	• 기본요금: 1.70 • 분당요금: 0.20 • 마일요금: 0.90 • 취소요금: 5 • 서비스요금: 1.20 • 최소요금: 15	• 상업용 택시 제외 • 아무 차량 사용 가능	
Uber LUX & SUV	• Uber Black 서비스 한 단계 업그레이드 버전 • 최고급 세단 서비스 제공 보장	• 기본요금: 14 • 분당요금: 0.55 • 마일요금: 4.05 • 취소요금: 10 • 서비스요금: 0 • 최소요금: 25	• Audi A8 • BMW 7시리즈 • 재규어 • 랜드로버 • 엑서스벤츠 S-class, G-class • 벤틀리 • 포르쉐파나메라 • 테슬라 모델 S • 롤스로이스	
Uberpool	• 스마트폰 앱 이용 • 행선지 비슷한 사용자끼리 최대 3명 카풀 • 비용 최대 40% 저렴	• Uber X 요금의 최대 50% 할인 • 혼자 이용하더라도 최소 20% 할인 보장	• 상업용 택시 제외 • 아무 차량 사용 가능	
Ubereats	• 음식 배달서비스 • 시범적으로 대도시 운영 중	• 음식가격에 4달러의 배달요금	• 상업용 택시 제외 • 아무 차량 사용 가능	
Uber Freight	• 화물차 운전자-화주를 연결해주는 서비스	• 화물차 운전자와 화주를 연결해 주고 수수료를 받는 구조임	• 화물차	

출처: Kotra

이외에도 우버는 승차공유 서비스에서 확보한 많은 우버 기사 등의 강점을 기반으로 음식 배달, 비즈니스 전용 우버 등 새로운 서비스를 출시하며, 사업 영역을 확장하였다. 레스토랑 음식을 집에서 편하게 즐기고자 하는 소비자 니즈를 충족시키기 위해 샌프란시스코 지역의 유명 레스토랑과 제휴해 배달 플랫폼 우버 이츠 Uber Eats를 2014년 8월 출시하였다. 출시 2년 3개월 만인 2017년 7월 100번째 도시에 진출한 우버 이츠는 2017년 말 200개 도시까지 확장했으며, 국내에도 2017년 8월 진출하였다. 우버 이츠의 지난해 2분기 예약량은 우버 전체 서비스의 10%에 육박하고, 연매출은 약 30억 달러약 3조 4천억 원로 추정되며, 흑자를 기록하는 도시도 40개 이상에 이르는 등 우버 운송 서비스의 핵심 사업으로 자리매김하게 되었다.

2015년 10월에는 우리나라의 퀵서비스와 유사한 온디맨드 배달 서비스 '우버 러시Uber Rush'를 출시하여 현재 미국 샌프란시스코, 뉴욕, 시카고 지역에서 서비스 중이다.

그림 11 우버의 주요 사업 확장 영역

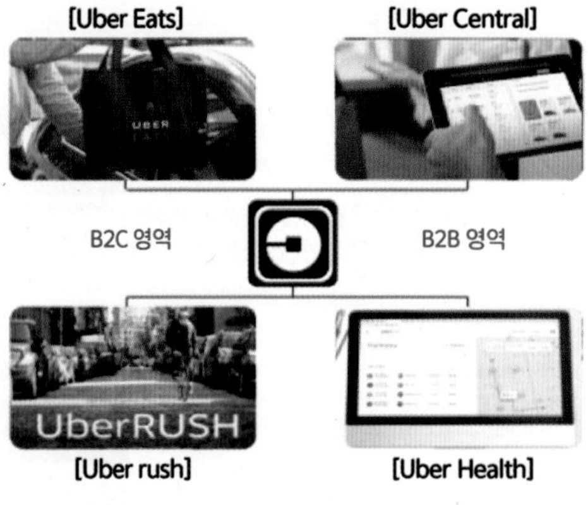

[Uber Eats]

[Uber Central]

B2C 영역

B2B 영역

[Uber rush]

[Uber Health]

출처: Uber

호텔, 상점, 차량서비스센터 등 고객 응대나 접대가 필요한 회사에서 손님에게 우버를 보내줄 수 있는 '우버 센트럴Uber Central'을 2017년 4월 출시하며, B2B 영역을 확대하였다. 우버의 기업 플랫폼 Uber for Business에 탑재된 서비스로, 고객 이름, 휴대폰 번호, 목적지만 입력해 차량을 호출 및 예약할 수 있으며, 도착 후 운행 요금은 사전에 등록된 우버 비즈니스 계정으로 청구된다. 미국 Angeleno 호텔은 자체 셔틀버스를 운행하지 않고 우버 센트럴을 이용해 고객을 공항에서 픽업하고 이동 경로를 Dashboard에서 추적함으로써 고객에게 더 나은 경험을 제공하고 있다.

2018년 3월에는 우버 센트럴과 같은 방식으로 병원이 환자의 탑승을 예약해 우버가 환자를 병원까지 데려다 주는 '우버 헬스Uber Health'를 출시하였다. 우버 헬스는 환자가 병원 약속시간을 제대로 맞출 수 있도록 하는 것이 목적이다. 미국에서는 매년 360만 명이 안정적 교통수단이 없어 의사 진료 예약 시간을 놓치고 있으며, 전체 의료기관 노쇼no show율은 30%에 달하는 것으로 나타났다. 따라서, 병원 약속시간을 맞추지 못할 경우 당일 의료 서비스를 받지 못하고 다시 예약해서 며칠 또는 몇 주를 기다려야 하는 미국 의료 시스템의 고질적 문제를 해결하기 위한 것이다. 미국 의료 정보법HIPAA에서 요구하는 규정을 준수해 이 서비스를 출시했으며, 현재 병원, 클리닉, 재활센터, 시니어케어 등 100여개가 넘는 의료기관이 베타 버전을 사용 중이다.

❸ 우버의 성장

이렇게 다양한 서비스를 제공하는 우버는 7년 만에 신생기업에서 유니콘 기업으로 성장하였고, 세계 제일로 평가받고 있다. 북미 등 일부 도시에서 우버가 기존 택시산업을 잠식하고 대중적인 교통수단으로 성장하면서, 우버는 '우버화 Uberization'[11]라는 신조어를 생성하며, 기존 산업체계를 붕괴시킬 수 있는 공유경제와 새로운 기술 및 기업의 중요성을 강조하고 있다.

그림 12 차량공유기업 우버와 리프트의 기업 가치(2019)

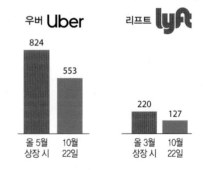

출처: 시장 의구심 커지는 우버·리프트…(매일경제)

세계 최대 차량 공유 서비스 우버의 기업 가치는 2010년 400만약 42억 원 달러에 불과했으나, 2017년 초 680억 달러를 기록하였으며, 2018년에는 약 700억 달러약 75조 4,110억 원로 세계에서 가장 비싼 스타트업이었다.[12] 이는 주요 완성차 업체인 GM, 혼다, BMW보다 큰 규모로, 2019

---

11 차량과 승객을 바로 연결해주는 모바일 차량공유 서비스인 우버(Uber)에서 나온 신조어로, 소비자와 공급자가 중개자 없이 인터넷 플랫폼에서 직접 만날 수 있는 공유경제 시스템을 일컫는다(네이버 지식백과).
12 22년에는 인공지능 개발기업인 중국의 'BiteDance'사가 1위로 나타났다.

년 5월 10일 우버는 나스닥 시장에 상장하였다. 기업가치가 1,200억 달러에 달할 것이라는 전망이지만, 상장 당일 시가총액은 824억 달러에 그쳤고, 22년에는 575억 달러까지2022년 11월 18일 기준 떨어졌다. 지난 3년간 100억 달러가 넘는 누적 적자를 기록하며, 수익성에 대한 의구심이 커졌으며, 이는 예측할 수 없는 법률 위반 리스크가 주요 원인이다.[13]

표 5 Unicorn companies 상위 10

Company	Country	Valuation ($B)	Date Joined	Industry	Investors
BiteDance	중국	140	2017	Artificial intelligence	Sequoia Capital China, SIG Asia Investments, Sina Weibo, Softbank Group
SpaceX	미국	127	2012	Others	Founders Fund, Draper Fisher Jurvetson, Rothenberg Ventures
SHEIN	중국	100	2018	E-commerce	Tiger Global Management, Sequoia Capital China, Shunwei Capital Partners
Stripe	미국	95	2014	Fintech	Khosla Ventures, LowercaseCapital, capitalG
Canva	호주	40	2018	Internet software, service	Sequoia Capital China, Blackbird Ventures, Matrix Partners
Checkout.com	영국	40	2019	Fintech	Tiger Global Management, Insight Partners, DST Global
Instacart	미국	39	2014	Supply chain, Logistics, delivery	Khosla Ventures, Kleiner Perkins Caufield & Byers, Collaborative Fund
Databricks	미국	38	2019	data management& analytics	Andreessen Horowitz, New Enterprise Associates, Battery Ventures
Revolut	영국	33	2018	Fintech	ndex Ventures, DST Global, Ribbit Capital
Epic Games	미국	31.5	2018	Others	Tencent Holdings, KKR, Smash Ventures

출처: CBINSIGHTS, Unicorn Comapnies, 2022, 10

우버는 차량 호출 서비스 업계에서 77%의 시장점유율을 가지고 있다. 또한 미국 승차공유 시장 점유율 70%로 압도적인 1위 사업자로 캐나다, 유럽, 중남미 지역에서도 높은 시장 점유율을 기록하고 있다. 비록 코로나19 확산에 따라 수익성

---

13 양모듬, 우버·위워크의 몰락… 국내 유니콘도 돈 벌어야 살아남는다, 조선비즈, 2020.01.13.

개선 속도가 예상에 못 미친 영향으로 인해 부진했지만, 미국 경제방송 CNBC에 따르면 미국 주요 증권사들은 최근 우버에 대해 "2022년엔 살아날 수 있다"는 긍정적인 전망을 나타냈다.

RBC는 "2022년 여행 및 출장에 대한 수요가 커지면서 우버가 수혜를 볼 것"이라며, "차량공유 서비스 총 예약률이 향상되고 수익성이 커질 것"이라고 예상했다. 우버는 실제로 전년 대비 72% 성장한 83억을 기록했다. 2022년 3분기 기준[14] 우버는 출혈 경쟁을 벌이는 해외 사업도 일부 정리하며, 자금을 확보하기도 했다. 지난해 디디추싱에 중국 법인을 매각했고 러시아 사업도 얀덱스에 넘기고 물러났다. 지난 3월에는 싱가포르에 본사를 두고 있는 차량 공유 서비스 업체 그랩에 동남아 사업을 넘기는 조건으로 그랩의 지분을 받으며, 25억 달러약 2조 8,000억 원 이상을 챙겼다.

우버는 초기 구글과 골드만삭스에 대규모 투자를 받았다. 또한, 2016년 사우디 국부펀드인 공공투자펀드PIF는 우버에 35억 달러약 4조 2,000억 원를 투자하였고 사우디는 우버 지분 5%를 확보하였다. 최근 투자유치로는 2017년 말 소프트뱅크의 100억 달러 투자가 있다.

그림 13 우버의 Funding Rounds 과정
(Total Funding Amount: $11,562,450,000)

Announced Date	Transaction Name	Money Raised	Lead Investors
Sep 13, 2017	Venture Round - Uber	–	Didi Chuxing, Dragoneer In...
Apr 19, 2017	Funding Round - Uber	–	–
Jul 7, 2016	Debt Financing - Uber	$1,150,000,000	Morgan Stanley
Jun 1, 2016	Series G - Uber	$3,500,000,000	Saudi Arabia's Public Inves...
May 23, 2016	Series G - Uber	–	–
Feb 12, 2016	Private Equity Round...	$200,000,000	Letterone Holdings SA
Aug 19, 2015	Private Equity Round...	$100,000,000	Tata Capital
Jul 31, 2015	Series F - Uber	$1,000,000,000	–
Feb 18, 2015	Series E - Uber	$1,000,000,000	Glade Brook Capital Partne...
Jan 21, 2015	Debt Financing - Uber	$1,600,000,000	Goldman Sachs
Dec 4, 2014	Series E - Uber	$1,200,000,000	Glade Brook Capital Partne...
Jun 6, 2014	Series D - Uber	$1,400,000,000	Fidelity Investments
May 1, 2014	Series F - Uber	–	–
Aug 23, 2013	Series C - Uber	$363,000,000	GV
Dec 7, 2011	Series B - Uber	$37,000,000	Menlo Ventures
Feb 14, 2011	Series A - Uber	$11,000,000	Benchmark
Oct 15, 2010	Angel Round - Uber	$1,250,000	First Round Capital
Aug 8, 2009	Seed Round - Uber	$200,000	Garrett Camp, Travis Kalani...

출처: CRUNCHBASE

---

14 황정수, "우버의 2022년은 작년과 다를 것"…긍정적 전망 연이어 나와, 한경글로벌마켓. 2022.01.11.

❹ 우버의 재무성과[15]

우버는 코로나 기간 동안 딜리버리 부문우버이츠사업 매출에 의존했지만 전 세계적으로 코로나19 상황이 완화되어 사람들이 여행을 다시 시작하면서 모빌리티 분야에서 3분기 딜리버리 매출은 1, 2분기 딜리버리 매출을 앞서는 실적을 보였다. 우버는 우버의 핵심 비즈니스인 모빌리티 부문의 매출은 73% 증가한 38억 달러, 딜리버리 분야는 24% 성장한 28억 달러, 그리고 프레이트 부문은 17억 달러의 수익을 창출했다고 발표했다. 우버의 2022년 3분기 매출은 전년 동기 대비 72% 성장한 83억 달러를 기록했다.

그림 14 2022년 3분기 '수익' (미국증시자료)

(In millions, except percentages)	Three Months Ended September 30,			%Change (Constant Currency)
	2021	2022	%Change	
Revenue:				
Mobility (1)	$ 2,205	$ 3,822	73%	83%
Delivery (2)	2,238	2,770	24%	33%
Freight (3)	402	1,751	**	**
Total	$ 4,845	$ 8,343	72%	81%

출처: Uber

우버의 경제적 규모를 판단하는 데 있어 중요한 요소는 사용자 지급 총액Gross bookings이 있다. 사용자 지급 총액Gross bookings이란 우버의 플랫폼을 고객들운전기사이 이용 후 지급하는 금액의 총합을 의미하며, 사용자 지급 총액 매출에 있어서 지난해 같은 기간보다 26% 증가한 291억 달러를 기록했다. 우버는 3분기 중 5억 1,600만 달러의 조정 EBITDA를 보고했으며, 이는 전년 대비 5억 800만 달러 증가한 수치이다.

---

15 [미국 증시], 우버 실적 발표, 네이버 블로그.

그림 15 2022년 3분기 '사용자 지급 총액'과 '조정 EBITDA' (미국증시자료)

(In millions, except percentages)	Three Months Ended September 30,		%Change	%Change (Constant Currency (1))
	2021	2022		
Monthly Active Platform Consumers ("MAPCs")	109	124	14%	
Trips	1,641	1,953	19%	
Gross Bookings	$ 23,113	$ 29,119	26%	32%
Revenue	$ 4,845	$ 8,343	72%	81%
Net loss attributable to Uber Technologies, Inc. (2)	$ (2,424)	$ (1,206)	50%	
Adjusted EBITDA (1)	$ 8	$ 516	**	
Net cash provided by operating activities (3)	$ 614	$ 432	(30)%	
Free cash flow (1), (3)	$ 524	$ 358	(32)%	

출처: Uber

우버의 3분기 월간 활성 플랫폼 소비자 수는 1억 2,400만 명으로 전년 동기 대비 14% 증가했다. 이 기간 동안 플랫폼에서 19억 5천만 건의 여행이 완료되었으며, 이는 전년 대비 19% 증가한 수치이다. 그러나 미국 노동부가 우버의 운전자와 같은 독립계약 근로자를 직원으로 재분류하는 개정안을 발표한 후 10월에만 10% 하락했다.

한편 우버는 인플레이션 심화로 우버 운전자로 등록하는 사람이 늘면서 운전자 부족 문제가 크게 해소됐다고 밝혔다. 우버에 따르면, 미국에서 등록 운전자의 72%가 인플레이션이 우버 운전 등록 이유 중 하나라 답했다고 밝혔다.[16]

❺ 우버의 성공요인

우버의 가장 큰 성공요인은 빅데이터 기반의 시스템으로 볼 수 있다. 우버는 남이 운전하는 차를 타고 간다는 것은 택시와 같지만, 빅데이터를 통해 훨씬 간편하

---

16 김정아, 우버, 3분기 손실에도 매출 및 예약 급증, 한국경제, 2022.11.01.

게 이용할 수 있다는 데 차별화를 두었다. 목적지를 설정하면 현재 서 있는 위치나 직접 지정한 출발지에서 목적지까지 데려다 줄 수 있는 차가 근처에 몇 대나 있고 픽업할 때까지의 개략적인 시간을 알려준다. 근처 우버 차량들이 어디에 있고 다른 고객을 어디로 태우고 가는 지 등을 실시간 데이터로 추적한 결과다. 목적지까지 대략 얼마를 내면 되는지도 바로 나오는데 흥미롭게도 이 가격이 거리나 시간에 비례해 고정된 것이 아니라 호출하는 상황에 따라 유동적으로 변한다. 운전자의 매출 현황과 운전 패턴, 탑승자 근처의 차량 운행 현황, 탑승희망자의 콜 현황데이터들을 모두 실시간으로 분석해서 운전자와 탑승자 모두 최대한 만족할 수 있는 최적의 가격이 그때마다 결정된다. 탑승자가 차를 기다리고 있는 위치와 타기로 결정한 차가 자신에게 어떤 길로 어떻게 다가오고 있으며, 몇 분쯤 후에 도착할지 쉽게 알 수 있다.

양측 휴대폰의 GPS 센서를 통한 위치데이터를 통해 계산이 실시간으로 이뤄져 방향까지 섬세하게 표현된다. 그리고 목적지에 도착하면 앱에서 바로 알림을 보내주고 내리면 된다. 결제는 앱에 이미 등록된 신용카드 데이터를 통해 자동으로 이루어지고 즉시 자신의 이메일로 결제 영수증이 날라 온다. 따라서 외국에서 콜택시를 이용할 때 부딪힐 수 있는 언어의 장벽을 피할 수 있다. 즉, 승객 입장에서는 우버 서비스를 제공하는 도시에서 앱 하나로 원하는 시간에 승차 거부 없이 서비스 이용이 가능하고, 투명한 경로 관리와 비용 계산 시스템을 통해 운행 불안감을 감소시킬 수 있다.

또한 우버는 택시운전사를 직접 고용하지는 않지만 그 지역에서 택시를 타려는 사람과 택시운전사를 연결하는 역할을 한다. 효율적인 연결을 통해서 우버 택시운전자는 하루 500달러를 벌 수 있도록 해주었는데, 이는 다른 택시운전사들이 1주일 동안 벌 수 있는 금액이라고 한다. 운전자는 자신들이 원하는 시간에 원하는 만큼만 일할 수 있으며, 운전자들도 고객에 대한 평가를 실시하고 3점 이하 고객은 우버 이용을 제한 해 상호 신뢰 시스템을 구축하였다. 이외에도 Promotion 이벤트를 통해 Free 탑승 기회를 주고 인지도를 높였다. 택시 서비스가 나쁘기로 악명 높은, 우버 서비스 시작 지역인 샌프란시스코에서도 구전 효과로 큰 인기를 얻었다.

다시 말해 우버의 경쟁력은 편리성, 투명성, 안정성, 맞춤 데이터 제공 등을 통해 기존 택시 이용의 불편함pain points과 불신을 해소했다는 것이다.

표 6 우버의 주요 경쟁력

구분	경쟁력
편리성	모바일 앱으로 차량을 간단하게 호출 → 호출차량의 움직임을 지도에서 확인 → 도착 후 사전에 등록된 결제 수단으로 지불하고 영수증은 모바일로 수령
투명성	차량 호출 시 예상요금 제시, 투명한 요금, 흥정 불가, 운행 및 분실물 관련 문의 가능(기사가 의도적으로 경로를 우회했을 경우 우버가 이에 직접 보상하고 기사에 패널티 부과)
안정성	기사·승객 상호 평가제도를 통한 신뢰 확립과 드라이버의 사진, 전화번호, 차량정보를 탑승 전에 알 수 있고 지인과 공유 가능
맞춤 데이터	도시 및 과거 운행 데이터를 수집하고 분석해 구역별로 정확한 수요를 파악하여 기사들에게 제공, 시간대별로 높은 수요지역에서 운행 대기하여 매출을 높이고 승객 대기시간은 최소화(수요에 따른 탄력 요금제 적용)

출처: Uber, '우버의 과거, 현재, 그리고 미래'(강경훈 2016.03.)

⑥ 우버의 해외진출

우버는 전 세계 70여개국 500여개 도시에서 서비스를 제공하고 있으며, 드라이버 수는 약 700만 명이다2017년 기준. 그러나, 우버 서비스는 글로벌 확장에 많은 제약이 있다. 여러 국가에서 기존 택시 시장의 잠식 및 불법 영업 문제와 관련해 택시업계와 정부 간 마찰을 겪고 있다. 미국, 영국, 호주 등은 수용적인 입장이나, 인도, 싱가포르, 중국, 독일, 프랑스, 한국 등의 많은 나라들이 우버를 규제하거나 불법으로 간주한다. 또한 차량공유시장의 경쟁이 심화됨에 따라 진출 국가의 차량공유 서비스 기업과 경쟁을 해야 한다. 그 예로 중국의 디디추싱, 인도의 올라, 동남아시아의 그랩, 브라질의 99택시 등이 있다.

6.1 중국과 디디추싱

우버는 2014년 7월에 중국 시장에 진출했다. 그러나, 이미 중국 회사인 디디추싱과 콰이디Kuaidi가 차량공유 시장을 장악하고 있었다. 특히 2015년 2월, 디디추싱과 콰이디의 합병으로 중국 모바일 차량예약 시장의 80%에 육박하는 시장점유율을 차지했다. 디디추싱과 중국 시장에서 치열한 경쟁 속에 있는 우버차이나의 시장점유율은 10% 미만이었다.

우버는 중국 시장 장악을 위해 매년 10억 달러를 투자해왔지만, 알리바바, 텐센트의 디디추싱 지원과 우버가 시행하는 보조금 지급에 대해 정부의 규제까지 겹치면서, 우버는 중국 시장 철수를 결정했다. 2016년 8월 1일, 중국의 디디추싱은 우버차이나를 350억 달러약 39조 원에 인수·합병하였고, 우버는 인수합병 후 합병된 회사의 지분 중 20%를 받기로 디디추싱과 합의하였다. 우버의 철수로 디디추싱은 시장의 90%를 독점하게 되었다. 디디추싱은 현재 중국 시장뿐만 아니라 미국의 리프트Lyft, 인도의 올라Ola, 동남아시아의 그랩Grab에 지속적인 투자와 합작을 통해, 미국, 인도, 동남아 등의 글로벌 시장에서 우버와 경쟁하고 있다.

6.2 인도와 올라

우버는 2013년 인도 시장에 진출하여 30개 도시에서 운영되고 있다. 2015년에는 월간 40%의 성장률을 기록하며, 우버가 인도에서 제공하는 서비스는 하루 약 20만건에 달하는 것으로 알려졌다. 하지만 중국과 마찬가지로 인도 시장을 현재 장악하고 있는 것은 인도의 현지 기업인 올라 캡스Ola Cabs이다. 올라는 110여개의 도시에서 서비스를 운영하고 있으며, 하루에 약 75만건의 서비스를 제공한다. 올라의 매출은 2014~2015 회계연도 기준[17]으로 6,200만 달러에 이르고, 2015년 3월 인도의 택시서비스 기업인 택시포슈어TaxiForSure를 2억 달러에 인수하기도 하였다. 우버는 "인도가 세계에서 2번째로 큰 시장이기에 반드시 성장해야 한다"라는 목표로 10억 달러를 투자하였고 18개 도시를 중심으로 시장 확대를 모색하고 있다.

우버와 올라 간의 격차 원인을 현지 전문가들은 올라의 선점효과에서 찾았다. 우버는 2011년 사업을 시작한 올라보다 2년 늦게 시작하였다. 올라는 먼저 시장에 진출하여 소비자들에게 익숙하게 느껴질 뿐만 아니라 사전예약 기능과 취소 요금이 없는 것도 우버에 비해 시장 우위를 점유하게 된 비결로 알려지고 있다. 또한

---

17 인도 기업의 회계기준은 매년 3월 말이다.

올라는 강력한 자원금과 파트너십을 맺고 있다. 올라는 2017년 10월 텐센트, 소프트뱅크 등으로부터 11억 달러의 투자금을 유치하였고, 리프트, 디디추싱, 그랩과 반反우버 동맹을 맺고 있다.

중국, 동남아시아, 러시아 등 잇따른 우버의 해외 시장 철수 가운데 인도에서도 올라와 합병을 논의 중이라고 영국 파이낸셜 타임스가 보도했다2018.03.29.. 실제 양측 임원들이 2017년 동안 최소 2번 이상 접촉해 합병에 대해 논의하였다. 리서치 회사 IHS 마켓의 탐 드 블레샤우어는 인도의 승차공유 시장은 경쟁이 심해 수익성이 떨어지며, 우버가 내년에 기업을 공개할 계획이지만 수익성 있는 시장에 초점을 맞춰야 한다는 압력이 커지면, 내년에 인도 사업을 매각할 가능성이 매우 높다고 예상했다. 하지만 우버는 인도 시장에 대한 투자를 더 늘려 나갈 계획이라 발표했다2018.04.18..

인도 시장은 글로벌 IT 기업들이 '마지막 남은 기회의 땅'으로 여기며, 포기하지 않는 시장이다. 아마존의 경우 인도 소비자들을 끌어들이기 위해 50억 달러를 쓰고 있고, 일본의 소프트뱅크와 함께 중국의 알리바바와 텐센트가 인도 스타트업 회사들에 사상 최대의 액수를 쏟아붓고 있는 중이라고 월스트리트저널은 전했다. 우버 역시 바니 하드포드 COO가 "인도는 지금도 그렇지만 미래에도 절대적으로 중요한 시장으로서, 우버의 성공은 인도 시장에서의 성공에 좌우될 것이기에 우리는 유례없을 정도로 인도에 대한 투자를 늘릴 것"이라고 했다. 2018년 카운터포인트 리서치에 따르면, 우버의 전 세계 비즈니스에서 인도 시장이 차지하는 비중은 10% 정도이며, 인도 시장에서 우버가 차지하고 있는 점유율은 35%, 올라는 45%이다.

이제 우버와 올라는 인도 시장에서의 경쟁을 넘어 호주 시장에서도 경쟁을 이어갈 것이다. 우버가 호주 시장을 선점했지만, 2018년 1월을 기점으로 올라 역시 시드니와 퍼스에서 서비스를 시작하여 이들의 행보가 주목받고 있다.

6.3 호주

우버Uber를 규제하고 불법으로 간주한 다른 나라들과 달리 합법화하여 받아들인 국가의 대표적 사례는 호주이다. 호주는 개별 자치법을 지닌 주들로 구성된 연방 국가이기 때문에 우버에 대하여 주 별로 서로 다른 접근을 보여주고 있다.

호주수도특별자치구ACT는 2014년 10월 호주에서 처음으로 우버 서비스를 공식 승인했다. 캔버라의 택시기사들이 우버 합법화 움직임에 항의하며, 파업을 벌이기도 했지만, 정부는 기존 택시업계의 면허비용을 낮추고 경쟁력 유지를 위한 규제 철폐를 약속하며, 우버 서비스의 합법화를 결정했다. NSW주는 2015년 12월부터 우버엑스 서비스를 합법화했다. 시드니에서는 2014년부터 우버엑스 서비스가 본격 운영되며, 연간 누적 호출 수가 100만건 이상을 기록했다. NSW 주정부는 우버엑스를 합법화하면서 요금에 1달러의 추가 부담금을 부과해 기존 택시 면허 소지자들에 대한 보상 기금으로 사용할 예정이다. 빅토리아주는 우버엑스 서비스가 멜번에서 2014년부터 운영되며, 연간 누적 호출 수 100만건을 기록하는 등 인기를 끌고 있지만 아직 합법화하지 않았다.[18]

우버의 합법화 외에도 우버 서비스는 호주에 많은 문제를 발생시켰다. 과거 노후자금으로 여겼던 택시번호판이 절반 수준으로 떨어지고, 손님이 줄어들어 택시기사들이 큰 타격을 받았다. 또한 우버의 서비스 결제 요금에 부가가치세를 부과할지 여부를 두고 우버와 호주국세청이 소송을 벌이고 있다.

그럼에도 우버의 호주 사업 전망은 긍정적이다. 서비스를 합법화하는 주가 더 늘어날 것으로 관측되며, 택시를 잡기 어려운 지역에서도 편리하게 차량을 예약해 탈 수 있다는 장점 때문에 소비자들의 지지도 견고한 편이다. 다만 우버 서비스 확대에 따른 기존 택시업계의 영업 손실과 반발, 승객 관련 사고의 책임 여부, 운전자 검증, 세금 관련 이슈 등은 극복해야 할 과제로 지적된다.

6.4 한국

한국에서는 2013년 8월 우버코리아가 정식 법인으로 출범하였으며, 커뮤니케이션 업종으로 등록하여 운수사업자가 아닌 기술기업으로 우버 서비스를 제공하고 있다. 우버Uber는 우버블랙을 시작으로 우버엑스를 시장에 출시할 예정이었으나, 국내의 기존 택시업계의 반발과 중앙정부 및 서울시 등 당국의 우버 불법 영업에 대한

---

18 허인권, "승승장구 '우버', 호주에서 현 입지는?", 한호일보, 2015.12.24.

강력한 규제 및 처벌 방침에 따라 우버 서비스를 정식으로 종료했다. 서울시는 우버의 택시영업을 신고하면 최고 100만 원까지 포상금을 주는 일명 '우파라치'신고포상금제를 실시하여 우버를 불법으로 규정하고, 우버의 성장세를 꺾고자 하였다.[19]

반면에 2015년 3월 말 서비스를 시작한 카카오택시는 우버와 다르게 출시 200일 만에 누적 호출 수 3,000만건, 2016년 4월 누적 호출 건수가 1억 건을 돌파하면서 빠르게 성장 중이다. 카카오택시는 우버의 불법적인 부분을 해결하여 시장에서 성공하였다. 카카오 관계자는 "우버엑스 서비스는 일반개인차량으로 영업활동을 할 수 있어 문제가 됐다. 택시업계의 항의도 많았다. 우리는 택시기사자격면허가 있는 분만 영업활동에 나선다"고 설명했다. 택시사업자들은 카카오택시로 승객을 찾아 돌아다니거나 콜택시 업계에 돈을 내지 않고도 승객을 찾을 수 있기 때문에 이익을 봤다는 입장이다. 제도적인 준비가 전혀 갖춰지지 않아 신산업의 발목을 잡는 상황이다. 택시시장에 대한 모든 결정권을 지금처럼 택시사업자연합, 국회, 정부에게 맡길 이유가 있는지는 '공공복리' 차원에서 진지하게 검토할 필요와 택시시장 또한 다양한 기술 혁신과 시장 혁신에 대한 논의가 필요하다.

그러나 철수한 지 6년 만에 2021년 4월 우버는 SK텔레콤의 자회사인 티맵모빌리티와 합작법인을 통해 우티UT를 출범시켰다. 새로운 모빌리티 서비스에 대한 법적 기준이 불분명했던 과거와 달리, 여객자동차법·택시발전법 개정 등으로 규제 불확실성이 사라졌다는 판단에서였다. 이번에는 국내 1위 내비게이션 '티맵'이라는 든든한 우군도 확보했다. 우티의 출범으로 카카오모빌리티 독주체제인 국내 모빌리티 플랫폼 시장에서 우버가 글로벌 명성을 이어갈지 관심이 쏠렸다.[20]

합작법인 우티는 2021년 11월부터 택시 호출 사업에 전념하여 현재 운영 중인 우티앱과 우버택시, 우버블랙 등 각 차량 호출 서비스를 하나로 합치기로 결정하였으며, 이에 따라 우티앱과 글로벌 서비스인 우버앱이 통합돼 서비스가 제공된다. 우버는 우티에 약 1175억 원약 1억 달러을 투자해 지분 51%를 확보하고 별도로 티맵모빌리티에도 약 573억 원약 5000만 달러을 투자한다.

---

19 박수련, 신고 땐 최고 100만원 … 우파라치에 움츠린 우버, 중앙일보, 2015.01.05.
20 윤지혜, 6년전 매운맛 봤던 우버…'우티'로 돌아와, 머니투데이, 2021.11.01.

우티는 출범한 이후 한 달 이용자 수80만 명→139만 명는 증가했다. 할인권 등 마케팅비가 투입된 효과였다. 하지만 결국 이용자 수가 줄어들면서 3개월 만에 100만 명으로 줄어들었다. 반면, 같은 기간 카카오 T 앱 이용자는 4월에 930만 명, 5월에 1030만 명, 6월에는 1058만 명으로 증가하는 추세다.[21]

⑦ 우버의 ESG 경영

그림 16 우티 CEO와 우티 대표

출처: 우티

차량호출 업체들이 ESG 경영에 본격적으로 나서기 시작한 것은 2020년 코로나19 유행이 본격으로 시작하면서부터다. 특히 우버와 같은 차량 호출업체는 코로나로 가장 큰 피해를 본 대표적인 기업이다. 코로나 확산 방지를 위해 강력한 방역 정책이 시행되면서 출퇴근이나 여행 등 사람들의 이동이 급감했기 때문이다.

이런 위기를 겪으며, 기업의 지속가능성에 관심을 갖게 되었고, ESG를 돌파구로 선택했다는 분석이 나왔다. 현재 ESG 경영은 투자 판단이나 포트폴리오 관리의 핵심 요소가 되었으며, 선택이 아닌 필수로 자리 잡게 되었다. 막대한 자본을 가진 투자자 역시 ESG와 같은 비재무적 측면과 위험들을 면밀히 따져보고 투자 여부를 결정하

그림 17 우버의 EGS Report

출처: Uber

---

21 백연식, SKT 우티앱,11월 우버와 통합한다, 디지털투데이, 2021.07.27.

기 시작했다. 우버는 매년 ESG 리포트를 발행하고 있으며, 여기에는 우버가 그리는 미래의 모습이 담겨있다.

7.1 환경[22]

우버의 ESG 리포트를 살펴보면, 먼저 지속가능한 도시의 성장을 위해 탄소중립 달성을 선언하였다. 이에 우버는 2030년까지 북미와 유럽에서, 2040년까지 전 세계 우버 진출 대상 국가에서 우버 차량을 전기차로 대체하겠다고 발표했다. 우버는 전기차 확보를 위해 GM과 르노·닛산·미쓰비시 얼라이언스와 같은 자동차 제조사와 제휴 협력을 체결했으며, 미국, 캐나다 및 유럽의 수십만 명의 운전자들이 배터리 기반 전기자동차로 전환할 수 있도록 2025년까지 8억

그림 18 우버 그린 요금제 서비스

100% electric, 0% emission
A silent, cleaner and climate-conscious way of driving. With this service, we contribute to reducing pollution, improving air quality and reducing the carbon footprint of every trip, 100% electric, 0% emission.

Green cities
The introduction of Uber Green is an important step in making all trips via the platform in the Netherlands 100% green as soon as possible. We agreed with the city of Amsterdam that we'll accomplish that goal by 2025 for trips in Amsterdam.

Be part of an eco-friendly movement
Never underestimate the power of a small gesture. Especially when it means opting for a more sustainable and a more environmentally-respectful mobility.

출처: Uber

달러를 투자해 전기차 교체에 나설 방침이라고 밝혔다. 이에 따라 우버는 우버 운전자가 자신의 차량을 전기차로 교체하거나 구매, 임대할 때 할인 혜택을 제공하거나 배터리 충전 요금을 보조해준다.

이외에도 우버는 '우버 그린 요금제'를 출시해 우버 이용자가 하이브리드 차량이나 전기차를 선택할 수 있는 서비스를 제공한다. 우버 그린 요금제를 이용할 경우, 고객은 1달러의 추가 요금을 내는 대신 전기차를 이용할 수 있으며, 이용 후 리워드 포인트도 기존의 3배로 받게 된다. 승객뿐만 아니라 운전자 역시 1달러 내외의 추가 보상을 받게 되며, 직접적인 경제적 보상을 제공하는 전기차 이용 장려 정책이다.

---

22 김환이, 우버, 2040년까지 전 세계 모든 서비스 차량을 전기차로 바꾼다, 임팩트온, 2021.01.14.

7.2 사회

우버는 사회적 기업으로서의 노력을 다양한 방식으로 추진 중이다. 코로나19 팬데믹이라는 예기치 못한 상황에서, 우버 커뮤니티 구성원들의 안전을 위해 우버 운전자에게 마스크와 소독제를 무상으로 제공하였다. 또한 코로나19로 경영에 어려움을 겪고 있는 식당들을 위한 기금을 조성하거나 전 세계에서 다양한 기관들과 협력하여 코로나19 관련 의료진, 노약자, 어린이를 위해 약 1,000만 건의 무료 운행을 제공하기도 하였다. 유색인종, 이민자 등 기업 내에서 차별대우에 노출될 수 있는 구성원들의 커뮤니티를 적극 지원, 그들이 공정한 경쟁을 통해 최고의 성과를 도출할 수 있도록 노력하고 있다.[23]

7.3 지배구조

우버는 기업 경영 과정에 다양한 배경을 지닌 사람들이 차별받지 않고 참여할 수 있는 시스템을 구축하고 있다, 유엔 여성기구 등의 기관으로부터 인사 채용 과정을 포함한 전반적인 경영과정에 대한 조언을 받고 여성이라는 이유로 기업의 중요 결정 사항에서 배제되는 불합리한 절차를 해소하기 위해 노력하고 있다.

⑧ 우버의 최신이슈

8.1 우버 운전자 안전 문제

우버는 운전자를 고용해 운수업을 하는 대신 운전자와 승객이 정보를 주고받는 플랫폼만을 제공한다. 즉 운전자와 승객 두 사람을 중개하고 그 대가로 중간에서 중개수수료를 받게 된다. 우버 운전자의 경우 자신의 차량을 이용해 돈을 받고 승객을 태워 목적지까지 이동시켜 주는데 이 운전자는 우버에 소속된 노동자가 아닌

---

23 전 세계 지역사회를 지원하기 위한 노력, 우버.

개인사업자로 여겨져 우버는 운전자에게 어떤 법적 의무도 지지 않는다.

따라서 우버와 리프트 등 승차 공유 서비스를 제공하는 업체들은 안전 문제가 끊임없이 제기돼 왔다. 우버가 공개한 보고서의 2019~2020년 미국에서 신고된 사례 집계에 따르면, 미국 내 3,824명이 승차 중 성폭력을 경험했고 20명이 살해당했으며, 충돌 사고로 101명이 사망했다. 우버는 성폭행 피해자의 대다수가 승객이며, 이를 제외한 다른 성범죄의 경우 승객과 운전자의 피해자 비율은 비슷한 수준이라고 밝혔다.

우버는 성폭력 사례를 총 21개 범주로 나누었으며, 유형별로 살펴보면 성폭행 신고가 총 141건을 차지하였고, 이는 1차 보고서 당시 247건에 비해 감소한 수치이다. 반면에 성폭행 미수나 강제추행은 수백 건에 달했다. 같은 기간 미국의 우버 이용 건수는 2019년 14억 회에서 2022년 6억 5,000만 회까지 감소했다. 그러나 2017년부터 통계를 합하면 미국 내 우버 운행과정에서 총 9,805건의 성범죄가 발생했다. 우버 측은 2021년 우버 운행 건수가 13억 건에 이르는 만큼 성폭행 신고 건수는 전체 이용 건수의 0.0002%에 불과하지만, 우려의 목소리는 사라지지 않고 있다는 지적도 있다.[24]

우버는 안전에 관해 더 많은 노력을 기울이고 있으며, 안전 기록에 대한 투명성을 유지하고, 혁신적인 기술을 통해 더욱 안전한 여행을 지원하고 있다.

(1) 실시간 ID 확인 기능[25]

우버의 경우, 운행 중인 드라이버driver와 우버 계정이 일치하는지 실시간으로 확인할 수 있다. 초기에는 간단하게 셀카로 신원을 확인했으며, 2019년에는 사기 탐지 기술 도입 및 실시간으로 사람이 드라이버를 확인하는 등 기술을 더욱 강화했다.

---

24 우버 운행 중 성범죄 3,824건, 한국일보, 2022.06.02.
25 우버 탑승 전 안전 기능, 우버.

그림 19 우버택시 사건 · 사고

우버택시 둘러싼 사건·사고

일시	장소	내용
2016년 2월	미국 미시간	묻지마 총기사고로 6명 사상
2015년 8월	미국 LA	검찰, 강력범죄 전과자인 우버기사 25명 공개
2015년 8월	중국 쓰촨성 청두	40대 여성 승객 성폭행
2015년 7월	스페인	유럽사법재판소에 우버 영업 적법 여부 의뢰
2015년 6월	미국 플로리다	승객에게 총기 난사
2014년 12월	인도 뉴델리	20대 여성 승객 성폭행
2014년 10월	미국 매사추세츠	승객 납치·성폭행

출처: 충격빠진 우버…(매일경제, 2016.02.22.)

(2) 112 지원 버튼과 안심 연락처

위급상황 발생 시 문자 기능을 탑재한 112 지원버튼을 누르면 우버 탑승자 휴대폰 내에 차량의 종류, 모델, 번호판 등 주요 정보를 담은 문자가 자동 생성되며, 전송을 누르면 112 상황실로 문자가 전송된다. 112 지원 버튼 도입과 함께 적용된 안심 연락처 역시 우버 이용자가 최대 5명까지 지인의 연락처를 미리 앱에 등록하여, 차량 탑승 시 연락처로 예상 도착 시간을 포함, 실시간 위치 정보를 공유할 수 있도록 지원한다.

(3) 안전 도구 툴킷 메뉴[26]

안전에 관한 다양한 정보를 한눈에 보여주는 안전 도구 툴킷 메뉴를 이용해 탑승자들은 경찰 당국의 지원으로 제공되는 안전 팁 외에도 드라이버 경력 조회, 보험 보장 정보 등 각종 커뮤니티 가이드라인을 확인할 수 있다.

이 외에도 2017년에 우버 안전 전담팀을 신설하였고, 2019년 기준 300명 이상이 일하고 있으며, 향후 더 늘릴 계획이라고 밝혔다. 운전자의 운전 기록과 범죄 전력을 체크할 수 있는 자동화 시스템을 개발과 범죄자 정보를 다른 업체와 공유

---

26 우버 뉴스룸.

하고, 2020년부터 성범죄 피해자를 위한 핫라인 구축과 운전자 대상 성범죄 교육 등을 시작하였다.

8.2 우버의 4차 산업혁명 패러다임: 자율주행차

공유경제는 세계 경제가 4차 산업혁명으로 나가는 데 핵심적인 역할을 한다. 우버는 유휴자원이 있는 개인과 이를 필요로 하는 개인을 매개시켜 주는 플랫폼 형태로 발전해왔고, 새로운 플랫폼이 4차 산업혁명의 중요한 매개체가 되고 있다. 우버의 4차 산업혁명은 개인과 모든 사물과 공간을 연결시키는 초연결·초지능 사회를 창출할 것이다.

(1) 자율주행차

우버는 2015년 이후 5년간 우버ATG 자율주행사업에 10억 달러를 투자하며, 당시 최고경영자였던 트래비스 칼라닉이 공을 들였던 사업이었지만, 이후 트래비스 칼라닉이 경영일선에서 물러나며, 자율주행차가 지금 당장 수익을 낼 수 없는 사업이라는 점과 자율주행 업계 구도가 규모의 경제에 따른 경쟁으로 심화하는 양상을 보이며, 우버의 생존을 위해서는 오로라와의 협력이 필요하다고 판단함에 따라, ATG를 오로라에 매각하게 된다. 그러나 우버는 사업을 완전히 포기하지 않고 자율주행차 사업 부문을 매각하는 대신 오로라에 4억 달러를 투자해 지분 26%를 확보했다. 또한 모셔널현대자동차과 미국 앱티브의 자율주행 합작사와 파트너십을 맺으며, 지속적으로 자율주행차 사업에 힘을 쏟을 것으로 보인다.

8.3 우버 앱의 광고 도입[27]

우버·리프트 등 해외 차량공유 업체가 모빌리티를 활용한 광고 사업을 확대하고 있다. 이는 택시 기사 등 플랫폼 노동자와의 갈등·규제당국의 좁혀오는 규제

---

27 이소연, 규제 속 돌파구 찾는 車공유업계…, 조선비즈, 2022.10.29.

그림 20 우버의 광고사업

출처: Uber

속 골머리를 앓는 모빌리티 업계가 지속가능한 수익을 창출할 수 있는 광고에 주목하고 있기 때문이다. 우버는 '저니 광고journey ads'라는 이름으로 앱 내 광고를 도입했다. 이는 이용자가 우버 차량공유 앱으로 호출한 차량의 이동 경로를 확인하거나 도착지에 내리는 순간 광고를 표출시킨다.

이용자가 설정한 도착지 장소 정보 등에 따라 이와 연관된 타깃 광고를 내보낼 수 있다. 일부 지역에선 차량 뒷좌석에 태블릿을 부착해 디지털 광고도 시범적으로 선보이고 있다. 우버가 광고 사업을 시작한 것은 2019년부터로, 그간 배달플랫폼 '우버이츠'를 통해 주로 광고 사업을 진행해왔다. 그러나 우버는 아마존에서 광고 사업을 이끌던 업계 베테랑 마크 그레더를 영입하고 광고 관련 부문을 신설하는 등 관련 사업을 모빌리티까지 공격적으로 확장하고 있다. 회사는 지속적인 투자를 통해 지난해 기준 1억 4,100만 달러약 2,000억 원에 머무른 광고 수익을 2024년 10억 달러약 1조 4250억 원까지 늘리겠다고 밝혔다.

맺음말

4차 산업혁명의 물결이 현실과 가상의 세계가 융합하는 O2OOnline 2 Offline의 양상으로 다가오고 있다. 물질로 이루어진 소유의 세상과 정보로 이루어진 공유의 세상이 융합하는 O2O 플랫폼에서 시작된 공유경제는 이제 4차 산업혁명의 중추 역할을 하고 있다.

따라서, 많은 국가에서 공유경제의 비즈니스 활성화를 위한 전략적 인프라를 구축하고 있다. 그러나 우리 한국의 상황은 어떠한가? 한국에서는 2013년 8월 우버코리아가 정식 법인으로 출범하였으며, 커뮤니케이션 업종으로 등록하여 운수사업자가 아닌 기술기업으로 우버 서비스를 제공하고 있다. 우버Uber는 우버블랙을 시작으로 우버엑스를 시장에 출시할 예정이었으나, 국내의 기존 택시업계의 반발과 중앙정부 및 서울시 등 당국의 우버 불법 영업에 대한 강력한 규제 및 처벌 방침에 따라 결국, 우버 서비스를 정식 종료하였다.

물론, 이와 유사한 카카오택시가 새롭게 등장했으며, 많은 소비자들의 사랑을 받고 있다. 그러나, 많은 국가에서 공유경제의 대표적 모델인 우버를 정보통신 기술ICT 발전에 따른 혁신적 서비스로 인정하고, 관련 서비스가 시행되고 있음을 인지해야 하지 않을까?

한국 정부는 4차 산업혁명 등 새로운 기술 발전에 따라 등장하는 서비스에 대해 관련 법·제도를 신속히 정비하고, 이러한 변화에 보다 신속히 대응할 필요에 대해 심각하게 고민할 시기가 되었다. 나아가 그러한 기술 발전을 위한 인재육성, 인프라 구축, 시스템 정비 등을 가속화해야 하지 않을까? 지금 한국은 선진국이 되기 위해 간과하고 있는 점이 무엇인지를 늘 고민하고 지속적 노력을 기울일 때이며, '공유경제'와 '4차 산업혁명'이라는 '변화'가 우리에게 '기회'가 될 수 있음을 잊지 않아야 할 것이다.

한편, 이제는 우버도 지속가능경영에 대해 심각하게 고민할 시기에 직면했다. 먼저 경제적으로는 다른 국가로의 진출이라는 확장과 더불어, 실제로 수익을 창출할 수 있는 다양한 방안을 모색해야 하며, 이외에도 사회적, 환경적 공헌을 통해 전 세계가 인정하는 비즈니스 생태계의 모범이 되어야 한다. 나아가 우버와 유사한 서비스를 하는 기업들이 적지 않게 나타나 이들과의 치열한 경쟁도 우려되고 있다. 우버는 이러한 위기를 어떻게 극복할 수 있을 것인가?

Assignment Questions

1. 우버가 중국시장에서 철수한 이유에 대해 조사하고, 이것이 의미하는 바에 대해 토론해보자.

2. 공유경제 기업에 대한 논란 중 플랫폼 독점에 대한 문제와 향후 방향에 대해 토론해보자.

3. 우리나라에서 우버와 에어비앤비 같은 공유경제 기업이 성장하는데 어려움을 겪는 이유와 그 해결방향을 제시해보자.

4. 코로나19 팬데믹으로 위기를 겪게 된 우버가 이를 어떻게 극복하고 있는지 논의해보자.

Paradigm Shift를 위한
4차 산업혁명 시대의 경영사례 1

04

예술과 첨단 기술의 결합, 에어비앤비

학습목표

- 에어비앤비가 초기의 부진함을 극복하고 최고의
  글로벌 숙박기업으로 성장할 수 있었던 요인을 고찰한다.

- 다른 숙박업 기업들과 차별화된 에어비앤비만의
  마케팅 전략을 이해한다.

- 최근 에어비앤비가 추구하는 ESG 경영과 디지털
  전환을 살펴본다.

- 4차 산업혁명 시대에, 에어비앤비와 같은 공유경제
  플랫폼을 활용하는 기업들의 전략과 그들의 전략이
  미래의 산업구조에 끼칠 영향을 논의한다.

예술과 첨단 기술의 결합,
에어비앤비*

"어느 곳에서든 당신이 속할 수 있는 세상을 만들도록 돕는 것.
To help creating a world where you can belong anywhere."
– 에어비앤비의 미션 –

"미국 내에는 무려 8,000만 개의 전동드릴이 있다고 합니다. 그런데 연평균 전동드릴
사용시간은 불과 13분밖에 되지 않죠. 모든 사람이 굳이 전동드릴을 소유할 필요가 있을까요?
고작 13분밖에 쓰지 않는데 말이에요."
– 글로벌 숙박공유 기업 에어비앤비의 창업자, Brian Chesky –

에어비앤비

에어비앤비의 창업자 브라이언 체스키Brian Chesky와 조 게비아Joe Gebbia는 로드아
일랜드 디자인 학교에서 만난 친구 사이다. 2007년 두 사람은 같이 사업을 해 보

---

* 본 사례는 정진섭 교수의 지도하에 성혜미, 박세훈, 문선정 학생이 작성하고, 김유정, 신재은, 박혜연, TRUONG
NGOC THANH 학생이 업데이트한 것이다.

겠다는 생각으로 샌프란시스코의 한 아파트에 머물고 있었다. 직업도 돈도 없었던 그들은 함께 지내던 룸메이트가 이사 나가고 월세도 올라 곤란에 처해있었다. 그 때 그들은 집 근처에서 디자인 회의가 열린다는 것과 모든 호텔이 매진됐다는 것을 알게 되었고, 두 사람은 컨퍼런스에 참석하는 사람들에게 간이침대인 에어베드 Airbed와 간단한 아침식사를 제공한다는 내용을 웹사이트에 올렸다.

서비스 이름은 간이침대와 아침식사라는 의미의 에어베드&브렉퍼스트로 정했다. 그리고 디자인 인맥을 통해서 지인들에게 알리고 블로그를 통해서 홍보를 시작했다. 머지않아 숙박할 사람을 찾았고, 그 이후에 크레이그리스트Craiglist에 올라온 비슷한 광고들을 사이트에 등록시켰다. 이것이 에어비앤비의 시작이 되었고, 조의 예전 룸메이트, 네이트 블레차르치크가 공학기술 공동 창립자로 함께 조인하게 되었다.

하지만 투자자들에게 에어비앤비라는 비즈니스의 기본 아이디어는 별로 새로울 것이 없어 보였다. 많은 이들이 '웹사이트만 번지르르하게 디자인한 다음 마치 새로운 것인 양 시장에 내놓겠다고?'라며 무시했다. 체스키에 따르면, 처음 에어비앤비라는 아이디어를 듣고 멍청한 생각이라고 말하지 않은 유일한 사람은 그의 할아버지뿐이었다고 회상했다.

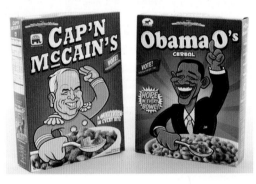
그림 1 Obama O's와 Cap'n McCain's[1]

그들은 2008년 가을, 미국 대선 정국이었다는 점을 활용해 수집가치가 있는 아침 식사용 시리얼 '오바마 오즈Obama O's'와 '캡앤 맥케인즈Cap'n McCain's'를 만들어 팔았고, 판매액으로 3천 달러를 모았다.

그리고 이 돈으로 회사의 명맥을 유지했다. 이렇게 온갖 일을 하면서도 블레차르

---

1 Brian Chesky, I lived on Cap'n McCain's and Obama O's got AirBnB out of debt, PANDO, Michael Carney, 2013.01.10.

그림 2 에어비앤비와 주요 호텔의 기업가치 순위

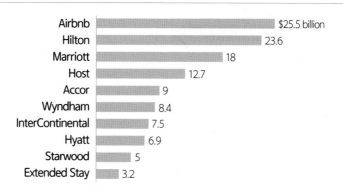

출처: Yahoo Finance/CB Insights as of July 12, 2016

치크는 계속해서 서비스를 개발하고 관리하였고, 체스키와 게비아는 뉴욕, 시카고 등 미국 전역을 돌아다니며, 에어비앤비 사용자들을 만나 그들에게 자신들의 집을 빌려주는 임대 사업자가 되어 달라고 권유했다.

마침내, 이들의 치열함을 눈여겨본 인큐베이터와 벤처캐피탈에서 손을 내밀기 시작했다. 2009년 폴 그레이엄이 주관하는 인큐베이터 Y Combinator의 창업지원 프로그램에 참여할 수 있었고, 세쿼이아 캐피탈로부터 58만 5,000달러의 첫 투자를 받을 수 있었다. 이때에 맞춰 셋은 회사와 서비스의 정식명칭을 에어베드&브렉퍼스트에서 에어비앤비로 변경했다. 침대 및 공용 공간만 빌려주던 서비스에서 주택 전체, 아파트, 성, 보트, 통나무집 등 다양한 숙박시설을 빌려줄 수 있는 서비스로 변경된 것도 이때쯤이다. 이를 바탕으로 현재 에어비앤비는 땅 위에 정식으로 세워진 주택뿐만 아니라 티피아메리칸 원주민의 텐트, 이글루, 개인이 보유한 섬 등 사람이 숙박할 수 있는 모든 것을 빌려주는 서비스가 되었다.

이렇게 탄생한 에어비앤비는 세계 최대의 숙박 공유 서비스업체이며, 자신의 공간을 임대하려는 사람들과 단기 숙박시설을 찾는 여행객 사이의 중개자 역할로서 가장 성공적인 peer-to-peer² 디지털 소셜 서비스 중 하나로 손꼽히고 있다.

그리고 현재, 에어비앤비는 190여 개 나라의 81,000여 도시로 확산됐고 누적 체

2 *peer-to-peer란? 인터넷에서 개인과 개인이 직접 연결되어 파일을 공유하는 것.

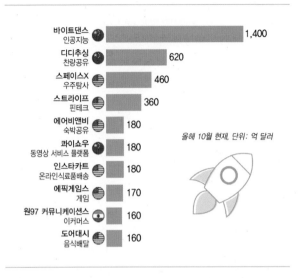

그림 3 2020년, 에어비앤비와 글로벌 스타트업의 기업가치 순위

바이트댄스
인공지능 1,400

디디추싱
차량공유 620

스페이스X
우주탐사 460

스트라이프
핀테크 360

에어비앤비
숙박공유 180

콰이쇼우
동영상 서비스 플랫폼 180

인스타카트
온라인식료품배송 180

에픽게임스
게임 170

원97 커뮤니케이션스
이커머스 160

도어대시
음식배달 160

올해 10월 현재, 단위: 억 달러

크인 수는 3억 건에 이른다. 에어비앤비의 기업가치는 2016년에 이미 메이저 호텔체인들을 넘어섰고, 에어비앤비의 2017년 3월 기업가치는 310억 달러 약 33조 원 이상으로 평가되었다.[3] 또한, 2015년 기준, 전 세계 글로벌 스타트업의 기업가치 평가 순위에서 3위를 차지했다. 2017년 에어비앤비의 매출은 26억 달러, 순이익은 9천 300만 달러였다. 2017년 9월까지 투자받은 금액은 약 44억 달러였다.

〈그림 3〉에서 보이듯 에어비앤비는 2020년 기준, 코로나19 충격의 시기에 전 세계 글로벌 스타트업의 자산가치 순위에서 5위, 180억 달러를 기록하였다.[4]

또한 220개국 이상의 10만 개의 도시에서 600만 개의 숙소를 운영 중에 있으며, 지금까지 에어비앤비 숙소에서 이뤄진 체크인의 횟수는 10억 회가 넘는다.

❶ 에어비앤비의 기업문화

에어비앤비는 창업자의 배경과 사업 제품 자체가 내는 에너지가 기업 문화를 만든다고 생각한다. 체스키 CEO는 산업 디자인을 전공했다. 이 때문에 에어비앤비의 기업 문화는 굉장히 창의적인 곳으로 시작된다. 여러 사람과 협업해서 결과물을 내는 '스튜디오 컬처studio culture' 문화가 에어비앤비의 기업 문화라 할 수 있다. 제품자체에서 나타나는 에너지도 기업 문화에 영향을 주는데, 에어비앤비는

---

3 Yahoo Finance, 2017.03.09.
4 연합뉴스, '[그래픽], 세계 스타트업 자산가치 순위, 2020-11-23.

낯선 사람을 따뜻하게 맞이하고 환대하는 서비스를 제공하기 때문에 비즈니스 브랜드 자체가 내뿜는 밝은 에너지가 있다.

이러한 '예술과 첨단 기술의 결합marriage of art and cutting-edge technology'이 에어비앤비의 창조적 기업 문화를 만들 수 있었다. 또한, 에어비앤비는 본사 직원을 뽑을 때 '호스트'로서 자격이 있는지를 본다. 채용 과정에서 다양한 절차를 거치지만 '묘비명은 무엇인가?', '직접 준 선물 중 가장 인상 깊은 물건은 무엇인가?' 등 평소의 생활 태도나 가치관을 물어 주인의식을 가지고 일하는 사람인지를 평가한다.

이런 철학에 공감하고 적극적으로 활동하는 사람들을 직원으로 채용한다. 에어비앤비의 CEO 체스키는 회사 내부에서 매출 목표치를 숫자로 적는 대신, 에어비앤비를 사용한 호스트와 게스트의 이야기를 담은 만화를 회사 곳곳에 붙인다고 한다. 스스로가 가장 잘하는 방식으로 자신들의 비전을 끊임없이 재확인하는 것이다. 이러한 작은 차별화는 뛰어난 효과를 창출했다. 사용자가 늘면서 투자는 자연히 따라왔다.

오로지 직원들을 위해 이들이 진심으로 '일하는 게 행복하다'고 느낄 수 있는 회사를 만드는 것이 목표이다. 직원들이 '인생에서 최고의 일을 하고 있다', '좋은 기업 문화에 푹 빠져서 일하고 있다', '일을 통해 깊은 영감을 받고 있다'고 말할 수 있는 기업이 되는 것이 목표다.

에어비앤비의 전략

① 에어비앤비의 경영전략

일괄적으로 제공되던 여행상품에서 벗어나 맞춤형, 현지형 여행 수요가 증가하는 경향에 착안하여 '여행은 살아보는 거야'라는 기업 슬로건을 내세운 에어비앤비는 소비자의 니즈를 공략한 온디맨드On-demand 서비스를 제공함으로써, 공유 플랫폼 정착에 기여하였다. 에어비앤비는 판매자로서의 소비자인 '호스트'와 구매자로서의 소비자인 '게스트'가 에어비앤비라는 '플랫폼'을 통해 중개되어 공간을 공유하고, 이에 따른 수익이 분배되는 C2C_{Customer-to-Customer} 시스템으로 운영된다.

그림 4 에어비앤비와 비즈니스 모델

출처: 임호현, 숙박 중개 플랫폼 기업, 에어비앤비(Airbnb)는 어떻게 시작하였는가?, 미디어자몽, 2016.03.14.

1.1 에어비앤비의 수익 모델

수수료 체계는 '수수료 분담' 방식과 '호스트 전액 부담' 방식이 있다.

① 수수료 분담
− 호스트와 게스트가 나눠 분담하는 형식
− 호스트는 3%의 서비스 수수료, 게스트는 14%의 수수료를 지불한다.
② 호스트 전액 부담
− 수수료 전액이 호스트 수령 대금에서 차감된다. 수수료 비율은 보통 14~16%지만, 에어비앤비 플러스 호스트 및 '매우 엄격' 환불 정책을 설정한 호스트에게는 더 높은 수수료가 적용될 수 있다.

❷ 에어비앤비의 성공전략

에어비앤비의 비즈니스 모델은 개인의 방, 집, 아파트는 물론 보트, 비행기 등모든 공간자산에 대해 임대가격을 정해주고, 이를 필요로 하는 소비자를 찾아주는형태이다. 숙박 공급자는 객실 제공을 하고 싶은 경우, 에어비앤비Airbnb 홈페이지에 객실 사진과 가격을 결정해 상품을 등록하면 된다. 숙박 수요자는 홈페이지에서 숙박하고 싶은 객실을 선택한 후 예약 및 결제를 진행한다. 에어비앤비의 주요수입원은 임대에 대해 제공자와 소비자로부터 받는 수수료이다. 소비자가 계약을하면, 제공자로부터 3%의 수수료, 소비자로부터 6~12%의 수수료를 수취하는 형태로 비즈니스를 영위한다.

에어비앤비는 여행객이 많고 임대료가 비싼 뉴욕·파리·런던 등에서 인기가높다. 또한 주머니 사정이 넉넉하지 않고 소셜 네트워크 서비스SNS를 통해 소통하고 공유하는 것을 즐기는 젊은 층에게 큰 호평을 받고 있다. 매일 밤, 전 세계 191개국의 400만개 이상의 에어비앤비 숙소에서 200만 명이나 되는 사람이 에어비앤비를 통해 숙박을 하고 있다. 이는 업계 최상위 호텔체인 5개를 합친 것보다도 많은 숫자다.

에어비앤비는 이 모든 것이 '신뢰' 덕분이라고 말한다. 사실 에어비앤비의 기본아이디어는 별로 새로울 것이 없다. 세입자, 하숙생 등 많은 사람이 에어비앤비나인터넷이 등장하기 훨씬 전부터 홈셰어링 형태로 숙박을 해결했다. 또한 온라인으로 단기 숙박 서비스를 제공하는 업체들은 이미 수십 년 전부터 존재했다. 그러나에어비앤비는 누구나 쉽고 친근하게 접근이 가능하도록 장벽을 걷어냈고 단순하게 플랫폼을 구축했다. 에어비앤비의 숙소 리스트는 호스트의 개성을 드러내는 무대로 활용되었다. 이를 위한 전문 사진 촬영서비스 제공과 검색, 메시지발송, 대금지불이 모두 매끄럽게 독립적으로 이루어지도록 설계된 것이다. 에어비앤비는 기술 비즈니스가 아니라고 말하지만, 에어비앤비는 실리콘밸리에서 가장 정교한 백앤드 엔지니어링 인프라를 보유하고 있다. 무엇보다도 숙박을 마친 고객들과 호스트가 함께 작성할 수 있는 '쌍방 리뷰'라든지, 'ID 검증 시스템'과 같이 신뢰도를 높이기 위한 일련의 도구들을 구축하기 위해 노력해왔다.

예를 들어, 에어비앤비는 나이, 지역, 지리가 얼마나 비슷한지를 기반으로 사람들이 누군가를 신뢰하려는 의향이 얼마나 있는지를 확인하기 위해 스탠포드 대학과 공동으로 연구를 진행했다. 그 결과, 당연하게도 자신과 비슷한 사람을 선호한다는 것이었다. 그러나 흥미로운 것은 그 조합에 평판을 더했을 때의 결과이다. 후기가 3개 이하면 별 변화가 없다. 하지만 10개 이상의 후기가 있는 경우, 높은 평판이 높은 유사성을 능가한다는 것이다. 이렇게 설계된 디자인이 실제로 우리가 가진 가장 뿌리 깊은 편견을 극복하게 만드는 것이다.

에어비앤비는 그 외에도 빈칸의 크기와 예시 질문을 이용해 신뢰 구축에 필요한 '적당한' 양의 정보 제공을 유도하는 것과 같이 단순해 보이는 부분까지 신뢰를 위해 디자인했다. 신용카드 결제 대행, 사전 신분 조회 의무화, 객실 제공자에 대한 100만 달러 한도의 보험가입 등으로 금전적인 피해를 방지하고 상호 신뢰를 구축할 수 있는 기본적인 시스템을 마련했다. 또한, 임대 계약 전에 사전 연락하는 것을 권고하고 객실 이용 수칙에 대해 서로 합의함으로써, 호스트와 이용자 간의 의견 차이와 그에 따른 불만 발생을 막는 장치들을 고안했다.

하지만 이러한 노력에도 불구하고 각종 폭력 사태와 호스트의 크고 작은 실책 등으로 인한 불편과 사고 그리고 인종차별적인 문제들까지 벌어졌다. 에어비앤비는 플랫폼을 이용하는 사람들이 친절하리라는 가정하에 브랜드를 구축했고, 또 그

그림 5 에어비앤비의 "#WeAccept" 광고

출처: 에어비앤비 홈페이지

렇게 믿었지만 모든 사람이 그렇지는 않았다. 문제가 생긴 경우는 전체 숙박의 1%도 되지 않지만, 그로 인한 파장은 그 이상일 것이다. 이러한 문제들이 에어비앤비를 끊임없이 개선하게 만드는 가장 강력한 동기라고 말한다. 예를 들어 인종차별 사건들은 에어비앤비의 인종차별 금지 정책과 "#WeAccept"라는 슬로건을 내건 광고와 같은 변화를 만들어냈다.

2.1 차별화된 경험 제공

에어비앤비는 평범한 사람들의 주거 공간을 제공함으로써 여행자들에게 차별화된 경험을 제공한다. "Don't go there, live there"라는 캠페인은 에어비앤비의 메시지를 잘 요약하고 있다. 에어비앤비가 제공하는 가치는 휴가 때 잠을 자기 위한 저렴한 숙박이 아니라, 현지인처럼 어떤 장소를 경험할 수 있는 기회이다.[5]

2.2 에어비앤비 체험

에어비앤비 체험은 지역 주민들이 주도해서 디자인하고, 그들의 생활로부터 영감을 받는 활동이다. 각 호스트가 살고 있는 독특한 세계에서 고객이 몰입할 수 있는 기회를 줌으로써 일반적인 여행이나 클래스 경험 이상의 가치를 제공한다. 이

그림 6 에어비앤비의 베스트셀러 체험

출처: 에어비앤비 홈페이지

---

5 GROW&BETTER, 에어비앤비의 성장 전략 1: 제품.

를 통해 별도의 공간도 필요 없이 누구나 취미, 기술, 또는 전문 지식을 공유할 수 있는 기회로 작용한다. 이는 교차판매의 좋은 예이기도 하다.[6]

③ 에어비앤비의 대규모 업그레이드

개인의 집을 빌리는 에어비앤비의 특성을 감안할 때 코로나19 사태와 같은 예상하지 못한 재난에는 더욱 취약할 수밖에 없었다. 코로나19 초기, 8주 만에 숙박 예약의 80%가 날아가는 등 여행 수요가 급감했다. 2020년 1분기 영업 3억 2,548만 달러의 손실을 본 데 이어 2분기에는 5억 8,321만 달러의 적자를 기록했다. 종합 여행 플랫폼으로 발돋움하기 위해 추진 중이던 호텔, 럭셔리 숙박, 교통, 미디어 사업은 모두 중단했다. 임직원 임금 삭감과 마케팅 비용 절감 등에 나섰지만 비용 압박은 커져 갔다. 에어비앤비는 2020년 5월 직원의 25%를 해고하는 구조 조정을 했다. 전 세계 7,500여 명의 직원 중 1,900여 명을 내보내야 했다.

실적이 악화되면서 2020년 4월로 예정돼 있던 기업공개IPO 역시 차질을 빚었다. 에어비앤비는 예정된 날짜보다 8개월 정도 늦은 2020년 12월 IPO에 성공했다. 에어비앤비는 '고객들이 원하는 여행'이 무엇인지를 들여다보는 작업부터 다시 시작했다. 또한 이를 토대로 대규모 업그레이드 작업을 시작했다.

3.1 에어비앤비 카테고리

게스트가 에어비앤비에서 검색하면 숙소의 독특한 스타일과 위치, 근처에서 즐길 수 있는 여행 활동에 따라 숙소를 엄선된 컬렉션으로 묶은 56개 이상의 카테고리가 표시된다. 카테고리를 통해 아름다운 전망이나 인상적인 디자인이 돋보이는 숙소, 호수나 국립공원 근처에 위치한 숙소, 상징적인 도시나 골프 코스에 가까운 숙소 등이 소개된다. 특정한 목적지의 숙소를 검색하는 게스트에게는 '모든 숙소'라는 카테고리의 검색 결과가 표시되며, 검색한 위치를 기준으로 추가 카테고리가

---

6 GROW&BETTER, 에어비앤비의 성장 전략 1: 제품.

표시되므로 검색 지역 내 또는 그 근처의 멋진 숙소를 쉽게 찾을 수 있다.

또한, 하나의 숙소가 여러 카테고리에 표시될 수도 있는데 예를 들어, 타호 호수 근처 숙소에 전문가급 주방이 구비되어 있는 경우, 이 숙소는 '타호 호수'의 검색 결과와 함께 '호수 근처' 카테고리 및 '전문가급 주방' 카테고리에 표시될 수 있다. 카테고리를 통해 게스트가 미처 검색해 보지 않았던 곳의 독특한 숙소를 쉽게 찾을 수 있기 때문에 호스팅하는 숙소가 인기 관광지가 아닌 지역에 위치한 경우, 효과는 더욱 강력해진다.

예를 들어, '창작 공간' 카테고리를 찾는 음악가 지망생은 녹음 스튜디오가 완비된 조지아 숙소를 찾을 수 있다. 카테고리를 설정하면 게스트가 상대적으로 잘 알려지지 않은 장소에서 숙박하도록 안내할 수 있다. 이전의 검색 방식이었다면, 영국에서의 휴가를 예약하려는 사람이 고려할 수 있는 옵션은 런던을 포함해 이미 알고 있는 지역에 그칠 확률이 높다. 하지만 이제는 관심 있는 카테고리를 검색하여 옥스퍼드에서 멀지 않은 한적한 시골의 숙소나 맨체스터 근처의 초소형 주택에 머물러보고 싶다는 생각을 할 수 있다. 각 카테고리의 숙소들은 큐레이션 절차를 거친다. 머신러닝을 활용해 에어비앤비에 등록된 수백만 개 숙소의 이름, 숙소 설명, 사진 설명, 호스트에게 얻은 구조화된 데이터 및 후기를 분석한다.[7]

3.2 에어비앤비의 '나눠서 숙박'

장기 숙박을 검색하는 게스트가 늘어남에 따라, 이들이 찾는 숙소 가운데 전체 여행 기간 중 일부만 예약 가능한 숙소가 있을 수 있다.

이전에는 호스트의 숙소가 전체 여행 기간 동안 예약 가능하지 않으면 검색 결과에 표시되지 않았다. 그래서 에어비앤비는 게스트가 14박 이상의 숙박을 검색하는 경우, 최대 40% 더 많은 숙소가 표시될 수 있도록 두 개의 숙소에 나누어 숙박할 수 있는 혁신적인 기능인 '나눠서 숙박'을 도입했다.

게스트가 일주일 이상의 여행을 검색하면 '나눠서 숙박'이 검색 결과에 자동으

---

7 Airbnb.

그림 7 '나눠서 숙박'의 예시

출처: Airbnb

로 표시됨에 따라 게스트는 전체 여행기간 동안 예약할 수 있는 단일 숙소에 숙박하거나, 같은 목적지에 있는 두 개의 숙소에 나눠서 숙박할 수 있다. '나눠서 숙박' 기능이 도입됨에 따라 이제 게스트가 전체 여행 기간에 호스트의 숙소를 다른 숙소와 짝지어 숙박할 수 있으므로 게스트의 선택의 폭이 넓어졌다.

'나눠서 숙박'은 검색 결과에서 위치, 건물 유형, 편의시설이 일치하는 두 개의 숙소를 짝지어 소개한다. 예를 들어, 가족 단위 게스트가 계단 없는 게스트 출입구나 폭이 넓은 현관 등 접근성 편의시설이 완비된 숙소를 검색하는 경우, '나눠서 숙박' 기능은 이러한 편의시설을 갖춘 두 개의 숙소를 연결해서 보여준다. '나눠서 숙박'을 지도에서 보면, 애니메이션을 통해 두 공간을 시각적으로 연결하여 숙소 간 거리와 숙박 순서를 게스트에게 보여준다. 게스트가 '나눠서 숙박'을 선택하면, 기존에 숙소를 예약하는 것과 같은 간단한 절차에 따라 숙소를 한 곳씩 차례대로 예약할 수 있다.[8]

3.3 에어비앤비 에어커버

2021년 11월, 호스팅 전반에 걸쳐 모든 호스트에게 무료로 제공되는 에어비앤비만의 호스트 보호 프로그램인 에어커버를 도입했다. 호스트를 위한 에어커버는

---

8 Airbnb.

1백만 달러의 호스트 손해보상 및 1백만 달러의 호스트 책임보험을 제공한다. 이제 게스트가 숙박하는 동안 호스트가 해결할 수 없는 중대한 문제가 발생하는 경우, 모든 숙박 게스트에게 에어커버를 통해 4가지 보호 기능을 제공한다.

① 예약 지원 보장: 만일 체크인까지 30일이 채 남지 않은 시점에 호스트가 게스트의 예약을 취소해야 하는 경우, 에어비앤비에서 비용을 부담하여 게스트에게 기존 숙소와 비슷한 숙소 또는 더 나은 숙소를 찾아주거나, 환불 처리

② 체크인 지원 보장: 게스트가 숙소에 체크인할 수 없으며, 호스트가 문제를 해결할 수 없는 경우(예: 게스트가 숙소에 출입할 수 없으며 호스트와 연락이 닿지 않는 경우), 에어비앤비에서 비용을 부담해 게스트가 예약한 기간 동안 머물 수 있도록 기존 숙소와 비슷한 숙소 또는 더 나은 숙소를 찾아주거나, 환불 처리

③ 숙소 정확도 보장: 게스트가 숙박 중 언제든지 숙소가 숙소 설명과 다른 점을 발견하는 경우(예: 냉장고가 고장 났는데 쉽게 고칠 수 없는 경우, 숙소의 침실 수가 숙소 페이지에 표기된 것보다 적은 경우), 게스트가 3일 이내에 신고하면 에어비앤비에서 비용을 부담해 기존 숙소와 비슷한 숙소 또는 더 나은 숙소를 찾아주거나, 환불 처리

④ 24시간 안전 지원 라인: 안전하지 않다고 느낄 경우, 24시간 언제든 특별 교육을 받은 안전 전문 상담원의 신속한 지원 가능[9]

④ 에어비앤비의 실적

4.1 연매출 변화

2022년 2분기 매출은 코로나19의 영향이 없었던 2019년 2분기 매출을 초과하였다. 2020년에 -72%의 역성장을 보이면서 추락했었던 에어비앤비는 2021년에 예상보다 신속히 회복을 하였으며, 2022년에는 전년 대비 58%나 성장하는 모습을 보여주었다. 이러한 모습은 가장 많은 매출이 산출되는 3분기 매출에도 기대가 되는 부분이다.

---

9 Airbnb.

그림 8 에어비앤비의 22년 2분기 수익

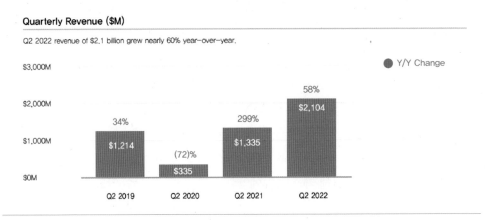

출처: Airbnb

4.2 영업이익 변화

영업이익은 매출 변화보다 훨씬 극적이다. 코로나19의 영향이 없었던 2019년에도 에어비앤비는 적자 기업이었다. 2020년 2분기 중에 5월에는 구조조정전체 임직원 중 25%, 2,900명을 정리해고을 통해서 장기화되는 코로나 확산에 대비하기도 하였

그림 9 에어비앤비의 22년 2분기 영업이익

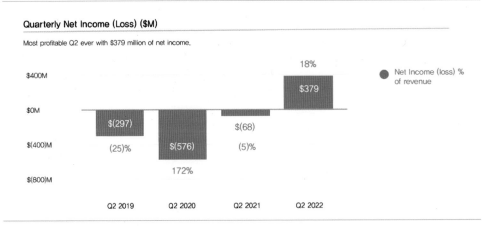

출처: Airbnb

다. 2021년의 여행 수요는 아직 주춤하던 시간이 계속되었지만, 영업이익은 드디어 −5%대까지 끌어올리면서 2020년 12월 나스닥 상장 이후로 투자자들의 기대를 높여주었다. 그리고 2022년은 ＋18%의 영업이익을 보이면서 완전히 반등하는 변화를 보여주었다.[10]

❺ 에어비앤비의 해외 진출

5.1 게릴라마케팅

에어비앤비는 현재 191개 국가에 숙박 목록 리스트가 있고, 모바일에 27개 언어로 현지화되어 있다. 먼저 에어비앤비는 글로벌 서비스를 만들기 위해 게릴라마케팅을 사용하고 있다. 게릴라마케팅이란 게릴라 전술을 마케팅에 응용한 것으로, 장소와 시간에 구애받지 않고 잠재고객이 많이 모인 공간에 갑자기 나타나 상품을 선전하거나 판매를 촉진하는 마케팅 방법을 가리킨다. 세부적으로 스텔스마케팅Stealth Marketing이나 래디컬마케팅Radical Marketing, 앰부시마케팅Ambush Marketing 등도 모두 게릴라마케팅 전략의 일환이다.

스텔스마케팅이란 마치 레이더에 포착되지 않는 스텔스기처럼 소비자의 생활 속에 파고들어 그들이 알아채지 못하는 사이에 제품을 홍보하는 기법이다. 예컨대 지하철 안에서 홍보요원들이 제품에 관한 이야기를 자연스럽게 나눔으로써 듣는 사람들로 하여금 은연중에 구매욕구를 일으키도록 하는 방식으로 이루어진다. 래디컬마케팅은 일반적인 시장조사에 의존하지 않고 고객들이 있는 현장에 뛰어들어 연대감을 구축함으로써 장기적인 효과를 노리는 전략이다. 앰부시마케팅은 게릴라의 매복 공격을 활용한 것으로, 예컨대 어떤 이벤트와 관련하여 공식적으로는 권리가 없지만 교묘하게 규제를 피하여 마치 공식 스폰서인 것처럼 포장함으로써 성과를 올리는 기법이다. 에어비앤비의 게릴라 마케팅을 크게 5가지로 요약하면 다음과 같다.

---

10 Airbnb.

① Talk to humans: 확장하려는 지역에 직원을 파견해 직접 현지인을 만나 문화를 이해하고 제품을 이해시키고 피드백을 받았다. 얼리어답터들이 친구들을 초대해서 함께 에어비앤비 현지 이벤트에 참여하도록 한다. 모임을 가진 후 현지 사람들에게 에어비앤비 업데이트를 해주고 연락을 취한다.

② Launch with all you've got: 버스나 자전거 등에 로고를 붙이고 파티, 스턴트 등으로 다양하게 시선을 끈다. 미디어를 통해서나 직원들이 직접 돌아다니면서 에어비앤비를 알린다.

③ Find influencers among your users: 연예인이나 유명 SNS 사용자 등 에어비앤비를 이미 사용하는 유명인사가 있다면 그들을 발굴해서 인지도를 사용해 에어비앤비를 알린다.

④ Study your users: 사용자가 정보를 남기지 않아 정보를 찾지 못해도 그들이 사용한 디바이스iPad, Nexus, Windows나 이메일 앱아웃룩, 지메일 등의 정보를 사용해 캠페인에 이용할 수 있다.

⑤ Don't ditch your data: 에어비앤비 게릴라 전략 동영상 CPA온라인 마케팅, 영업, 추천 등의 방법이 얼마나 수익에 효과가 있는지 측정, NPS사용자들이 제품을 사용할 때의 기분, 감정, 설문조사 등을 사용해 모은 데이터를 유용하게 사용한다.

이러한 게릴라 마케팅 외에도 재난대응도구 개발과 지역사회와의 동반성장을 통해 사회적으로 긍정적인 이미지를 구축하고 해외진출에서 발생하는 많은 문제들을 해결해가고 있다.

5.2 지역사회와의 동반성장

에어비앤비의 공동창업자이자 CTO인 네이선은 베이쉐어 공유경제연합의 회원이자 감독관인 데이비드 츄와 협력해, 재난 피해자들에게 응급 숙소를 제공한 재난 대응 툴을 출시했다. 이 재난 대응 툴은 허리케인 샌디Sandy가 미국 동북지역을 강타했을 때, 에이비앤비의 커뮤니티에서 수해자들에게 집이나 방을 무료로 내어 주었던 것을 계기로 시작된 것으로, 특정 기간, 특정 지역에 무료로 숙소를 제공할 수 있도록 예약과 지급 시스템을 새롭게 구축했다. 이는 Top-down 방식의 글로벌 확장 전략과는 본질적으로 다르다. 로컬 커뮤니티에서, 자생적으로 발생한 수요를 기반으로 생태계를 만들어가는 플랫폼으로서, 글로벌 확장 전략을 모색하고 있다.

에어비앤비의 아태지역 총괄 이사인 올레 러치Ole Ruch는 "에어비앤비는 전 세계 사람들이 신뢰, 존중, 이해와 공유를 기반으로 자신들의 독특한 공간을 나눌 수 있는 장터가 되고 있다"고 말했다. 에어비앤비는 사용자 커뮤니티 구축과 지역 정보 제공 플랫폼 구축을 위해 '네이버후즈Neighborhoods'라는 기능을 추가 발표한 바 있는 데, 이를 통해 사용자들은 각 지역 관련 정보와 사진들을 보다 심도 있게 제공받을 수 있으며, 각자의 여행 목표에 맞는 지역의 리스팅 및 숙소, 주변 정보를 연동할 수 있다.

네이버후즈와 같은 기능은 당장의 수익구조와 현금 보유율에 대한 가치보다는, 장기적인 포석으로, 여행을 위한 로컬 커뮤니티의 플랫폼이 되겠다는 야심을 보여주는 대목이다. 이와 같은 플랫폼을 기반으로, 에어비앤비는 지역의 수많은 로컬 커머스 사업자들과의 다양한 비지니스 모델 생태계를 자생적으로 구축해 나아갈 수 있다.

또한 에어비앤비는 유럽 시장을 진출하는 과정에서, Wimdu라고 하는 현지 경쟁업체의 철학과 전략을 공유할 수 없다는 이유로 지역 경쟁사들의 인수를 거절하였다. 경쟁사들을 인수하여 당장의 가시적인 성과를 얻기보다는, 긴 호흡으로 유저들과의 신뢰와 로컬 커뮤니티와의 생태계 구축을 목표로 하고 있다.

(1) 대만

에어비앤비는 대만의 동쪽 해안 지역을 국제적인 관광지로 만들어 관광 수입 증가를 통해 해안 지역 주민에게 새로운 기회를 제공한다는 목표로 대만 정부와 적극 협력하고 있다.

에어비앤비는 해안에 위치한 두 개의 지역, 화롄현 및 타이둥현과 파트너십을 맺고 민수minsu, 대만의 민박 여행을 홍보했다. 특히 화롄여행협회Hualien Travel Association 회장은 화롄 관광을 홍보한 에어비앤비의 노력을 치하하며, "대부분의 온라인 여행사는 화롄의 호텔과 민수에 요금을 내리라고 하거나 수수료를 올리겠다고 한다. 에어비앤비는 전혀 다르며, 차별화된 비전을 가지고 있다.

화롄의 관광 산업과 민수 운영자들은 에어비앤비가 화롄과 타이둥에 마케팅자원을 기꺼이 투자하고 전 세계 여행자에게 아름다운 동해안을 알리는 것에 대해 진심으로 고맙게 생각한다"라고 말했다. 대만 시골 지역을 방문한 총 게스트 수는 2015년 89,100명에서 2016년 192,400명으로 크게 증가했다. 이 지역 호스트의 수입도 1년 사이 2015년 1억 100만 대만 달러에서 2016년에는 2억 1천 80만 달러로 1년 사이 두 배 이상 증가했다. 에어비앤비는 대만 청년과 민수 운영자의 역량을 강화하는 것을 목표로 타이둥 및 신주현 정부와 협력하면서 이들을 위한 프로그램도 개발했다.

(2) 인도

여성이 자신과 아이들의 생계를 책임질 수 있는 기회가 극히 제한적인 인도의 시골에서는 홈셰어링이 생계 수단이 되고 있다. 2016년 말에 인도 자영업여성연합SEWA과의 파일럿 프로젝트를 정식으로 시행한 이후 6개월만에 홈셰어링을 통해 시골 여성의 경제적 권익 성장을 이루는데 상당한 진전이 있었다. SEWA는 주로 인도의 시골에 사는 200만 명의 자영업 여성을 대표한다. 이는 에어비앤비가 여성의 경제적 권익신장에 중점을 둔 파트너십을 시도한 최초의 프로젝트였으며, 이를 계기로 전 세계 다른 지역에도 적용할 계획이다.

에어비앤비 팀은 인도 구자라트주에서 진행한 파일럿 프로젝트의 일환으로, 현지 SEWA 호스트에게 인도에서 가장 평점이 높고 경험이 많은 호스트를 방문하여 호스팅의 우수 사례에 대해 배워보는 기회를 제공했다. 또한 SEWA 호스트가 에어비앤비에 숙소를 등록하는데 도움이 되도록 호스팅 방법에 대한 교육 워크숍을 진행했다.

언어장벽과 기술 및 금융에 대한 낮은 지식수준과 더불어 홈셰어링 확대에 장애 요인이 되는 결제 절차에 대해서는 SEWA 호스트와 함께 대안을 마련했다. SEWA와 같은 인도의 단체에서 세금을 납부할 때 사용하는 신탁Trusts용 납세자번호PAN, Permanent Account Numbers를 받으려면 에어비앤비의 결제 절차를 수정해야 했다. 에어비앤비가 인도에 홈셰어링을 도입한 초기에는 이 납세자번호와 같은 문제들로 어려움을 겪었다. 지금은 여행의 이익을 더 많은 사람과 지역사회에서 공유할 수 있도록 점차 해결책을 찾아가고 있다.

(3) 브라질

에어비앤비는 도시에 거주하는 자국민을 포함한 여행객을 상대로 하는 시골 지역에 대체 관광의 기회가 있음을 포착했다. 브라질은 세계 최대 규모의 우림, 습지대, 폭포와 같은 멋진 자연자원을 활용한 생태 관광에 초점을 맞추고 있다. 에어비앤비는 유명한 이과수 폭포를 포함한 카타라타스 그룹Cataratas Group이 관리하는 공원에 대한 여행을 홍보하고 여행의 편의를 도울 수 있도록 카타라타스 그룹과 파트너십을 맺었다. 에어비앤비와 브라질 정부의 협력은 2015년에 처음 시작되었는데, 당시 처음으로 개최되는 세계원주민경기대회World Indigenous Games에 대비해 신생 도시 팔마스Palmas와 주변 지역의 숙박시설을 확충하기 위해 노력했다.

또한 브라질에서는 국제적으로 통용되는 신용카드를 사용하는 비율이 낮기 때문에 현지 신용카드브라질 레알 사용, 할부, 볼레토 방카리오Boleto Bancário를 결제 수단으로 허용했다. 볼레토 방카리오는 현지 은행, 복권판매점, 우체국에서 지불할 수 있는 암호화된 은행 결제 형태이다. 에어비앤비는 사람들이 돈을 버는 방식에 맞는 접근 방법이 필요하다는 사실을 인식하고, 라틴아메리카 국가에서 흔히 사용되는 다른 결제 시스템도 시험하고 있다.

(4) 한국

한국에는 지난 2013년에 진출했다. 보수적인 한국시장 진출에 대한 우려에도 불구하고, 진출 3년만인 2016년에 이용자수 100만 명을 넘어섰다. 에어비앤비 여행객은 일반 관광객보다 지역 관광을 선호하는 것으로 나타났다. 전체 관광객의 서울 방문 비중은 80% 정도인데, 국내 에어비앤비 이용객 중 서울에서 숙박한 경우는 50% 정도였다. 에어비앤비는 2016년 농림축산식품부와 농촌 관광, 농가 민박을 활성화하기 위한 협약을 맺기도 했다.

또한, 에어비앤비는 평창올림픽을 앞두고 2017년 11월, 2018 평창 동계올림픽

대회와 공식 서포터 협약을 체결해 올림픽 기간에 관광객들을 위해 강원 지역의 숙박시설을 늘리고 관광객들에게 강원 지역의 문화와 매력을 적극적으로 홍보했다. 에어비앤비에 따르면, 평창 동계올림픽대회가 열린 3주2월 9일~25일간 강원 지역의 에어비앤비 호스트가 맞은 관광객이 1만 5,000명에 달한다고 한다. 이는 2016년 같은 기간에 비해 500% 증가한 수치로 호텔객실 7,500개, 평균 규모 호텔 46채에 해당하는 규모다. 이들을 맞은 숙소는 총 1,800개로 평창 동계올림픽을 위해 500개의 숙소가 올림픽 기간 중 처음 문을 열었다.

5.3 도시를 넘어선 커뮤니티 확장

에어비앤비는 급속도로 성장하고 있지만 세계 각국에서 사회적 마찰을 빚고 있다. 이에 에어비앤비 책임자는 한 인터뷰에서 "새로운 아이디어가 시작될 때는 언제나 불확실성과 불명예가 생기기 마련입니다. 전 세계를 상대로 하지만 동시에 지역적인 문제도 고려해야 하죠. 각국에서 생기는 규제와 마찰은 정부와 파트너십을 맺어 풀어갈 것입니다. 공공의 안전을 위험에 빠뜨리지 않는 한 에어비앤비는 지역 경제를 부유하게 만들 수 있다고 믿습니다. 정부가 에어비앤비를 금지한다면 전 세계 시장에서 일어나는 소비가 다른 곳으로 옮겨갈 뿐입니다. 물론 각 나라의 세금 문제에 대해서는 충실히 현지의 법규에 따른 의무를 다할 것입니다"라고 밝혔다.

지금까지 살펴본 국가들의 사례에서도 알 수 있듯이 에어비앤비는 홈셰어링이 전해주고 있는 경제와 여행의 기회를, 도시를 넘어 더욱 다양한 지역으로 신중하게 확대하기 위해 호스트, 정책입안자, 비정부단체와 협력하고 있다. 이러한 확대는 마이클 포터의 공유가치창출csv[11]과 그 맥을 같이 한다. 각종 경제적 어려움을 겪고 있는 도시와 지역을 위해 쏟는 노력들은 에어비앤비 플랫폼을 통한 부수입 창출기회를 제공하여, 가계경제에 도움을 주고 지역경제 전체를 활성화하는데 도

---

11 공유가치창출(CSV, creating shared value)이란 마이클 포터 교수가 2011년 『하버드 비즈니스 리뷰』에서 발표한 개념으로, 기업이 수익 창출 이후에 사회 공헌 활동을 하는 것이 아니라, 기업 활동 자체가 사회적 가치를 창출하면서 동시에 경제적 수익을 추구할 수 있는 방향으로 이루어질 수 있다는 것이다.

움이 될 수 있다. 이러한 방식을 통해 에어비앤비는 진출국가와의 마찰을 줄이고, 고객들에게 보다 다양한 서비스를 제공할 수 있게 된다.

5.4 에어비앤비의 문제점

에어비앤비는 앞서 다루었듯이 공급자와 수요자를 연결시켜주는 플랫폼 서비스 기업이다. 본연의 역할을 수행하기 위해 자체적인 장치를 마련해두고 있지만, 이러한 노력에도 불구하고 피해사례가 적지 않게 발생하고 있다. 금전문제나 문제 발생에 대한 책임전가뿐만 아니라 성범죄나 인종차별의 대상이 되기도 한다.

2015년, 에어비앤비는 러시아의 스마트홈 스타트업인 '랩카Lapka'를 인수하였다. 사물인터넷IoT 기술을 도입하여 안전 시스템 구축 및 숙소 점검 등에 사용하고자 하는 것이다. 이 밖에도 호스트가 소화기나 화재감지기 등의 안전시설을 갖추고 있는지 표시하게 하거나, 필요시 본사 측에 신청하면 구급상자와 소화기를 보내주기도 한다. 또한 최악의 사고를 수습하기 위한 안전관리팀을 운영하에 있으며, 이에 대해 매년 약 500억 원을 지출하고 있다. 이러한 사례들은 에어비앤비가 소비자들에게 신뢰도와 안전성을 높이기 위해 노력하고 있음을 보여준다.[12]

(1) 한국에서의 규제

한국에서는 이웃 주민, 에어비앤비&호스트와 숙박업계의 이해관계 충돌이 있지만 이에 대한 구체적인 제도가 마련되어 있지 않아 해외에 비해 성행되지 않고 있다. 에어비앤비 숙소 대부분은 외국인관광도시민박업으로 신고돼 운영되고 있지만 해당 서비스는 외국인 대상으로만 제공할 수 있다. 내국인이 외국인관광도시민박업으로 신고된 에어비앤비 숙소를 사용하는 것은 불법이다.

외국인관광도시민박업으로 신고한 숙소에 내국인을 받다 적발될 경우 1개월 이상 영업정지 처분을 받게 된다. 에어비앤비에서 활동하는 호스트들은 코로나19로 외국인 수요가 없는 상황에서 살아남기 위해 영업 정지 처분을 받더라도 내국

---

12 CNET Korea, '에어비앤비, 사고 수습 위해 매년 약 500억 원 지출했다', 2021-06-16.

인들을 받고 있다. 오피스텔 등에 대한 구체적인 제도가 미비하여 불법 영업 문제 성행 소음·방범 문제가 일어나고 있다. 또한 주요 관광지의 호텔과 같은 숙박업에 피해가 가고, 해외 관광객의 이용이 큰 만큼 투숙객 대항 인종차별 범죄 피해가 발생할 수 있는 점 등 문제가 많은 상황이다. 국내에는 해외에 비해 에어비앤비에 대한 제도적 마련이 부족하고 고용 문제로도 이어질 수 있어 지방정부의 통제가 필요하다.[13]

(2) 게스트와 호스트의 갈등

청소비, 잔디 깎기 논란

"하룻밤 숙박 비용이 229달러약 31만 원인데 별도의 청소비가 무려 125달러약 17만 원였다" 이어 "125달러의 청소비까지는 괜찮았는데 쓰레기를 치우고, 침대보를 정리하고, 식기세척기와 빨래까지 돌려야 된다는 요구사항이 적혀 있었다"면서 "청소비를 지불하는데 왜 투숙객이 직접 청소를 해야 되는지 도무지 이해할 수 없었다"며 갈등이 발생했다. 이처럼 청소비나 집안일 등 호스트와 게스트 간 갈등이 반복적으로 일어나면서 에어비앤비 측에서 청소비 상한선을 마련하는 정책 등이 대두되었다.[14]

파티용 숙소 예약

게스트가 호스트의 허가 없이 파티를 주최해 숙소를 훼손하거나 이웃에게 피해를 주는 행위에 대한 적절한 해결방안을 찾지 못해 힘겨워했다. 노스이스턴대학교 연구 결과에서도 공유숙박이 늘어나면 이웃 범죄도 증가한다는 내용을 발표한 바 있어, 공유숙박이 증가할수록 부정적 이미지 역시 상승할 수 있는 여지가 발생하고 있다.

최근에 이르러 에어비앤비는 파티행위를 영구 금지하겠다고 발표했다. 코로나19가 대유행이던 2020년 8월경, 파티 행위에 대한 신고가 전년 대비 44% 감소 효

---

13 디지털투데이 조민음, 국내 사업 확대하는 에어비앤비 '불법' 논란 해소할까, 2021.09.09.
14 한국경제뉴스 "청소하란 말이야"…에어비앤비 청소비용 도마위, 2022-09-19.

과가 입증됐기 때문이다. 에어비앤비는 이 조치를 공식 명문화했다.[15]

(3) 에어비앤비과 같은 공유경제 논쟁[16]

공유경제는 새로운 경제체계로 주목받으며, 정부와 지자체에서도 미래 산업의 동력으로 삼고 있다. 반면 기업이 주도하는 공유시장에 대해서는 '공유'가 호혜성을 잃고 자본논리에 잠식될 것이라는 우려도 있다. 하지만 시장을 통한 발전 없이는 성장이나 확산의 규모가 더딜 수밖에 없다는 주장도 나온다. 에어비앤비 음성원 미디어정책 총괄은 "외부적 요인에 의해 일시적으로 발생하는 니즈에 즉각적으로 대응하고 도시공간에 대한 수요가 빠르게 변화하는 트렌드에도 적응할 수 있어야 한다"며, "이런 변화에 적합한 대안이 바로 에어비앤비와 같은 공유경제 시스템이다"라고 말했다.

그러나 공유경제에 대한 우려도 만만찮다. 비판자들은 산업의 과실이 기업에만 집중되는 현상을 못마땅해 한다. 이 밖에도 공유산업은 개인정보의 독점, 노동시간의 증가, 개인 삶의 단절, 규제 완화 갈등, 사용자 안전성 문제 등에 직면해있다. 사안 중 일부는 아직 관념적인 차원에서 논의되고 있지만 어떤 문제는 특정 산업군에서 이미 첨예한 대립양상을 보이기도 한다.

(4) 공유경제 에어비앤비의 그늘: 공유의 불편한 이면

에어비앤비는 그 자체로 숙박공유 플랫폼의 대명사로 자리 잡으며, 전통적인 숙박시장을 뒤흔들어 놓으면서 세계 최대 호텔체인 기업보다도 더 큰 규모로 성장했다. 에어비앤비가 등장하면서 숙박을 원하는 소비자들은 훨씬 더 다양한 선택권을 갖게 되었고, 집을 소유한 사람들은 남는 공간을 활용해 부가적인 수입을 얻을 수 있어 집을 제공하는 호스트나 집을 빌리는 게스트 모두에게 윈윈Win-win이 될 수 있었다.

하지만 다른 한편에서는 에어비앤비로 인해 '집값 상승'과 '주거 위기'가 심화된

---

15 Bloter 최경미, 에어비앤비, 파티용 숙소 예약 차단한다, 2022-08-18.
16 투데이신문 http://www.ntoday.co.kr/news/articleView.html?idxno=64418, 2018-12-13.

다는 지적이 과거부터 현재까지 이어지고 있다. 숙박공유 플랫폼이 여러 가지 편의와 기회를 제공하는 동시에 다른 한편에서는 그만큼의 주거 불안정을 야기할 수도 있다는 사실이다.[17]

확장성이 장점인 플랫폼 체계에서 국경 간 장벽이 존재하거나, 수평적 소통이 불가능한 부분들이 가지는 한계는 퍼스트 무버first mover로서 에어비앤비에게 신뢰성에 대한 도전적 이슈가 될 것이다. 이제는 글로벌 ICT 비즈니스로 성장하고 있는 공유 플랫폼에 대하여 자율성과 책임이 어디까지 부여되어야 하는지 대중적 논의가 필요한 시점이다.

⑥ 에어비앤비의 ESG 경영

6.1 환경(Environment)[18]

에어비앤비에 따르면, "숙박공유는 이미 존재하는 자원의 보다 효율적인 활용을 촉진하며, 좀 더 친환경적이고 지속가능한 여행 방법"이다. 대표 숙박공유 산업으로서 "지속가능한 여행을 위한 새로운 기준을 마련하겠다"고 선언하기도 했다.

에어비앤비의 탄소 배출은 불가피하지만, 이를 최소화하고 상쇄할 수 있도록 에어비앤비 호스트의 역할이 커진다. 그 예로 에어비앤비를 통해 얻는 부가 수입을 빗물 저수조나 태양광 패널, 콤포스트 시스템 등을 만드는 데에 투자하고, 탄소 중립을 인정받은 전기나 가스를 이용하거나, 테이크 아웃 등으로 포장 쓰레기를 양산하지 않고 끼니를 챙길 수 있도록 객실 내에 간단한 조리기구들을 비치하는 것이다. 에어비앤비가 세계적으로 활성화되고 있고, 거대해지는 만큼 환경보호에 대한 동사의 역할이 더욱 중시되고 있다.

---

17 비즈트리뷴, [공유경제의 그늘①] '공유경제'의 또다른 이름, '불안', 2021-05-06.
18 Airbnb.

(1) 친환경 호스트가 되는 방법을 제시

에어비앤비의 환경정책은 호스트와 게스트의 동참이 중요하다. 에어비앤비 공식 홈페이지에 친환경 호스트가 되는 방법을 제시해놓았다.

1. 게스트에게 대중교통 이용 방법 알려주기

교통수단 탄소 배출의 75%가 가까운 거리를 자동차로 이동하는 것에서 발생하므로, 게스트에게 대중교통 이용을 권장하면 환경에 큰 도움이 될 수 있습니다.

2. 재사용 가능한 보관 용기 제공하기

플라스틱 소재는 쓰레기 발생량이 많을뿐더러 재활용이 어려운 경우가 많습니다. 플라스틱 제품은 환경에 큰 피해를 주므로, 가능하다면 이를 사지 않는 것이 중요합니다. 다회용 접시, 식기, 음식 용기를 제공하면 게스트가 직접 도시락을 싸서 밖에서 먹을 수 있을 뿐 아니라 쓰레기도 줄일 수 있습니다.

3. 지역의 친환경 상점 홍보하기

숙소 매뉴얼이나 가이드북을 통해 평소 즐겨 찾는 친환경 레스토랑, 파머스 마켓, 지역에서 생산된 친환경 제품을 판매하거나 사용하는 상점을 게스트에게 알려주세요.

4. 게스트에게 책임감 있는 여행 방법 알려주기

숙소 이용규칙이나 숙소 매뉴얼을 통해 게스트에게 쓰레기 줄이기, 샤워 짧게 하기, 정수된 수돗물 마시기, 미리 설정된 온도로 실내 난방 유지하기 등에 협조해줄 것을 요청하실 수 있습니다.

5. 지역의 환경 문제에 대해 게스트에게 알리기

세계 곳곳의 지역사회가 산불, 홍수, 이상 기후로 피해를 입고 있습니다. 지역의 환경 문제를 숙소 매뉴얼에 포함하면 게스트에게 책임감 있는 여행하는 방법을 홍보하고, 대기오염이나 가뭄 등 해당 지역이 직면한 심각한 문제를 게스트에게 알릴 수 있습니다.

(2) 에어비앤비 2030년까지 Net Zero 기업으로 도약[19]

에어비앤비는 2030년까지 Net Zero 기업으로 운영하여 탄소 및 기타 온실 가스 배출량을 줄이는 목표로 향하고 잔류 배출을 상쇄하기 위해 양질의 자연 기반 솔루션에 투자할 것이다. 또한, 기업 운영에 100% 재생 가능한 전기 사용을 달성하기로 약속했으며, 열대 삼림 벌채에 맞서기 위해 10억 달러를 동원한 새로운 공공－민간 이니셔티브인 산림 금융 가속화를 통한 배출량 감소LEAF 연합의 창립 참여자가 되었다.

① 신속한 탈탄소화: 파리 기후 협정에 따라 모든 범위의 배출에 대한 감축 목표를 개발
－ 운영: 재생 에너지로 기업 운영을 강화하고 폐기물 및 물 감소 조치
－ 공급업체: 기업 공급업체와 협력하여 탄소 발자국 감소 지원
－ 직원: 직원들의 출퇴근과 관련된 발자국 감소, 커뮤니티 태양열 및 녹색 유틸리티 프로그램을 제공하는 파트너십을 통해 가정에 재생 에너지 채택을 지원
② 측정 및 투명성: 매년 기업 운영을 위한 탄소 및 온실가스 발자국의 측정 및 발표, 목표를 향한 진행 상황을 보고
③ 자연에 대한 재투자: LEAF 연합 참여의 일환을 포함하여 자연 세계와 그것에 의존하는 지역사회를 보호하는 고품질 자연 기반 오프셋에 투자

---

19 https://news.airbnb.com/becoming-a-net-zero-company-by-2030/

6.2 사회(Social)[20]

(1) 에어비앤비, 전 세계 2만 명 아프간 난민에게 임시숙소 제공

에어비앤비는 2021년 6월, 2,500만 달러약 292억 원를 목표로 난민 펀드 모금을 진행했다. 또한 난민가족수용을 원하는 호스트들의 신청을 받아 이들을 연결했다. 에어비앤비측에서는 아프간 난민들이 필요로 하는 만큼 숙소를 최대한 오래 제공하겠다고 설명했다. 체스키 CEO는 "아프간 난민들이 고향에서 쫓겨나 미국과 그 밖의 다른 곳에서 재정착하는 것은 우리 시대의 가장 큰 인도주의적 위기 중 하나"라며, "행동에 나서야 할 책임을 느끼고, 이번 조치로 다른 기업 지도자들에게도 영향을 주기를 희망한다"고 강조했다.

(2) 에어비앤비 "우크라이나 난민, 무료 숙소 제공"

에어비앤비닷오알지Airbnb.org[21]에 따르면, 지난 5년간 시리아, 베네수엘라 등을 포함한 난민·망명자 5만 4,000여 명에게 혜택이 제공되었고, 2012년부터 자연재해, 난민 등으로 위기 상황에 놓인 전 세계인을 위해 재해 상황에서 20만 명 이상에게 임시숙소를 제공했다. 최근에는 비영리단체 에어비앤비닷오알지와 더불어 우크라이나를 탈출하는 난민에게 단기 무료 숙소를 제공하기도 했다. 우크라이나 난민을 위한 숙소 지원은 에어비앤비 및 에어비앤비닷오알지를 통해 모인 이용자의 기부금과 호스트공간을 빌려주는 사람의 참여로 마련되었다. 에어비앤비닷오알지는 홈페이지를 통해 기부금과 호스팅공간대여 도움을 받고 있다.

(3) '워케이션'을 통한 지역 상생[22]

팬데믹 이후, 휴양지vacation에 머물며, 원격으로 일하는work '워케이션workcation'이

---

20 데일리임팩트 박민석, 에어비앤비 등 美기업들이 아프간 난민돕기에 발벗고 나선 까닭, 2021.08.31., 서울신문 박성국, 에어비앤비 "우크라이나 난민, 무료 숙소 제공", 2022.03.01.

21 에어비앤비의 자선조직인 에어비앤비닷오알지.

22 CIOKOREA, 업무의 미래에 앞서가는 기업 '에어비앤비', 2022-05-20, The JoongAng,휴가+일 '워케이션'…에어비앤비가 발견한 트렌드 3가지는?, 2022-03-26.

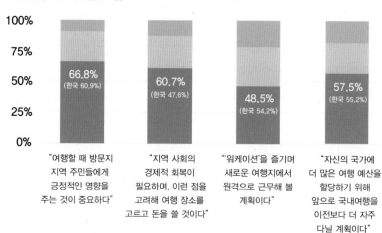

아시아태평양 지역 9개국 (한국 포함)

66.8%
(한국 60.9%)
"여행할 때 방문지 지역 주민들에게 긍정적인 영향을 주는 것이 중요하다"

60.7%
(한국 47.6%)
"지역 사회의 경제적 회복이 필요하며, 이런 점을 고려해 여행 장소를 고르고 돈을 쓸 것이다"

48.5%
(한국 54.2%)
"'워케이션'을 즐기며 새로운 여행지에서 원격으로 근무해 볼 계획이다"

57.5%
(한국 55.2%)
"자신의 국가에 더 많은 여행 예산을 할당하기 위해 앞으로 국내여행을 이전보다 더 자주 다닐 계획이다"

출처: Airbnb

늘고 있다. 숙박 공유 플랫폼 에어비앤비코리아의 음성원 커뮤니케이션 총괄은 "줌과 집이란 인프라를 이용해, 어디서나 일할 수 있는 '진정한 의미의 모빌리티'가 실현된 덕분"이라고 설명한다. 최근 아마존, 포드 모터 컴퍼니 등 유명한 글로벌 회사들도 원격 근무를 적극적으로 도입하고 있다. 직원들이 원하는 장소, 편한 시간에 일할 수 있는 문화를 만드는 흐름은 더욱 확대될 것이다.

에어비앤비의 공동 설립자이자 최고 전략 책임자인 네이선 블레차르지크 따르면, 2019년 1분기와 2022년 1분기 동안 장기 숙박이 두 배 증가했다. 이에 에어비앤비는 무無에서 새로운 공급을 창출한다는 초기의 비전을 되살리고 있다. '스플릿 스테이'Split Stays라는 새로운 예약 기능은 1주일 또는 그 이상의 추가 옵션을 두 개의 숙소에서 함께 예약하려는 사람을 대상으로 한다. 블레차르지크는 머무는 시간을 두 곳의 비슷한 숙소로 나누는 기능이라고 설명했다.

또한 새로운 일터를 구축한다는 목표 아래 막후 시도도 병행하고 있다. 예를 들어 '어디서나 생활하고 일하기' 프로그램이 있다. 이는 원격근무자 지원을 위해 협력할 지방정부 및 국제 관광 단체를 찾고 있다.

에어비앤비는 이러한 워케이션 트렌드에 맞춰 도심 이외의 시골과 같은 지역들을 특화시켜 지역 상생에 도움을 보탤 수 있다. 숨 막히는 빌딩 숲에서 벗어나 자연에서 나를 돌아볼 기회를 갖고, 새로운 영감이나 자극을 기대하며, 팬데믹 이후 특색 있는 공간을 찾는 고객이 늘고 있다는 것이다.

에어비앤비의 '유연한 검색'에는 개성 있는 숙소를 모아 놓은 카테고리가 있다. 요즘 다양한 지역으로 분산되고 동시에 유니크한 숙소를 찾는 고객이 많아진 트렌드를 반영한 것이다. 해외에서는 농장 숙박이라든지, 아주 작은 집에서의 스테이, 나무 위에 지은 집에서 머물거나 '돔 하우스'를 찾기도 한다. 국내에서는 '인사이드 한옥'이라는 캠페인을 추진했다. 이는 인플루언서들과 협업해서 유니크한 숙소에서 할 수 있는 특별한 경험을 소개한 것으로, 그때 K팝 싱어송라이터 '니브'가 한옥에서 작곡하면서 "창의적인 영감을 받아 새로운 곡을 쓰게 됐다"고 표현했다.

6.3 지배구조(Governance)[23]

에어비앤비는 세계 각지에서 리더 역할을 하는 호스트들의 의견을 수렴하여, 호스트에게 발언권과 의사결정권을 부여하고 에어비앤비의 성공을 호스트와 나눌 수 있는 프로그램을 도입했다. 이 프로그램은 두 가지 중요한 부분으로 구성되어 있다.

에어비앤비 호스트 자문 위원회: 에어비앤비에서 활동하는 다양한 호스트로 구성된 위원회가 정기적으로 에어비앤비 임원진과 만나 호스트 커뮤니티의 목소리를 대변하고 의견을 전달하는 자리를 갖게 된다.

에어비앤비 호스트 기금: 현재는 물론 앞으로 호스트 커뮤니티를 지원하기 위한 기금으로, 초기 자금은 에어비앤비 주식 920만 주를 통해 마련되었다. 호스트에게 발언권과 의사결정권을 준다는 것은 호스트 커뮤니티를 지원하는 프로그램과 이니셔티브에 투자하고, 비즈니스를 운영하면서 호스트 여러분의 의견을

---

23 Airbnb.

경청하겠다는 뜻이다. 주요 역할은 에어비앤비 호스트 기금이 배당될 때 해당 기금을 어디에 투자하면 좋을지 의견을 제시하는 것이다. 정책 변경, 지원금 프로그램, 새로운 제품 개발 등이 기금 투자 분야가 될 수 있을 것이다. 에어비앤비의 로드맵과 장기 계획에 영향력을 행사할 수 있다.

2021년 호스트 자문 위원회는 호스트 리더 프로그램에서 활동하는 호스트 중 10~15명으로 구성되며, 지역, 인종, 성별, 사회경제적 배경, 호스트 유형 등을 고려해 호스트의 다양성이 반영될 수 있도록 구성되었다.

❼ 에어비앤비와 디지털 전환

7.1 신한카드와 전략적 제휴를 통한 디지털 에코시스템 조성

2018년, 신한카드가 세계 최대 숙박 공유 플랫폼인 에어비앤비와 전략적 제휴를 맺고 디지털 플랫폼 연계와 신사업 발굴에 협력하기로 했다. 신한카드 공식 애플리케이션앱인 신한FAN 안에서 에어비앤비 예약을 하고 즉시 할인까지 받을 수 있다. 더 나아가 양사는 에어비앤비 호스트임대인 금융 지원 프로그램을 개발해 신규 호스트를 유치하기 위해 협력한다.

신한카드 고객 빅데이터 분석으로 에어비앤비 호스트 가맹 사업자를 발굴하고, 금융상품 우대금리를 지원하는 방식 등으로 진행하였다.[24] 내외부자원을 연결·확장해서 견고한 디지털 에코시스템을 조성하는 것이 생존과 미래 경쟁력에 필수이다. 에어비앤비와 제휴로 두 회사 고객 모두의 편의성과 혜택이 증가되었다. 한국 대표 금융사 신한카드와의 협력은 향후 에어비앤비가 국내에서 신뢰할 수 있는 공유경제 커뮤니티를 구축하고 활성화하는 데 기여할 것이다.[25]

---

24 매일경제, https://www.mk.co.kr/news/economy/8354724, 2018-06-14.
25 이데일리, https://www.edaily.co.kr/news/read?newsId=04195126619241720&mediaCodeNo=257, 2018-06-14.

7.2 재택 및 근무 정책

에어비앤비의 재택 및 근무 정책은 실리콘밸리 다른 기업과 비교되기도 한다. 구글과 애플 같은 기업은 재택근무와 사무실 근무를 병행하는 하이브리드 정책을 채택하고 있다. 이들 기업의 솔루션과 서비스가 원격 근무를 지원한다는 점에서 다분히 역설적이다. 반면 에어비앤비는 지난 4월 직원이 원할 경우 얼마든지 원격으로 근무하고 이에 대한 급여 불이익도 없을 것이라고 발표했다. '지식 작업자에게 전통적인 사무실 근무는 구식이며, 시대착오적이다'라는 생각이다. 에어비앤비가 이렇듯 앞선 태도를 보이는 이유는 데이터다. 지난 몇 년 동안 에어비앤비는 팬데믹 전후 세상이 어떻게 변화하고 있는지 데이터를 확인하고 있는 듯 보인다. 근무 정책 데이터의 질과 양 측면에서 에어비앤비와 필적하는 기업은 찾기 힘들기에 에어비앤비를 주목할 필요가 있다.[26]

7.3 안티 파티 기술 시험 도입[27]

게스트가 호스트의 허가 없이 파티를 주최해 숙소를 훼손하는 등의 일이 일어나 에어비앤비는 파티 금지 조항을 만들고 '안티 파티' 기능을 도입했다.

해당 기능은 숙소에서 호스트의 허락을 받지 않은 파티 및 대규모 행사를 열어 위험을 초래할 것으로 보이는 이용자를 탐지 가능하다. 이를 판단하기 위해 이용자가 에어비앤비 계정을 생성한 시기, 거주지와 숙소의 거리, 머무는 기간과 시기, 이용자가 과거 긍정적 리뷰를 받은 이력이 있는지 등을 살펴본다. 가령 게스트가 자신이 사는 지역에서 주말에 하루나 이틀 밤 숙소 전체를 빌리기를 원할 경우 '위험군'으로 분류돼 예약이 차단된다.

앞서 에어비앤비는 2020년 8월 코로나19 발발 이후 전 세계적으로 숙소에서 모든 파티를 금지하는 조치를 잠정 도입했다. 이어 지역사회에 지장을 주는 파티와 행사를 전 세계적으로 영구 금지한다고 발표했다.

---

26 ITWORLD, https://www.itworld.co.kr/news/237304, 2022-05-23.
27 BLOTER, https://www.bloter.net/newsView/blt202208180003, 2022-08-18.

7.4 에어비앤비의 4차 산업혁명 기술 적용

(1) 인공지능 AI

공유 숙박 플랫폼 기업 에어비앤비가 AI를 이용, 투숙객의 폭력적 성향 여부를 판단하는 특허를 보유하고 있다. 또한 AI를 이용하여 내가 가고자 하는 여행지 주변에 적당한 방이 있는지 검색한다. 사용자 눈에는 그저 자신이 입력한 키워드에 해당하는 검색 결과나 나오는 것처럼 보이지만 에어비앤비는 100개가 넘는 고려 사항을 따져 가며, 사용자의 취향에 맞게 추려 검색 결과로 보여준다. 이를 위해 에어비앤비는 머신 러닝을 활용해왔다. 에어비앤비는 GBDTGradient Boosted Decision Tree 기반의 머신 러닝 테크닉을 활용해 추천 시스템을 운영해왔다. 이 시도는 에어비앤비의 서비스를 한 차원 높은 수준으로 높였고 에어비앤비 연구팀은 머신 러닝에서 딥러닝 기반으로 검색 추천 시스템의 핵심 알고리즘을 바꾸는 것까지 테스트 중에 있다.[28]

(2) UI

앱 설계는 기업의 핵심 고려 사항이며, 브랜드 마케팅에서도 매우 중요한 부분이라 할 수 있다. 에어비앤비는 이러한 중요성을 인지해 디자인을 최우선시하고 실용적인 디자인 가이드라인에 부합하는 앱을 구축하는 데 많은 노력을 기울였다.

구체적으로, 에어비앤비가 전달하는 브랜드 메시지의 핵심은 게스트를 따뜻하게 맞이한다는 것이기에, 에어비앤비 앱은 안드로이드 및 iOS 플랫폼 전반에 걸쳐 사용자 인터페이스를 통합하고, 브랜드 메시지와 알맞은 따뜻한 톤앤매너를 구축했으며, 마찬가지로 따뜻하고 매력적인 스타일의 서체를 활용했다. 주목할 만한 것은 에어비앤비의 타이포그래피 활용 전략이다. 이는 글로벌 환경에서는 사용되기 어려운 인앱 버튼에 의존하기보다 단어들을 활용해 매력적인 아이콘을 만드는 것이다. 이러한 접근 방식을 통해 에어비앤비는 각 지역의 인터페이스를 크게 손

---

28 Applying Deep Learning To Airbnb Search, Malay Haldar, Mustafa Abdool, Prashant Ramanathan, Tao Xu, Shulin Yang, Huizhong Duan, Qing, Zhang, Nick Barrow-Williams, Bradley C. Turnbull, Brendan M. Collins and omas Legrand.

볼 필요 없이 언어만 번역하여 모두에게 동일한 경험을 제공했다.[29]

⑧ 코로나19에 대한 조치 및 경영전략[30]

8.1 코로나19와 호스팅: 영향의 최소화 방법

지금도 수백만 명의 여행자가 에어비앤비를 이용해 여행을 떠나고 있지만, 상황이 불확실한 만큼 유연한 옵션을 선호하는 사람들이 많다. 에어비앤비는 코로나19 시기에도 계속 예약을 받기 위해 호스트가 취할 수 있는 조치를 소개해 놓았다.

(1) 더욱 유연한 환불 정책 적용

현재 '엄격' 환불 정책을 적용하고 있다면, '유연' 또는 '일반'으로 변경해 필요할 때 언제든 '엄격'으로 다시 변경할 수 있다. 예약 취소에 있어 제약이 덜하면 게스트가 좀 더 안심하고 예약 진행이 가능하다.

(2) 장기 예약을 위해 달력을 설정하고, 주간 또는 월간 할인 제공

주간 또는 월간 할인을 제공하는 호스트는 전체의 50%가 채 되지 않는다. 할인을 제공할 경우, 장기 숙박 예약을 더 많이 받고 게스트의 관심을 끌 수 있다.

(3) 호스트가 직접 환불 제공이 가능

코로나19 사태로 인해 여행 계획에 차질이 생긴 게스트가 많은 상황에서, 예약을 취소해야 하는 게스트를 배려할 수 있는 방법으로 에어비앤비는 호스트가 게스트에게 직접 환불을 승인할 수 있는 새로운 기능을 개발 중이다.

---

29 매드타임스, [마케팅, 머신러닝을 만나다] Airbnb 마케팅 전략: 모든 게스트를 집에서 머무는 것처럼 편안하게, 2021-05-06.

30 매거진한경, 에어비앤비가 코로나19 속 '위기를 기회'로 바꾼 방법, 2022-06-16, 조선일보, 우리가 망할줄 알았죠? 에어비앤비 퍼펙트 부활시킨 역발상, 2021-11-18, happist, 에어비앤비 코로나 대응 사례에서 읽어보는 비즈니스 교훈, 2020-11-24.

(4) 게스트가 '유연' 환불 정책을 적용하는 숙소 검색의 기능

게스트가 자신에게 가장 적합한 숙소를 찾을 수 있도록, '유연', '일반', '엄격' 환불 정책에 따라 검색 결과를 필터링할 수 있는 기능이다.[31]

그림 11 코로나19로 에어비앤비의 기존 예약 무료 환불 정책을 보도하는 CNBC

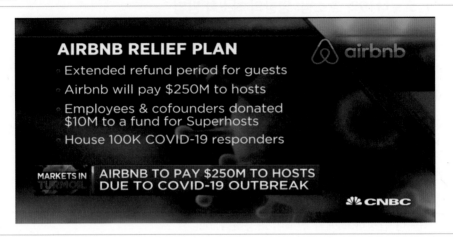

출처:CNBC

8.2 코로나19로 인한 경영전략의 전환

(1) 안정적인 운영 자금 확보[32]

이는 코로나 팬데믹으로 인한 매출 감소에도 불구하고 생존할 수 있는 회사 운영 자금을 확보하는 것으로, 코로나 팬데믹 초기 여행 예약 취소 문의가 많았기에, 호스트들의 반발에도 불구하고 무료 예약 취소 정책을 실시했다. 이러한 방법은 여행 게스트에게는 환영을 받은 반면 호스트들의 강한 반발을 낳을 뿐만 아니라 에어비앤비 자체에도 현금 소진을 가져왔다. 여행 수요가 줄어들면서 코로나 팬데믹으로 인한 여행업 위기가 단기간 끝나지 않을 조짐을 보여 중장기 대응을 고려

---

31 에어비앤비 공식 홈페이지.

32 https://happist.com/576628/%EC%97%90%EC%96%B4%EB%B9%84%EC%95%A4%EB%B9%84-%EC%BD%94%EB%A1%9C%EB%82%98-%EA%B7%B9%EB%B3%B5-%EC%82%AC%EB%A1%80, 2020-11-24.

하지 않을 수 없었다.

에어비앤비 CEO인 체스키는 수천 명이 직원들과 화상회의를 통해 정리해고를 비롯한 모든 옵션을 놓고 회사 미래에 대해서 협의를 진행했다. 그 당시 에어비앤비는 여행보다 기업들의 출장 수요가 보다 빠르게 회복될 것으로 전망하고, 버티는 방향으로 전략을 결정하고 추가 투자를 유치하기로 하였다. 그리고, 2020년 4월 사모펀드인 Silver Lake와 Sixth Street Partners로부터 10억 달러를 조달할 수 있었다.

(2) 긴축 재정 정책 시행

에어비앤비 CEO 체스키와 공동 창업자들이 급여를 포기하고 임원급 경영진 급여는 절반으로 줄였다. 또한, 마케팅 비용 항목을 조율해 거의 10억 달러 이상을 감축했다. 그 결과 2020년 판매 및 마케팅 비용을 전년 대비 54% 감소한 5.44억 달러로 줄였다.

(3) 정리해고 진행

에어비앤비가 밝힌 1분기 에어비앤비 예약은 전년 동기 무려 91% 감소했다. 이러한 위기를 극복하기 위해 에어비앤비는 인력 조정이 불가피했다. 이 과정에서 해고된 직원들을 배려하는 정책으로 긍정적인 이미지를 얻었다.

에어비앤비는 해고된 직원들은 회사에서 지급한 애플 노트북을 계속 사용할 수 있고 1년 동안 건강보험 혜택을 유지할 수 있으며, 해고된 직원에게 채용 계획이 있는 회사들이 이 직원들에 대한 정보를 쉽게 접근할 수 있도록 했다. 코로나 팬데믹으로 정리해고를 진행하지만 그 과정에서 CEO가 진심 어린 모습을 보이고, 해고된 직원들을 배려함으로써, 오히려 해고된 직원들로부터 존경심을 이끌어냈다.

(4) 소통의 강화와 과다 인재 정리

정리해고 후 에어비앤비는 기존 월단위로 시행되던 월간 Q&A를 주간 Q&A로 전환하면서 위기에서 의사소통을 강화했다. 코로나 팬데믹으로 긴축 재정 정책이 시행되면서 높은 연봉에 인재들을 데려왔지만 아직 뚜렷하게 성과를 내지 못했던 많은 인력들 또한 회사를 떠나도록 만들어, 운용 부담을 줄이고 인사 정책을 정상화시켰다.

(5) 핵심사업 집중

숙박공유 플랫폼을 넘어 전통적인 호텔 예약과 고급 부동산 등 보다 넓은 사업 영역으로 확산을 시도했다.

Airbnb Experience: 게스트가 여행지에서 다양한 야외 활동 이벤트 서비스를 제공하고 예약, 이용할 수 있는 서비스

Airbnb Magazine: 에어비앤비가 발행하는 여행 잡지

그 후 코로나 팬데믹으로 핵심 산업에서도 수요가 줄고 매출이 급감하면서 기본 전략을 돌아가는 것을 선택하고 숙박공유 비즈니스 하나에만 집중했다.

8.3 여행 트렌드의 변화와 트렌드에의 빠른 적응[33]

사람들은 공동으로 사용하는 것이 아닌 집 전체를 예약하기를 원했다. 이러한 트렌드는 호텔이 아닌 에어비앤비만 제공할 수 있는 서비스였다. 따라서 에어비앤비는 전략을 빠르게 전환하여 그동안 여행자들이 방문하는 대도시에서 비싼 호텔 등을 대체하는 에어비앤비만의 강점을 지니고 이에 집중했지만, 이제는 현지 체류에 초점을 맞췄다. 2020년 6월까지 에어비앤비는 웹사이트와 앱을 재설계하여 알고리즘이 가능성이 있는 여행자들에게 거주자에서 가까운 곳에 위치한 현지 체류가 가능한 캐빈으로부터 호화로운 해변 주택에 이르기까지 모든 것을 보여주도록 했다.

'2021년 여행 트렌드' 보고서에 따르면 코로나19 사태에도 여행을 원하는 고객들의 수요가 줄어든 것은 아니다. 다만 그 여행의 형태가 바뀌었을 뿐이다. 코로나19 이전 여행은 휴가철 이국적인 장소로 멀리 떠나는 여행이거나 혹은 비즈니스를 위해 정해진 날짜에 정해진 장소로 향하는 여행이었다. 하지만 지금의 여행객

---

[33] https://happist.com/576628/%EC%97%90%EC%96%B4%EB%B9%84%EC%95%A4%EB%B9%84-%EC%BD%94%EB%A1%9C%EB%82%98-%EA%B7%B9%EB%B3%B5-%EC%82%AC%EB%A1%80, 2020-11-24.

들은 자기 집에서 운전 가능한 거리에 있는 장소에서 지내길 원한다. 재택근무가 일상화되면서 집을 벗어난 새로운 장소에서 편하게 일도 하고 휴식을 누릴 수 있는 공간을 찾는 여행도 늘고 있다. 코로나19 사태 이후 여행의 미래는 '일과 주거, 여행의 경계가 혼합될 것'이라고 예상했다.

8.4 코로나 이후의 에어비앤비 방향

최근 에어비앤비는 출장 목적의 여행은 감소하고 업무보다는 관계 형성에 초점을 맞춘 새로운 유형의 출장 여행이 등장할 것이라는 예측하였다. 또한, 유연해진 생활패턴으로 여가 목적의 장기 체류 해외여행이 증가할 것이라고 전망하였다. 이와 같은 변화를 반영해 50개 이상의 겨울 업데이트를 발표했다. 먼저 여행자가 숙박 기간 예정돼 있는 줌 회의 등에 대비해 에어비앤비 앱에서 숙소 와이파이 속도를 확인할 수 있게 했다. 에어비앤비 여행자가 숙소를 검색하면서 와이파이 여부를 확인한 경우가 2억 8,800만 건에 달한다는 점에 착안한 것이다.

또 반려동물과 함께 에어비앤비에서 장기 체류하는 여행자가 늘면서 호스트가 반려동물 요금을 추가할 수 있게 하고, 반려동물에 의한 피해 보상도 받을 수 있게 했다. 본격적인 해외여행 재개를 앞두고 번역 엔진도 새롭게 개선했다. 앞으로 여행 산업에서 성공의 열쇠는 '누가 최고의 경험을 제공하느냐'가 될 것이라 봤다.

새로운 세계에선 최고의 경험을 제공하는 기업이 성공할 것이다. 에어비앤비가 요즘 대세로 떠오른 '메타버스'에 올라타지 않는 이유도 바로 '경험' 때문이다. 사람들은 여전히 현실 세계에 충실할 것이라 생각한다. 우리는 삶에서 만나는 사람들과 함께 성장하고, 세상을 더 많이 경험할수록 더 많은 삶을 경험하게 될 것이다.[34]

---

34 조선일보, https://www.chosun.com/economy/mint/2021/11/18/5CJUCYY55FEIZA2FT37RT67BPE/, 2021-11-18.

⑨ 에어비앤비의 최근 동향

9.1 2022 11월, 새로운 3가지 기능 공개[35]

에어비앤비는 신규 호스트와 게스트가 원활하게 서비스를 이용할 수 있도록 돕는 새로운 기능 세 가지를 전 세계 동시에 공개했다. 에어비앤비가 새롭게 도입한 기능은 에어비앤비 스타트, 에어커버, 그리고 여섯 개의 추가 검색 카테고리다.

1. 에어비앤비 스타트는 신규 호스트숙소 주인를 위한 기능이다. 신규 호스트는 슈퍼 호스트와 직접 연결해 첫 질문을 던지는 것에서 시작해 첫 번째 게스트를 받기까지 무료로 일대일 안내를 받을 수 있게 된다.

음성이나 영상 통화 또는 메시지 채팅을 통해 슈퍼호스트와 대화를 나눌 수 있으며, 이들을 위해 전 세계 80개국 1,500명의 슈퍼호스트가 대기한다. 또 특별히 훈련된 커뮤니티 서포트팀이 전화나 메시지, 이메일을 통해 42개 언어로 도움을 준다. 이 밖에 신규 호스트가 첫 예약을 받을 때 적어도 세 번 이상의 에어비앤비 이용 경험이 있고 평판이 좋은 게스트만을 맞이하도록 설정할 수 있게 했다.

2. 에어커버는 호스트를 위한 전반적인 보호 조치로 게스트 신분증 인증, 소란스러운 파티 예약을 줄이는 예약 심사 기술, 최대 300만 달러 규모 손해보상, 보다 쉬운 청구서 제출 등을 도입한다.

3. 마지막으로 여섯 개의 추가 카테고리는 ① 신규최근 10주 이내 추가한 숙소 ② 세상의 꼭대기해수면 약 3,000m 이상의 고도에 자리해 놀라운 전망을 즐길 수 있는 숙소 ③ 무장애휠체어 접근 가능한 숙소 ④ 키즈농구 코트나 놀이공간, 미니 골프장, 워터 슬라이드 등을 갖춘 숙소 ⑤ 한옥자연 재료를 이용해 건축한 한국의 전통 주택 등이다. 해당 카테고리가 보이는 방식도 개선했다. 최고의 전망을 갖춘 숙소에는 전망의 종류가 구분해 나타나며, 국립공원 근처 숙소의 경우 공원 입구와의 거리 정보도 함께 표시한다. 새로 운영을 시작해 예약을 받은 숙소의 절반 이상이 오픈한 지 3일 내 첫 예약을 받은 것으로 나타났고, 높은 물가 수준을 기록 중인 국가에서의 신규 호스트 비율은 눈에 띄게 증가했다.

---

35 뉴스1 윤슬빈, 에어비앤비, 3가지 새로운 기능 전 세계에 동시 공개, 2022-11-1.

9.2 에어비앤비, 한국 시장 주목[36]

한국 시장에서 가장 주목할 점은 한옥 숙박을 전면에 내세운 것이다. 전통가옥 중에서 에어비앤비 카테고리에 정식으로 입성한 건 한옥이 세계 처음이다. 세계 어느 국가에서 에어비앤비에 접속해도, 한옥 숙박과 한국 문화에 대한 설명을 자세히 확인할 수 있다.

네이선 CSO는 "한국은 이제 아시아를 넘어, 세계에서 손꼽히는 시장으로 떠올랐다"고 말했다. "한국은 아시아에서 이용자 수, 사업 규모가 가장 큰 곳이며, 꼭 잡아야 하는 시장이다"라고 한다. 2015년 아시아를 찾아 에어비앤비 사업에 대해 발표할 때만 해도, 중국 시장에 가장 큰 기대를 걸었지만 10년도 지나지 않아 에어비앤비는 중국 정부의 규제와 코로나 방역체계를 이기지 못하고, 2022년 중국 사업을 철회했다. 한국이 가진 문화 강점이 에어비앤비의 강점과 상통한다고 말한다. "에어비앤비의 가장 큰 경쟁력은 '유연함'과 '경험 여행'이다"라고 말한 그는 "코로나19 팬데믹을 지나며, 더 이상 관광객들은 먹고 자는 여행을 하지 않는다"며, "직접 멀리 떠나 일하는 글로벌 노마드족이 많아지면서, 살아보는 여행이 트렌드가 됐다"고 했다.

에어비앤비는 '유연한 여행'이라는 새로운 시도를 했고 결과는 성공적이었다. '유연한 여행'의 예약 검색량은 2022년, 한 달 평균 20억 건 이상이었다. 여행 시간과 장소를 정하는 대신 '아무 때나, 아무 곳으로' 떠나게끔 만드는 여행문화를 만들게 된 셈이다. 에어비앤비는 실제로 21년 서울관광재단과 손잡고 한옥 숙박 체험을 시도하기도 했다. 관광지가 아닌 살아보는 여행객의 소비는 지역경제 활성화에 그대로 이어진다. 에어비앤비는 한옥 숙박 등을 통해 서울관광재단, 한국관광공사와 협업을 하고 있다.

---

36 한경문화 최지희, 에어비앤비 창업자도 반했다…한옥, 전면사업으로 내세운 이유, 2022.11.17.

⑩ 한국의 에어비앤비, 위홈

wehome

위홈은 국내에서 내외국인 모두에게 합법적인 공유숙박을 제공할 수 있는 유일한 플랫폼이다. 정부로부터 정식으로 ICT 규제샌드박스 실증특례기업으로 지정받았다. 여기서 특례란 서울 지하철역 중심 내외국인 공유숙박서비스가 가능하도록 내국인 대상으로 도시 민박을 허가하는 것을 뜻한다. 하지만 서울 전 지역만을 조건으로 하며, 영업일은 외국인관광도시민박업 호스트는 내국인 180일, 추가 365일 외국인 숙박이 가능하며, 신규호스트는 내외국인 180일 가능하다.[37]

위홈은 그동안 호스트와 함께 서울시 보건소와의 협력을 통해 자가격리 숙소 부족 문제를 해결해 왔다. 위홈은 출입국관리소와 보건소의 자가격리 숙소로 이용되어 예약이 2배 이상 증가했다.[38]

맺 음 말

공유경제는 '활용되지 않는 유휴자원을 타인과 공유하여 불필요한 소비자원의 낭비를 줄이고, 궁극적으로는 사회 공동의 이익 증가에 기여하는 경제활동이자 대안적 사회운동'이라고 정의할 수 있다. 즉, 생산된 제품이나 자산을 다른 사람들과 공유해 쓰는 협업 소비를 기본으로 한 경제를 의미하는데 자동차, 아파트, 책, 장난감 등 부동산이나 물건을 다른 사람들과 공유하여 사용함으로써 유휴자원의 활용을 극대화하는 경제활동을 일컫는다.

자원의 소유자 입장에서는 자신이 사용하지 않는 물건이나 서비스 등 유휴자원을 타인과 공유함으로써 효율을 높이는 동시에 수익을 얻을 수 있고, 사용자는 물

---

37 wehome.

38 뉴스토마토, '위홈, 내·외국인 확진자 자가격리 숙소 제공 확대', 2022-07-14.

건이나 서비스를 구매하여 소유하는 데 많은 돈을 쓰지 않고도 일정기간 필요한 만큼만 저렴한 가격에 이용할 수 있어 상호 윈-윈win-win하는 거래가 이루어지게 된다. 공유경제는 처음부터 이윤추구를 목적으로 하여 취득된 자산을 활용하는 것은 아니고, '활용되지 않는 유휴자원을 활용'하기 때문에 소비자는 공유경제의 소비뿐 아니라 제공에도 관여할 수 있다. 또한, 공유경제 비즈니스는 일정한 플랫폼을 통해 거래가 이루어지는 구조로서 기존의 e-커머스와 유사하게 운영할 수 있다는 특징이 있다.

공유경제에서는 첫째, 회사가 자산을 소유할 필요가 없게 되므로, 자산을 소유하는 기업에 비해 월등한 원가상의 우위를 점하게 된다. 둘째, 자원을 소유한 개인들이 온라인, 디지털 플랫폼을 통해 경제에 참여함으로써 광범위한 경제참여를 기대할 수 있다. 이는 규모의 경제를 이루기도 한다는 장점을 갖는다. 마지막으로, IT 기술 발달로 디지털이 고객, 기업의 수요와 공급을 원활하게 연결해주며, 효율성을 높이고, 집단지성의 가치를 제공하기도 한다. 하지만, 에어비앤비나 우버와 같은 다국적 기업의 높은 점유율로 승자독식으로 이어질 위험이 우려되기도 한다.

앞으로 공유경제 사업 모델은 기존의 공유경제 비즈니스를 복합적으로 결합한 형태가 될 것으로 보이며, 지금의 유형물 공유뿐만 아니라 노동력, 중개 서비스 및 온라인 분업 등 무형의 자원과 이익을 공유하는 비즈니스 모델도 4차 산업혁명 시대에서 각광받는 사업분야가 될 것이다. 또한 공유경제 비즈니스 스타트업에 대한 투자 역시 지속적으로 증가될 것으로 예상되며, 에어비앤비의 사업 모델의 변화 및 확장도 예상된다.

플랫폼의 확장성은 무궁무진하다. 에어비앤비는 숙박 공간을 중개하는 역할을 넘어서서 스포츠, 예술, 음식 등 그 지역의 문화를 경험할 수 있는 다양한 여행 상품을 내놓으며, 비즈니스 분야를 확장시키고 있다. 그 확장성을 받쳐줄 획기적인 기술들 또한 진보하고 있다. 다만, 플랫폼 스스로의 책임이 정립되었을 때 비로소 신뢰를 기반으로 한 공유의 가치가 함께 성장할 수 있을 것이다. 또한 플랫폼의 역동적 특성을 정확히 이해하려는 노력과 변화하는 사회 흐름에 적합한 제도적 뒷받침이 마련된다면, 안전한 시스템 정착뿐 아니라 점점 더 새로운 시장을 위한 질서가 만들어질 것이다.

코로나19 팬데믹으로 인한 위기, ESG와 같은 새로운 환경의 대두 등과 같은 상황 속에서 에어비앤비는 때로는 종업원 감축, 때로는 새로운 경영전략으로 대응하면서 생존과 번영을 모색하고 있다. 새 시대에 새로운 모습의 에어비앤비를 상상해 본다.

Assignment Questions

1. 에어비앤비와 같은 공유경제는 명과 암이 존재하는데, 그중 플랫폼 및 개인정보의 독점 문제에 대해 생각해보자.

2. 공유경제의 긍정적 효과는 유휴자원을 낭비하지 않는 것이다. 그렇다면 공유경제는 완전히 친환경적이며, 공동체적이라고 볼 수 있는가?

3. 최근 에어비앤비의 문제로 호스트의 청소비와 같은 부당한 요금 청구 문제를 들 수 있는데, 에어비앤비는 이를 어떻게 개선할 수 있을지 논의해보자.

No.1 종합숙박앱
yanolja

숙박과 놀이문화의 연계, 야놀자

학습목표

- 야놀자가 공유경제시대의 숙박업계로서, 에어비엔비 등 다른 국내외 경쟁업체와 차별화를 통해 생존 및 성장할 수 있는 원동력은 무엇인지 생각해본다.

- 야놀자가 사업 초기의 어려움을 극복할 수 있었던 기회 및 역량에 대해 논의해본다.

- 최신 트랜드인 야놀자의 ESG 경영에 대한 대응을 살펴본다.

- 숙박업과 놀이문화의 연계 또는 숙박업과 다른 비즈니스 와의 연계를 통한 다각화 전략에 대해 생각해본다.

숙박과 놀이문화의 연계, 야놀자*

"누구나 마음 편히 놀 수 있게 정보, 공간, 용기를 주는 회사"

yanolja

야놀자의 현재까지

1 창업 스토리

가난한 시절을 겪은 야놀자의 창업주 이수진 대표는 3년간 일하면 모은 종잣돈을 다 날렸다. 따라서 숙식을 해결할 수 있는 일자리를 찾다가 우연히 어느 모텔의 청소 일을 시작하였다. 모텔에서 4년 동안 일하면서 숙박업에 있다 보니, 남들이 쉴 때도 일해야 하고 갈 곳도 없어 우울하던 시절을 보냈다. 자신과 같은 처지인 사람들이 있을 것 같아 2004년 모텔, 펜션 등 숙박업 종사자를 위한 인터넷 카페

---

* 본 사례는 정진섭 교수의 지도하에 강혜림, 이가영, 정나은, 정은빈 학생이 작성하고, 김경은, 박서현, 배은영, PHUNG THI THU THAO, NGUYEN DUC THINH 학생이 업데이트한 것이다.

를 만들었다. 모텔 지배인, 모텔 용품 납품업자 등 회원 1만 명이 모여 2005년 기업 간 거래B2B 사업을 하였다. 연매출 6,000만 원을 올렸지만 지출이 1억 5,000만 원이어서 결국, 적자였다.

사업을 접을까 고민하던 찰나에 '모텔투어'라는 다음 카페를 인수했다. 모텔투어를 인수하고 난 뒤 처음에는 모텔 광고를 받으려고 했다. 그런데 회원을 20만 명까지 모집했지만 광고는 들어오지 않았다. 그래서 직접 영업을 나가 모텔들을 돌아다니며, 홍보했지만 쉽지 않았다. 그래도 포기하지 않고 매일 손님들 커피를 타주고 룸서비스도 해주면서 사장님들 눈에 들려고 노력했다.

그러던 어느 날 친하게 지내던 사장님이 "요즘 손님이 왜 이렇게 줄었지?"라고 말씀하셨다. 그래서 광고를 맡아달라고 제안했다. 만약 손님이 늘어나지 않으면 전액 환불해주기로 하고 100만 원짜리 광고를 계약했다. 광고를 낸 뒤, 찾아오는 손님들에게 치킨도 시켜주고 룸서비스도 해줬다. 그러다 보니 그 사장님의 모텔 월 매출이 3개월 만에 8,000만 원에서 1억 3,000만 원 정도로 뛰었다. 이를 계기로 카페의 광고 효과를 사장님들에게 알릴 수 있었다. 마침 그 사장님이 모텔을 5개나 가지고 계셨고, 모텔업주분들도 20분 넘게 알고 계셨다. 그래서 그 사장님의 소개로 한 번에 50여 개의 모텔 광고를 받을 수 있었다.

이후 1만 명이던 카페 회원은 1년 6개월 만에 30만 명으로 늘었다. 하지만 이 카페가 점점 유명해지자 '모텔투어'라는 상표권을 빼앗겼다. 그 상표권을 뺏어간 측에서는 3억 원을 주면 다시 이름을 사용할 수 있게 해준다고 하였지만, 3억 원이란 돈을 투자할 여력이 없어서, 궁리 끝에 까페 이름을 '야놀자'로 바꾸게 되었다. 어릴 적 친구 이름을 부르며 '누구누구야 놀자' 할 때, 그 행복하고 설레는 기분을 다시 한번 떠올리면서 놀 수 있게 해보자는 취지였다. 그래서 '야놀자'라는 이름이 탄생했다.

❷ 성장배경

야놀자의 성장은 온라인 사업의 안정과 오프라인 사업의 꾸준한 선전 때문으로 파악된다. 온라인 사업의 경우, 합리적인 가격으로 좋은 숙박업체를 발굴하는 등 본질에 충실한 사업 운영으로, 고객 신뢰를 찾은 것이 주효했다고 한다. 무분별한 대규모 마케팅 대신 고객 트렌드를 분석해 마이룸, 내 주변쿠폰 등 고객 맞춤형 프로모션을 진행하면서 마케팅 효율을 크게 개선했다. 이외에도, 기존 숙박 사업에 동영상 길 찾기, 검색 및 큐레이션, 사물인터넷IoT 등 고도화된 솔루션을 더하면서, 업계를 선도하는 기술 트렌드를 선보인 것도 성장을 이끈 요인이다. 또한, 업계 최초로 호텔, 모텔, 펜션, 게스트하우스를 아우르는 종합숙박 서비스를 선보이며, 고객 만족도를 극대화했다.

오프라인 사업은 확실한 규모의 경제를 달성한 것이 성장을 가속화시켰다. 업계 최초로 프랜차이즈 사업을 선보인 야놀자는 2016년 7월 프랜차이즈 골든넘버로 불리는 100호점을 돌파했다. 이어, 단 5개월 만에 20% 성장한 120호점을 넘어서면서 프랜차이즈 사업에 대한 업계 기준을 만들었다. 이는 수년 간 진행해온 인테리어와 시공 경험을 통한 노하우, 고품질 자재를 중간유통 없이 저렴하게 소개하는 등 독보적인 종합 숙박 솔루션 구축이 큰 기반이 되었다.

2021년 야놀자는 소프트뱅크 비전펀드2로부터 총 2조 원 규모의 투자 유치에 성공하였다.[1] 이에 더하여 미국 나스닥 상장 추진과 함께 연간 3천조 원 규모의 글로벌 여행·호스피탈리티 시장을 공략할 채비를 하고 있다.

발 빠른 디지털 전환을 통해 국내 시장에서 '슈퍼앱' 전략을 실현하고, 글로벌 시장에서는 클라우드 기반 자동화 솔루션 확장에 집중하여 세계시장으로 빠르게 뻗어나가고 있는 야놀자! 4차 산업혁명과 포스트 코로나 시대를 맞이하여 향후 무궁무진한 기회와 성장 가능성이 주목되는 기업이다.

❸ "야놀자"의 호황기(2015년까지)

"여기어때" 등장하기 전까지 압도적 1위

시장조사업체 닐슨 코리안 클릭의 2015년 결산 데이터1~12월 말 기준를 분석한 결과, 국내 최대 숙박 O2O 기업 "야놀자"가 숙박 O2O 어플리케이션 중 이용자, 설치자, 체류시간 등 전 부문에서 후발업체들과 2배 이상의 격차를 벌이며, 당시 독

---

1 박철화, 야놀자, 소프트뱅크 비전펀드II로부터 2조 원 투자유치 '깜짝', 스타트업투데이, 2020, 2021.07.15.

보적인 업계 1위임을 입증했다.

④ "야놀자"의 위기(2016년)

"여기어때"의 등장으로 1위 입지가 흔들리기 시작

심명섭 위드이노베이션 대표는 2014년 혜성처럼 숙박업계에 등장했다. 현재 앱 이용자 38만 명, 월평균 200만 명 이용, 누적 객실 거래 수 1,000만 건을 기록한 숙박앱 '여기어때'와 함께 말이다.

야놀자는 경쟁사 '여기어때'의 등장으로 인해 압도적인 시장점유율을 차지하고 있음에도 위상이 흔들리고 있다는 지적이 나온다. 2022년 조사에 따르면,[2] 시장점유율에서 야놀자가 2위와의 간격이 약 1.7%에 불과하며, '여기어때', '에어비앤비' 등의 경쟁사에 비해 낮은 선호도를 보인다는 분석이 있었다. 또한 데이터 분석 플랫폼, 모바일 인덱스에 따르면 2022년 6월 보고서에서 앱 신규 설치 건수 분석 결과 '여기어때'가 4월과 5월에 야놀자를 추월했다고 밝혔다.

그림 1 앱 신규 설치 건수 분석

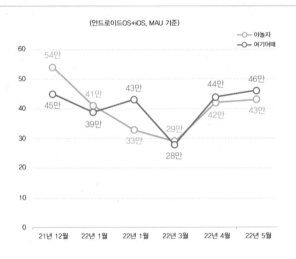

출처: 데이터 분석 플랫폼, 모바일 인덱스

2 최창원, '앱 신규 설치' 야놀자 추월한 여기어때, 일회성 지표 아니었다, BLOTER, 2022.06.14.

❺ "야놀자"와 코로나19(2020년)

코로나 직격탄, 야놀자에게는 기회?

2020년에는 코로나19로 비대면 문화가 확산하면서 여행산업이 직격탄을 맞는 등 사업 환경이 악화됐다. 그럼에도 야놀자는 연결 기준 100억 원 이상의 영업이익을 거두면서 6년 만에 흑자전환에 성공하게 된다. 그렇다면 야놀자는 코로나 상황에서도 어떻게 실적이 개선될 수 있었을까?

야놀자는 코로나19로 인해 여행 산업이 타격을 입은 상황에서 발 빠른 디지털 전환과 클라우드 솔루션 확장에 집중했다.[3] 이러한 사업 확장 덕에 매출 성장세뿐만 아니라 영업이익도 함께 개선된 것이다. 또한 야놀자는 '테크 올인' 비전을 선포하며, 네이버나 카카오 같은 테크기업으로 도약하겠다는 전략을 내세웠다.

❻ 포스트 코로나 시대의 야놀자(2022년)

포스트 코로나에 선제적으로 대비하는 야놀자

야놀자의 2022년 1분기 영업이익은 전년 동기보다 80% 감소세를 보였다.[4] 이는 야놀자가 최근 몇 년간 사업 확장을 위해 공격적인 투자와 기업 인수합병을 진행해 왔기 때문이다. 한국채택국제회계기준이하 K-IFRS으로, 2022년 2분기 연결 매출은 1,537억 원으로 전년 동기 780억 원 대비 97% 급성장했으나, 영업이익은 여전히 감소세였다. 이는 포스트 코로나 시대를 대비하기 위한 공격적인 글로벌 인재 채용과 인수합병에 따른 연결 법인 증가 및 신사업 확장을 위한 초기 투자 비용 때문인 것으로 풀이된다.

야놀자는 코로나 종식 이후 여행 및 레저 시장에서의 리더십을 공고히 하기 위해 인터파크의 연결 편입에 힘을 쏟아왔다. 현재는 인터파크 쇼핑 부문은 철수하였고, 여행·공연 부문은 티켓 사업을 확대하려는 의지에 따라 인수 후 적극적으

---

3 이혜선, 야놀자는 어떻게 흑자전환에 성공했을까, 비즈니스워치, 2021.07.31.
4 야놀자, 1분기 영업이익 80% 급감한 이유, 시사위크, 2022.05.31.

로 키워가고 있다.[5]

야놀자의 전략과 사업 다각화

❶ '좋은 숙박'을 위한 전략적 도전

야놀자의 가장 큰 경쟁자는 여기어때나 온라인여행사OTA가 아닌 바로 '편견'이라고 한다. 사람들이 가지고 있는 '모텔'에 대한 이미지, 그것을 바꾸는데 큰 노력을 기울이고 있다. 우리는 보통 모텔이라고 하면 어떤 이미지를 떠올리는가? 아마도 창문도 없이 낡고 좁고 지저분한 공간, 이것이 그간 우리가 생각하고 있는 모텔에 대한 일반적인 인식이다. 야놀자는 이러한 인식을 깨고 '모텔'이라는 한계를 넘어서기 위해 그들이 도전해야 할 대상을 '여가', 즉, '노는 문화'로 변화시키고자 했다.

기업명에서 알 수 있듯, 야놀자는 친근한 기업 이미지와 함께 놀이 문화에 대한 철학을 담고 있다.[6] 특히 주요 타깃인 젊은 층의 경우 국내 여행을 '여행 간다'라고 하기보다 '놀러 간다'고 하는 데에서 착안했다.

기업이미지CI도 숙박에 대한 이미지 개선을 고려해 결정했다. 핑크 색상이 행복과 아름다운 사랑, 안정감을 떠올리게 하는 것처럼 편안하고 좋은 숙박 솔루션을 제공하고자 하는 야놀자의 노력과 일맥상통한다. 여기에 새롭게 발표한 영문 CI는 누구나 쉽게 야놀자 브랜드를 인지할 수 있도록 만들어졌으며, 글로벌 종합 숙박 플랫폼으로의 도약 의지를 담았다.

단순히 '모텔의 예약을 대행해주는 서비스'에 갇혔으면 결코 야놀자는 성장하지 못했을 것이다. 그들이 '여가의 질적 개선을 통한 놀이문화 선도'를 비전으로 삼고 ① 공간 제약 해소와 ② 놀이 콘텐츠 다양화라는 전략목표를 세우니, 해야

---

5 '야놀자 비즈니스' 공식 블로그에서 발췌.

6 김현아, 숙박 O2O 야놀자, 봄맞이 새단장..로고와 CI 바꿨다, 이데일리, 2017.03.03.

할 일들이 엄청나게 늘어나기 시작했다. 그래서 그들은 '좋은 숙박Best Stay' 캠페인을 통해 모텔과 같은 중소형 숙박업에 가지고 있던 편견을 깨고자 ① 안전, ② 편리, ③ 감동, ④ 청결, ⑤ 합리적 가격이라는 영역에서 혁신을 이루고자 끊임없는 도전을 하고 있다.

'노는 문화의 질적 개선'을 통한 '좋은 숙박' 문화를 만들어 고객의 행복을 만들자는 목표가 정해지자 온갖 혁신적인 아이디어들이 쏟아졌고, 숙박문화의 새로운 지평을 만들어가고 있다. 테헤란로 대로변에 위치한 야놀자 본사 건물 2층에 가면 이제껏 본 적 없는 신선한 시설을 마주할 수 있게 된다. 바로 국내 최초의 숙박 디자인 전문 전시관인 "야놀자 좋은 숙박 연구소"가 있다. 야놀자는 중소형 숙박업체들을 하드웨어적으로나 또는 소프트웨어적으로 개선을 통해 발전시키고 있는데, 기존 숙박업주들이 리모델링을 할 때 이에 대한 기준이나 정보를 찾기 힘들고, 비용 산정에 대한 기준도 모호하다는 점에서 시작되었다.

② 야놀자의 마케팅 전략

2.1 놀이 문화 선도

기업은 자사만의 독특한 비전하에 일관된 메시지를 고객들에게 전달하는 것이 중요하다. 기업이 수립하는 마케팅 전략들이 모두 다른 이야기를 하고 있다면 고객들은 기업

그림 2 야놀자 비전

yanolja

누구나	마음 편히	놀 수 있게
○	○	○
모든 숙박카테고리 다양한 가격대 모든 지역 / 내국인&외국인	편하고, 안정적이고, 정확한 서비스 깨끗하고, 신뢰할 수 있는 숙소 편안한 휴식을 위한 비품&공간	놀고 싶어지는 이야기 놀기 좋은 숙박 공간 놀기 편한 다양한 서비스

의 메시지를 알아차릴 수 없기 때문이다. 야놀자의 비전과 메시지는 무엇일까? 야놀자는 '숙박을 넘어 놀이문화를 선도한다'는 비전 아래 마케팅 전략을 수립한다. 야놀자의 김고운 마케팅 실장은 이 비전에 대한 명확한 이해가 야놀자 마케팅의 핵심임을 강조했다.[7] 야놀자의 구체적인 비전 실행을 위해 브랜드 미션을 세우고

회사 홈페이지, 회사 건물 내부, 다양한 야놀자 광고 전략 등에서 활용하였다. 이 브랜드 미션은 바로 '누구나 마음 편히 놀 수 있게 공간, 정보, 용기를 준다'이다. 이 브랜드 미션이 하나의 메시지로서, 임직원들에게는 명확한 목표로, 고객들에게는 야놀자의 브랜드 이미지로 전달된다.

일반적으로 숙박업소 중개앱으로 알려진 야놀자가 '숙박을 넘어 놀이문화를 선도한다'라는 비전을 가지고 있다는 것은 다른 숙박업소 중개앱과 차이가 있다. 야놀자는 이러한 차별화된 메시지를 고객들에게 전달하기 위해 야놀자의 마케팅 속에 이 메시지를 담으려 노력하고 있다.

그림 3 야놀자 영상 광고

그중에서도 특히 야놀자의 영상 광고에 이러한 메시지가 잘 담겨 있다. 야놀자의 영상 광고에서는 '숙박'에 관한 이야기를 보기 어렵다. '우리 어디서 놀까?', '놀아보고서' 등 '좋은 숙소가 많으니까 쉬다 가세요'가 아니라 타깃층을 고려한 '노는 것도 가치 있어' 등의 메시지를 전달하려 노력했다.

또한 야놀자의 '놀이' 컨셉의 마케팅이 영상에서 SNS로 이어져 바이럴 마케팅의 효과를 보기도 했다. 2016년 7월 야놀자는 '#놀아보고서' 캠페인을 추진하며, '해외에서 #놀아보고서', '야시장에서 #놀아보고서', '과거로 #놀아보고서' 등 4편의 영상 광고를 공개했다. 한 달 만에 '#놀아보고서' 해시태그[8]를 달고 생성된 콘텐츠가 인스타그램에 4,000개 이상, 블로그 및 커뮤니티에 500건 이상 업로드되면서 화제가 되었다.

소비자들은 재미있고 놀고 난 후 #놀아보고서 해시태그를 단 여행 혹은 맛집

---

7 '모비인사이드'에서 진행한 인터뷰 내용 발췌.
8 해시태그의 해시(hash)는 '끌어모음'이라는 뜻이고 태그(tag)는 '꼬리표'라는 의미를 갖고 있다. 해시태그는 특정 단어나 문구 앞에 '#'를 써서 정보를 공유할 수 있도록 만든 기능이다(네이버 백과).

기행 등의 후기를 SNS에 올리며, 유저들과 경험을 공유했다. 야놀자는 이렇게 #놀아보고서 해시태그를 달고 후기를 작성한 고객들에게 이벤트를 통해 상품을 제공하였다. 야놀자는 이 캠페인을 통해 고객들이 만들어낸 콘텐츠를 자사의 콘텐츠로 활용할 수 있었으며, 고객들에게 자사의 기업 가치를 확실하게 전달할 수 있었다.

2.2 숙박업소 이미지의 개선

야놀자가 '놀이 문화'에 주안점을 뒀다고 해서 숙박 서비스에 소홀히 하는 것은 아니다. 아무리 야놀자가 놀이 문화를 강조한다고 해도, 그 시작은 숙박업소 중개 서비스였다. 가장 기본적으로 제공되어야 하는 서비스가 부실하다면 고객들을 장기 고객으로 돌리기 어려울 것이다. 그래서 야놀자는 숙박업소 이미지 개선에 노력을 기울이고 있다. 일반적으로 사람들은 '러브모텔'의 이미지로서 모텔을 인식하고 있기 때문이다. 야놀자의 가장 중요한 과제는 이러한 사람들의 부정적인 인식을 깨는 것이었다.

이러한 과제를 해결하기 위해 야놀자는 '좋은 숙박Best Stay' 캠페인을 구상했다. 안전, 편리, 감동, 청결, 합리적 가격이라는 다섯 가지 영역에서 혁신을 꾀하는 것이 캠페인의 내용이다. 이에 따라 야놀자는 3대 원칙도 세웠는데, 그 내용은 ① 성인용품을 객실 기본 비품으로 비치하지 않을 것, ② 성인방송 채널을 제외할 것, ③ 주차장 가림막을 없앨 것이다.

야놀자는 '러브모텔'의 이미지를 탈피하는 것을 넘어 '좋은 숙박업소'를 제공하기 위해 노력하고 있다.

(1) 야놀자 좋은 숙박 연구소

야놀자 본사 건물 2층에 가면 국내 최초 숙박 디자인 전문 전시관인 '야놀자 좋은 숙박 연구소'를 발견할 수 있다. 좋은 숙박 연구소는 다양한 컨셉의 인테리어를 쇼룸처럼 배치하고 가구, 소품, 자재, IoT 기술까지 직접 보고 만질 수 있는 체험형 공간으로 구성되어 있다. 숙박업주들은 일반적으로 리모델링할 때 기준이나 정보를 찾기가 어렵고 비용산정 기준도 모호해 어려움을 겪는데, 좋은 숙박 연구소는

그림 4 야놀자 좋은 숙박 연구소

출처: 야놀자

그러한 불편함에서 착안된 공간이다. 리모델링을 원하는 숙박업주나 예비 창업자들에게는 기준을 제시하고 최신 트렌드를 반영한 숙박 디자인을 체험 공간으로 제공하고, 창업과 운영까지 숙박에 관한 모든 상담과 교육을 받을 수 있다.

(2) 신개념 숙박, 코텔

그림 5 코텔

출처: 야놀자

코텔KOTEL은 야놀자가 호텔과 모텔로 양분화된 국내 숙박업 형태를 세분화하고, 기존 모텔 시설과 인식을 개선하기 위해 개발한 숙박시설이다. 모텔의 합리적인 금액, 호텔급 시설, 게스트하우스가 가진 독특한 테마와 편의성을 동시에 갖추고자 했다. 야놀자는 새로운 시설과 디자인, 서비스 등을 연구하여 개발한 뒤, 코텔에 먼저 적용한 후 안정화 단계를 거쳐 제휴점에 순차적으로 확대시키는 전진기지로서, 활용하기도 한다.

코텔에는 디제잉과 파티를 진행하는 플레이 댄스, 당구대, 사진 촬영 스튜디오, 노래방 기기 등의 플레이존 뿐만 아니라, 중소형 숙박시설이 대학생 스터디 모임 공간으로 활용되는 트렌드를 반영해 스터디룸을 배치하기도 한다.

(3) 야놀자 마이룸

야놀자의 마이룸My Room 서비스는 2015년 11월에 도입한 프리미엄 객실 서비스이다. 제휴 숙박업소의 일부 객실을 야놀자가 직접 관리하는 형태의 통합 솔루션이다. 마이룸 서비스는 야놀자가 가진 표준화되고 우수한 서비스를 직접 제공한다. 이에 따라 고객들은 동일한 가격으로 더욱 업그레이드된 청결 상태의 객실과 특별 비품을 받을 수 있게 된다. 야놀자가 모든 모텔을 직영화 할 수도 없고 제휴업체가 모든 객실들을 관리하기도 힘들다. 그럴 때 마이룸 서비스는 질 높은 객실을 제공함으로써 낙후된 모텔의 이미지를 개선하여 고객들의 재방문율을 높일 수 있다.

그림 6 마이룸

출처: 야놀자

야놀자가 마이룸 고객을 유치하기 위한 노력은 여기서 끝이 아니다. 마이룸 이용 고객에게 선착순으로 '마이키트 샘플박스'를 제공함으로써 고객에게 숙박 만족도를 증가시키고자 한다. 마이키트는 숙박업소 이용 시 필요한 다양한 제품 10여 가지로 구성되어 있다. 실제로 마이룸 이용이유에 대한 자체 조사 결과, 30%가 넘는 이용자가 마이키트 이용을 위해 해당 제휴점을 이용하는 것으로 나타났다. 이는 마이키트 서비스가 마이룸 고객을 유치시키는데 효과적이었음을 보여주고 있다.

그림 7 마이키트 샘플박스

출처: 야놀자

한편, 야놀자는 '마이룸' 서비스를 선보이고, 해당 서비스의 특허를 출원했다. 여기어때도 2016년 9월 마이룸과 비슷한 서비스인 '페이백'을 내놨다. 야놀자는 여기어때의 '페이백'이 특허권을 침해했다며, 2019년 6월 특허침해금지 및 손해배상소송을 제기했다. 그러나 여기어때는 해당 서비스는 쉽게 발명할 수 있다는 이유로 특허 무효심판을 청구하며 반격했다. 특허심판원은 여기어때의 손을 들어줬다. 2020년 2월 마이룸 특허를 무효한다는 심결이 나온 것이다. 이에 야놀자는 특허법원에 불복소송을 제기했지만, 법원도 같은 판단을 내렸다.[9]

(4) 최저가 보상제

2016년 1월 야놀자는 예약한 숙소가 최저가가 아닐 경우 차액의 1,000%를 보상하는 '최저가 보상제'를 도입했다. 이 제도의 도입 이후

그림 8 최저가 보상제

출처: 야놀자

부터 야놀자는 야놀자 바로 예약 앱을 통해 최저가 판매 중인 숙박 제휴점에 '최저가 보상제' 마크를 부착하고, 가장 저렴한 가격으로 객실을 제공하고 있다. 이를 통해 이용 고객은 가격 혜택을, 제휴점은 공실률 감소 효과를 기대할 수 있다. 뿐만 아니라 고객의 입장에서는 일일이 가격과 혜택을 비교할 필요가 없다는 편의성까지 더해진다. 야놀자는 이 서비스로 고객의 편의를 극대화하여 '좋은 숙박' 경험에 저원가 및 편리성까지 추가하고자 한 것이다.

(5) 몰카 안심존

숙박업소를 이용하면서 '몰래카메라'에 대한 불안감을 느끼는 이용자들이 많다. 실제로 야놀자에서 2030 세대의 남녀를 대상으로 '중소형 숙박업소 몰카 안전 인식 조사'를 실시한 결과, 응답자의 약 94%가 중소형 숙박업소 이용 시 몰카로 인한 피해가 우려된다고 응답할 정도로 불안감이 큰 것으로 나타났다.

이러한 불편함을 해소하기 위해 야놀자는 '야놀자 천사단'이라는 서비스 팀을

그림 9 몰카 안심존

출처: 야놀자

통해 제휴점을 방문하여 몰래카메라 설치 여부에 대한 검사를 진행한다. 정기적으로 실시되는 점검을 통해 인증 받은 제휴점에는 '몰카 안심존' 인증 스티커가 붙여진다.

야놀자의 '좋은 숙박 만들기' 캠페인의 일환으로 좋은 숙박 환

---

9 김다이, 여기어때, 야놀자와 특허권 전쟁 승소에도 웃지 못하는 이유, 뉴스웨이, 2021.07.13.

경을 만듦으로써 고객들의 숙박 이용에 대한 불안감을 해소하고 숙박 이용을 증가시키고자 한다.

2.3 공동 마케팅 전략

야놀자는 다양한 스타트업 및 대기업들과 공동 마케팅을 추진하기도 했다. 공동 마케팅은 2개 이상의 기업이 판매전략, 가격책정, 판촉 등의 마케팅 활동을 공동으로 협력 전개하는 것으로 마케팅 비용을 절감하면서 매출 증대의 효과를 얻을 수 있다. 먼저 야놀자와 공동 마케팅에 참여한 협력 O2O 스타트업 업체 5곳은 리화이트세탁 수거 및 배달 서비스, 헤이뷰티뷰티 예약 서비스, 브리치트렌드 거리 패션숍 쇼핑 서비스, 클래스픽운동 통합 멤버십 서비스, 왓슈수제화 제작 및 신발 수선 서

그림 10 공동 마케팅

출처: 야놀자

비스였다. 공동 마케팅 내용은 쿠폰 발행이었다. 쿠폰은 각 기업의 제휴점을 통해 배포되며, 야놀자의 경우 전국의 마이룸과 호텔에 제공되는 럭키박스에 넣어 제공했다. 해당 쿠폰을 사용하면 숙박, 세탁, 뷰티, 패션, 헬스, 수제화 등 다양한 서비스를 할인된 가격에 체험할 수 있다.

이 공동 마케팅을 통해 야놀자를 비롯한 여섯 기업은 시장에서의 신규 수익 발굴, 마케팅 비용 효율화, 고객 혜택 및 서비스 향상 등 각 분야별 사안에 대해 상호 협력을 이루어 시너지 효과를 얻을 수 있었다. 야놀자는 신생 스타트업 기업 말고도 대기업과의 공동 마케팅을 추진하기도 하였다.

인터넷 교보문고를 이용한 고객들은 택배상자에서 야놀자가 제작한 '북스틱책갈피'과 '놀자티켓'을 찾을 수 있다. 북스틱에는 야놀자의 색깔을 드러낼 수 있는 '한 템포 쉬어가도 괜찮아. 야, 놀자' 등의 문구가 새겨져 있다.

그림 11 쉼표 이벤트

그림 12 11번가

출처: 야놀자

그림 13 힐링룸

출처: 야놀자

또한 고객들은 북스틱이나 구매 도서를 해시태그와 함께 SNS에 게시하면, 추첨을 통해 숙박권을 제공받기도 한다. 야놀자는 LG전자 등 대기업과의 공동 마케팅도 주저하지 않는다. 세 가지의 '힐링룸'을 오픈하였는데 이는 LG전자, 슬로우 등 국내 가전 및 가구 브랜드들과 제휴하여 낸 이벤트였다.

야놀자의 힐링룸을 통해 고객들은 LG전자의 퓨리케어 공기청정기, LG트롬의 스타일러, 일룸의 매트리스를 체험할 수 있다.

최근에는 코로나 사태 장기화로 위축된 국내 여행업계 지원을 위해 11번가와 공동마케팅을 추진하고 있다.[10] 11번가의 고객 데이터와 야놀자의 국내 숙박 상품을 결합하여 고객들의 니즈를 겨냥한 '국내여행 활성화 프로모션'을 매월 테마별로 진행한다. 국내 숙박에만 집중됐던 상품 영역을 레저, 액티비티까지 확대해 숙소 근처 놀거리까지 함께 살펴볼 수 있는 환경도 구축하고 있다.

③ 야놀자의 사업 다각화

"글로벌 R.E.S.T 플랫폼 사업,
모텔 중개 앱 딱지 떼고 글로벌 여가 기업으로 도약하겠다."
Refresh · 재충전, Entertain · 오락, Stay · 숙박, Travel · 여행

야놀자는 단순 숙박 중개에서 여가를 위한 여행 플랫폼 기업으로 영역을 늘려

---

10 이예화, 야놀자-11번가, 국내 여행업계 지원…공동 마케팅 진행, 서울경제, 2020.06.16.

간다는 계획이다. R.E.S.T. 플랫폼은 '누구나 마음 편히 놀 수 있게'라는 야놀자의 기업 비전을 실현하기 위한 사업 전개 방향과 그 단어 자체로 '마음 편히 놀고 쉬는' 가치를 구현하겠다는 의지를 담았다. 다양한 여행, 여가 활동 정보를 손쉽게 온라인에서 접근하고, 오프라인에 구현하기 위해 B2B와 B2C 양 측면에서의 사용성을 개선할 계획이다.

3.1 여가사업 본격화 시동, 레저큐 인수·합병[11]

야놀자는 글로벌 R.E.S.T. 플랫폼 구체화를 위한 계획으로, 액티비티 플랫폼 '가자고'를 운영하는 '레저큐'를 인수하였다. 레저큐는 2013년 설립된 IT 기반의 레저 액티비티 플랫폼 기업이다. 모바일 티켓 관리 등 솔루션 비즈니스와 여행 큐레이팅 서비스를 제공하는 커머스 비즈니스를 운영하고 있으며, 레저큐가 운영하는 '가자고'는 온라인으로 레저 상품을 저렴한 가격으로 판매하는 커머스다. 동사는 워터파크, 키즈카페, 수상레저 등 약 900개 제휴업체를 확보하고 있다. 대개의 정보통신IT 기업과는 달리 야놀자는 오프라인 사업을 병행하고 있다. 레저·액티비티 상품의 구매는 모바일에서 이뤄지지만 상품이 실제로 소비되는 장소는 오프라인 현장이기 때문에 사업을 양쪽에서 해야 한다는 것이 야놀자의 전략이다.

따라서 이 인수합병으로 인해 야놀자는 기존 강점을 갖고 있던 숙박 사업에 인근 지역의 레저 및 여가 사업을 연계하여 더 큰 시너지를 낼 수 있으리라 기대한다. 문보국 레저큐 대표는 "이용자 입장에서 숙박과 레저·액티비티는 하나의 여행에서 함께 발생하는 것"이라며, "현재 종합숙박서비스업체로서의 경쟁력을 확보한 야놀자와 레저 액티비티업체로서의 경쟁력이 있는 레저큐가 만난다면 좋은

---

11 김연하, 야놀자가 품은 레저큐, 오프라인서도 만난다, 서울경제, 2018.06.06.

비즈니스 모델을 만들 가능성이 충분하다"고 강조했다. "전 세계적인 여가시장의 성장 및 워라밸Work & Life Balance 트렌드 확산 등 레저 액티비티 시장의 높은 성장성은 의심할 여지가 없다"며, "야놀자는 국내외 다양한 여가 플랫폼 기업과의 협력 및 공격적 투자를 통해 글로벌 플랫폼을 완성해 나갈 계획"이라고 밝혔다.

3.2 "넌 나고 난 너야", 야놀자와 라쿠텐의 MOU 체결[12]

　　글로벌 R.E.S.T. 플랫폼 구체화를 위한 두 번째 도약으로, 야놀자는 일본 최대 온라인 여행기업인 '라쿠텐 라이풀 스테이'와 전략적 제휴MOU를 맺었다. 라쿠텐은 일본 최초로 시작한 합법 공유 숙박 상품Vacation STAY을 비롯해, 라쿠텐이 보유한 다양한 숙박 상품을 야놀자에 독점 제공한다. 야놀자는 게스트하우스 등 가성비 높은 국내 숙박 콘텐츠를 라쿠텐에 독점 제공하며, 일본 여행객들에게 더 많은 한국의 여행 수요를 유치하는데 기여하고 있다. 양사는 서로 보유한 숙박, 여행 인벤토리를 교환해 한국 및 일본 여행고객에게 판매함은 물론, 각 사의 콘텐츠와 유통 채널을 활용해 여행 상품에 관한 마케팅 관련 사업에 대해서도 독점적인 협업관계를 구축했다. 야놀자는 라쿠텐과 협업을 통해, 일본 지역 여행, 공유숙박 등 차별화된 여행 상품을 개발하였다.

　　라쿠텐이 선보일 일본 내 공유숙박 상품도 한국에서는 야놀자를 통해서만 예약할 수 있다. 야놀자는 그동안 해외 여행 시 고객들이 겪었던 불편함을 해소하고, 다양한 해외 방문객들을 국내 숙박 사업자에게 연결시켜 주는 가교 역할을 강화하여 한국의 선진화된 숙박 및 여가 경험을 알리고 있다.

---

12 이형두, 야놀자, 글로벌 진출 박차 … 日라쿠텐과 숙박 독점 판매 제휴, 디지털데일리, 2018.03.07.

라쿠텐 라이풀 스테이 무네카츠 오타 대표는 "한국 여행객들에게 일본을 소개하고 인바운드 고객 수요를 확장하기 위해 야놀자와 긴밀히 협력할 것"이라며, "앞으로도 양사의 플랫폼에 더욱 많은 숙박 및 여행 상품들을 제공할 수 있도록 노력하겠다"고 포부를 밝혔다. 야놀자 이수진 대표는 "이번 협업은 야놀자의 글로벌 시장 진출을 위한 시작점"이라며, "앞으로도 다양한 해외 사업자들과의 협업을 통해 숙박을 넘어선 다양한 여행사업을 글로벌로 확장해 나갈 예정"이라고 힘주어 말했다.

3.3 취향저격 호텔체인 '헤이'

세 번째로, 야놀자는 새로운 브랜드 '헤이heyy'로 호텔 사업 확장에 나섰다. 지역 특성과 다양한 여행객의 취향을 반영한 신개념 호텔 '헤이'이다.

유니크한 디자인의 프리미엄/부티크 브랜드로 하운드 호텔, 브라운 도트, H.AVENUE가 있으며, 감각적 디자인의 스탠다드/실속형 브랜드로는 넘버25, 야자, 얌이 있다. 소품, 인테리어 등의 디자인부터 마케팅 노하우 공유까지 프리미엄 호텔브랜딩뿐만 아니라, 클라우드 기반 와이플럭스Y FLUX PMS, GRMS 등 호텔 전문 솔루션을 통해 운영 효율을 제고하며, 호텔 운영 전 과정을 지원한다. 그 결과, 야놀자 브랜드 호텔은 전국 각지에서 빠르게 확장, 2021년 300호점 돌파 이후 1년여 만에 400호점을 넘어섰다.[13]

헤이의 콘셉트는 크게 네 가지로 나뉜다. 나만의 즐거움을 찾고 트렌드에 민감한 20~30대를 위한 '조이joy', 가족 단위 여행객에 맞춘 '코지cozy', 활동적인 비즈니스맨을 위한 '스마트smart', 자전거와 등산 등 취미를 즐기는 여행객을 위한 '마니아mania' 등이다. 야놀자 측은 지역마다 여행지로서 특성이 다르고 여행객 취향도 제각기인 점을 고려해 브랜드는 하나로 통일해 인지도를 높이고, 서비스와 시설은 차별화하는 고객 맞춤형 콘셉트가 특징이다.

특히 '헤이 조이' 브랜드에는 2030을 겨냥해 즐거운 여행을 테마로 한 만큼 각

---

13 노아윤, 프리미엄 호텔의 시작, 야놀자 브랜드 호텔, 호텔앤레스토랑, 2022.07.07.

그림 14 헤이 조이 객실

출처: 야놀자

그림 15 헤이 스마트 객실

출처: 야놀자

객실에는 빔 프로젝트가 구비되어 있다. 따라서 객실을 사용하는 이용자들은 빔 프로젝터를 통해 영화관에서와 같은 생생한 영화를 관람할 수 있다. 또한, 헤이 조이에는 가상현실VR존 혹은 VR룸도 마련되어 있다.

출장객들을 위한 헤이 스마트에는 각종 IT 시설들이 구비되어 있으며, 네이버의 인공지능 스피커 웨이브가 구비되어 있어 사물인터넷 서비스를 이용할 수 있다. 즉, 음성을 통해 TV와 전등의 스위치를 끄고 켤 수 있다. 또 LG와 야놀자의 MOU체결로, 트롬 스타일러, 동부의 미니 세탁기도 이용할 수 있다.

김종윤 야놀자 부대표는 "헤이의 목표는 단순히 숙박을 위한 공간을 제공하는 것을 넘어 잊지 못할 여행의 경험을 제공하는 것"이라고 강조했다.[14]

야놀자 관계자는 "야놀자 브랜드호텔은 다년간 축적된 데이터에 대한 접근과 클라우드 기반 솔루션의 선제적 도입이 가능한 것이 특장점"이라며, "앞으로도 누구나 쉽고 편하게 운영할 수 있는 호텔 환경을 구축해 국내 대표 브랜드호텔 입지를 공고히 할 것"이라고 말했다.

---

14 이선우, 야놀자, '헤이'로 호텔사업 확장, 한국경제, 2018.04.01.

3.4 야놀자, 숙박사업자용 B2B온라인 쇼핑몰 '비품 스토어'

yanolja

ZENROOMS

야놀자가 온라인 숙박 소모성자재 기업인 한국물자조달과 전략적 업무제휴MOU를 체결했다. 야놀자는 한국물자조달이 운영하는 비품넷의 분양몰을 통해 숙박업에 종사하는 회원을 대상으로 B2B 온라인 쇼핑몰 '비품 스토어'를 열었다. 비품 스토어는 샤워용품, 화장품, 청소용품, 먹거리, 가전, 매트리스, 침구 등 숙박업 운영에 필요한 1만여 가지의 상품을 경쟁력 있는 가격에 제공한다. 전국 1만 7천여 개의 야놀자 제휴점을 포함하여 숙박업소를 운영하는 사업자라면 누구나 이용할 수 있다.

야놀자 측은 제조사 직거래 방식과 대량매입을 통해 중간 유통과정을 최소화하고 가격을 낮췄다고 설명했다. 이와 함께 온라인 주문에 어려움을 겪던 업주들을 위해 거래 조건에 따라 전화 주문과 직접배송 서비스를 제공하고 기존 주문 방식을 활용해 물품을 주문할 수 있는 서비스를 도입해 편의성을 강화하고 있다.

김영수 야놀자 디자인랩 상품개발본부장은 "비품 스토어는 숙박업에 종사하는 사업자들에게 최적화된 숙박업 전용 종합 온라인 쇼핑몰

그림 16 비품 스토어

출처: 야놀자

로, 점주분들의 요구를 적극 수용해 선보이게 됐다"며, "향후 호텔, 펜션, 게스트하우스 등과 같이 다양한 숙박시설 운영 형태와 특징에 맞춘 전문화된 쇼핑몰을 운영할 계획"이라고 밝혔다.[15]

3.5 중국인들도 '야왈바'

야놀자는 중국어 숙박 예약 서비스 '야왈바Ya玩儿吧'를 공식 출시하고 본격적인 중국인 관광객 유치에 나섰다. 야놀자의 중국 브랜드 명칭인 '야왈바'는 '야Ya'와 '놀자'를 뜻하는 중국어 '玩儿吧왈바'의 합성어로, 한국을 찾는 중국인 자유 여행객들이 손쉽게 국내 숙소를 예약하는 것을 돕기 위해 제작됐다.

그림 17 **야왈바**

야놀자, 중국어 숙박 예약 사이트
'야왈바' 공식 출시

출처: 야놀자

야왈바는 중국인들이 주로 사용하는 결제와 소통 방식을 적용해 편의성을 극대화했다. 중국 최대 모바일 결제 서비스 '알리페이'와 중국 1위 카드사의 '유니온페이'로 결제 가능하다.

또한, 큐큐QQ, 웨이보 등으로 중국 이용자들과 소통하고 있다. 웨이보 'Yanolja_ Ya玩儿吧야놀자_야왈바' 페이지에서는 한국 여행에 필요한 다양한 콘텐츠를 발행 중이다. 또한 야왈바 사이트에 중국인 자유여행객 맞춤 큐레이션 서비스를 추가해 숙소 선택과 여행 관련 등 보다 자세한 정보와 도움을 줄 수 있는 서비스를 도입했다.

---

15 김영진, 야놀자, 한국물자조달과 전략적 업무제휴 체결, 미디어펜, 2018.02.19.

3.6 동남아 호텔시장 겨냥[16]

야놀자는 추가 투자를 통해 동남아 1위 이코노미 호텔 체인 기업 젠룸스ZEN Rooms의 1대 주주가 되었다. 젠룸스는 지난 2015년 설립한 스타트업으로, 현재 인도네시아, 말레이시아, 필리핀, 싱가폴, 태국 등 동남아시아 핵심 5개국에서 호텔 체인 및 온라인 예약 플랫폼을 운영 중이다.

현재까지 1만 개 이상의 객실을 확보함은 물론, 첫 번째 진출 국가인 필리핀에서는 4,500개의 객실을 갖춰 최대 호텔 체인 기업으로 자리매김했다. 투자액은 1,500만 달러USD로, 야놀자는 추후 젠룸스 잔여 지분까지 모두 인수 가능한 옵션을 확보했다. 야놀자는 젠룸스가 다른 호텔 체인과 달리 자체 개발한 온라인/모바일 플랫폼을 기반으로 객실 예약 및 판매, 운영까지 통합적으로 진행한다는 점에서 향후 양사 간 사업적 시너지가 매우 크다고 판단했다.

현재 동남아시아의 숙박 및 여가 시장은 3~5년 전의 한국과 유사한 모습을 보이고 있어, 야놀자는 지금까지 국내에서 구축했던 성공 노하우와 사업모델을 젠룸스에 접목한다는 전략이다. 젠룸스는 야놀자 투자 이후 약 1년여간 400% 이상의 성장을 기록 중이다.

3.7 테크 기업으로의 도약, '야놀자 클라우드'[17]

(1) 야놀자 클라우드란

글로벌 트래블 테크 기업 야놀자 클라우드대표 김종윤가 글로벌 서비스형 소프트웨어Software as a Service, 이하 SaaS 시장에서 기록 경신을 하며 성장하고 있다. 야놀자 클라우드는 2021년 9월 한 달간 미국, 인도네시아, 필리핀, 인도, 아프리카 등 해외 시장에서 전년 동기 대비 170% 이상의 클라우드 솔루션 라이선스를 판매하며, 종전 판매 기록을 경신했다. 특히 계열법인 젠룸스ZEN Rooms의 경우 동남아시아 시

---

16 정진욱, 야놀자, 동남아 대표 이코노미 호텔 체인 '젠룸스(ZEN Rooms)'에 인수조건부 1,500만 달러 투자, 한국사회복지저널, 2018.07.27.
17 야놀자, 야놀자 클라우드 글로벌 SaaS 사업 170% 성장, 2021.10.14.

장에서 전년 동기 대비 137% 이상의 솔루션 라이선스 판매와 함께 1,800% 이상의 신규 고객사를 유치하며, 글로벌 시장에서 초고속 성장세를 보이고 있다. 이는 야놀자 클라우드의 솔루션 기술력과 시장 이해력을 중심으로 한 선제적 디지털 전환을 통해 사업성과를 가시화하고 있기 때문으로 분석된다.

야놀자 클라우드는 2019년부터 주요 글로벌 호텔 관리 솔루션 기업 및 OTAOver the air 기업을 인수했다. 지난해 아프리카 1위 호텔 디지털 마케팅 기업 호텔온라인과 전략적 파트너십을 체결하며, 글로벌 시장을 향한 입지를 다져왔다. 인수 후 젠룸스가 동남아 Top 3 OTA로 발돋움하고, 호텔 온라인과 전략적 파트너십을 체결한 지 4개월 만에 아프리카에 1,700개 이상의 솔루션 고객사를 확보하는 등 해외 시장에서 지속적인 성장세를 보이고 있다.

또한, 야놀자 클라우드는 글로벌 시장에서 각 국가별 특성에 맞춘 맞춤형 솔루션을 개발해 왔다. 특히 클라우드 기반 호스피탈리티 기술 개발부터 상용화까지 전 과정의 통합 관리를 통해 숙박·여가 영역의 디지털 전환을 선도하고 있다. 야놀자 클라우드는 지속적인 R&D 역량 강화와 현지화를 통해 해외 솔루션 라이선스 사업에 더욱 박차를 가할 예정이다.

3.8 야놀자 CSR '위기를 기회로'[18]

(1) 야놀자 평생교육원

야놀자의 경우 야놀자 평생교육원을 통해 CSR을 강화하고 있다. 2015년 전문 숙박업 경영인 양성을 목표로 설립됐다. 중소형 숙박시설 창업 교육이 주된 운영 목적이었으나 최근 '하우스키핑 코디네이터', '시니어 호텔리어 교육' 등 일자리 창출에도 힘쓰고 있다. 특히, 경력단절여성, 60세 이상 시니어, 결혼이주여성, 장애인 등을 대상으로 취업 연계 교육을 진행 중이다.

이 과정을 수료하면 호텔이나 게스트하우스 등 다양한 숙박시설에 취업할 수 있도록 돕는다. 과정 수료 후 취업 상담부터 이력서 작성, 면접 교육까지 지원한

---

18 이형두, "사회 공헌하면서 일자리 창출까지" … 기업 CS도 진화한다, 디지털데일리, 2017.11.21.

다. 일부 과정의 경우 정부의 '내일배움카드제'와 연계를 통해 교육과정 전체를 무상으로 지원한다. 시니어의 경우, 바쁜 시간에 파트 타임으로 근무하기도 한다. 특히 게스트하

그림 18 야놀자 평생교육원

출처: 야놀자

우스의 경우 대실이 아닌 숙박 위주의 영업이 진행되므로 숙박 청소 시간도 오전 10시부터 오후 4시까지로 집중된다. 기존에는 추가 인력이 필요할 때 풀타임 일당을 주고 파출부를 고용했다. 시니어 인력이 등장하면서 숙박업소 업주 입장에서는 필요한 시간에만 인력을 보충할 수 있게 됐다. 풀타임 근무를 소화하기 힘든 시니어 입장에서도 수월하게 수입을 얻을 수 있다.

야놀자 평생교육원은 지난 9월부터 '공간 정리정돈 전문가', '침대정리 매니저' 등 한국직업능력개발원에 등록된 민간 자격증 발급 자격도 획득하는 등 체계적인 인력 전문화에도 힘쓰고 있다. 야놀자 관계자는 "숙박업계와의 상생과 회사의 수익을 사회에 환원한다는 생각으로 취업 취약계층의 일자리 매칭에 노력하고 있다"며, "전문성을 갖춘 숙박업 인재 양성이 일자리 창출로 이어져 업계와 사회에 기여할 수 있도록 하겠다"고 밝혔다.

김태현 야놀자 평생교육원 원장은 "나이와 단절된 경력으로 인해 재취업에 어려움을 겪고 있는 취업취약계층에게는 양질의 일자리를, 구직난을 겪는 호텔 업계에는 검증된 인력을 공급하는 계기가 됐다"며, "운영 결과를 발판 삼아 신중년뿐 아니라 청년층까지 대상을 확대하고 지역도 전국단위로 확대해 나갈 것"이라고 밝혔다.[19]

---

19 야놀자, 야놀자 평생교육원 '2018 신중년 호텔리어 양성과정' 운영 결과 공개, 2019.01.13.

(2) 숙박업 내 불법행위 근절대책 강화[20]

야놀자는 숙박업계 전반에 걸쳐 행해져 왔던 악습을 타파하고, 숙박업 양성화를 위해 불법행위 근절대책을 강화한다고 밝혔다. 2016년 야놀자는 자사의 일부 프랜차이즈 호텔이 성매매 장소로 제공되고, 야놀자 본사에서 이를 알면서도 묵인해줬다는 의혹을 산 적이 있다. 이는 기존 모텔이 '음침한 러브호텔'이라는 부정적 이미지를 벗고 '좋은 숙박, 깨끗한 숙박업소'를 표방하며, 급속도로 성장한 그간의 노력이 물거품이 될 수 있는 상당한 타격을 주었다.

해당 보도 직후 야놀자는 프랜차이즈 업장 전체를 대상으로 전수 조사를 벌여 문제가 확인되는 가맹점들을 대상으로 계약 해지 등 자체적으로 강력한 조처를 하고 있다. 아울러 야놀자는 건전하고 건강한 숙박문화 조성을 위해 준법 경영을 강화하고 있다. 국내 유수의 회계 법인, 로펌과 함께 준법 경영 프로세스 컨설팅을 진행하고 있다.

(3) 글로벌 수준의 윤리경영[21]

야놀자는 글로벌 수준의 컴플라이언스준법 감시 실천을 위한 윤리경영을 2022년 9월자로 선포했다. 구체적으로 야놀자는 임직원 COCCode of Conduct·윤리강령를 개정·시행하기로 했다. COC는 글로벌 기준에 부합하는 임직원들의 사고·행동 기반과 함께 기업윤리·국제법률 준수, 사업 투명성, 정보보호 등의 내용을 담고 있다. 또한, 야놀자는 비즈니스 파트너들을 대상으로 '비즈니스 파트너 코드'를 제정해 윤리적인 협업을 위한 기준도 마련했다.

아울러 전사 차원의 윤리경영 실천 의지를 담은 윤리경영 홈페이지도 새롭게 열었다. 신규 홈페이지에서는 야놀자 임직원 COC·비즈니스 파트너 코드 등을 열람할 수 있으며, 회사·임직원 관련 위법 행위나 위험 요소에 대해서도 제보할 수 있다.

---

20 백봉삼, 야놀자, 숙박 불법행위 근절대책 강화, 제이디넷 코리아, 2017.06.28.
21 야놀자, 글로벌 수준 컴플라이언스 실천 위한 윤리경영 선포, 2022.09.14.

3.9 야놀자의 ESG 경영

(1) 야놀자의 ESG 활동

업계 최초 소비자중심경영(CCM) 인증 획득[22]

소비자중심경영Consumer Centered Management 인증제도는 기업의 모든 경영활동을 소비자 중심으로 구성하고 지속적으로 개선하고 있는지를 평가하는 국가공인제도다. 한국소비자원이 평가하고 공정거래위원회가 인증한다. 이번 인증을 기반으로 야놀자는 고객중심경영의 적용범위를 업무 전반으로 확대한다는 계획이다. 우선, 고객 편의와 관련된 각종 정보의 접근성을 높인다. 신규 서비스는 기획단계부터 다양한 이해관계자가 참여해 고객 관점에서 문제점을 사전 파악하고 사용자와 제휴점의 불편을 최소화할 예정이다. 또한, 전 직원을 대상으로 고객중심경영의 중요성을 내재화하기 위한 교육도 진행한다.

야놀자, 환경보호 위한 '고고챌린지' 캠페인 참여[23]

'고고챌린지'는 환경부가 사회관계망서비스SNS를 통해 진행하는 탈 플라스틱 실천운동이다. 참여사는 일회용품과 플라스틱 사용을 줄이기 위한 약속을 게시하고, 다음 도전자를 지명해 캠페인을 이어간다.

야놀자는 일상 속 일회용품과 플라스틱 사용 줄이기 동참을 약속했다. 먼저, 전 직원에게 머그컵을 지급하고 사무용품 주문 시 종이컵 등 일회용품 구매를 차단해 사내에서 일회용·플라스틱 컵 사용을 제한한다. 또한, 신규 입사자 전원에게 친환경 소재의 북커버로 만든 노트를 제공하고, 쇼핑백을 친환경 크래프트지로 제작하는 등 환경보호에 앞장선다.

---

22 야놀자, 야놀자 업계 최초 소비자중심경영 인증 획득, 2020.12.18.
23 야놀자, 야놀자 환경보호 위한 '고고챌린지' 캠페인 참여, 2021.03.02.

(2) 지역 상생 프로젝트

지역여행 기획전[24]

그림 19 지역여행 기획전

출처: 야놀자

야놀자는 지역사회 상생을 위한 '지역여행의 모든 것' 기획전을 진행하였다. 지역경제 활성화 차원에서 부산, 강원 등 지역별 상설전용관을 운영하며, 지역 관광 인프라를 활용한 여행 콘텐츠를 홍보하고 있다. 주요 지역별 혜택을 모은 '지역여행의 모든 것' 기획전을 통해 지역별 숙소와 레저, 교통 등 상품을 비교해 구매할 수 있다.

지역 일자리 창출[25]

야놀자는 코로나19 사태 장기화로 인해 침체된 지역과의 상생을 위해 비수도권에 고객센터를 선보이고 있다. 춘천센터 개관을 시작으로 인력과 인프라 등을 고려해 대전광역시에 두 번째 지역 거점센터를 마련하였는데, 총 80석 규모의 대전센터를 통해 청년·경력단절여성 등 대전지역 내 고용 취약층을 위한 신규 일자리를 창출해 지역경제 발전에 기여할 것이다.

야놀자는 ESG환경·사회·지배구조 경영의 일환으로, 지역의 코로나19 위기 극복을 지원하고 있다. 특히 여행업계와 경제 회복을 위해 강원도, 부산, 경상도 등과의 민관협력 프로젝트를 다수 진행 중이다. 비수도권 거점센터 역시 일자리 창출, 지역경제 활성화를 통한 상생의 선순환 구조를 구축할 것으로 기대된다.

---

24 김종우, 야놀자, '지역여행 기획전'연다…숙소, 렌터카 등 할인, 부산일보, 2022.10.20.
25 백봉삼, 야놀자, 80석 규모 대전 고객센터 오픈, 지디넷코리아, 2021.10.08.

(3) 관광 스타트업 후원[26]

또한 야놀자는 문화체육관광부, 한국관광공사와 함께 관광 스타트업을 육성한다. 관광 스타트업 프로젝트는 민관이 협력해 글로벌 관광업계를 선도할 차세대 스타트업을 양성할 목적으로 기획되었다. 국내 여행 관련 기업 중 최초로 유니콘 지위를 획득한 야놀자는 전문성과 업계 노하우를 기반으로 초기 스타트업들의 디지털 역량 강화 및 글로벌 시장 진출을 지원한다.

'커넥트 위드 야놀자'는 한국관광공사 관광기업지원실 수혜기업 및 관광기념품 공모전 수상기업을 대상으로 한다. 김종윤 야놀자·야놀자 클라우드 대표가 참석해 '여행 산업의 디지털 전환, 그리고 글로벌 사업 기회의 도래'를 주제로 업계 인사이트 및 사업 노하우를 공유하고, 비즈니스 밋업Meet-Up을 통해 협력 기회를 모색한다. 사회에 공헌하고, 건강한 관광 생태계 구축과 상생의 가치를 실천해 나갈 계획임을 밝혔다.

그림 20 관광 스타트업 후원 프로젝트

출처: 야놀자

④ 4차 산업혁명 시대를 위한 디지털 전환

4.1 야놀자의 4차 산업혁명 기술

(1) 블록체인 기술

밀크 서비스 연동[27]

야놀자는 블록체인 기반의 여행 여가 포인트 통합 플랫폼 '밀크MiL.k' 서비스를

---

26 손고은, 야놀자, 차세대 관광 유니콘 기업 지원한다, 여행신문, 2022.08.04.
27 박소정, 야놀자, 블록체인 플랫폼 '밀크' 서비스 연동, 뉴데일리, 2020.04.24.

연동해 고객 혜택을 강화한다. 밀크는 블록체인을 기반으로 흩어져 있는 고객의 마일리지를 하나의 암호화 토큰으로 통합해주는 서비스다. 사용자는 밀크의 제휴 기업에서 쌓은 포인트를 코인으로 교환해 타 제휴처에서 사용할 수 있다. 야놀자는 앱에서 밀크 서비스 연동 기능을 제공한다. 밀크 회원 계정을 야놀자 앱에 등록하면 향후 야놀자코인과 밀크 코인의 상호 교환이 가능하다.

(2) IoT 기술 - 스마트 프런트와 Y FLUX

yanolja

MiL.k

야놀자는 IoT 기술을 활용하여 객실 운영, 자동화된 예약 관리, 효과적인 광고 집행을 한꺼번에 관리할 수 있는 통합 숙박 플랫폼인 스마트 프런트를 도입하고 있다. 이는 국내 최초로 현장의 객실 관리와 온라인 예약 고객 관리를 연동함으로써 객실-예약-광고의 원스톱 서비스를 지향한다. 야놀자의 IoT 스마트 프런트를 활용하면 센서를 통해 실시간으로 객실 현황을 파악하고 원격 제어가 가능하기에 운영 비용을 최대 30%까지 낮출 수 있다는 장점이 있다. 한편, 클라우드 기반 종합 호텔 자동화 솔루션, Y FLUX 또한 IoT 기술을 활용한 것이다. 예약부터 체크인, 숙박 후 체크아웃까지 편리한 고객 경험과 효율적인 숙소 운영 관리 서비스를 제공한다. Y FLUX KIOSK는 플랫폼과 실시간으로 연동되어 언택트 셀프 체크인을 지원하는 서비스다.

즉, QR코드와 예약번호를 통해 쉽게 예약 조회가 가능하며, 결제, 객실 배정, 객실 키 및 영수증 발급까지 모두 한번에 처리 가능하다. 이는 고객이 직접 비대면으로 신원을 인증하는 블록체인 예약방식과 안면인식, QR코드 기능을 통한 셀프 체크인으로 운영 효율을 제고하며, 코로나19 이후 위 키오스크 사용량이 33%p 증가하였다. 중소형 호텔의 숙박 및 대실 판매에 최적화된 관리 툴로서 온라인 예약, 현장 예약을 통합하고 분 단위로 객실 이용 시간을 관리하는 시스템이다. 실시간 객실 기기 상태 조회가 가능한 IoT 기반의 모바일 원격 제어 기능이다.

(3) AI 기술

야놀자는 22년 6월 국민배우 송해를 모델로 발탁하고 광고 캠페인 '야놀자해'를 공개했으나 그의 별세로 방영을 중단했다. 하지만 코로나19로 지친 국민들에게 즐거움과 희망을 전하고자 광고 제작에 참여했던 송해의 뜻을 기르기 위해 이날부터 2주간 온라인 채널과 TV 등에 광고를 공개하기로 했다.

해당 광고는 건강한 모습을 보여주고 싶다는 송해의 의지에 따라 딥페이크, 인공지능AI, 딥러닝 등의 기술로 송해의 전성기 모습을 재현하여 방영되었다. 야놀자 관계자는 "광고 상영 후 송해 선생님을 그리워하는 반응이 많았다"며, "마지막까지 건강한 모습으로 국민에 즐거움과 희망을 전하려 했던 그의 뜻에 따라 한시적으로 영상을 공개하기로 했다"고 설명했다.[28]

야놀자클라우드, 인공지능 전문 기업 '데이블' 인수

야놀자클라우드는 인공지능 전문기업 '데이블'을 인수해 호텔뿐 아니라 레저, 주거 등 전 세계 공간 산업의 디지털 전환에 속도를 낸다. 데이블은 SK플래닛의 사내 벤처 인력들이 독립해 2015년 설립한 애드테크Adtech 전문기업이다. 미디어와 광고 영역에 인공지능 기술을 접목했다. 선도적인 AI 기술을 보유해 빅데이터 · 자연어처리 · 딥러닝 등을 바탕으로 한 개인화 콘텐츠 추천 서비스, 네이티브 광고 플랫폼 등을 제공하고 있다.

현재 야놀자클라우드는 공간의 디지털화, 디지털화된 정보의 글로벌 유통, 데이터 사업확장 등을 통해 공간형 소프트웨어를 제공하는 글로벌 SaaSSoftware as a Service; 클라우드 기반 서비스형 소프트웨어 기업으로의 입지를 강화하고 있다. 데이블의 기술력이 자사 솔루션 기반 글로벌 빅데이터 사업과 시너지 효과를 낼 수 있을 것으로

---

28 이은주, 야놀자, 송해 뜻 기려 광고 공개, IT조선, 2022.06.15.

판단하여 인수를 결정한 것으로 보인다.[29]

맺음말: 야놀자의 미래 전망

현재 4차 산업혁명의 경제, 사회적 부가가치가 오는 2025년까지 100조 달러에 이를 것으로 전망되고 있다. 이에 따라 그 영향이 우리의 삶 곳곳으로 침투되고 있는 가운데 숙박, 배달 등 O2OOnline-to-Offline업계에서도 이런 흐름을 시장에 적용하며, 소비자에게 눈도장을 찍고 있다. 이런 4차 산업혁명의 핵심은 소통과 연결이며, 소통과 연결의 최적 접점은 온라인과 오프라인이 만나는 공간으로써, 숙박 O2O 업계에도 4차 산업혁명으로 인해 상당한 변화가 있을 것으로 예측하고 있다.

이에 '야놀자'가 기업 경쟁력 향상을 위해서 집중한 분야는 '인공지능AI'과 '사물인터넷IoT' 등의 첨단 기술이다. 우선, AI와 관련해 단순 응대를 넘어서 '실효성' 높은 추천 서비스를 선보이기 위한 과정을 진행 중이다. 전형적인 추천 서비스가 아닌 이용자의 성향을 철저히 분석해 매칭률 높은 정보를 제공하기 때문에, 원하는 숙소를 찾아 헤매는 번거로움을 줄일 수 있다.

숙박 O2O업체 야놀자는 4차 산업혁명 변화의 핵심을 온오프라인 영역 모두 '공간혁신'이라는 키워드와 첨단 기술을 통한 디지털 전환에서 찾고 있다. 온라인의 경우, 고객이 짜여 있는 틀대로 검색하게 만드는 현재의 방식이 아니라 AI인공지능에 기반을 둔 챗봇과 직접 소통하면서 더 빠르고 정확하게 정보를 확인할 수 있는 온라인상의 공간혁신 서비스를 준비하고 있다. IoT는 기술 적용 범위를 '오프라인 사업' 중심으로 넓혀나가고 있다. 현재 '야놀자'는 자사의 숙박 프렌차이즈 직영점에 직접 개발한 키리스keyless 시스템을 적용 중이다. 이를 활용하면 열쇠 없이 스마트폰으로 문을 열고 잠글 수 있다. 또한 모바일 컨시어지 기능을 통해 클릭 한 번으로 차량호출, 비품 추가 주문, 시간 연장 결제, TV · 에어컨 · 조명 등도 조절

---

29 황금빛, 야놀자클라우드, '데이블' 인수… "전 세계 공간산업 디지털전환 속도", 블로터앤미디어, 2021.12.15.

가능하다. 이외 업주들 대상으로 IoT 기반 원스톱 운영 솔루션인 '스마트 프런트'도 선보이고 있다. 또한 숙박공간에 가상현실VR 기기를 도입, 시범 운영 중이다.

향후 '야놀자'는 이러한 4차 산업혁명 기술 적용을 토대로, 어떻게 혁신적인 글로벌 여가 플랫폼으로 거듭날 것인가? 나아가 최근 이해관계자 자본주의라는 철학 하에서 진행되는 ESG 경영 추세에 대해, 중장기 번영을 위해 어떻게 ESG 경영을 수행할 것인가?

Assignment Questions

1. 소비자들은 자신만의 특별함을 강조하기 위해 개성 있는 것을 선호하려 한다. 이를 충족시키기 위해서 야놀자가 할 수 있는 차별화 방안에는 무엇이 있는지 논의해보자.

2. 경쟁이 치열한 O2O 서비스 시장에서 스타트업으로 시작한 야놀자가 살아남을 수 있었던 이유를 구체적으로 '비전'과 '비즈니스 모델'의 관점에서 생각해보자.

3. 4차 산업혁명 시대의 중심에 서 있는 플랫폼 비즈니스의 강점과 약점은 무엇인지 논의해 보자.

4. 코로나19 팬데믹의 장기화 상황에서도 '글로벌 여가 플랫폼 기업'인 야놀자는 고공행진하고 있다. 동사가 생존할 수 있었던 구체적 이유를 수익 모델과 비즈니스 모델의 관점에서 논의해보자.

5. 현재 야놀자는 디지털 전환을 기반으로 한 해외진출에 집중하고 있다. 야놀자의 향후 성장 가능성과 전망에 대해서 논의해보자.

6. 기업경영의 새로운 표준으로 ESG 경영이 부상하고 있다. 데카콘 기업 야놀자는 어떤 방향으로 나아가야 할 것인가?

Paradigm Shift를 위한
4차 산업혁명 시대의 경영사례 1

스마트 팩토리의 리더, 지멘스

학습목표

- 지멘스의 M&A 전략을 살펴보고, '4차 산업혁명 시대'에
  대응하기 위해 기업이 추구해야 할 미래 전략에 대해
  논의해본다.

- 지멘스의 '4차 산업혁명'에 대응하는 기술인 '스마트 팩토리'를
  분석하고, 한국기업의 스마트 팩토리 도입의 실패 원인에
  대해 살펴본다.

- 독일과 한국의 인재관리 방법의 차이점에 대해 알아보고
  '4차 산업혁명'을 위해 한국기업이 향후 추구해야 할
  전략적 인재관리 방법 및 교육에 대해 생각해본다.

- 지멘스의 사례를 보고, ESG 경영과 '지속가능경영'이
  과연 '비용(Cost)'인지 '경쟁우위(Competitive Advantage)'로
  활용할 수 있는지 토의해본다.

스마트 팩토리의 리더,
지멘스*

"가상적 세상과 물리적 세상을 융합하자!"
-지멘스의 사명-

"현재를 파괴하는 기업만이 미래를 가질 수 있다.
도전의 성공은 미래 시장의 지배라는 천문학적 가치의 과실을 보장받는다."
- 조셉 슘페터 -

서두에 인용된 조셉 슘페터의 경구는 기업의 혁신과 창조적 파괴를 의미한다. 지멘스는 기술개발을 통해 끊임없는 혁신을 추구하고, 혁신을 통해 창조적 사고로 창조적 파괴에 앞장서면서 '4차 산업혁명'을 이끌고 있다. 특히, 지멘스는 M&A와 기술개발, 인재관리를 통해 이에 대한 중요성을 일깨워 주고, 급변하는 경영환경에 대응하는 새로운 비즈니스 모델을 제시하고 있다.

---

* 본 사례는 정진섭 교수의 지도하에 김재연, 김다슬, 허지우, 유수연 학생이 작성하고, 심지원, 박경호, 안소민, 육기원 학생이 업데이트한 것이다.

지멘스

지멘스 주식회사Siemens AG는 1847년 "지멘스－할스케 전신 건설회사"로 처음 설립되었다. 처음엔 10명으로 구성된 조그마한 작업장에서 2022년 9월 30일 현재, 전 세계 200여 개국에서 31만 명이 근무하고, 매출 720억 유로, 순이익 44억 유로의 거대 글로벌 기업으로 성장했다. 지멘스는 자동화 및 제어, 운송, 전력, 의료, 조명 및 정보통신 등 다양한 분야에서 독일 제조업계의 대표적인 기업이 되었다. 기업집단으로 발전하게 된 지멘스의 원동력은 바로 창업주인 베르너 폰 지멘스의 기업가정신과 자국 시장에 안주하기보다 더 넓은 시장을 개척해 나간 글로벌 경영 방식 때문이라는 주장에는 이견이 없다.

이러한 원동력으로 지멘스는 '세계 1, 2위를 다투는 엄청난 연구개발비를 투자하는 기업', '세계에서 특허를 가장 많이 지닌 기업'으로도 잘 알려져 있다. 이러한 오랜 전통과 끊임없는 연구개발을 바탕으로 현재 지멘스는 전 세계적으로 반도체를 비롯하여 산업용 조명기구와 최첨단 의료기기, 그리고 고속열차에 이르기까지 광범위한 영역에서 다양한 제품을 생산하고 있다. 또한 지멘스는 인더스트리 4.0의 기초가 되는 다양한 자동화, 정보통신 기술 및 제어에 대한 표준 및 기술을 제공한다는 관점에서, 스마트 팩토리 전략을 적극 실행하고 있다.

최근 정보기술의 발달과 함께, 모든 사물 및 사람이 초연결될 수 있고 융·복합적 혁신이 빈번하게 발생하는 4차 산업혁명 시대의 서막을 열게 되었다. 그동안 1차에서 3차까지의 산업혁명이 진행되어 왔고, 21세기의 새로운 물결인 4차 산업혁명은 IoT, AI, 3D 프린터, 5G, 각종 센서 기술 등이 그 중심을 이루고 있으며, 이러한 특성으로 인해 기존의 산업혁명에 비해 범위와 속도, 영역 그리고 영향력에 있어 완전히 다른 양상을 나타내고 있다.

특히, 과거에는 상상할 수 없었던 영역에서도 새로운 제품과 서비스의 창출이 가능하기 때문에, 기존에 유지되던 시장과 산업에 대해서 엄청난 파급효과가 나타나고 있다.

표1 1~4차 산업혁명 비교

구분	시기	주요 기반기술	특징
1차 산업혁명 "동력혁명"	18세기 후반	증기기관, 기계식 생산설비 등	• 영국이 공업대국으로 부상
2차 산업혁명 "자동화 혁명"	19세기~ 20세기 초	전기동력, 대량생산체계 (컨테이너벨트) 등	• 미국이 세계 최고 제조대국 지위 구축
3차 산업혁명 "디지털 혁명"	20세기 후반	전자기기, 정보통신, 자동 화 생산	• 한국 제조업의 국제경쟁력 부상
4차 산업혁명 "초연결 혁명"	2015년~	사물인터넷, 빅데이터, 인 공지능 등	• 산업의 경계가 사라짐 • 기술 간 융합 활성화 • 초연결, 초지능의 사회

출처: 세계경제포럼(2016.01), 한국은행(2016.08), 현대경제연구원(2016.08)을 참고하여 산업은행에서 작성

　4차 산업혁명이 지향하는 '가상적 세상과 물리적 세상을 융합하는 것'을 기업의 사명으로 삼고 있는 지멘스는 가히 4차 산업혁명의 선두주자이다. 지멘스는 4차 산업혁명이 지향하는 바를 이루려면 기존에 존재하는 전통적 제조업의 자동화시스템공장, 발전, 교통 등에 디지털 요소를 가미하는 것이 핵심 해법이며, 그러기 위해서는 수직적인 소프트웨어 시스템이 필요하고, 소프트웨어가 제대로 작동하기 위해 스마트해야 하고 모바일 기기사물인터넷, IoT들과 원활히 연결되어야 한다고 생각했다.

　산업적 기계, 시설, 시스템을 모두 디지털화하고 또한 모바일 사물인터넷을 장착시켜 모든 것들을 연결시켜서, 네트워크망 구축을 통해 그 모든 데이터를 수집하고, 지멘스의 독자적인 데이터분석 플랫폼인 '지널리틱스Sinalytics'를 이용해 더 높은 효율성과 생산성을 창출하여 자연스럽게 기업의 수익률을 높인다. 이러한 방식을 활용해 지멘스가 진행하고 있는 산업은 전력생산, 스마트그리드, 스마트빌딩, 의료산업, 스마트 팩토리 등이다.

　지멘스의 성장전략은 도시화, 인구변화, 기후변화 및 글로벌화와 같은 새로운 메가트랜드에 의해서 창출되는 수요에 대응하여 선도적 지위를 확보하는 것이다. 지멘스는 이러한 성장전략을 달성하기 위해 최근 수년 동안 기존 사업분야에 대한 파격적 조정을 실시하였다. 이와 관련한 가장 핵심적인 전략적 대응은 기존의 사업조직을 'Industry', 'Energy', 'Health Care' 부문을 중심으로 재편한 것이다. 특히

이들 세 사업부별로 모두 14개의 독립적인 중심사업부를 두고, 또 그 아래에는 여러 개의 사업단위를 두고, 각 부문별 CEO를 임명하여 책임경영과 성과관리를 통해서 성장전략을 실현한다는 것이다.

표2 지멘스의 연결 재무제표

(in millions of €)	Note	2021	2020
Assets			
Cash and cash equivalents		9,545	14,041
Trade and other receivables	8	15,518	14,074
Other current financial assets	9	7,985	8,382
Contract assets	10	6,688	5,545
Inventories	11	8,836	7,795
Current income tax assets	7	1,795	1,523
Other current assets		1,751	1,271
Assets classified as held for disposal	3	223	338
Total current assets		**52,340**	**52,968**
Goodwill	3, 12		
Other intangible assets	3, 12	29,729	20,449
Property, plant and equipment	13	10,964	4,838
Investments accounted for using the equity method	4	11,023	10,250
Other financial assets	14, 23	22,964	22,771
Deferred tax assets	7	2,865	2,988
Other assets		2,183	1,769
Total non-current assets		**87,267**	**70,928**
Total assets		**139,608**	**123,897**
Liabilities and equity			
Short term debt and current maturities of long term debt	16	7,821	6,562
Trade payaties		8,832	7,873
Other current financial liabilities		1,731	1,958
Contract liabilities	10	9,858	7,524
Current provisions	18	2,263	1,674

Current income tax liabilities		1,809	2,281
Other current liabilities	15	7,628	6,209
Liabilities associated with assets classified as held for disposal	3	20	35
Total current liabilities		**39,952**	**34,117**
Long term debt	16	40,879	38,005
Provisions for pensions and similar obigations	17	2,839	6,360
Deferred tax liabilities	7	2,337	664
Provisions	18	1,723	2,352
Other financial liabilities		679	769
Other liabilities		1,925	1,808
Total non-current liabilities		**50,381**	**49,957**
Total liabilities		**90,333**	**84,074**
Equity	3,19		
Issued capital		2,550	2,550
Capital reserve		7,040	5,890
Retained earnings		39,607	33,078
Other components of equity		(19)	(1,449)
Treasury shares, at cost		(4,804)	(4,629)
Total equity attributable to shareholders of siemens AG		**44,373**	**36,390**
Non-controling interests	3	4,901	3.433
Total equity		**49,274**	**39,823**
Total liabilities and equity		**139,608**	**123,897**

출처: Siemens(2021), Annual Report

지멘스는 초다각화된 기술 중심의 기업이면서 동시에 글로벌 기업이기 때문에, 각 개별 사업분야는 각 사업의 특수성에 따라 주요 시장별로 다양한 양상을 보이고 있다. 따라서 지멘스는 앞서 설명한 기존사업에 대한 재정비 등을 통한 효율성 추구와 더불어 전략적일 필요가 있는 경우 과감한 일련의 기업매수 및 사업부문의 매각 등을 통해 성장한다는 전략도 과감하게 실천하고 있다.

특히, 최근 의료 기술 분야에서 지속적 확장을 추구한다는 전략하에 최근 'Bayer AG'의 진단 사업분야를 44억 유로에 인수하였으며, 임상실험진단분야 선도기업인 미국 'Dade Behring Holding, Inc.'을 49억 유로에 인수했다Siemens AG, 2007; 2008.

그림 1 최근 지멘스의 인수합병 현황

Acquisitions	Divestments

⊞ Mar, 2017 | Mentor Graphics Corporation, USA

⊞ Apr, 2016 | CD-adapco, USA

⊞ Jun, 2015 | Dresser-Rand, USA

⊞ Dec, 2014 | Rolls-Royce Energy gas turbine and compressor business, Great Britain

⊞ May, 2013 | Invensys Rail, Great Britain

⊞ Jan, 2013 | LMS International NV, Belgium

출처: 지멘스 홈페이지

지멘스는 M&A를 적극적으로 활용한다. 기업의 성장 동력을 발굴하는 M&A는 외부의 기술, 마케팅 채널, 인적자원 등 다양한 경영자원 등을 확보해 새로운 비즈니스 분야로 확장하거나 기존 기능을 보강하는 성장 방안이다. 최근 기술의 빠른 진보로 인해 자체적인 R&D 개발만으로는 한계에 직면하게 되면서 외부로부터 기술 등 자산을 적극적으로 인수하는 비유기적 성장전략이 활발히 이루어지고 있다. 따라서 지멘스는 적극적인 인수합병으로 4차 산업혁명에 대비하여 여러 사업분야에 진출하고자 한다.

이와 동시에 지멘스는 핵심역량과 관련이 없는 산업들을 다른 기업에 지속적으로 매각했다. 2014년 가전 사업에서 독일 보쉬와 50%씩 출자했던 지분을 30억 유로에 매각했으며, 동시에 에너지 분야 사업 강화와 GE를 추격하기 위해 에너지 장비 최대 업체 미국 드레서 랜드Dresser-Rand와 76억 달러약 8조 3,000억 원에 인수했다.[1] 2017년 10월 말 노조의 반발에도 지난달 발전용 터빈 제조 공장 직원 등 6,900명을 감원하고 전 세계 화력발전 사업장 23개 중 11개를 매각·폐쇄했다. 유럽을 중심으로 풍력·태양광발전 비중이 커지면서 화력발전 설비 수요가 급격히 감소한 것이 그 이유이다. 사업장 매각 당시 지멘스의 전력 사업 매출은 2018년 전년 대비 17% 줄었다.[2]

지멘스는 이미 강점을 갖고 있는 전통적 영역에서의 연구개발 역량은 생태계를 지지하는 굳건한 기둥이라고 생각하고 있다. 이를 더욱 강화하기 위해서 지멘스는 핵심역량Core을 강화하기 위한 과감한 인수를 이어나가며, 동시에 비핵심 분야는 파격적으로 다른 기업에게 매각하는 모습을 보여주었다. 인수합병을 핵심적 경영

---

1 獨 지멘스, 가전 접고 에너지 강화...GE와 경쟁 확대 예고, 김창욱 기자, 전자신문, 2014.09.23.

2 화력발전 퇴출 한파···獨지멘스 설비공장 매각·감원 추진, 이광빈 특파원, 연합신문, 2017.10.20.

전략이자 역량으로 지속하여 강화시켜나가는 지멘스는 앞으로도 매각과 인수를 끊임없이 이어나갈 것으로 전망된다.

관련사업 분야

① 스마트 팩토리

스마트 팩토리란 공장의 설비 공정이 네트워크로 연결되고 모든 생산 데이터 정보를 실시간으로 공유·활용하게 되면서 지속가능한 운영 체계를 만드는 것을 말한다.[3] 이를 통해 제조 산업 내 경쟁력이 향상되고, 개인 맞춤형 다품종 소량생산을 가능하게 한다.[4] 즉, 오프라인과 온라인 시스템을 융합시킨 만큼 더 많은 가치를 창출해낼 수 있다는 뜻이다. 스마트 팩토리를 통해 기업들은 공장과 관련된 시스템들을 자동화함으로써 시간과 비용을 절감해 나가고 있다. 스마트 팩토리는 유연성, 연결성, 자가 조직, 이용자 중심이라는 특징을 가지고 있다.[5] 현재 독일은 스마트 팩토리를 구축할 수 있도록 정책을 마련해 지원하고 있다.[6] 즉, 독일 정부는 ICT와 제조업의 융합을 위한 Platform Industry 4.0을 수행 중이며, 스마트 팩토리의 표준화를 위한 주도적 역할을 수행하고 있다.

독일은 고령화와 낮은 출산율로 생산 인구가 감소하고 제조업의 부가가치가 하락하자 제조업에 스마트 팩토리를 도입해 일차적으로 산업 생태계 전반의 생산성 제고를 도모하였다. 지멘스는 특히 제조업 등의 전통 산업에 IT시스템을 결합해 생산시설의 지능성을 높이고 스마트공장을 구축하고 있다. 즉, 빅데이터와 소프트

---

3 이유미(2017), 스마트 팩토리 구축을 위한 빅데이터 시스템 연구, 한국항공대학교 석사학위 논문.

4 배성민(2017), 지능형 공장, 한국콘텐츠학회지, 15(2), pp.21-24.

5 남유선·김인숙(2015), 독일의 개방형 의사소통 시스템 '플랫폼': 독일 제4차 산업혁명을 중심으로, 독일언어문학, 제70집, pp.47-66.

6 배성민(2017), 지능형 공장, 한국콘텐츠학회지, 15(2), pp.21-24.

웨어를 활용해 실제 생산 제조라인과 환경을 시뮬레이션하고 점검·예측·대처까지 할 수 있는 '디지털 트윈' 시스템을 통해, 제품의 디자인 설계부터 생산·품질관리에 이르는 각종 디지털 데이터를 원활히 상호 연결하고 저장된 데이터를 빅데이터 분석 알고리즘을 활용해 산업현장의 설비와 공정을 최적화하고 있다. 그 중 지멘스의 독일 암베르크 공장은 가장 성공적인 스마트 팩토리로서, 생산부터 관리까지 모든 분야에 디지털화를 적용하고 있다.

그림 2 **지멘스의 암베르크 공장**

출처: 지멘스 홈페이지

지멘스의 암베르크 공장은 1989년 설립 당시에는 1,000명의 종업원을 통해 제조라인에 투입할 전용 컴퓨터를 생산했다. 이로 인해 지멘스 암베르크 공장의 종업원은 여전히 1,000명이지만 생산량은 8배로 늘어났다. 이는 지멘스가 설비와 시스템 간 실시간 연동체계를 구현하여 75%에 이르는 자동화를 이루었기 때문이다. 암베르크 공장의 자동화된 시스템은 에너지 소비의 30%를 절약했으며, 제품 100만개당 불량품은 11.5개라는 다품종 고수율을 달성하고 있다. 1989년 당시 100만개당 불량품이 500개이던 것과 비교하면 엄청난 성장을 이룬 것이다.

이곳에서 직원들은 주당 35시간만 근무하며, 모니터링을 하는 업무를 주로 하고 있다. 또한 암베르크 공장은 IoT플랫폼 '마인드 스피어Mindsphere'를 기반으로 운영하는데 이것은 견고성, 개방성, 보안성, 분석도구를 모두 갖춘 오픈 IoT플랫폼으로서, 표준화가 가장 큰 장점이다. 지멘스는 이를 바탕으로 '코카콜라', '아마존', 'SPA' 등 100여개의 기업과 파트너십을 맺고 있으며, 이들 기업은 '마인드 스피어' 기술을 채택해 생산성 향상을 위해 노력하고 있다.

지멘스는 기술적 우위를 바탕으로 제품의 설계부터 유통까지 결합하고 다른 기업과 차별화하는 전략을 구사하여 다음과 같은 탁월한 성과를 창출하고 있다.

첫째, 시장진입의 속도를 빠르게 진행한다. 지멘스는 제품, 부품, 생산설비 등에 수만 개의 센서를 설치하고 있다. 센서를 통해 통제센터로 모아진 빅데이터 관리 및 분석을 통해 스스로 어떻게 활용할 것인지 결정을 내리며, 최대 생산속도로 더 섬세한 제품을 만들 수 있게 한다.[7] 빨라진 제품 생산은 시장 진입 또한 신속하게 하며, 이것은 지멘스가 시장 선점우위를 점할 수 있는 원동력이 된다.

그림 3 지멘스 암베르크 공장의 연혁

출처: Siemens press conference prior to Hannover Messe 2017

둘째, 유연성을 증가시킨다. 지멘스의 스마트 팩토리 내 자동화된 디지털 팩토리 라인에서는 로봇이 제품을 생산하고, 사람은 생산 제품을 테스트하거나 생산량을 조절하는 등 결정을 내리는 역할을 한다. 즉, 지멘스의 스마트 팩토리에서 반제품은 앞으로 어떤 공정을 거쳐야 하는지, 어떤 작업을 받아야 하는지 스스로 결정하여 최종 완제품으로 완성시킨다. 이러한 유연 생산방식은 높은 생산성을 보장해주며, 개별화된 대량 생산을 가능케 한다.

셋째, 효율성을 높인다. 지멘스의 직원들은 명령을 내리는 업무를 수행한다. 즉, 단순하고 반복적인 업무를 디지털화된 스마트 팩토리에 맡겨버리는 것이다. 이것은 직원들의 만족도를 높여주며, 더 창의적인 생각을 하도록 도와준다. 직원들이 간단한 업무를 수행하는 것보다 좀 더 고차원적이고 생산적인 업무를 수행함으로써 지멘스의 전체적 효율성을 높여준다.

최근 세계시장에는 코로나 팬데믹 이후 글로벌 부품 및 제품 공급망이 불안정해지며, 리쇼어링의 필요성이 대두되고 있다. 리쇼어링Reshoring이란 생산비와 인건비 절감 등을 이유로 해외로 생산시설을 옮긴 기업들이 다시 자국으로 돌아오는 현상으로, 궁극적인 목적은 공정의 비용 절감과 효율화이다. 스마트 팩토리의 구

---

7 정태석(2016), 스마트 팩토리 사례를 통한 성공적 공장 융합 자동화 방안 도출, 한국융합학회논문지, 7(1), pp.189-196.

표 3 지멘스 스마트 팩토리 성과(2021년 기준)

(in millions of €)	Fiscal year		% change
	2021	2020	
Mobility	857	822	4%
Smart Infrastruture	1,743	1,302	34%
Digital Industries	3,362	3,252	3%
Siemens Healthineers	2,847	2,184	30%
Industrial Business	8,808	7,560	17%
Adjusted EBITA margin Industrial Business	15.0%	14.3%	
Siemens Financial Services(SFS)	512	345	48%
Reconciliation to Consolidated Financial Statements	(1,739)	(1,731)	0%
Income from continuing operations	5,636	4,156	36%

출처: Siemens(2021), Annual Report

축은 산업현장의 감염위험을 차단하는 동시에 디지털 자동화·무인화를 추구할 수 있다는 장점이 있다.

팬데믹은 기존 경제와 산업의 위기를 가져오는 동시에 새로운 분야의 발전도 이끌었다. 스마트 팩토리는 팬데믹과 같이 인력난에 처한 비상시 대응 가능한 효율적인 수단이다. 다양한 문제를 이유로 자국으로 돌아오는 기업들은 자국에 스마트 팩토리를 구축함으로써 비용 감소와 동시에 효율화 할 수 있다. 스마트 팩토리는 생산과정에서 발생하는 불량품을 대폭 감소시키고, 사람의 노동력을 최소화 할 수 있어 4차 산업혁명의 핵심 분야로 자리하고 있다.

이에 따라 각국 정부는 관련 사업 지원을 대폭 늘렸으며, 앞서 언급하였듯 독일 정부 또한 스마트 팩토리 구축에 대한 지원을 아끼지 않고 있다. 효율성 제고를 목표로 하는 기업에게 스마트 팩토리 구축에 대한 정부 지원은 리쇼어링을 추진하는 시발점 역할을 한다. 스마트 팩토리는 생산비와 인건비를 절감하는 효율적인 방법으로 주목받고 있기에 리쇼어링을 추진하는 기업이 증가함에 따라 스마트 팩토리 수요가 증가하고 있다. 2021년 지멘스 스마트 팩토리의 성과는 2020년 대비 34%

증가하였다.

지멘스는 스마트 팩토리를 효과적으로 사용하고 있다. 지멘스의 스마트 팩토리가 성공할 수 있는 가장 큰 요인은 가치사슬의 통합이다. 가치사슬이란, 기업에서 경쟁전략을 세우기 위해, 자신의 경쟁적 지위와 이를 향상할 수 있는 지점을 파악하기 위해 사용하는 모형이다. 기업이 다양하고 새로운 제품을 지속해서 출시하는 상황에서 고객의 요구는 빠르게 변화한다. 고객이 요구하는 다양한 사항에 대처하기 위해서는 기업은 가능한 한 가장 짧은 시간 내에 더 많은 맞춤형 제품을 생산해야 하며, 지속적으로 최적의 품질을 유지해야 한다. 가치사슬의 통합은 이 같은 과제를 해결하는 데 도움을 준다.

4차 산업혁명 시대에서는 사물인터넷, 사이버 물리 시스템, 빅데이터 등 기술의 이용으로 더욱 정밀한 수직적·수평적 형태의 가치사슬 통합 구현이 가능하게 되었다. 이것은 제조 과정에서 가치사슬에 속해 있는 모든 단계를 서로 연결하는 실제 세계와 가상 세계가 이어지는 것을 말한다.

그림 4 지멘스의 가치사슬[8]

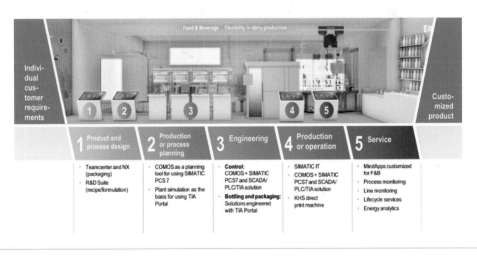

출처: 지멘스 홈페이지

지멘스의 스마트 팩토리는 기획, 설계, 유통, 판매 등의 전 과정을 4차 산업혁명의 기술인 정보통신기술ICT로 통합하는 방식을 통하여 가치사슬 통합의 이점을 취하고 있다. 지멘스의 스마트 팩토리는 마인드 스피어Mind Sphere를 기반으로 완벽한 가상 환경에서 제품, 생산 프로세스 및 공장의 시뮬레이션, 테스트 및 최적화를 시행하고 있다. 이러한 지멘스의 가치사슬을 자세히 살펴보면 다음과 같다.

먼저, 제품의 디자인 단계에서 제품의 여러 정보가 통합된 설계를 실시한다. 재료 사양, 제조 기능, 품질 등 다양한 정보를 종합하여 설계함으로써 후에 발생할 문제를 최소화할 수 있다. 제품의 계획단계에서는 최적화하기 위한 가상 환경을 검증하며, 제품의 제작 단계에서는 자동화 시스템을 통해 제품을 생산한다. 이러한 과정을 통해 지멘스는 다른 기업보다 30~40% 시간을 절약하며, 최적화된 제품을 생산하고 있다. 즉, 지멘스는 가치사슬의 통합을 통해 경쟁기업보다 빠르게 높은 품질의 제품을 생산하며, 차별화 전략을 구사하고 있다.

❷ 인재교육

독일은 과거 제국시기부터 기술 장인마이스터, Meister에 대한 제도를 구축해왔고, 당시 근대화, 산업화가 뒤쳐졌던 19세기 독일의 발전을 이끈 요인으로 평가받고 있다. 인재교육 및 직업교육의 중요성을 인지하고 체계를 갖춰놓은 독일과 지멘스는 이를 기반으로 하여 견습제도와 산학협력을 구축하여 4차 산업혁명의 산업자동화와 새로운 비즈니스 모델에 유연하게 대응해나가고 있다.

독일은 19세기 후반에 들어서야 하나의 독일 제국의 형태를 갖추었고, 유럽 국가들에 비해 산업화가 뒤쳐진 편이었다. 독일 제국은 당시 다른 국가들의 세계박람회에서 공예품들이 '미적 감각이 없으며, 품질이 형편없다'는 최악의 평가를 받았고, 이는 독일이 산업 전문화의 필요성을 느끼게 하였다. 그 결과로 실업·기술교육의 개선과 함께 과거부터 이어온 마이스터Meister에 체계를 갖추어 제도로 만들었다. 결국, 산업화에 있어서 중요한 역할을 수행했다고 평가받는 마이스터 제도는 이렇

---

8 Jamine Gooch(2017), Siemens Doubles Down on Digitalization with Acquistions.

게 탄생했고, 오늘날 산업 교육에 있어서 다른 국가의 모델이 되고 있다.

독일의 기업들은 인재양성제도를 통해 길러진 직원들을 바탕으로 제조업 혁신을 일구어 냈고, 그 대표적 기업이 지멘스이다. 지멘스는 자사 맞춤형 인재양성을 위해 견습생을 채용하여 고급 인력으로 성장시키기 위한 노력을 지속해왔다. 채용한 견습생을 모니터링하면서 지속적으로 교육성과에 대해 분석한다. 지멘스 사업개발 담당자인 John Briathwaite는 "모니터링 과정은 견습생과 회사 양측의 성공을 위한 열쇠"라고 말하면서 지멘스는 지속적인 모니터링을 통해 상호발전을 추구한다고 밝혔다.

그 결과 지멘스는 최근 15년간 엔지니어링 분야에서 400명이 넘는 고급 견습생을 교육해내며, '미들랜드 동부 올해의 경영자상East Midlands Employer of the Year title'을 두 번 수상하였고 최근에는 National Training Awards에서 '최고의 경영자상'을 수상하였다. 지멘스는 경영진이 관리자들과 함께 매년 앞으로 4년간 필요한 기술에 대해 파악한다. 필요기술에 관한 연구와 파악을 통해 '파괴적 기술혁신'을 간과하는 오류에 빠지지 않도록 노력하고 있으며, 시대에 맞는 인재교육을 간과하지 않고 있다. 지멘스는 산학협력을 통해서도 인재교육에 힘을 쏟고 있다.[9]

지멘스 아카데미는 지멘스사와 대학과의 협약 체결을 통해 공동으로 교육과정을 운영하고 있는 기관으로 대학의 장비 및 교육 인프라를 활용하여 대학의 재학생 및 기업의 인적자원을 교육한다. 세계 각국의 대학과 협약을 체결하여 우수 인재육성과 더불어, 해외 진출의 한 방법으로 활용하고 있다. 국내에서는 최초로 영남이공대학교와의 협약을 시작으로 군산대학교 등과 협약을 맺었으며, '지멘스 헬스케어'는 을지대학교와 보건의료 인재양성 협약을 맺는 등 영역을 넓혀나가고 있다.

지멘스 아카데미에서는 SCESiemens automation Cooperates with Education, SMSCPSiemens Mechatronic Systems Certification Program의 두 가지 교육과정을 운영한다. SCE는 지멘스의 심도 있는 산업 노하우를 바탕으로 지멘스의 다양한 사업분야와 제품에 대한 교육 프로그램이며, 자동화와 드라이브 기술에 관한 주제로 100가지가 넘는 체계적인 교육을 제공한다. 지멘스는 아카데미의 개설을 통해 국내 지멘스의 직원 및 신입

---

9 홍영란(2012), 지역인재육성을 위한 정부, 대학 및 기업의 파트너십 구축 연구, 한국교육개발원.

기술자들을 교육을 실시함으로써 직원의 교육을 위해 해외파견을 할 필요 없이 효율적으로 인재를 육성한다. 대학의 경우, 글로벌 기업과의 협약 체결을 통해 학생들이 지멘스의 우수한 교육 프로그램을 배움으로써, 교육의 질을 높일 수 있다는 이점이 있다.

그림 5 SMCSP 프로세스

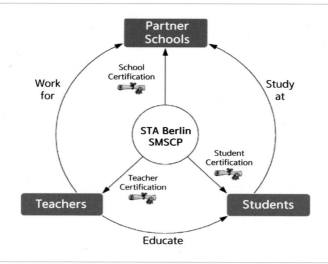

출처: Siemens, Mechatronic Systems Certification Program Information

❸ 지멘스의 사회적 영향력

지멘스가 '4차 산업혁명'에 대응하기 위해 실시한 여러 전략들은 사회 전반적으로 변화를 일으키고 있다. 이러한 변화는 후발기업들이 지멘스를 벤치마킹하면서 일어나기도 하지만 지멘스의 경영전략으로 인해서 일어나기도 한다. 사회에 미치고 있는 몇 가지 중요한 영향을 보면 다음과 같다.

첫째, 생산방식의 변화이다. 지멘스는 기술의 지원을 통해 기업들의 생산방식을 디지털화하는 방식으로 바꾸고 있다.

기업들의 디지털화를 위해 〈그림 6〉과 같은 포트폴리오를 이용하며, 계획단계부터 개입하여 혁신을 실행하고 있다. 대표적 사례는 독일 Marburg에 있는 노바티스 공장이다. 노바티스는 세계적인 제약 회사 중 하나로 의약품, 백신 등을 개발·판매한다. 노바티스는 경쟁우위를 유지하기 위해 3개월의 일정 속에서 지멘스는 장비 업그레이드를 성공적으로 수행함으로써 공장은 가상화된 시스템을 사용하여 업계의 경쟁우위를 유지할 수 있었다. 가상 시스템을 이용한 노바티스는 유지와 보수가 용이하기 때문에 중앙 관리에 소요되는 시간과 비용을 절감할 수 있었고, 하드웨어를 줄임으로써 에너지와 공간을 절약할 수 있었다.[10]

그림 6 지멘스 서비스의 포트폴리오

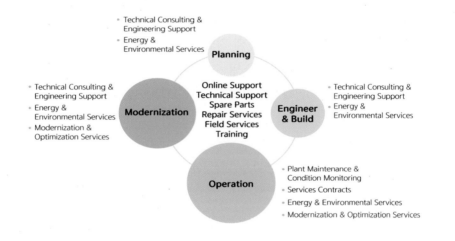

출처: Siemens AG(2013), Industrial Identification Systems

둘째, 새로운 비즈니스 모델 제시하고 있다. 지멘스는 '4차 산업혁명'에 대응하기 위한 새로운 비즈니스 모델을 제시하면서, 사람과 기계의 공존방안을 제시하고 있다. 지멘스의 스마트 팩토리인 독일의 암베르크 공장은 자동화가 주를 이루지만 25%는 종업원으로 구성되어 있으며, 독일 외에서 지멘스는 오히려 직원을 더 채용하고 있다. 자동화와 디지털화의 선두주자인 지멘스의 이와 같은 성과는 자동화와 디지털화가 일자리 감소로 이어진다는 사회적인 통념을 뒤엎고 있다.

---

10 Siemens Industry, Upgrade into Future.

지멘스는 사람과 기계가 함께 공정 최적화를 만드는 공장을 목표로 하고 있다. 사람과 기계가 융합된 비즈니스 모델은 19세기 초 영국에서 일어난 러다이트 운동 Luddite Movement을[11] 보면 불가능한 일로 여겨지지만, 지멘스는 적절한 해결책을 찾아 실행하고 있다. 그것은 바로 단순 노동 위주의 일을 기계들에게 맡기는 것으로, 단순하고 기계가 훨씬 수행을 잘할 수 있는 일을 기계가 수행하도록 하는 것이다.

반면, 직원들은 기계들이 하지 못하는 고차원적이고 창의적 일을 수행할 수 있게 역할을 조정하는 것이다. 이 방법이 생산성과 효율성 측면에서도 크게 효과가 있음을 암베르크 공장을 통해서도 알 수 있다. 이와 같은 새로운 비즈니스 모델은 기업들이 생산성 향상과 비용 절감을 위해 기계를 도입할 때 기존의 직원들과 마찰을 빚지 않게 할 것이며, 사람과 기계의 시너지 효과를 통해 더 큰 성과를 창출할 수 있으리라 판단된다. 〈표 4〉의 지멘스의 2021년 직원 수를 보면, 스마트 팩토리를 사용해도 감소하지 않음을 알 수 있다. 그보다는 더 많은 부가가치를 창출하고 생산성을 높이기 위해 오히려 직원 수가 2020년 대비 약간 상승했다.

표 4 2021년 2분기 기준, 지멘스의 직원 수

Employees(in thousands)	Sept. 30, 2021	Sept. 30, 2020
Total	303	293
Germany	86	90
Outside Germany	217	203

④ 지멘스의 '변화하는 프레임 워크'

지멘스는 급변하는 4차 산업혁명 시대의 선두주자라고 평가될 만큼 빠른 속도로 성장하고 있다. 지멘스는 '지속가능한 가치 창출', '엄격한 기업 지배구조 구현', '재무 목표 시스템 실행', '글로벌 관리 확장', '고객을 위한 파트너', '리더십과 다양성이 있는 고용주', '고유한 문화 만들기'라는 7개로 목표를 달성하기 위해 'Vision

---

11 1811~1817년 영국의 중부·북부의 직물공업지대에서 일어났던 기계 파괴운동이다(네이버 지식백과).

2020' 프레임 워크를 계획해 빠른 성장을 이루었다.

지멘스는 2022년, 해당 프레임 워크에서 발전해 ESG 경영 가치를 실현하는 'DEGREE 프레임 워크'를 고안하여 실천하고 있다. 지멘스의 'DEGREE 프레임 워크'는 단지 '지멘스'라는 단일 기업의 이익뿐만이 아닌 고객, 공급업체, 투자자, 직원, 사회 등의 모든 이해관계자를 포함한 환경까지 다각도로 고려한 전략이다. 이와 같이 지멘스는 DEGREE 프레임 워크를 통해 현 세대뿐만 아니라 다음 세대의 보다 나은 삶을 위해, 그리고 변화하는 미래의 요구를 충족시키기 위해, 최선을 다하고 있다.

전문가들은 앞으로의 사회는 더 자동화될 것이며, 더욱 디지털화될 것이라고 예측하고 있다. 사회 전반적인 자동화와 디지털화는 기업들에게 인재양성을 위한 비용을 줄이고, 생산성을 높이기 위한 로봇과 같은 도구가 사람을 대체할 수 있는 기술들을 사용할 기회를 증가시킬 것이다. 어쩌면 기업들은 모두 직원들을 이러한 기술로 대체함으로써 더 높은 이득을 취할 수 있을 것이다. 그러나 이와 같은 경영자 위주의 사업전환 방식은 직원들과 고객들의 반감도 있을 것이다. 대부분의 고객은 직원의 입장이며, 대부분의 직원 또한 잠재적인 고객이라는 측면에서 고객의 입장이라는 것을 잊어서는 안 된다. 따라서 4차 산업혁명 시대에서 기업은 생산성을 높이면서 고객과 직원이 등을 돌리지 않는 새로운 전략을 수립해야 한다.

지멘스의 프레임 워크는 이러한 고민을 하고 있는 기업들에게 성공적인 모범을 보임으로써 좋은 벤치마킹 대상이 되고 있다. 지멘스는 기술 개발에도 열정적이지만 인재 육성에도 초점을 놓치지 않는다. 지멘스의 글로벌화된 인재는 결과적으로 더 효과적인 기술이나 시스템을 만듦으로써 지멘스를 더욱 혁신하는 방향으로 이끌고 있다. 이것은 사회가 아무리 자동화와 디지털화가 된다지만 근본적으로 변화는 기계가 아닌 사람이 만들어 나간다는 것을 시사한다. 이러한 생각을 바탕으로 구성한 지멘스의 전략적 프레임 워크를 다른 기업들도 잘 적용한다면, 후발기업이더라도 4차 산업혁명의 선두주자로 자리 잡을 수 있다.

그러나 이와 같은 전략은 지속적으로 기술적 우위를 선점하고, 꾸준하게 소비자의 니즈에 부응해야 한다는 기본전제가 존재하며, 이를 위해 지속적 기술개발, 정부, 사회, 다양한 기관과의 협력 등을 통해 그 해결 방안을 함께 모색해야 할 것이다.

⑤ 지멘스의 지속가능성

"지속가능성은 지멘스의 근간이며, 선택이 아닌 필수입니다. 지멘스는 그동안의 성공을 바탕으로 보다 높은 목표를 설정했습니다. 지멘스는 모든 이해관계자들이 보다 큰 가치를 이룰 수 있도록 노력과 지원을 아끼지 않을 것입니다. 지속가능한 사업 성장은 지멘스가 인류와 지구를 위해 창출하는 가치와 밀접하게 연결되어 있습니다."[12]

표 5 지멘스의 업적(2018년 기준)

투자	전 세계 GDP 약 2,500억€의 기여
직업	전 세계 430만 개의 일자리 지원
혁신	연구 개발에 52억€ 투자
환경	환경 포트폴리오 기술을 통해 5억 7,000만 톤의 공해 배출량 감소
건강	9,000만 명 이상의 환자에게 의료 서비스와 실험실 테스트를 통해 치료 제공
법의 준수	행동 강령을 준수하는 약 9만 명의 공급자들과 협력

출처: Siemens AG(2018), The Company.

지멘스는 지속가능성을 사업의 핵심이자 근간으로 여기고 고객이 지속가능한 성장과 사업 혁신을 이룰 수 있도록 한다. 지멘스는 환경오염과 관련 법규에 대해 무관용 원칙zero-tolerance을 고수하고 있으며, UN의 SDGs의 모든 항목에 공헌하고 있다. SDG란 2015년 유엔이 지구촌 구성원이 2030년까지 달성해야 할 17가지 목표를 담은 지속가능발전목표다. 지멘스의 ESG 경영 가이드라인에 대한 교육 캠페인이 꾸준히 시행되어 왔는데, 현재까지 지멘스 헬시니어스를 포함해 181,000명의 직원들에게 시행되었으며, 산하 기업까지 합하면 전 세계에서 374,000명이 지멘스의 경영 지침에 대한 교육을 이수받았다.

지멘스는 기업들에게 '지속가능경영', 특히 기업으로서 사회문제에 대한 관심을 유발하고 있다. 지멘스는 창업자 베르너 폰 지멘스의 지론에 따라, 170년 동안

---

12 주디스 비세, 지멘스그룹 경영이사회 멤버 최고인사책임자 및 지속가능성 책임자의 말.

지속가능한 경영을 추구하고 있다. 다음은 지멘스가 지속가능경영을 위해 노력하고 있는 분야와 2018년 기준, 실제 실현한 업적이다.[13]

〈그림 7〉, 〈표 6〉은 지멘스의 사회적 경제적 환경적 성과를 위한 노력과 기준을 제시하고 있다. 또한 지멘스는 지속가능성에 대한 기여를 확인할 수 있는 평가 및 순위를 공식 홈페이지에 게시하고 있다. 해당 평가는 지멘스가 지속가능한 경영을 향해 나아가고 있음과 동시에 더욱 발전해야 한다는 의미이다.

그림 7 지멘스의 사회적, 경제적, 환경적 성과

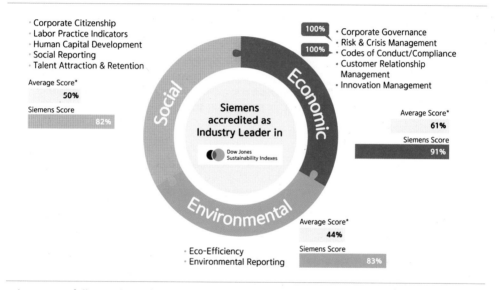

* Average score of all assessed companies in the sector
출처: Sam 2009, Corporate Sustainabillity Assessment – the Yearbook

---

13 Siemens AG(2018), The Company.

표 6 지멘스의 지속가능 경영기준

평가 지표[14]	내용
CDP (DISCLOSURE INSIGHT ACTION)	• CDP CDP는 기후 보호 부문에서 지멘스를 가장 지속가능한 기업 중 하나로 평가해 2019년 회계연도에 A- 등급을 부여했다.
Member of Dow Jones Sustainability Indices Powered by the S&P Global CSA	• 다우존스 지속가능경영 지수(DJSI) 지멘스는 2021년에 혁신, 사이버보안, 환경 보호(사업 환경 효율 및 제품 관리) 등의 분야에서 최고 점수를 받으며, 산업 대기업 부문 1위를 차지했다.
ecovadis	• EcoVadis 에코바디스(EcoVadis)는 글로벌 공급망에 속한 기업의 지속가능성을 평가한다. 평가기준은 환경, 지속가능한 조달 등 4개의 주요 분야로 나뉜다. 지멘스는 실버 등급에 해당하는 61점을 획득했다.
FTSE4Good	• FTSE4Good 지수 FTSE4Good(Financia Times Stock Exchange)지수는 환경, 사회 및 지배구조(ESG) 분야에서 기업의 성과를 평가하기 위해 설계되었다. FTSE4Good 지수는 윤리적 투자를 위한 주식 시장 지수로, 지멘스는 FTSE4Good 지수 회원사 자격을 유지했다.
MSCI	• MSCI(세계 ESG 지수) MSCI World 지수는 선진 시장 23개국의 대기업과 중견 기업의 주식 실적을 포함하는 광범위한 글로벌 주가 지수이다. 지멘스는 최근 AA 등급을 획득하며, MSCI World 지수에 꾸준히 이름을 올리고 있다.
SUSTAINALYTICS	• Sustainalytics Sustainalytics는 2021년 5월 지멘스의 ESG 리스크 수준에 28.4점을 부여하며, ESG 요인으로 인한 중대 재정 리스크 관리 성과를 중간 수준으로 평가하였다. ESG 핵심 리스크 관리는 우수한 것으로 평가 받았으며, 하위 산업의 평균과 비슷한 수준을 기록했다.

---

14 출처: SIEMENS 지속가능성,
https://new.siemens.com/kr/ko/company/sustainability/sustainability-figures.html

• VigeoEiris
Vigeo Eiris의 지속가능성 평가는 기업의 전반적인 지속가능성 성과를 나타낸다.
Vigeo Eiris의 EURONEXT 지수는 ESG 평가에 따른 최고 순위 기업들로
구성된다. 지멘스는 EUROZONE 120 지수 회원사에 해당한다. 2020년 분석
57점을 획득했다.

⑥ 지멘스의 ESG 경영 활동

6.1 꾸준한 소외계층 지원과 지역사회 환원

(1) 더 나눔 봉사단

한국지멘스의 '더 나눔 봉사단'은 2013년 창단되어 다양한 사회공헌 활동을 이이있다. 디 니눔 봉사딘은 2021년 지역사회와 임직원의 안진을 위해 활동을 미내면 방식을 전환해 나눔을 실천했다. '서대문구 사랑의 물품 배달'은 더 나눔 봉사단이 2017년부터 전개해온 활동으로 2022년이 5번째 활동이다.

6.2 탄소중립과 에너지 효율 증대

(1) 탄소중립 공장 설립

지멘스는 50년 전에 설립된 영국 체셔Cheshire주 콩글턴Congleton 공장의 탄소중립을 시행하고자 노력하고 있다. 콩글턴 공장은 1990년 400명의 직원이 연간 5만 대의 가변 속도 드라이브와 제어 장치를 제작했으나 현재는 비슷한 규모의 인력으로 60만 대의 가변 속도 드라이브VSD를 포함한 120대의 전기 장치를 생산한다. 콩글턴 공장은 지멘스의 부지 중 평방미터㎡당 생산성이 가장 높은 공장 중 하나이며, 산업 단위와 주택 단지로 둘러싸여 있다. 지멘스는 해당 공장을 통해 목표보다 8년 앞선 2022년에 탄소 순 제로에 도달하기 위해 노력하고 있다.

그림 8 지멘스의 콩글턴 공장

출처: Sieimens

(2) 탄소중립을 위한 지멘스의 노력

지멘스는 지멘스의 디지털 산업과 스마트 인프라의 파트너십을 통해 공장 제로화를 가속하고 있다. 그리고 이를 통해 제조업의 지속가능성에 대한 이정표를 마련한다. 지멘스는 과학기반 탄소감축이니셔티브SBTi의 전문 파트너인 카본 트러스트Carbon Trust에 의해 탄소감축 공정을 인정받았다고 밝혔다. 2022년 6월 지멘스는 '루트 투 넷제로 표준Route to Net Zero Standard'의 1등급Tier 인증을 받았다.[15] 지멘스는 수력 발전소를 통해 재생에너지 75킬로와트kw를 생산하고 탄소중립 바이오 가스biogas를 이용해 전력을 공급한다.

에너지 효율 개선을 위해 자동 조정이 가능한 건물 관리 시스템을 채택하였으며, 창문과 LED 조명을 설치해 전체 에너지 비용을 각각 13%, 30% 절감한다. 직원 및 방문객을 위해 전기차 충선소를 설치하고 쓰레기 매립 또한 제로 웨이스트를 목표로 한다. 지멘스는 이러한 변화를 바탕으로 2030년보다 8년 앞선 2022년에 탄소 중립을 달성하고자 한다. 지멘스는 최근 '스틸제로SteelZero 이니셔티브'에도 가입했다. 지멘스의 재생에너지를 담당하는 계열사인 지멘스 가메사Siemens Gamesa가 가입 대상자인데, 스틸제로 이니셔티브는 클라이밋 그룹Climate Group이 창설했다. 기업은 스틸제로에 가입함으로써 늦어도 2050년까지 모든 사업장에서

---

15 IMPACT ON, 지멘스는 8년 앞당겨 탄소중립공장화, 2022.8.18.

100% 넷제로 강철을 조달, 지정, 비축 또는 생산하기로 약속해야 한다.[16]

6.3 지멘스 헬시니어스의 '새로운 포부'

지멘스 헬시니어스는 '헬시니어스 전략 2025Healthineers Strategy 2025'의 2단계였던 '업그레이드의 해'를 계획보다 1년 일찍 마무리하며, 2022 회계연도를 맞아 전략의 3단계인 '새로운 포부New Ambition'를 추진한다.

지멘스 헬시니어스는 2025년까지 소외된 국가 내의 환자와의 접점을 25%까지 증대하는 계획과 헬시니어스 밸류체인 전반의 탈탄소화를 지원하며, 환경 재생에 기여할 계획을 수립했다. 또한, 다양성 및 포용성을 존중하는 기업문화 강화를 위해 2025년까지 여성 임원 비율을 25%까지 확대한다. 지멘스 헬시니어스의 '새로운 포부'는 인류에게 가장 위협적인 질병을 치료하고 효율적인 의료 서비스 운영을 지원하며 의료 기술 접근성을 확대하는 등 의료계 전반의 난제를 해결하기 위한 전략적, 재정적, 문화적 노력 등을 이어갈 계획이다.

그림 9 지멘스 헬시니어스 새로운 포부

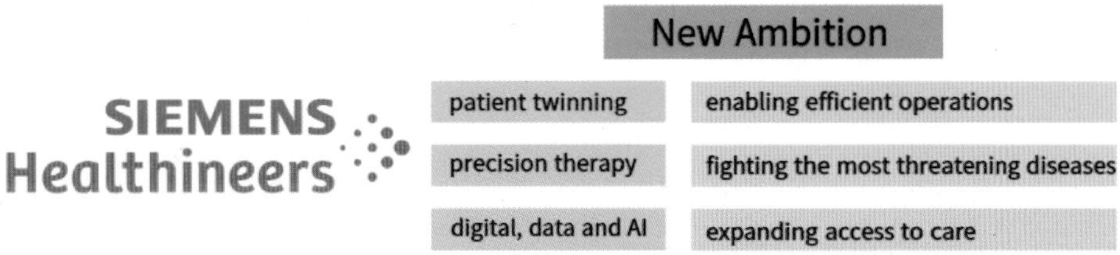

출처: 지멘스

'전략 2025'의 제3단계인 '새로운 포부'를 통해 새로운 포부 성장 전략을 이용한 기회 발굴 재정적 기반 강화, 베리언 인수 합병 시너지 창출, ESG 경영을 위한 노력 등에 주력한다. 우선 치사율이 높은 암과 심뇌혈관 질환에 대한 진단 및 치료

---

16 홍명표, 지멘스는 8년 앞당겨 탄소중립 공장, 유니레버는 5개 사업부 탈탄소화, IMPACT ON(2022.08.18.).

기술 향상은 물론, 첨단 의료기술의 사각지대에 놓여있는 전 세계 약 30억 인구에게 의료 접근성을 높여 전 세계 모든 사람이 고품질의 의료 서비스를 받을 수 있도록 기여할 예정이다. 또한, 더 나은 환자의 경험을 위해 의료 현장의 업무 흐름을 자동화하거나 디지털화해 효율적인 의료 서비스 운영을 지원하겠다는 계획이다.[17]

ESG 가치 추구와 동시에 지속가능한 삶, 신뢰와 성장을 중시하는 문화, 폭 넓은 경제적 기회 지원, 직원과 사업부가 유연함과 능숙함을 유지할 수 있는 환경을 만든다. 지멘스의 DEGREE 프레임 워크는 탈탄소화Decarbonization, 기업 윤리Ethics, 경영 조직Governance, 자원 효율성Resource efficiency, 공평성Equity, 탄력회복성Employability을 포함한다.[18] 현 세대와 다음 세대의 더 나은 삶을 위해 기후 위기 대응이라는 과제에 답하고자 끊임없이 노력하고 있다.

지멘스는 지속가능성 확보를 위해 이산화탄소 배출량이 수익에 미치는 영향인 탄소 비용을 고려하는 경영을 한다. 탄소 비용을 가장 정확하게 산출하기 위해서는 기업의 운영에 있어 모든 이산화탄소의 배출량 산출 영역Scope이 동등해야 한다. Scope 1 및 2 배출량은 시설에서 직접 및 간접적으로 배출되는 영역이며, Scope 3은 광산업체나 광부들이 생산한 석탄을 소비자가 연소시킬 때 발생하는 배출량이다. 지멘스는 세 가지 영역을 포함하여 3자를 위해 생성된 에너지 절약분을 포함하는 Scope 4 배출량을 공개한다.

아직은 세계 시장 전반에 도입되지 않은 영역이지만 지멘스는 선구적으로 해당 영역의 배출량을 공개하고 있다. Scope 4 보고 방법론은 회사마다 약간의 차이가 존재하는데, 일반적으로 기업의 탄소배출 절감 또는 전면적인 방지를 정확히 드러내는 식으로 이루어진다. Scope 4 배출량을 공개함으로써 탄소배출을 줄이거나 방지하는 데에 도움을 받을 수 있으며, 기업의 탈탄소화 및 수익성 목표 달성에 핵심적인 기여를 할 수 있어 액티브 저탄소 투자자의 이익을 창출할 수 있다. 실제 기업의 탄소발자국을 정확하게 측정하기는 어렵다. 그러나 기후 위기로 인한 탄소중립 문제가 심화된 현재의 시장에서 탄소 배출량을 공개하고 이에 대한 논의를

---

[17] 오인규, 지멘스 헬시니어스, 전략 2025 3단계 '새로운 포부' 발표, 의학신문(2021.11.23.).
[18] 지멘스 지속가능성 보고서.

진행함으로써 Scope 4 배출량이 기업의 전체 목표에 미치는 영향을 분석할 수 있어 기업의 장기적 경쟁력 및 수익 잠재력 파악의 정확도를 높일 수 있다.[19]

⑦ 지멘스의 디지털 전환

디지털 전환이란 새로운 고객 경험을 창출하기 위해 사업 모델, 제품과 서비스, 프로세스운영 방식, 정책·제도·문화경영 방식 등 사업 체계 전반을 디지털 기술을 활용해 바꾸는 과정이다.[20] 최근 혁신기업은 각 사업분야에서 디지털 신기술을 적용시켜 혁신적인 고객가치를 제공하고 효율적인 프로세스를 적용해 새로운 시장과 고객 니즈를 창출하고 있다.

4차 산업혁명 기술 진보와 함께 디지털 기술에 익숙한 소비자와 기업의 상호작용이 실시간, 개인화되어 고객의 참여를 이끌어내는 고객 경험이 제공되고 있다. 소비지는 제품의 유통채널을 자유로이 이동하며, 적극적인 탐색 활동이 가능하고 제품 선택의 폭을 넓힐 수 있다. 이처럼 코로나19의 여파로 인해 세계 시장에는 '디지털 콘택트Digital Contact' 문화가 생겨났고, 기업은 시장 내에 형성된 문화와 경쟁 사이에서 생존하기 위해 디지털 전환을 시도하게 되었다.

디지털 전환은 인공지능AI, 사물인터넷IoT, 빅데이터, 클라우드 등의 혁신 기술을 이을 새로운 4차 산업 혁명의 패러다임이다. 기업의 디지털 역량 강화는 급변하는 시장 환경에 적응하기 위한 전략이다. 비즈니스 프로세스의 효율화, 고객의 적극적인 참여 등을 가능하게 하는 디지털 전환은 세계 시장의 필수 요소로 자리하고 있다.

---

19 AB Home, 저탄소 투자, 재생에너지 넘어 에너지 효율성에도 주목해야,
https://www.alliancebernstein.com/library/Korea-articles/beyond-renewables-low-carbon-investing-eyes-energy-efficiency-kr.htm

20 동우진, Digital Transformation Approach – Part 1. Digital Transformation 개념 정리, 에스코어 (2022.03.23.).

7.1 개방형 디지털 비즈니스 플랫폼 '지멘스 엑셀러레이터'

지멘스는 2022년 6월 개방형 디지털 비즈니스 플랫폼 '지멘스 엑셀러레이터 Siemens Xcelerator'를 출시해 빌딩, 그리드, 모빌리티 전 분야에서 모든 규모의 기업 고객을 위한 디지털 전환과 가치 가출을 가속화한다. 지멘스 엑셀러레이터는 지멘스와 인증 파트너가 제공하는 사물인터넷 기반 하드웨어 및 소프트웨어, 디지털 서비스를 아우르는 엄선된 포트폴리오를 제공할 뿐만 아니라, 계속해서 확장되는 파트너 생태계로서의 역할과 고객 및 파트너, 개발자 간 상호작용과 거래를 촉진하는 마켓플레이스 기능을 모두 포함한다. 디지털 전환을 더욱 쉽고 빠르며, 확장 가능하게 만들 것이다.

지멘스 엑셀러레이터Xcelerator 소프트웨어 및 서비스 포트폴리오의 일부 중 하나인 NX는 광범위한 기능에 걸쳐 생산성 및 사용자 경험을 향상시킨다. 지멘스는 해당 제품 엔지니어링 솔루션 '지멘스 NX 소프트웨어'의 최신 릴리스를 통해 전기/전자/기구 공동 설계, 협업, 인텔리전스 캡처intelligence capture 재사용 기능을 향상시키는 것을 목표로 하고 있다.

그림 10 지멘스의 '지멘스 엑셀러레이터'

출처: 아이씨앤매거진

2022년 발표된 가장 최근 릴리스는 전반적으로 향상된 기능을 사용자에게 제공함으로써 여러 분야의 팀들이 보다 똑똑하게 함께 작업하고, 더 많은 지식을 획득 및 재사용하고, 그 어느 때보다 효율적으로 최적의 설계를 달성할 수 있도록 지원한다. 지멘스는 이를 통해 엔지니어링 부서의 생산성을 향상시키고 효율성을 높이려고 하고 있다.[21]

7.2 지멘스의 산업용 엣지 컴퓨팅 및 AI

지멘스 인더스트리얼 엣지는 엣지 디바이스, 엣지 앱, 엣지 매니지먼트의 3가지 영역으로 구분된다. '엣지 디바이스'는 산업용 PC의 형태를 하고 있으며, 실제 데이터가 생성되는 필드 영역에 위치한다. 이는 PLC와 같은 디바이스와 연결되어 데이터를 수집한 후 엣지 디바이스에서 실행된 '엣지 앱'을 통해 데이터를 처리 및 분석한다. 엣지앱을 통해 얻어진 데이터는 클라우드 및 IT 시스템에 전달된다. '엣지 매니지먼트'는 이러한 엣지 디바이스, 엣지 앱을 관리한다.

"엣지 컴퓨팅을 사용하면 공장이나 기계에서 생성된 데이터를 즉시 처리하는 것이 가능하다"고 말한다. 이를 기반으로 암베르그 공장은 폐쇄루프closed loop형의 진단 절차를 거쳐 데이터는 생산 요소에 바로 반영해 제품을 생산하고 있다. 지멘스는 2022년 10월 제품 설계, 엔지니어링, 제조를 위한 솔리드 엣지Solid Edge 소프트웨어 최신 버전 '솔리드 엣지 2023'을 발표했다.

그림 11 지멘스 엣지 컴퓨팅[22]

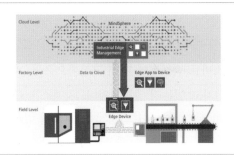
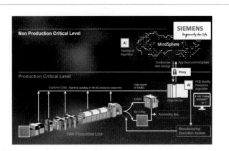

출처: 지멘스 홈페이지

21 CIO, 지멘스, NX 최신 릴리스 발표… "향상된 협업과 빠른 업무지식 획득 지원"(2022.06.23).

솔리드 엣지 2023은 새롭고 향상된 사용자 경험, 지멘스 엑셀러레이터 포트폴리오Siemens Xcelerator Portfolio와의 상호 운용성 증대, 산업 워크플로우 전반에 걸친 향상된 기능과 협업을 제공한다. 지멘스는 해당 소프트웨어에 중소 제조업체들의 변화하는 비즈니스 요구사항을 더 잘 충족하도록 설계된 새로운 라이선스 옵션을 도입하고 이전보다 큰 유연성과 가치, 높은 수준의 협업과 속도를 산업 전반에 제공하기 위해 노력하고 있다.[23]

그림 12 프로세스 데이터의 활용한 SIEMENS Amberg 공장과 제품

출처: 지멘스 홈페이지, SIEMENS NX

맺음말

앞에서 성공적으로 4차 산업혁명 시대에 대응하는 지멘스의 인재교육 문화와 4차 산업혁명의 핵심으로 자리 잡고 있는 스마트 팩토리에 대해 고찰함으로써, 지멘스가 사회 전반적으로 어떠한 영향력을 미치고 있는지 살펴보았다. 지멘스는 급변하는 4차 산업혁명 시대의 선두주자라고 평가될 만큼 빠른 속도로 성장하고 있다.

---

22 SIEMENS, https://www.industry.siemens.co.kr/company/board_view.php?Code=press&UID=126
23 IT World, 지멘스, '솔리드 엣지 2023' 발표…"협업 기능 강화하고 성능 높여"(2022.10.19.).

사회 전반적인 자동화와 디지털화는 기업들에게 인재양성에 대한 부담을 줄이고, 생산성을 높이기 위한 로봇과 같은 도구가 사람과 협업할 수 있는 기술을 사용할 기회를 증가시킬 것이다. 기업들은 모든 직원들을 이러한 기술로 대체함으로써 더 높은 수익을 취할 수 있을 것이다.

그러나 앞에서 말했듯 이러한 생산성 위주의 사업전환 방식은 직원들과 고객들의 반감이 올 수 있다. 따라서 4차 산업혁명 시대에서 기업은 생산성을 높이면서 고객과 직원이 등을 돌리지 않는 새로운 전략이 요구된다. 지멘스의 사례는 성공적인 모범을 보인 좋은 벤치마킹 대상이 되고 있다.

한편, 지멘스는 유엔 의제 2030의 일환으로 중요한 장기적 목표가 있다. 빈곤 종식, 지구를 보호하는 발전과 자원이 그것이다. 이를 위해 경제적인 친환경 에너지 솔루션 공급, 지속가능한 스마트 시티 조성, 혁신적인 헬스케어 시스템 등에 대한 접근 지원과 같은 활동을 수행한다.

이와 같이 경쟁우위를 선점하고자 하는 글로벌 기업이라면, 이제는 프로세스의 효율화와 고객 및 이해당사자의 행복 추구를 비롯한 지속가능성에도 집중해야 한다. 즉, 이의 핵심인 ESG 경영을 적극 추진해야 한다.

지멘스는 이러한 지속가능경영의 경쟁 속에서 새로운 경쟁우위를 선점하기 위해 기술적 우위를 선점하고, 꾸준하게 소비자의 니즈에 부응해야 한다는 기본전제에 충실해야 할 것이다. 나아가 이를 위해 수요자와 공급자는 물론 정부, 사회단체, 다양한 기관과의 협력을 통해 비즈니스 생태계를 함께 건설하고, 새로운 시대의 난제 해결 방안을 적극 모색해야 할 것이다. 그것이 결국 또 다른 지멘스의 핵심역량Core Competence이 될 것이다.

Assignment Questions

1. 지멘스는 4차 산업혁명에 대응하여 여러 사업분야에 진출하기 위해 어떻게 효과적인 M&A 방식을 사용해 왔는가?

2. 지멘스는 4차 산업혁명에 보다 빠르게 적응해나가고 있다. 그 중 지멘스가 주요사업인 스마트 팩토리를 어떻게 차별적으로 성공시킬 수 있었는가? 또한 성공하지 못한 다른 국가의 기업과 비교하여 어떤 차이가 있었는가?

3. 지멘스는 산학협력을 적극 활용하고, 인재교육에도 힘쓰고 있다. 한국 기업도 지멘스처럼 많은 산학협력을 수행하고 있지만 뚜렷한 성과가 없는 경우가 많다. 그 이유는 무엇인가?

4. 최근 다양한 산업에서 리쇼어링이 증가하고 있다. 리쇼어링이 스마트 팩토리에 끼친 영향은 무엇인가?

5. 지멘스가 탄소배출과 관련하여 공개하는 스코프 수치는 무엇이며, 이에 대한 지멘스의 활동은?

스마트 팩토리 : 4차 산업혁명 시대의 제조 스마트화

학습목표

- 스마트 팩토리의 개념과 등장배경을 고찰해본다.
- 스마트 팩토리 사례를 분석한 후, 스마트공장 생산 업무의 기능별 진화 모델을 살펴본다.
- 디지털 전환차원에서 스마트 팩토리와 ESG 경영에 대해 논의해본다.
- 스마트 팩토리의 장·단점에 대해 살펴보고, 향후 기업가와 정부 관료 관점에서 추진해야 할 제조부문의 산업정책에 대해 생각해본다.

스마트 팩토리*
: 4차 산업혁명 시대의 제조 스마트화

"20년 뒤 당신은 했던 일보다 하지 않았던 일 때문에 더 실망할 것이다.
그러니 밧줄을 풀고 안전한 항구를 떠나라. 탐험하라. 꿈꾸라. 발견하라!"

– 마크 트웨인 –

많은 사람들이 불가능하다고 생각했던 일들이 최근 4차 산업혁명의 기술이
도입되면서 가능해지고 있다. 무인자동차, 무인드론, 그리고 스마트 팩토리
Smart Factory 등이 그 예이다. 과거에 안주하고 현실 유지를 위해 노력하기보다는
꿈과 새로운 세계를 만들기 위해 탐험하고, 꿈꾸고, 도전하는 인생이 아름답지
않을까?

---

* 본 사례는 정진섭 교수의 지도하에 심지환, 김진식, 임려섭 학생이 작성하고, 임동현, 홍지윤, 서예진 학생이
  업데이트한 것이다.

스마트 팩토리란?

① 스마트 팩토리의 개념

스마트 팩토리스마트공장의 범위는 다양제품개발부터 양산까지 시장 수요예측 및 모기업의 주문에서부터 완제품 출하까지의 모든 제조 관련 과정을 포함한다. 국가 기술표준원은 스마트 제조광의의 스마트공장와 스마트공장협의의 스마트공장, 자동화에 초점을 구분하고 있다. 고도화 수준에 따라 5개 단계로 나눌 수 있는데, '협의의 기초단계' 에서는 바코드나 RFID로 기초데이터를 수집하고 생산실적을 자동으로 관리한다. '중간수준1'은 설비 정보를 최대한 자동화하며, '중간수준2'는 모기업과 공급사슬 관련 정보 및 엔지니어링 정보를 공유한다. '고도화 수준'에 이르면 사물, 서비스, 비즈니스 모듈 간의 실시간 대화 체제가 구축되어 기계 스스로가 판단하여 생산지 시를 하고 제어가 가능한 가상물리시스템 공장이 구현되게 된다.

'광의의 스마트공장'은 생산프로세스의 정보화와 자동화를 넘어 비즈니스 가치 사슬 전반의 최적화를 달성하고자, 유연하게 설비, 생산, 운영을 통합하고 상호 운 용을 지원하며, 고객과 소통하는 공장이다. 이러한 스마트 제조 프레임 워크 체계 에서, 스마트공장은 최소의 비용과 시간으로 고객 맞춤형 생산을 하고, 생산 공정 들이 실시간 연동 및 통합되는 생산체계로서, 적기생산, 생산성 향상, 에너지 절 감, 인간중심 작업환경, 개인맞춤형 제조를 가능하게 하는 공장을 일컫는다. '스마 트 제조'는 크게 전방산업, 후방산업, 생산 영역으로 구성되며, 가치사슬을 연동시 키는 수평적 통합과 공장 내 생산체계의 수직적 통합을 이룬다.

한국 정부는 스마트공장을 사물인터넷, 사이버물리시스템을 핵심기술로 사용하여 소비자 맞춤형 및 다품종, 대량생산이 가능한 유연 제조시스템의 실현, 생산 설비 간 실시간 정보교환, 자동 수·발주, 에너지 절감, 자동품질검사가 가능한 공장으로 정의 하고 있다. 통상 생산MES, 에너지EMS, 물류SCM, 고객 서비스CRM, 제품PLM의 IoSInternet of Service, 스마트 자재가 투입되어 스마트 제품을 생산하는 사이버물리시스템, 그리고 센 서, 컨트롤러, 네트워크, 디바이스를 제어하는 사물인터넷으로 구성된다.

스마트공장은 제조 강국으로서의 체질을 개선하고 국가의 경제적 부가가치를 향상시킨다. 그러나 일자리 감소의 우려 때문에 스마트공장의 확산에 대한 우려가 커지고 있다. 기본적으로 스마트공장은 수요부문의 일자리는 줄어들지만, 공급 부문 및 간접 연관 분야의 일자리는 창출될 수 있다. 한편 수요기업의 관점에서는 고숙련, 고임금 쪽으로 일자리 변화가 일어나고, 독일, 미국 등 선진국의 경우, 해외 이전 기업의 국내 회귀를 유발하여 국내 신규 일자리의 창출도 도모할 수 있다.

❷ 스마트 팩토리의 특징과 핵심기술

2.1 스마트 팩토리의 특징

스마트 팩토리의 특징은 크게 '연결화', '가상화', '지능화'로 정의할 수 있다. 첫째, '연결화'는 생산 장비 등을 네트워크를 통하여 연결함으로써 데이터의 빠른 전

그림 1 스마트 팩토리의 특징 5가지

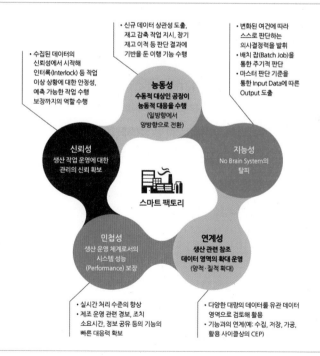

- 수집된 데이터의 신뢰성에서 시작해 인터록(Interlock) 등 작업 이상 상황에 대한 안정성, 예측 가능한 작업 수행 보장까지의 역할 수행

- 신규 데이터 상관성 도출, 재고 감축 작업 지시, 장기 재고 이적 등 판단 결과에 기반을 둔 이행 기능 수행

- 변화된 여건에 따라 스스로 판단하는 의사결정력을 발휘
- 배치 잡(Batch Job)을 통한 주기적 판단
- 마스터 판단 기준을 통한 Input Data에 따른 Output 도출

능동성
수동적 대상인 공장이 능동적 대응을 수행
(일방향에서 양방향으로 전환)

신뢰성
생산 작업 운영에 대한 관리의 신뢰 확보

지능성
No Brain System의 탈피

스마트 팩토리

민첩성
생산 운영 체계로서의 시스템 성능
(Performance) 보장

연계성
생산 관련 참조 데이터 영역의 확대 운영
(양적·질적 확대)

- 실시간 처리 수준의 향상
- 제조 운영 관련 경보, 조치 소요시간, 정보 공유 등의 기능의 빠른 대응력 확보

- 다양한 대량의 데이터를 유관 데이터 영역으로 검토해 활용
- 기능과의 연계(예: 수집, 저장, 가공, 활용 사이클상의 CEP)

출처: 김승택, 스마트 팩토리의 성공적 도입을 위한 고려사항, Deloitte ConsultingReport, 2015.

달을 가능하게 하는 것이며, '가상화'는 실제 공장을 데이터 형태로 추상화하는 것을 의미한다. 이 두 가지가 완료된 시점에서 지능화가 가능한데, '지능화'는 공장이 디지털 데이터 및 정보를 기반으로 스스로 판단하여, AI 및 생산계획에 따른 자율제어 기능을 의미한다.[1] 스마트 팩토리는 기존의 공장에 비해 차별화되는 점을 가지는데, 차별화된 스마트 팩토리의 특징은 〈그림 1〉과 같다.

2.2 스마트 팩토리의 핵심기술

스마트 팩토리는 IIOT, CPS, VR/AR, 스마트 머신, 클라우드 컴퓨팅, 인공지능 AI, 5G, 3D 프린팅, 빅데이터 총 9가지 핵심 기술이 서로 유기적으로 작용하여 운영된다.

표 1 스마트 팩토리 9가지 핵심기술

IIOT	• 사물인터넷(IoT)의 산업용 버전, IoT보다 센서의 응답성이 더 뛰어남
CPS	• 공장을 가상으로 가동해 보는 시스템
VR, AR	• 기술을 활용하여 원격 원무 지시
스마트 머신	• 로봇으로 대표되며, 스스로 판단할 수 있는 능력을 지님
클라우드 컴퓨팅, 인공지능	• 문제를 실시간으로 파악해 보다 최적의 결과물을 만들어 낼 수 있음
5G	• 각종 설비를 포함한 사물이 데이터를 생산하면 이를 전송하기 위한 정확한 연결망이 요구됨
3D 프린팅	• 속도 문제만 해결되면 스마트공장 구축에 핵심이 될 기술

출처: 김정우, 스마트 공장'을 움직이는 9가지 핵심기술, 한국경제매거진, 2018.09.11에서 재구성

③ 스마트 팩토리의 등장 배경과 그 필요성

스마트 팩토리 생산 체계를 기반으로 하게 되면, 개인에게 맞춤화된 제품을 공

---

1 "세상 뒤덮는 IoT 데이터, 효율적 활용이 경쟁력", 데이터넷, 2019.08.03., https://www.datanet.co.kr/news/articleView.html?idxno=136183

급할 수 있게 되며, 동시에 변종 변량에 유연하게 대처하고 다양한 형태의 소비자 주문에도 효율적으로 대응할 수 있게 된다. 따라서 현재 변화하고 있는 스마트 제조업의 트렌드를 맞추기 위해서는 위와 같은 새로운 형태의 생산·제조 기술에 대한 연구 및 개발이 긴요하다.

제조업의 근간이 되어 왔던 생산제조기술은 고도의 엔지니어링 기술을 기반으로 하는 기술 집약도가 높은 고부가가치 산업의 핵심이며, 기계, 재료, 전자, IT, 화학 등 다양한 기술들이 다학제적으로 융합된 기술로서, 지난 반세기 동안에 한국의 자동차, 조선, 반도체, 디스플레이 분야 등 산업발전을 실질적으로 이끌어 온 원동력이었다.

그러나 최근 주요 산업들에게 요구되는 제품들에 대한 기능, 품질, 성능, 환경적 요구가 높아짐에 따라 경쟁력을 갖춘 제품 생산을 위한 기술적, 경제적 부담이 증가하고 있고, 국내외 시장에서는 일본 엔화의 가격 경쟁력에 밀리고 기술적으로는 중국에 추월당하는 위기에 빠질 위험성이 점점 커지고 있다. 한국의 생산제조기술은 지금까지는 선진국 추격형으로써 생산구조를 노동집약에서 기술집약, 지식기반으로 지속적 발전시켜 왔으나, 스마트 팩토리 등 기술적 창의성은 선진국에 비해 상대적으로 부족한 것이 현실이다.

또한, 한국 생산제조시스템 산업은 자동차, 반도체, 디스플레이, 모바일 사업과 동반하여 급성장해오고 있으나, 선진국 대비 기술적 열위와 중저가 산업 분야의 경쟁심화 속에 고객들의 변화하는 요구에 효율적으로 대응하는 역할을 충족시키기는 어려운 실정이다. 따라서 한국의 제조업의 경우 글로벌 경쟁심화, 인력난, 수요의 다양화로 인해 총체적인 난국 상태이다.

이러한 위기 상황을 타개하고 한국 생산제조기술이 다시 한국의 경제를 이끄는 선도적인 주역으로 자리매김하고 글로벌 시장을 선도하기 위해서, 창조적 미래전략 수립 및 창의적이고 체계적 연구개발이 시급한 시기다. 스마트공장이 기존 제조 공정과 차별화되는 점은 다음과 같다. 첫째, 개별 제조 공정의 모든 제품 및 관련 장치에 바코드, 센서, RFID 등이 탑재되어 어떤 상황에서도 원하는 제품 및 설비에 대한 추적이 가능하게 되는 사물인터넷 환경이 구축된다는 것이다. 이러한 사물인터넷 환경에서 수집된 모든 정보는 적절한 빅데이터 분석을 통한 피드백을 활용하여 오

작동 방지, 최적 작업 스케줄링 할당 등 생산성을 향상시키는 기반으로 작용한다.

둘째, 다양한 고객의 요구에 적절하게 대응하기 위한 사이버물리시스템CPS이 구축된다는 것이다. 사이버물리시스템이란 실제 제조 공정과 그 위에서 진행되는 복잡한 프로세스 및 정보들을 가상으로 연결시켜주는 시스템으로 사람, 제조과정 및 제품이 서로 양방향의 정보 교환이 자유롭게 되는 시스템을 의미한다. 이렇게 형성된 사이버물리시스템 하에서는 생산에 필요한 모든 정보가 교환되며, 수집된 빅데이터를 분석한 결과물이 다시 실제 제조 공정을 모니터링하고 최적의 의사결정을 지원함으로써, 높은 생산성을 갖는 유연한 제조 공정의 구현이 가능해진다.

그림 2 스마트 팩토리의 등장 배경

출처: 제4차 산업혁명과 스마트 팩토리(하이투자증권, 2017.03.27.)에서 재구성

④ 스마트 팩토리의 기대효과와 단계별 형태

4.1 스마트 팩토리의 기대효과

스마트공장의 구현을 통해 에너지와 인건비 등의 비용절감을 통한 생산성 향상을 달성할 수 있을 뿐만 아니라, 다양한 소비자의 요구에 대응할 수 있는 유연성을 갖출 수 있다. 또한 궁극적으로는 공장 운영비용에서 높은 비중을 차지하는 인건비의 감소로 인해 해외로 이전했던 생산기지들의 국내 유턴을 촉진함으로써 국가적인 고용 창출과 지역경제 활성화로 이어질 수 있으며, 첨단산업의 생산기지를

표 2 스마트 팩토리의 기대효과

생산성	• 설비 디지털화, 데이터 집계 자동화, 공정물류 관리를 통한 사무 업무 생산성 향상 • 공정물류체계 유연화와 설비자동제어로 작업 생산성 향상 • 에너지 · 인건비 등 비용 절감 및 부가가치 증대
품질	• 물리적 불량 관리, 이력 추적, 품질통제, 상관 분석 및 원인 추적, 불량 예방 설계를 통한 품질 향상
원가	• LOT 단위 원가 분석, 개별 원가 집계, 원가 통제, 원가 발생원인 및 통제를 통한 원가 절감
매출	• 과학적 실시간 운영계획을 통한 대 고객 납기 신뢰도 향상, 품질 신뢰도 향상, 기간 단축 및 소비자 맞춤형 제품 개발
기타	• 해외로 이전 되었던 생산기지의 국내회귀로 산업공동화 방지 및 생산거점 선택의 제약 감소

출처: 사물인터넷과 빅데이터 분석 기반의 스마트공장 구현 사례 및 시사점(한국정보화진흥원, 2016.10.19.) 및 국내 제조업 고도화 방안으로서 스마트공장의 가능성(KDB경제연구소, 2015.08.21.)에서 재구성

국내에 유치함으로써 기술 유출의 가능성도 최소화할 수 있다.

4.2 스마트 팩토리의 기능요건과 단계별 형태

스마트 팩토리는 기존 제조업의 생산 방식에 빅데이터 기술을 접목시킨 것으로 이를 구현하기 위해서는 3단계 기능이 필요하다. 즉, 생산과 관련된 환경정보를 '감지'하고, 감지된 정보에 의한 의사결정의 '판단 및 통제' 그리고 판단된 결과가 생산현장에 반영되어 '수행'되는 3단계이다.

그림 3 스마트 팩토리의 기능요건

감지(Sensor)	판단 및 통제(Control)	수행(Actuator)
고객요구사항, 제품수명 등 시장환경과 생산조건, 실적정보, 재고현황 등 제품환경 그리고, 생산장비, 인력운용 등 생산환경과 관련된 다양한 정보들을 수집하는 기능	생산환경정보와 생산전략의 변화를 바탕으로 사전에 분석하고 정의된 기준에 따라, 생산환경 및 전략의 수정을 결정하는 기능	판단결과가 실시간으로 생산환경에 적용되기 위하여 네트워크를 통한 제어 및 생산전략의 변경을 수행하는 기능

출처: 스마트공장 현황 및 시사점(임베디드소프트웨어 · 시스템산업협회, 2015.11)에서 재구성

표 3 스마트 팩토리의 4단계

구분	기초 단계 (일부 공정의 자동화)	중간1 단계 (IT기반 생산관리)	중간2 단계 (IT·SW기반 실시간 통합제어)	고도화 단계 (IoT기반 맞춤형 유연생산)
공장운영	생산 이력 및 불량 관리	실시간 생산 정보수집 및 관리	실시간 공장 자동제어	설비 및 시스템의 자율생산
자동화설비	바코드, RFID 등을 활용한 초기 자동화	센서 등 활용 설비 관리	PLC 등을 통한 실시간 시스템연동	다기능 지능화로봇과 시스템 간 유무선 통신
기업수준	대다수 중소기업	선도 중소·중견기업	대기업	일부 대기업

출처: 스마트공장 현황 및 시사점(임베디드소프트웨어·시스템산업협회, 2015.11)에서 재구성

전술했듯, 스마트 팩토리는 스마트공장의 IT 적용과 활용범위에 따라 〈표 3〉과 같이 4단계의 등급으로 구분할 수 있다.

❺ 주요국 제조업 경쟁력 강화 정책의 추진동향

5.1 해외 주요국 제조업 경쟁력 강화 정책

(1) 독일

독일은 첨단 기술전략 2020에 포함된 인더스트리 4.0으로 민·관·학 프로젝트를 추진하였다. 초기 수행주체는 독일 연방정부 교육연구부이며, 2012년부터 2015년까지 2억 유로의 정부예산을 투자하였다. 이때 핵심 동력은 정보통신기술이며, 네트워크에 연결된 기기 간 자율적으로 공동 작업하는 M2M, 네트워크를 통해 얻을 수 있는 빅데이터 활용, 생산부문과 개발−판매−ERP−SCM−PLM 등 업무시스템과의 연계이다.

독일 인더스트리 4.0 전략의 최종 결과물은 ICT와 융합된 제조업의 자동 생산체계를 구축하는 스마트공장으로 귀결된다. 독일은 2012년 출범된 제조업 혁신 정책 '인더스트리 4.0' 추진 중 파악된 초기 문제점을 보완해, 2015년 4월 '플랫폼 인더스트리 4.0'으로 재출발했다.

(2) 미국

미국 정부는 지난 2006년부터 국립과학재단을 통해 CPS 프로젝트 진행을 통해 물리적 시스템이었던 기존 공정과정과 ICT의 가상적 시스템을 하나로 융합해 초연결 시스템을 구축하고자 노력하고 있다. 스마트 팩토리 뿐만 아니라 운송, 전력망, 의료 및 헬스케어, 국방 등에 이르기까지 광범위한 분야에 걸쳐 시스템 개발이 진행 중이다.

(3) 일본

일본은 디플레이션 탈피와 경제 재건을 위한 아베노믹스 3대 전략의 하나로서 산업재흥플랜에 기반을 둔 과학기술혁신 정책을 전개하고 있으며, 기존에 발표된 성장전략2010, 일본재생전략2012 등과 달리 문제점 해결을 위한 세부전략과 구체적인 목표를 제시하고, 첨단 설비투자 촉진과 과학기술혁신 추진을 핵심과제로 선정하고, 제조업 경쟁력 강화를 위한 설비투자지원, 도전적 R&D투자 강화 등을 통해 향후 5년 이내에 기술력 순위 1위현재 5위 달성을 목표로 하고 있다.

(4) 중국

중국 정부는 경제성장 둔화에 대응하고 양적 성장 중심이었던 제조업의 질적 성장 도모를 위해 2015년 3월, '중국제조 2025' 정책을 발표하였다. 노동집약적 제조방식에 ICT 기술을 접목해 지능화하는 한편, 품질 및 브랜드 가치 향상, 환경보호 등 질적 성장을 도모하고 있다. 중국은 제조업의 특정 분야가 아닌 제조업 전체를 아우르고, 5년 단위로 수립된 과거의 계획들과 달리 10년 앞을 내다본 '중국제조 2025' 계획을 제정하였다. 본 계획에서 향후 10년2015~2025년 안에 전 세계 제조업 2부 리그에 들어가고, 그다음 10년2025~2935년에는 1부 리그 진입 뒤, 세 번째 10년 기간2035~2045년에 1부 리그의 선두로 발돋움하겠다는 전략이다. 제조업 전반에 대해 톱다운 방식의 전략적 대응과 상황변화에 유연한 대응을 할 수 있는 전략과 더불어 차세대 IT 기술, 첨단 CNS 공작기계 및 로봇 등의 10대 육성 전략을 세우고 있다.

표 4 주요국 제조업 경쟁력 강화 관련 정책 요약

국가		주요 내용
미국	Remaking America (2009~)	• 첨단제조파트너십(AMP), 첨단제조업을 위한 국가전략 수립 - R&D 투자 · 인프라 확충 · 제조업 주체들 간의 협력을 토대로 미국 제조업 전반의 활성화 및 변화를 유도 - 민 · 관 협의체인 NNMI(National Network for Manufacturing Innovation)을 구축하고 제조업과 관련된 다양한 이슈들의 해결을 위한 연구기반 마련
독일	Industry 4.0 (2012~)	• 제조업의 주도권을 이어가기 위해 'Industry 4.0'을 발표 - ICT와 제조업의 융합, 국가간 표준화를 통한 스마트 팩토리 등을 추진 • 2013년 4월 그동안의 성과를 보다 구체적으로 실현하기 위한 Plattform Industrie 4.0을 출범 - Plattform Industrie 4.0은 IoT · 빅데이터 · AI · CPS 등 4차 산업혁명의 주요 기술들을 개발 중, 그 결과를 실제 기업에 적용하여 스마트공장을 시범적으로 구축하고 운영
중국	Made in China 2025 (2015~)	• 혁신형 고부가 산업으로의 재편을 위해 '제조업 2025'를 발표 - 30년 후 제조업 선도국가 지위 확립 목표 - 모든 산업분야에서 달성해야 할 4개의 과제(혁신역량 제고, 제품품질 향상, IT · 제조융합, 녹색성장)에 대한 구체적인 지표와 목표를 설정하고, 현재 5대 중점 프로젝트와 10대 중점육성 사업을 진행 중
일본	산업 재흥플랜 (2013~)	• 일본산업부흥전략, 산업 경쟁력 강화법 - 비교우위산업 발굴, 신시장 창출, 인재육성 및 확보체계 개혁, 지역혁신 - 2013년부터 일본재흥전략을 추진해 2015년 4차 산업혁명에 대응하기 위한 전략을 보완 · 강화하여 '일본재흥전략 2015'를 발표, 이후 일본정부 산하에 '신산업구조부회'를 설립하고 IoT · 빅데이터 · AI를 통하여, 제조업을 포함하는 산업혁신을 추진 중

출처: 4차 산업혁명과 지식서비스(한국산업기술평가관리원, 2017.03)에서 재구성

5.2 국내 제조업 경쟁력 강화 정책

우리나라는 '제조혁신 3.0 전략'을 발표하고, 개인 맞춤형 유연생산을 위한 스마트 팩토리 고도화와 융합신제품 생산에 필요한 8대 스마트 제조기술 개발을 추진하고 있다. '제조업혁신 3.0 정책'은 기존 제조업과 IT · SW 융합으로 신산업을 창출하여 새로운 부가가치를 만들고 선진국 추격형에서 선도형 전략으로 전환하여 우리 제조업만의 경쟁우위를 확보하고자 하는 전략이다. 정부에서는 스마트 팩토리 확산을 위하여, 2015년 6월 스마트 팩토리 총괄기관인 "민 · 관합동 스마트 팩토리 추진단"을 설립하여, 2020년까지 스마트 팩토리 1만개 구축을 목표로 각 지역창조경제혁신센터를 중심으로 스마트공장 구축지원을 하고 있다. 그러나 실

질적이고 신속한 정책효과가 아쉬운 상황이다.

표 5 정부의 제조업 혁신 3.0전략

3대 전략	6대 과제	후속대책
1. 융합협 신 제조업 창출	1. IT-SW 기반 공정혁신 2. 융합 성장동력 창출	13대 산업엔진별 세부추진계획 에너지 · 기후변화 대응 신사업 창출방안
2. 주력산업 핵심역량 강화	3. 소재 · 부품 주도권 확보 4. 제조업의 소프트파워 강화	제조업 소프트파워 강화 종합대책
3. 제조혁신기반 고도화	5. 수요맞춤형 인력 · 입지 공급 6. 동북아 R&D 허브 도약	SC 강화 등 산업인력 양성체계 개편 동북아 R&D 허브 도약전략

출처: 산업통상자원부 홈페이지

5.3 국가별 스마트 팩토리의 중소기업 확산 정책

미국, 중국, 일본, 독일의 스마트 제조 시장 규모는 기타 국가들의 시장 규모를 앞서고 있고, 이러한 추세는 2024년까지 유지될 것으로 전망된다. 이들 국가가 4차 산업혁명이라는 큰 패러다임 속에서 스마트 팩토리 활성화 정책을 적극 추진하고 있음을 시사한다.

그림 4 2019년 & 2024년 스마트 팩토리 국가별 비중(단위: %)

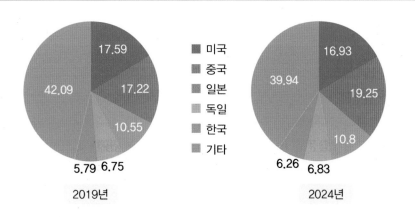

출처: Markets & Markets(2019)에서 재구성

(1) 독일

최근 코로나19 확산 이후 글로벌 공급망이 중단되고 수급 불균형이 증가하면서, 세계적으로 제조업의 디지털 전환을 가속화할 필요성이 제기되었다, 이에 따라 독일은 '중소기업 디지털화 투자 지원사업Digital Jetzt' 및 '인더스트리 5.0' 등의 전략을 통해 포스트 코로나 시대 스마트 제조 대응에 나섰다. '중소기업 디지털화 투자 지원사업'은 2020년 9월 독일 연방 경제에너지부BMWi의 주도로 추진된 대표적 지원사업이다. 디지털화가 시급한 중소기업을 대상으로, 디지털 역량 강화를 위한 직원교육에 투자를 촉진하도록 지원한다는 방침이다. 2020년 7월 EU 집행위원회에서 논의가 시작된 '인더스트리 5.0'은 인더스트리 4.0에서 '사회적 가치'를 더한 개념으로, 기존 기술CPS 기반 중심의 발전과 사회적·생태학적 가치를 동시에 추구하고 있다. 또한 독일은 '인더스트리 4.0'을 통한 제조업 혁신을 목표로 삼았으나, 생산기술과 생산조직의 변화가 노동 전반에 영향을 미치면서 '인더스트리 4.0'은 '아르바이트 4.0Arbeit 4.0'으로 확대했다.

(2) 일본

2020년 9월 발족한 스가 내각은 국가 디지털 전략의 사령탑 기능을 가진 '디지털청' 설립을 최우선 정책으로 추진했다. 이후 일본은 2021년 5월 정기국회에서 '디지털개혁관련법'을 통과시키고 9월 '디지털청'을 정식으로 출범하여 코로나19 위기에 신속하게 대응하는 한편, 디지털 혁신 기반의 신성장 전략을 적극 추진하고 있다.

(3) 중국

중국은 코로나19로 인해 타격을 입은 제조업 분야의 위기를 극복하기 위해 디지털화를 추진하고 있으며, 특히 2020년 3월에는 '중소기업 디지털화 역량 강화를 위한 행동 방안'을 발표하여 중소기업에 적합한 통합 디지털 플랫폼, 시스템 솔루션, 제품 서비스 홍보, 네트워크 인프라 등의 지원을 추진했다. 또한 중국은 2021년 4월 발표한 '스마트제조 발전 "14차 5개년" 계획'에서 일정 규모 이상의 기업들을 대상으로 디지털 트윈, 디지털 전환을 통해 스마트 제조 고도화를 추진하는 한편, 중앙-지방정부 간 정책의 연계 및 실행을 통해 차별화가 필요한 정책은 지방정부로 이관하여 실행하고 있다.

(4) 한국

최근 한국 정부는 양적 보급 중심으로 진행되어 온 스마트 팩토리 추진 전략을 수요산업 특성에 맞춘 질적 고도화 전략으로 전환하고 있다. 2020년 '스마트제조 2.0 전략'과 '스마트 제조 혁신 실행 전략'을 마련해 내실을 꾀하고 '케이K-스마트 등대공장' 사업을 통해 체계적인 스마트 팩토리 지원 전략을 확산하고 있다. 특히, 스마트 팩토리 해외진출을 지원하여 아세안 국가들과의 스마트제조 상생협력의 발판을 마련하고 있다.

5.4 스마트 팩토리의 시장규모 전망

2022년 세계 스마트 팩토리 시장 규모는 1,272억 달러한화 약 164조 5천억 원에서 2030년 7,878억 달러한화 1,133조 6천억 원에 이르고, 해당 기간 연평균 성장률 13.4%를 기록할 것으로 예상된다.

그림 5 스마트 팩토리 시장 규모

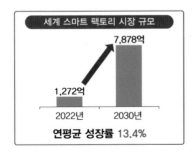

출처: 마켓앤마켓

이에 반해, 국내 스마트 팩토리 시장은 아직 작은 규모다. FA 저널이 조사한 2021년 시장 전망조사에 따르면, 국내 스마트 팩토리 시장 규모는 2021년 약 1조 2,100억 원인 것으로 나타났다.

❻ 중소기업의 스마트 팩토리에 대한 대기업의 협력 사례

6.1 LG

LG는 계열사별로 R&D 상생을 위한 다양한 프로그램을 운영 중이다. LG전자는 협력사의 제조 경쟁력과 생산성을 높이기 위해 국내외 협력사가 인공지능, 빅데이터 등을 활용해 스마트 팩토리 솔루션과 자동화 시스템을 구축할 수 있도록 적극 지원하고 있다.

LG전자는 자동화, 정보화, 제조공정 관련 전문가를 협력사에 파견해 제품 구조나 제조 공법을 변경하고 부품의 복잡도를 낮추는 등 LG전자가 축적해온 스마트 팩토리 구축 노하우를 협력사에 전수하고 있다. LG디스플레이는 협력사의 기술역량 배양을 위해 2023년까지 협력사와 공동연구개발을 매년 30건 진행하기로 목표를 세우고 공동연구개발을 수행했다. 이렇게 개발된 협력사의 우수 기술에 대해서는 2·3차 협력사의 기술 경쟁력 강화를 위해 자체 보유하고 있는 특허를 공개하고 적극적으로 유·무상 양도한다.

6.2 LS일렉트릭

LS일렉트릭은 2020년부터 약 100억 원의 기금을 내고 중소기업 제조 경쟁력 향상을 위한 스마트공장 구축 확대에 나서고 있다. 대·중소기업·농어업협력재단이하 협력재단과 '대·중소 상생형 스마트공장 구축 지원을 위한 상생협력기금 출연 협약'을 체결했다.

협약으로 상생협력기금 30억 원을 출연하고, 국내 중소기업 64곳을 대상으로 솔루션 공급기업 풀Pool 구성, 전문가 멘토링 서비스, LS일렉트릭 스마트공장 플랫폼인 테크스퀘어Tech Square 기반 제조기업별 맞춤형 서비스 공급을 통해 국내 중소기업 스마트공장 보급 확산과 경쟁력 강화를 돕는다.

6.3 두산

두산은 협력사의 경쟁력 강화를 위해 협력사에 '스마트공장 구축 지원 사업'을 실시했다. '스마트공장 구축 지원 사업'은 ㈜두산이 협력사 생산공장에 협동로봇 도입을 지원해 단순 반복되거나 위험한 작업을 협동로봇으로 대체시킴으로써 작업 안전성과 생산성을 높여주는 지원 사업이다. 협동로봇은 일반적인 산업용 로봇과 달리 안전 펜스 없이 작업자와 같은 공간에서 함께 작업할 수 있을 정도로 작고 가벼우며, 안전 기능까지 갖췄다.

㈜두산은 2019년부터 2021년까지 약 20억 원을 투입해 총 18개 협력사에 생산관리시스템MES, 제품수명관리시스템PLM 등을 구축하고, 효율적인 생산 공정관리를 지원했다.

6.4 삼성

삼성전자는 '상생 추구·정도경영'이라는 회사의 핵심 가치 아래, 협력회사의 경쟁력을 높이고 동반관계를 구축하는 등 지속가능한 상생협력 체제를 구축하는 데 역점을 두고 상호 성장할 수 있는 상생 전략을 강화해나가고 있다. 특히, 2020년부터 코로나19 위기 극복을 위해 삼성전자는 스마트공장 구축을 중소기업 현장에 지원해 마스크, 진단키트, LDS 주사기 업체의 생산성을 향상시킨 바 있다.

삼성전자로부터 스마트공장 구축을 지원받은 중소기업 사례도 있다. 단 10주 만에 생산량을 2배로 늘린 비데업체 '에이스라이프'다. 충남 아산에 있는 비데업체 '에이스라이프'는 2년 전 코로나19가 전 세계로 확산하면서 해외에서 화장지 등 생필품 대량 구매 현상으로 비데 수요가 갑자기 늘어나면서 주문이 폭주하는 상황을 맞았다. 쏟아지는 주문에 비해 생산량이 미치지 못해 해외 거래처들을 잃을 상황에까지 이르러 돌파구 마련을 위해 스마트공장 구축 지원 사업을 신청했으며,

삼성전자의 지원을 받았다.

스마트 팩토리 적용 사례

① GE

1892년 에디슨에 의해 설립되어 180개국 33만 명의 직원을 둔 글로벌 기업인 제너럴일렉트릭GE은 다우존스 산업지수가 만들어질 때 있었던 12개 기업 중 현존하고 있는 유일한 미국의 대표기업이다. GE는 세계 최고의 항공기 엔진 및 가스터빈 제작사이며, 풍력발전기, 기관차, 화력발선소, 의료기기 등을 공급하는 대형 제조업체이다. GE는 2011년 아마존, IBM, MS와 경쟁할 수 있는 소프트웨어 기업으로의 전환을 선언했으며, 세계 10대 소프트웨어 기업이 되겠다는 비전을 밝힌 바 있다.

미국의 대표적인 하드웨어 기업인 GE가 소프트웨어 기업으로의 전환을 꾀하는 이유는 더 이상 엔진, 터빈, 기관차 등 하드웨어만 파는 것이 아니라, 이들을 효과적으로 관리하고 운영하며, 다양한 서비스까지 제공하는 최첨단 고부가가치 기업으로 거듭나고자 했기 때문이다. GE는 이를 위해 산업사물인터넷IIoT: Industrial Internet of Things에 집중하고 있다.

모든 산업 현장에서 쓰이는 장비나 기계에 센서와 인터넷을 접목하여 데이터를 수집하고, 분석하여 이상 유무의 판단 및 운영 효율성 향상을 위한 방법을 찾고 최적화를 추구하는 것이다. 빅데이터를 모으고 공유하며, 분석하기 위해서는 플랫폼이 필요하다. 따라서 GE는 산업사물인터넷 관련 프로그램을 쉽게 만들 수 있도록 "프레딕스Predix"라는 플랫폼을 개발하고, 자사 계열사 400개 공장에서 먼저 활용해 사물인터넷을 적용했고, 기기 및 공장 가동 효율성을 향상시키는데 크게 기여했다.

GE의 스마트 팩토리

GE의 대표적 스마트 팩토리는 멀티모달 공장Multi-Modal Factory으로 GE의 '생각하는 공장'을 처음으로 적용한 공장이다. 이 공장에서는 공장시설과 컴퓨터가 산업 인터넷을 통해 실시간으로 대화를 나누고 정보를 공유하고 품질 유지와 돌발적인 가동 중지를 예방할 수 있는 의사결정을 내릴 수 있다. 즉, 사물인터넷IoT 접목 및 빅데이터 분석을 통해 공정 및 설비관리를 최적화하여 불량 및 오류 감소, 설계시간 단축, 비용절감 등을 달성하고 있다.

프레딕스

프레딕스Predix는 산업사물인터넷을 위한 클라우드 플랫폼으로, 구글의 안드로이드나 애플의 iOS처럼 개발자가 산업 사물인터넷용 어플리케이션을 개발할 수 있도록 도와주는 소프트웨어 서비스 세트이다. "① 산업 장비 데이터 수집 → ② 클라우드 기반으로 데이터 분석 → ③ 문제 해결 어플리케이션 개발"을 손쉽게 할 수 있도록 툴을 제공해 줌으로써 IIoT산업 사물인터넷, industrial internet of things를 모르는 기업들도 IIoT 앱을 손쉽게 개발할 수 있도록 해준다. GE는 프레딕스를 IIoT 표준 플랫폼으로 만들기 위해 노력하고 있다.

GE는 프레딕스를 활용하여 가상공간에 항공기 엔진의 모형을 만들어 놓고 엔진 센서들에서 실시간 수집된 빅데이터들을 가지고 엔진의 상태를 진단했다. 고장을 사전 예측하여 미리 정비할 수 있었으며, 덕분에 미국 내에서만 연 1,000여 건의 항공기 도착 지연과 결항을 예방할 수 있었다. 또한 풍력발전기 분야에서는 터빈 내부에 센서들로부터 받은 풍향과 풍속 데이터를 실시간 분석하여 프로펠러의 각도를 조정함으로써 발전 효율을 5% 이상 향상시키는 성과를 거두었다.

GE의 전략은 하드웨어의 성능을 향상시키는 데에는 한계가 있어 소프트웨어를 활용하여 추가적인 효율성 향상을 추구하고 있다. 실리콘밸리에 "GE 디자인센터"를 설립하고 1,500명의 디지털 인력을 고용하여 프레딕스를 포함한 산업인터넷 관련 소프트웨어를 개발하였으며, GE 계열사들이 프레딕스를 활용해 IIoT 앱을 개발하는 것을 돕고 있다. 프레딕스는 GE 계열사에서 발전소, 오일/가스 채굴,

정유, 병원, 철도, 스마트그리드 산업 분야에 바로 적용이 가능하며, 자동차, 음료, 조선/해양 분야에 도입이 가능하다. 또한, 클라우드Cloud로 작동하므로 기업들이 별도의 데이터센터를 구축할 필요가 없어 중소·중견기업들도 큰 비용을 들이지 않고 도입이 가능하다.

GE는 프레딕스를 기반으로 제조공장의 운영효율 극대화를 위한 "Brilliant Factory"라는 스마트공장 솔루션을 개발·판매 중이다. GE의 제조업 노하우를 IIoT 기술에 접목한 것이다. GE의 대표적 스마트공장인 인도의 멀티모달 공장 Multi-Modal Factory에 적용되어 사용되고 있다. GE는 4차 산업혁명 시대에 맞추어 제품의 가격과 성능 경쟁력 강화에서 플랫폼에 기반한 산업인터넷 생태계 조성자를 꿈꾸고 있다.

GE의 생각하는 공장

2015년 인도의 푸네에 2억 달러 이상을 투자하여 "생각하는 공장"을 설립했다. 비행기의 제트엔진에서부터 기관차의 부품에 이르는 매우 다양한 제품을 생산한다. 공장의 모든 시설과 컴퓨터는 산업인터넷을 통해 실시간으로 커뮤니케이션을 수행하여 품질 유지와 돌발적인 가동 중지를 예방할 수 있는 의사결정을 공장 스스로 내릴 수 있다. 생각하는 공장은 〈표 6〉과 같이 Get Connected, Get Insights, Get Optimized의 세 단계의 핵심 요소로 구성되어 최대 15%의 에너지비용 절감,

표 6 생각하는 공장의 구성요소

구분	세부 내용
Get Connected (설비와 생산 효율분석)	모든 제조설비에 센서를 부착하여 대량의 운전 데이터를 실시간으로 클라우드로 전송한다. 클라우드에서는 이 데이터를 분석하여 실제 설비의 고장을 사전에 예측하여 예방보수 시점을 결정한다.
Get Insights (품질, 자재, 생산의 흐름 분석)	실시간으로 공정의 품질 데이터를 확인하여 품질의 불량 여부를 모니터링하고, 출하되는 제품의 모든 이력(작업자, 생산설비, 원부자재, 설비도구 등)을 관리함으로써, 사후 문제가 발생했을 때 이의 원인을 적절하게 찾아줄 수 있도록 지원한다.
Get Optimized (공장 및 공정, 제품의 최적화 수행)	기업의 전사적 자원관리(ERP), 제품수명주기관리(PLM) 시스템 등의 데이터와 결합하여 주문, 재고관리, 생산 우선순위 선정과 같은 의사결정을 자동으로 수행할 수 있는 최적화 시스템을 구축한다.

출처: 사물인터넷과 빅데이터 분석 기반의 스마트공장 구현 사례 및 시사점(한국정보화진흥원, 2016.10.19.)에서 재구성

20%의 생산성 향상, 20%의 생산수율 증가, 50%의 다운타임 감소의 효과를 달성했다.

그림 6 인도 푸네, GE의 생각하는 공장[2]

 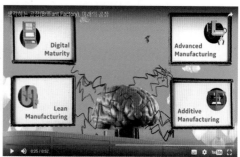

출처: GE의 생각하는 공장과 소개 동영상

② 아디다스

1948년 독일인 Adi Dassler에 의해 설립되어진 아디다스는 처음부터 '기능제일'을 기업의 좌우명으로 하며, 다양한 혁신적인 제품들을 출시하였다. 마케팅 측면에서는 올림픽 경기 등 세계적인 스포츠 이벤트를 통한 판촉 전략에 적극 참여하였고, 피라미드식 파급효과 모델우수한 선수들의 사용영향력으로 인해 보다 넓은 일반 고객층으로 하향 확산을 활용하기도 하였다. 1980년경, 아디다스의 매출액은 10억 달러에 이르렀고 150여개국에 걸쳐 다양한 제품라인이 판매되었다. 그러나 1980년대 초반의 조깅 붐과 나이키의 도전을 심각하게 받아들이지 않은 실수를 범함으로써 성공의 길에서 흔히 만나게 되는 함정에 빠졌다.

1978년, Adi Daasler의 죽음과 함께 표류하기 시작한 아디다스 브랜드는 결국 프랑스 은행의 컨소시엄에 양도되는 운명을 맞아야 했는데, 1970년대 말 미국에서 선두를 차지했던 아디다스의 점유율이 1992년 3%까지 추락하게 되었다. 이러

---

2 AI·빅데이터 활용 '스마트공장'… 제조업 생산방식 혁명 이끈다, 한겨레, 2017.01.17. 및 GE리포트 코리아.

한 곤경에는 여러 가지 이유가 있었다. 조깅열풍과 에어로빅 붐에 적절히 대응하지 못하였고 마케팅 프로그램은 1970년대의 모델에 기초하고 있었다. 이는 아디다스의 이미지 문제로 이어졌는데, 특히 젊은 층들은 아디다스를 유행에 어울리지 않는 브랜드로 인식하고 있었다.

나이키의 인력을 유입하고 새로운 CEOLouis-Dreyfus를 맞은 아디다스는 브랜드 아이덴티티를 정교하게 만들고, 그 브랜드가 한때 상징하던 내용들을 환기시키는 동시에 보다 나은 정서적 편익과 현대적인 느낌을 부여하고자 하였다. 즉, 아디다스는 성능혁신적인 장비·운동성과를 향상시키는 동반자, 적극적인 참여일반대중들을 위한, 정서목표달성의 기쁨·도전과 경쟁이 주는 흥분 등으로 재정비한 핵심 아이덴티티를 중심으로 브랜드 재구축 노력을 기울이고 있다.

아디다스의 스피드 팩토리

독일 안스바흐 아디다스의 '스피드 팩토리'는 3D프린팅, 신소재, 로봇이 융합된 온디맨드 생산공장으로 4차 산업혁명 추진의 대표적인 사례로 언급된다. 전 세계 어디서든 홈페이지에 접속하여 신발 유형, 디자인, 소재, 색깔, 깔창, 신발 끈 등에 대하여 소비자가 원하는 유형을 입력하면, 인터넷에 연결된 독일의 제조 공장으로 데이터가 즉시 전송되어 5시간 이내에 맞춤형 신발이 제작된다. 동남아 공

그림 7 독일 안스바흐 아디다스 공장에 설치된 3D 신발 제작 라인과 소개 동영상[3]

출처: 아디다스

---

3 [한경 ISSUE & Focus] '제조업 일꾼'으로 거듭난 로봇…, 한국경제, 2016.06.01; 유투브 아디다스 '스피드 팩토리 동영상'.

장에서 3주가 소요되던 신발제작과 비교했을 때 이 공정으로 3D프린터와 로봇 12대, 사람 10명이 연간 50만 켤레를 생산할 수 있어 엄청나게 효율성이 개선되었다.

스피드 팩토리는 단순히 생산성 향상 및 인건비 절감효과만 있는 것이 아니라, 각 개인에게 최적화된 제품을 최단 시간에 공급하는 것도 중요한 목적이다. 스피드 팩토리는 전 자동화 시스템과 고객맞춤형의 유연성, 디자인과 기술력을 완벽히 결합시킨 상품을 가장 빠르게, 가장 가까운 곳에서 생산할 수 있도록 해준다. 스피드 팩토리는 당연히 아디다스의 영업이익 개선에도 도움이 될 것이다.

③ 폭스콘

폭스콘FOXCONN은 홍하이의 상호이자 자회사로, 홍하이 그룹은 홍하이정밀공업과 그 계열사로 구성되어 있다. 폭스콘은 애플, 아이폰 등을 위탁 생산하는 폭스콘 테크놀로지 그룹과 노키아, 모토로라의 제품을 만드는 폭스콘인터내셔널홀딩스로 구성되어 있다. 중국 내 근로자 수만 약 120만 명, 전 세계에 40개 공장중국 내 공장 14개을 갖고 있는 세계 최대의 주문자상표부착생산OEM 기업이다. 2009년 출시된 아이폰 이후, 세계 스마트폰 시장의 주류로 떠오르면서 폭스콘도 본격적인 글로벌 IT전자업계의 중심으로 올라섰다.

폭스콘의 스마트 팩토리

중국의 인건비 상승으로 인해 수익모델이 흔들리자 폭스콘 제조공장은 로봇 생산시스템 도입으로 총 11만 명의 제조인력을 5만 명으로 감축하였고, 2020년까지 중국 공장에서 30% 자동화를 달성하겠다는 목표를 세웠다. 영국 BBC에 따르면, 이미 중국 광둥성 둥관시에 위치한 505개 공장은 2014년 9월 이후 420억 위안약 7조 5,705억 원을 투자해 수천 명의 근로자를 로봇으로 대체하는 기술개발에 박차를 가했다. 폭스콘은 로봇 도입으로 노동 생산비용의 상당 부분을 감축하여 원가절감 효과를 가져와 영업이익을 증대시킬 수 있었다.

물론 초기 투자비용으로 인해 처음부터 영업이익이 대폭으로 증가하지는 않을 것이다. 폭스콘의 자동화 기술은 단계적으로 진행될 예정이다. 우선, 1단계는 사람이 하기 싫어하거나 위험한 작업을 자동화하는 것이고, 2단계는 생산 라인에 있는 로봇의 수를 줄이기 위해 전체 생산 라인을 자동화하는 것이다. 생산·물류·시범생산과 검사 과정에서 최소한의 인원만 할당해 전체 공장을 자동화하는 것은 3단계에 해당한다. 폭스콘은 이를 통해 애플 아이폰의 판매 부진과 인건비 급등으로 인해 약화되고 있는 성장 모멘텀을 재점화할 수 있을 것이다.

❹ 삼성 SDS

삼성 SDS는 1985년 설립된 삼성그룹 계열의 대한민국 ICT 기업이다. 삼성그룹의 IT서비스를 담당하는 회사로 출발하여 대외 SI시스템 통합, system integration 및 IT Outsourcing과 물류사업으로 확장하였으며, 최근에는 모바일, 클라우드, 보안, 블록체인 기술을 기반으로 한 솔루션 서비스 기업으로 변모를 꾀하고 있다.

삼성 SDS의 스마트 팩토리 솔루션 'Nexplant'

국내 제조기업은 제조 현장에서 발생하는 데이터 추출 및 처리에 과다한 시간 소요로 불량 원인 파악을 위한 전수 분석이 불가능하고, 엔지니어 간의 역량 차이로 동일한 현상에 대해 상이한 분석 결과를 도출하는 등 어려움을 겪고 있었다.

삼성 SDS는 제조 기업들이 안고 있는 이러한 모든 고민을 해결할 인공지능AI 기반의 스마트 팩토리 솔루션 'Nexplant넥스플랜트'를 2017년 출시했다. Nexplant 솔루션은 지난 30년간 삼성전자 등 다수 기업의 공장 및 제조 현장에 적용한 경험을 집대성해서 완성한 스마트 팩토리 솔루션이다. 분석 기술로 제품개발 초기부터 튼튼한 설계 체계를 지원하는 Smart Design, 제조 전 부문의 업무를 협업할 수 있는 Smart Collaboration, 설비 효율 및 제품 품질 향상에 최적화를 지원하는 Smart Engineering, 전체 생산 활동을 최적 관리하고, 생산 현장의 무인 자동화를 가능하게 하는 Smart Operation으로 구성되어 있다.

Nexplant 솔루션은 제조 공정에 인공지능 기능을 적용, IoT사물인터넷를 통한 설비의 센서 데이터를 수집·분석해 제조 설비 상태를 실시간 진단하고 문제점을 신속히 파악해 해결함으로써 생산 효율을 극대화한다. 또한 삼성 SDS가 자체 개발한 빅데이터 분석 플랫폼인 브라이틱스Brightics를 탑재하고 있는 이 솔루션은 제조과정에서 발생하는 문제점을 파악하고 해결하는 시간을 과거 최대 12시간에서 10분 이내로 대폭 단축시켜 준다. 실제 국내 전자업종의 한 기업은 제조과정에서 문제가 발생하면 데이터베이스에서 자료를 추출·분석가에 의뢰해 결과를 운영자에게 전달하고, 그 원인을 파악하다 보니 최대 12시간이 걸렸다.

그러나 삼성 SDS의 Nexplant 솔루션을 적용한 결과, 설비 이상·제품 불량을 유발한 핵심 인자를 Machine Learning기계학습 기반의 분석을 통해 자동 검출함으로써, 10분 이내로 대폭 감소하는 등 생산성 향상에 크게 기여했다. 즉, 인공지능AI 기능 탑재로 불량을 일으키는 요인을 손쉽게 자동으로 파악해주고 해결의 우선순위를 추천해줌으로써 엔지니어가 해당 설비 문제를 조치하는데 큰 도움을 주고 있다. 또한, Nexplant 솔루션의 장점은 대규모 공장은 물론 중소형 공장까지 적용이 가능하도록 경량화하였다는 것이다. 이에 따라 국내외 철강, 자동차, 전기, 전자, 섬유, 바이오 등 다양한 산업의 중·소규모 제조 공장은 Nexplant 솔루션을 도입하면, 비교적 용이하게 스마트 팩토리를 구현할 수 있을 것이다.

⑤ 포스코

포스코는 2015년 7월부터 스마트 팩토리 구축에 착수했다. 먼저 조업, 품질, 설비를 아우르는 데이터 통합 인프라를 마련하고, 이를 바탕으로 각종 이상 현상을 사전에 예측하여, 선제 대응할 수 있는 데이터 선행 분석체계를 구축했다. 또한, 원가절감 기술 및 품질제어 기술, 융·복합 기술을 확대 적용하고 고숙련 직원의 기술 노하우를 시스템에 탑재하였다.

후판제품은 공정이 진행되면서 길이와 모양이 바뀌는 특성이 있는데, 품질 엔지니어가 문제를 파악하려면 공정별로 발생하는 수십만 건의 데이터를 분석하기 때문에 많은 시간이 소요되었지만, 스마트 팩토리 구축 후 공정에서 발생하는 데이터를 실시간으로 수집하고, 이를 가공단계에 맞춰 상호 연결함으로써, 엔지니어의 분석업무 소요 시간을 50%로 감소시켰다. 새로운 설비증설이나 투자 시 테스트를 위한 가상공간에 3D 공정을 구현함으로써, 사전에 문제점을 예방할 수 있는 환경도 마련했다.

스마트 팩토리 구현을 통해 포스코는 58%의 운전인력 감소, 27%의 생산성 향상, 21%의 제품품질 향상, 34%의 에너지 효율 향상, 100% 이상의 환경 개선 효과를 거두었으며, 단순한 철강 제품 경쟁력을 확보하는 차원을 넘어, 산업의 새로운 패러다임을 제시하고 있다.

⑥ 아주화장품(중소기업 사례)

㈜아주화장품은 화장품 연구개발과 제조에 주력해온 화장품 전문기업이다. 세계 22개국으로 수출하고 있으며, 2015년에는 수출 유망중소기업으로 지정되었다.[4]

2018년 스마트공장 사업으로 전사적 차원의 자원관리를 위해 ERP 시스템을 구축하고 회사 내에 흩어져 있는 정보를 통합 관리하기 시작했다. 통합DB를 이용할 수 있게 됨에 따라 필요한 데이터를 실시간으로 조회하고 바로 처리할 수 있게 되었다. 또한 구매부터 납품까지 흐름을 한눈에 파악할 수 있는 ERP가 구축되어 앞을 내다보는 구매계획, 생산계획을 세우고, 중장기적 관점에서 비용을 절약하고 있다. 스마트공장을 도입한 2018년에 매출액 60억 원을 달성하여 전년 대비 20억 원 가까이 늘어났을 뿐만 아니라 종업원 수도 대폭 확충되는 등 성과를 이루었다.

그림8 아주화장품의 스마트공장 도입효과

생산 품목수
28.69% 증가

클레임 건수
57.5% 감소

재고 비용
21.24% 절감

수주출하 리드타임
26.67% 감소

출처: 스마트제조혁신추진단, (https://www.smart-factory.kr/)

---

4 스마트제조혁신추진단, 홍보관 – 우수구추사례, https://www.smart-factory.kr/

스마트공장 도입 전에는 연구개발의 중복과 데이터집계 방식의 비효율성이 컸다면, 도입한 후 연구개발 샘플 데이터 오류 발생의 제로화를 달성하고, 불필요한 원료 폐기 관행이 없어져 구매비용을 줄일 수 있었다.

스마트 팩토리와 ESG 경영

❶ ESG 경영에서 스마트 팩토리의 필요성

현재 기업 경영의 최대 이슈는 ESG 경영이다. ESG란 기업의 비재무적 요소인 환경Environment, 사회Social, 지배구조Governance의 약자로, 'ESG 경영'이란 장기적인 관점에서 친환경 및 사회적 책임경영과 투명경영을 통해 지속가능한 발전을 추구하는 것이다.

스마트 팩토리는 제조기업들이 ESG 경영을 실현하기 위한 필수 요소로 자리 잡고 있다. 스마트 팩토리는 전 과정을 디지털 데이터로 전환하고, 그 데이터를 분석·활용해 시장과 고객 맞춤형으로 대응할 수 있는 공장이다. 그리고 이렇게 제조과정을 지능화함으로써, 스마트 팩토리는 에너지 효율화, 탄소 중립, 재생에너지 사용 등을 통해 특히 환경 부문에서의 ESG 경영을 가능하게 한다.[5]

❷ 스마트 팩토리를 통한 ESG 경영사례

2.1 LG에너지솔루션

LG에너지솔루션은 축전지 제조기업으로, 자동차 전지, 소형 전지, ESS 전지 사업을 전개하며, 미래 에너지 사업을 이끌고 있다. 동사는 시대적 흐름에 맞춰

---

5 매거진 환경, 'LG, 스마트 팩토리로 생산성·친환경 둘 다 잡는다', 2022.04.05.,
https://magazine.hankyung.com/business/article/202203302622b

ESG 경영에 박차를 가하며, 환경을 우선으로 생각하고 지속가능한 미래가치를 창출하는 친환경 기업으로 거듭나고 있다.

"We CHARGE toward a better future"라는 ESG 비전을 수립하고 '환경, 인권, 안전, 사회적 측면에서의 8대 중점 영역'과 재생에너지 전환 등의 7대 핵심과제를 추진해 나가고 있다. 특히, 2030년까지 재생에너지 100% 전환, 폐배터리 재사용, 인권 리스크 및 환경안전 사고 리스크 Zero, 제품 친환경성 100% 확보, 환경과 인권을 고려한 깨끗하고 투명한 공급망 구축 등을 핵심과제로 삼고 있다.[6]

이러한 LG에너지솔루션은 글로벌 스마트 팩토리 기술기업인 지멘스와 손을 잡고, 배터리 제조 기술 지능화를 통한 본격적인 ESG 강화에 나섰다. 2021년 12월, 독일 기업 지멘스와 '제조 지능화 구축을 위한 업무협약MOU'을 체결하였다. 자동화·산업용 소프트웨어 분야를 선도하는 지멘스는 배터리 산업 분야 지식 공유를 통해 LG에너지솔루션의 디지털 혁신 전략을 가속화하고 있다.

두 회사는 디지털 트윈 로드맵 협업, LG의 배터리 전문인력 조기 육성 기관IBT과 연계한 하드웨어, 소프트웨어·디지털화 응용 교육 프로그램 개발 등에 나서기로 하였다. 이를 통해 LG에너지솔루션은 전 세계 사업장에서 최상의 품질을 갖춘

그림 9 LG에너지솔루션의 ESG 경영 미션, 비전, 목표

기후변화 대응

재생에너지 전환

Global Regulation 대응

투자자·고객 정보 제공

배터리 산업 전반의
저탄소 생태계 구축

친환경 배터리 제조

고객에게 차별적
가치를 제공

출처: LG에너지솔루션

6 LG에너지솔루션, https://www.lgensol.com/kr/esg-strategy

제품을 적기에 제공하고 있다.[7] 한편, LG에너지솔루션은 최근 청주의 오창공장 내 팩토리 모니터링 컨트롤 센터FMCC도 구축하여 전 세계 생산라인의 모습을 영상으로 데이터화하고, 인공지능을 기반으로 한 딥러닝 시스템을 구축하고 있다. 또한, 신규 공장 초기 발생할 수 있는 다양한 시행착오를 줄이기 위해서 생산 설비 및 계측 장비의 가상 영상을 구현해 현지 직원들의 숙련도를 향상하는 작업도 진행 중이다.

스마트 팩토리화 작업을 통해 일하는 방식의 혁신을 추구하고, 해외 신설공장들이 시행착오를 겪지 않도록 제조 공정의 프로세스를 정립하고 선진 공법을 빠르게 전파하는 데 효과적인 역할을 수행하고 있다.[8] 동시에 ESG 목표를 달성하기 위해, 스마트 팩토리 기업과의 협력, 스마트 팩토리 현장의 디지털화·지능화 등 노력도 기울이고 있다.

2.2 LS그룹

LS일렉트릭은 2003년 LG그룹에서 전선과 금속 부문 등이 분리·독립하여 출범한 기업으로, 신사업으로는 스마트그리드, 미래형 자동차 부품 및 솔루션, 친환경 기기 및 부품, 신재생에너지 분야에 진출해 나가고 있다. '글로벌 전기화Electrification 시대'를 맞아 친환경 경영을 강화하며, ESG 경영을 실현하고 있다. 그룹의 디지털 전환DT 과제의 일환으로 2016년부터 생산 전 과정을 통신으로 연결해 공정이 자동으로 이뤄지는 스마트 팩토리 시스템 적용을 추진하고 있다.

2021년에는 국제구리협회ICA로부터 아시아 최초로 '카퍼마크Copper Mark' 인증을 취득하였다. 카퍼마크는 동광석 채굴부터 판매에 이르기까지 모든 과정에서 환경과 인권을 보호하고 지역 상생, 윤리경영 등의 기준을 준수한 기업에 수여하는 동銅산업에 유일한 'ESG 인증시스템'이다. 미국과 유럽연합EU 등에서 ESG 관련 기준

---

7 헤럴드경제, 'LG엔솔, 지멘스 '스마트 팩토리' 기술로 ESG 강화', 2021.12.14.,
http://mbiz.heraldcorp.com/view.php?ud=20211214000119

8 시사IN, '고객이 신뢰하고 사랑하는 세계 최고의 기업, 새로운 100년 위한 출발점에 선 LG에너지 솔루션', 2022.05.30.

을 강화하고 있어, 세계시장 공략에도 힘을 받을 것으로 기대하고 있다.[9]

또한 RE100 가입과 더불어 재생에너지를 이용한 스마트 팩토리 기술을 고도화하고, 산업 구조상 중견·중소기업이 많은 점을 감안해 청주사업장을 중견기업용, 천안사업장을 중소기업용으로 스마트 팩토리 체제도 구축하였다.[10] 국내 스마트 팩토리인 청주사업장이 세계경제포럼World Economic Forum으로부터 '세계등대공장 Lighthouse Factory'에 선정되었다. 포스코 이후 국내 두 번째 사례로, 어두운 바다에 '등대'가 불을 비춰 배들의 길을 안내하듯, 사물인터넷IoT, 인공지능AI, 클라우드 등 4차 산업혁명을 견인할 핵심기술을 활용해 새로운 제조업의 성과 모델을 만드는 공장이다.[11]

그림 10 **LS그룹의 스마트 팩토리**

출처: ADVERTORIAL, 'LS일렉트릭 "사용전력 100% 재생에너지로, 매일경제, 2021.06.04. / 오윤경, 'LS그룹, 환경과 사회를 생각하는 스마트 기술 선도', 시사IN, 2022.03.03.

스마트 팩토리와 디지털 전환

스마트 팩토리는 첨단 디지털 기술의 집합체라고 할 수 있다. 각종 디지털 기술을 통해 공정 시스템이 지능화(Intelligence), 연결화(Connectivity), 가상화

---

9 비즈니스포스트, 'LS그룹, '글로벌 전기화 시대' ESG경영 강화해 제2의 도약 추진', 2022.09.26.

10 ADVERTORIAL, 'LS일렉트릭 "사용전력 100% 재생에너지로, 매일경제, 2021.06.04.

11 오윤경, 'LS그룹, 환경과 사회를 생각하는 스마트 기술 선도', 시사IN, 2022.03.03.

286 _ Paradigm Shift를 위한 4차 산업혁명 시대의 경영사례 I

(Virtualization)를 달성하면서 스마트 팩토리가 보급·확산되고 있다. 다음은 스마트 팩토리를 가능하게 하는 기술들이다.

1 무선 프로토콜

산업용으로 무선은 유선에 비교하였을 때 여러 면에서 유리하다. 설치가 더 손쉽고그에 따른 설치비용 절감, 더 높은 수준의 시스템 유연성이 가능하다. 와이파이WiFi 프로토콜도 인더스트리 4.0으로 사용 가능한 기술이다. 와이파이는 널리 보편적으로 사용되고 있으며, 상호 운영성이 매우 뛰어나나 비교적 높은 전력을 소모하고 보안에 있어서 취약하다.[12]

2 코봇

협동 로봇코봇은 생산라인에서 사람 작업자들과 함께 협력적으로 작업할 수 있는 자율 로봇이다. 코봇Cobot은 복잡한 프로그래밍을 할 필요 없이 사람이 동작하는 것을 따라 학습시킬 수 있다.

코봇에게는 단순 반복적이거나 무거운 것을 들어야 하는 작업을 맡기고 사람 작업자는 지식과 경험을 최대한 활용할 수 있는 작업에 집중

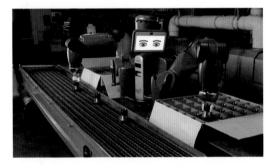

그림11 스마트 팩토리의 코봇

출처: 오윤경, '스마트 팩토리를 가능하게 하는 기술들 - (3) 코봇의 부상', 산업용 사물인터넷 및 디지털전환 테크놀로지 애널리틱스, 2021.01.06.

할 수 있다. 사람 작업자와 같은 속도로 움직이면서 작업을 수행하고, 갑작스러운 움직임은 사람에게 위험할 수 있으므로 이러한 동작은 피한다. 학습을 마치고 나면 코봇이 어떠한 위험성도 없이 사람 작업자들과 함께 협력적으로 작업이 가능하

---

12 산업용 사물인터넷 및 디지털 전환 테크놀로지 애널리틱스, '스마트 팩토리를 가능하게 하는 기술들 - (1) 커넥티비티', 2020.11.18., https://icnweb.kr/2020/44546/

다. 고도로 숙련된 작업자들과 협력적으로 작업함으로써 조기에 문제를 감지하고 교정할 수 있으며, 중단시간을 줄일 수 있다.[13]

❸ 센서

센서는 산업 공정에서 온도와 압력을 측정하는 것에서부터 장비로 진동을 모니터링하고 주요 자산들에 대해서 위치를 추적하는 것에 이르기까지 다양할 수 있다. 다양한 산업 프로세스로 이미지 센서를 사용해서 광학적 검사를 할 수 있으며, 이미지 인식 소프트웨어를 사용해서 로봇을 유도할 수 있다. 카메라로 포착된 데이터를 중앙의 데이터베이스로 제공해서 머신러닝ML과 모니터링을 할 수도 있다.[14]

❹ 디지털 트윈

디지털 트윈Digital Twin은 실제 세계에 존재하는 하나의 시스템을 그대로 가상 세계로 옮겨놓은 '쌍둥이'를 말한다. 디지털 트윈과 동기화된 여러 데이터가 사물 간 데이터를 공유하는 '초연결'을 통해 실시간으로 수집되고, 디지털 트윈을 통해 다양한 분석과 시뮬레이션을 수행한다. 대규모 인프라나 스마트시티 등 실제를 구현하기 곤란한 상황에서 주로 사용되며, 최근 제조혁신 핵심 요소로 떠올랐다.

정해진 범위에서 자동으로 운영되는 공장자동화와 달리 스마트 팩토리는 예상하지 못했던 변동에도 자율로 판단, 대응해 고객 맞춤형 제품까지도 최소한 비용과 시간으로 생산할 수 있다. 진단 분석 예측 최적화에 기반한 스마트 팩토리의 핵심은 디지털 트윈이다.[15]

---

13 오윤경, '스마트 팩토리를 가능하게 하는 기술들 - (3) 코봇의 부상', 산업용 사물인터넷 및 디지털전환 테크놀로지 애널리틱스, 2021.01.06.

14 오윤경, '스마트 팩토리를 가능하게 하는 기술들 - (2) 센서, 산업용 사물인터넷 및 디지털전환 테크놀로지 애널리틱스, 2020.12.09.

15 이호, 노상도 성균관대 교수 "스마트 팩토리, 디지털 트윈으로 완성", 전자신문, 2022.01.11.

그림 12 디지털 트윈

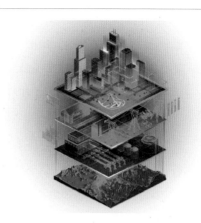

디지털 트윈의 구조

현실과 같은 도시 또는 공장 등을 재현   시뮬레이션 진행

가상 공간

실시간 정보수집   확실하게 피드백

현실 공간

출처: "스마트 팩토리, 디지털 트윈으로 완성", 전자신문, 2022.01.11.

맺음말: 한국 제조업의 부흥을 기대하며 …

글로벌 선진국 및 기업들은 제조현장의 스마트화를 국가 및 산업 경쟁력 확보의 핵심기반기술로 인식하고 있다. 따라서 스마트 팩토리를 새로운 가치 및 수익 창출의 원동력으로 삼고 이에 대한 중장기 전략을 수립하고 있다. 이미, GE의 경우 전통적인 전문분야를 기반으로 하드웨어는 물론, GE 프레딕스 같은 소프트웨어와 IoT, 클라우드 등을 접목한 신규 비즈니스 영역으로 확장하고 있다.

외환위기를 거치면서 우리나라 제조업의 GDP 대비 부가가치 비중이 31.1%까지 확대되면서 국가 경제에 차지하는 비중이 아직도 높다. 그러나 최근 원가상승, 단위당 노동비용 답보상태, 생산가능 인구 감소, 외부환경예, 엔저, 후발국의 추격 등으로 인해 제조업의 경쟁력은 약화되고 있다. 정부도 '제조현장의 스마트화'와 '스마트 공장 공급 산업 육성'이라는 두 가지 트랙으로 진행하고 있다. 스마트공장의 확산은 제조 강국으로의 체질 개선과 경제적 부가가치 향상, 노동생산성 향상, 양질의 일자리를 가져온다는 점에서 그 중요성이 크다.

한편, 대기업 중심으로 ICT 적용 제조현장 혁신을 위한 시도가 일부 진행되고 있으나, 아직 원천기술, 스마트 팩토리 구축 관련 전문인력, SW부분은 취약한 상황이다. 국내 제조업의 공동화 현상은 중소기업이 더 심각하다. 열악한 제조환경과 구인난, 자동화 미약으로 생산성이 저하되고 있다. 제조업체는 그 관리 구조 및 공정, 영업, 물류 등의 프로세스가 유사함에도 불구하고 관리체계가 통합되지 않고 표준화되지 않아, 비용 절감이 어렵고 수요기업 및 공급기업 간 연계성도 부족한 편이다.

스마트 팩토리 활성화를 위해서는 스마트 팩토리의 개방형 생태계의 구축, 산학협력을 통한 현장 맞춤형 인력 양성, 원천기술 확보를 위한 R&D 시스템 구축, 상대적으로 자금력이 약한 중소기업의 스마트 팩토리 구축 지원 등 총체적인 산업 생태계의 경쟁력 제고 노력이 필요하다. 과거 제조업의 생산방식을 벗어나 제조와 IT, 인공지능, 융합기술Cross-Cutting Technology 등을 결합한 새로운 생산 패러다임의 도입이 요구된다.

한편 ESG 경영과 디지털 전환을 통해 친환경 스마트 팩토리 조성에 박차를 가함으로써, 향후 전력 소비를 줄이고 생산성을 높이는 친환경 산업용 로봇 도입의 전망도 우세하다. 이를 통해 로봇의 대체로 인력비 절감과 기업 이윤의 확대 측면만 강조되는 단순 반복 업무에서 벗어나, 이제는 ESG 경영에 발맞춰 전체 프로세스에서 환경 측면을 고려하면서, 전 지구적 지속가능성의 시각으로 접근할 수 있게 되었다.

이러한 ESG 경영은 일자리 창출과 지역사회 발전에 기여함은 물론, 나아가 인적 성장을 통한 사회적 지속가능성을 꾀할 것이다. 스마트 팩토리를 통한 효율적 생산관리 시스템이 구현되면 작업자의 작업 환경과 업무의 질적 개선을 이룰 수 있으며, 고부가가치의 영역을 더욱 확장시킬 수 있다. 이를 위해 제조 기업은 ESG 경영의 필요성을 수용해 기업의 ESG 경영지표를 체계화하고 산업 현장 전반에 적용해야 할 것이다. 이제는 로봇과 사람이 함께 일해야 하는 시대가 되었다.

Assignment Questions

1. 최근 국내 인구문제 및 4차 산업혁명과 관련하여, 제조업의 위기 극복을 위해 스마트 팩토리가 필요한 이유는 무엇인가?

2. 수년간 글로벌 아웃소싱 전략을 채택해온 독일 아디다스는 최근 4차 산업혁명이라는 새로운 기술의 출현으로 어떠한 전략을 도입하고 있는가?

3. 최근 4차 산업혁명으로 대변되는 새로운 기술의 발전은 기업들이 어떻게 새롭게 경쟁력을 확보할 것인지에 대한 기회와 도전을 제시하고 있다. 이에 한국의 기업이 지녀야 할 역량은 무엇인가?

4. 향후 국내 스마트 팩토리의 보급과 확산을 위해 나아가야 할 방향은?

5. 스마트 팩토리의 핵심기술인 클라우드 및 엣지 컴퓨팅 기술에 대해 설명해 보면?

6. 스마트 팩토리의 성공적 도입을 위해서 고려해야 할 사항은?

7. 스마트 팩토리의 추진을 위해 필요한 정책적 논의를 제시한다면?

Paradigm Shift를 위한
4차 산업혁명 시대의 경영사례 I

4차 산업혁명과 패션산업
: 스티치픽스, 조조타운,
렌트 더 런웨이를 중심으로

학습목표

* 4차 산업혁명 시대에 우리 패션산업의 변화 방향에
  대해 고찰해본다.

* 인공지능, 공유경제, 플랫폼, O2O 서비스를 접목한다면,
  의류산업 이외에 어떠한 분야로 새로운 비즈니스 모델을
  확장시킬 수 있을지 토론해본다.

* 최근 기존의 패션기업이 전략을 변화시키지 못하는
  이유는 무엇이며, 새로운 패러다임 전환을 시도하는
  기업의 차별화전략을 논의해본다.

* 패션산업의 ESG 경영을 고찰해본다.

CHAPTER

08

4차 산업혁명과 패션산업*
: 스티치픽스, 조조타운, 렌트 더 런웨이를 중심으로

"AI + 데이터 + 의류쇼핑 서비스"

"소비자는 외상이라 생각하지만, 조조타운은 이미 다른 곳에서 돈을 받는다."
- ZOZO Town -

"소비자는 자신에게 어울리는 단 한 벌의 청바지를 찾고 싶어 하지,
수많은 선택권을 원하지 않는다."
- Katrina Lake (Stitch Fix의 CEO) -

"빌려서라도 꼭 입고 싶은 옷"과 "빌려 입을 때 가성비가 최고인 옷"
- Rent the Runway -

---

* 본 사례는 정진섭 교수의 지도하에 권승규, 이찬희, 문선정, 심효정 학생이 작성하고 곽은서, 홍수민, 이윤재,
이찬희, 이민혜, 조승근, 유가은 학생이 업데이트한 것이다.

4차 산업혁명은 패션산업에도 큰 영향을 미치고 있다. 세계경제포럼은 4차 산업혁명을 3차 산업혁명의 중심인 '인터넷'이 인공지능AI, 로봇, 바이오, 나노 기술, 사물인터넷IoT, 빅 데이터, 드론, 자율주행차량, 3D 프린팅 기술 등과 만나 '산업과 과학 경계의 융합'을 의미한다고 했다.

산업의 비즈니스 모델 또한 변화의 소용돌이에서 빠져나올 수 없을 것이다. 제조업은 단순히 제품을 생산하는 구조에서 벗어나 편리하면서도 재미있거나 나만을 위한 희소성을 주는 기능으로 재무장할 것으로 보인다. 지능정보기술을 통해 다양한 데이터를 분석하고 새로운 가치를 찾아내는 것이 비즈니스 운영에 있어서 중요해지고 있다. 특히, 제품 검색, 확인, 구매, 환불 등 활동 데이터가 명확하고 거래데이터 생성이 많은 유통산업은 지능정보기술을 적용하였을 때 그 효용이 높아지는 분야로서, 4차 산업혁명 기술의 적용에 주목을 받고 있다.

제조 기반의 패션산업 역시 4차 산업의 변화 물결에서 예외일 순 없다. 패션산업은 대중의 트렌드 읽지 못하면 도태하기 쉽다. 대중의 취향은 매 시즌 변한다. 그 변화의 주기는 소셜미디어의 영향으로 더욱 짧아지고 있다. 변화하는 대중의 욕구를 빠르게 파악해 제품과 마케팅에 반영해야 한다. 이제 기업은 크고 작은 규모의 문제가 아니다. 패션산업도 4차 산업혁명의 큰 트렌드 속에 새로운 비즈니스 방향을 모색하고 있다.[1]

유통부문은 하나의 서비스를 제공하는 데 재고, 배송, 물류 관리 등 다양한 업무 프로세스를 거쳐야 하는 만큼, 다양한 지능정보기술과 고도화된 인공지능 적용이 필요하다. 유통기업의 역할은 상품과 서비스를 중개하는 것에서 고객에게 차별화된 쇼핑 경험을 제공하는 것으로 확대되며, 지능정보기술은 고객 만족과 내부 효율을 위해 유통 서비스 관련 전 영역에 도입되고 있다. 고객이 양적·질적으로 유사한 상품을 다양한 채널에서 쉽게 구매할 수 있게 됨으로써 유통 서비스의 경쟁력은 '상품'에서 '경험'으로 전환되고, '스마슈머'[2]를 겨냥한 마케팅이 가속화되고 있다.

---

1 패션서울, 4차산업 혁명이 가져올 패션산업의 미래, 2017.9.29.
2 스마슈머(Smasumer)는 똑똑한 소비자로 스마트폰의 다양한 기능을 활용해 실용적인 소비를 하면서 재미, 문화생활 등 부수 효과까지 누리는 신소비계층을 일컫는다.

표 1 유통산업의 발전과 IT의 역할

구분	직거래	오프라인 유통	온라인 · 모바일 유통	플랫폼 사업자
개념도				
	약 ──► 강			
IT 활용도	특정 IT기술의 활용 부재	내부 효율 증진을 위한 IT 활용 (오프라인 중심)	인터넷, 모바일 기기 등이 고객 소통, 체험 증진을 위한 채널로 등장	내부 효율 및 고객 경험 제고를 위해 AI, Big Data, VR/AR 등 4차 산업혁명 기술의 전방위적 적용
특징	개인 간 상품 직거래로 제품 탐색 및 구매에 높은 시간적 비용과 물리적 한계 존재	유통업체 등 제3자를 통한 탐색 비용 및 거래 비용 절감, 시공간적 한계는 여전히 존재	온라인, 모바일 등의 채널은 시공간 한계를 감소시키지만, 채널의 다양화로 가격 차이, 경험의 단절 등 발생	지능정보기술을 활용한 개인화 서비스 제공, 온오프라인 산업 간 결합으로 시공간 한계가 적고, 프로세스 상 끊김 없이 유연한 서비스 제공이 가능

출처: 한국정보화진흥원, 산업통상자원부의 '유통산업발전기본계획' 수정 인용

스티치픽스

① 기업소개

1.1 스티치픽스란?

패션산업에도 인공지능과 빅데이터를 이용한 기술이 경쟁력을 강화시키기 위

해 활용되고 있다. 이 기술들은 비용 감소와 시간 절감 등을 통해 효율성을 증대시키고, 기업의 이윤을 향상시키며, 소비자 니즈의 정확한 파악을 통해 소비자의 편익도 증대시킨다. 스티치픽스의 경우, 인공지능과 빅데이터를 이용해서 소비자의 행동과 패턴을 기억하여, 그들 각 개인의 만족감을 증대시킬 수 있는 제품을 추천하는 등 개인맞춤형 서비스를 제공하는 대표적 기업으로서 패션산업에 혁신을 일으켰다.

'옷 사진 한 장 없는 패션사이트'로 알려진 스티치픽스는 2011년 카트리나 레이크와 5명의 직원이 보스턴의 작은 원룸에서 시작하였다. 그녀는 직장 생활과 MBA 과정을 동시에 소화하며, 현대인의 고질병 '시간 부족'에 시달렸고 옷 한 벌 살 시간도 나지 않는 바쁜 생활을 하던 중 여성의 옷을 골라주는 스타트업 스티치픽스를 창업하게 되었다. 창업한지 5년 만에 8,000억 원 이상의 매출을 올렸고 기업 가치만 약 4조 원에 달한다. 2021년에는 21억 4천만 달러의 매출과 전년도 대비 25%의 성장을 이루었으며, 스티치픽스의 당기순이익과 사용자 수는 꾸준히 증가하고 있다. 이곳에서 스타일링을 받은 80%의 고객은 첫 구매 후 90일 내 재구매를 선택할 정도로 고객 충성심도 강하다.

그림 1 스티치픽스의 매출 및 증가율

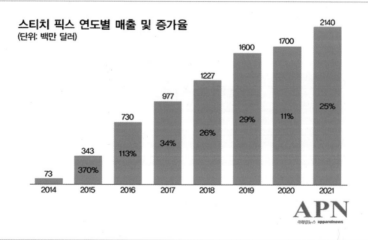

스티치 픽스 연도별 매출 및 증가율
(단위: 백만 달러)

2014: 73, 370%
2015: 343, 113%
2016: 730, 34%
2017: 977, 26%
2018: 1227, 29%
2019: 1600, 11%
2020: 1700, 25%
2021: 2140

출처: 어패럴뉴스 http://m.apparelnews.co.kr/news/news_view/?idx=187126

그림 2 스티치픽스 구독 회원 수와 활성 사용자수

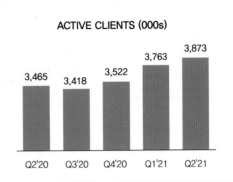

출처: https://www.ttimes.co.kr/article/2021092410477712251/, 인포스탁데일리(http://www.infostockdaily.co.kr)

　2021년 고객 수는 420만 명이고 활성 사용자수는 387.3백만 명이다. 2021 회계
연도 1·2분기 동안 유입된 신규 고객의 수가 2020년 한 해 동안 유입된 신규 고객
수를 능가했다. 신규 활성 고객의 성장은 향후 성장에 기여할 것이다. 스티치픽스
는 온라인 소매업체인 동시에 기술 기업이다. 스티치픽스는 연간 매출을 현재의
20억 달러에서 50억 달러로 수년 내에 증가시킨다는 것이 목표다. 이는 연간 성장
률이 약 15%임을 의미한다. 스티치픽스는 시장 점유율은 늘리기 위해 매년 데이
터 과학자를 대규모로 고용하고, 신제품을 끊임없이 개발하고 있다.

　스티치픽스는 스타일 퀴즈를 통해서 개인정보를 분석하고, 고객의 SNS를 통해
어떠한 스타일을 추구하며, 언제 옷을 구매하는지 등 숨은 니즈까지 파악한 뒤, 주
문이 들어오면 분석 데이터를 바탕으로 전문 스타일리스트의 안목을 접목하여, 고
객에게 적합한 제품을 추천한다.

　사이즈와 색상과 같은 기본적인 분류를 통한 필터링이 아닌 넷플릭스의 머신러
닝을 사용하여 선호하는 스타일을 파악하고 패션 트렌드 분석을 통한 최적의 스타
일리스트를 배정한다. 머신러닝 활용 시 다양한 알고리즘을 통해 차별화된 개인
성향의 옷을 추천하고, 주문 처리와 재고 관리에도 알고리즘을 이용해 자본비용을
낮추며, 효율적 재고 관리 및 배송을 수행한다. 특히, 제품개발 부서에서는 유전학
의 알고리즘을 통해 개별 옷의 특성을 탐색하고, 옷 디자인에 있어서도 머신러닝

그림 3 스티치픽스의 구매과정

Data that Matters
Our trusted relationship with clients allows us to collect rich high-signal data.

Data Science Woven into the Fabric of Stitch Fix
We apply proprietary algorithms to our unique data set to power our entire business.

Client Loyalty
Better Fixes and client-stylist relationships drive repeat purchases and more data.

Human Judgment Applied to Data Science
The combination delivers personalization at scale.

출처: 하버드 비즈니스 리뷰

을 사용한다.

200만 명이 넘는 고객 경험을 토대로 치수 데이터를 수집하여 옷의 유형에 따라 30개에서 100개까지 치수 측정값을 기록한다. 따라서 남성 셔츠에서 가슴둘레와 셔츠 폭의 최적 비율까지 알게 되었고, 이러한 셔츠를 주로 입는 인구의 비율도 알게 되어, 그에 따라 재고를 확보한다. 시기적절하게 필요한 색상과 크기의 옷을 가지고 있기 위해서 옷의 치수, 고객의 성향, 계절, 과거 트렌드 등 많은 변수를 고려하는 것이 중요하기 때문에, 데이터 과학에 투자하는 것을 우선시한다. 또한 쇼핑은 개인적이고 인간적인 행위이기 때문에 인공지능으로만 해결할 수 없는 부분이 있어 데이터와 인간 스타일리스트를 합치는 과정을 중요시 한다. 일례로 고객이 "7월에 있을 야외결혼식에 참석할 때 입을 드레스가 필요하다"라는 매우 구체적인 요청을 하거나 고객이 급격한 체중감량이 있다거나, 임신했다는 세세한 사생활을 알려 주었을 경우 컴퓨터가 그 중요성을 이해하는 데는 어려움이 있으나, 스타일리스트는 어떤 의미를 갖는지 알고 고객에 맞는 상품 추천이 가능하다. 이는 브랜드 충성도를 이끌어 내는 주요 요인이다.

스티치픽스는 고객이 적어주는 데이터와 고객의 반응을 분석하는 알고리즘을 함께 사용하고, 알고리즘을 이용해서 고객과 스타일리스트를 매치시켜준다. 스타일리스트는 다섯 가지 아이템이 든 상자를 배송되기 전에 검토하고 일부를 교체한다. 박스를 받으면 고객은 아이템당 다섯 개의 질문에 답을 하고 추가 코멘트를 적기도 하는데, 그 피드백과 구매내역을 바탕으로 추천 내역을 향상시킬 수 있다.

그림 4 알고리즘과 스타일리스트가 고객의 첫 '픽스'와 이후 '픽스'를 고르는 방법

✕ 반품   ✓ 구매

픽스 1

 고객이 적은 스타일 프로필 내용에 따라 알고리즘은 이 셔츠를 선택했고 스타일리스트는 옅은 핑크색을 골랐다. ☑

 이 슬립온 스니커즈는 캐주얼 신발을 찾는 고객들 사이에서 높은 매치 비율을 자랑한다. 스타일리스트는 꽃무늬 패턴이 독창성을 더한다고 생각했다. ☑

 알고리즘이 고른 이 사계절용 상의는 고객이 적은 가격 범위를 벗어났음에도 불구하고 고객이 꽃무늬를 좋아하기 때문에 스타일리스트가 승인했다. ☑

 고객이 스키니진을 요청했다. 알고리즘이 추천한 청바지 중에 스타일리스트가 초록색을 선택했다. ✕

 고객의 스타일 프로필에 텍스처를 좋아한다고 돼 있기 때문에 스타일리스트는 장식이 달린 이 블라우스를 선택했다. ✕

픽스 2

 고객은 다용도로 입을 수 있는 상의를 찾았다. 알고리즘이 이 캐시미어 스웨터를 찾아냈다. 고객과 비슷한 나이대와 신체치수 여성들 사이에서 매우 잘 나가는 아이템이었기 때문이다.

 고객이 초록색 청바지의 핏을 좋아하지 않았기 때문에 알고리즘이 더 잘 맞는 걸 찾았고 스타일리스트가 파란색을 골랐다. ✕

 고객이 이전 박스에 들었던 가벼운 꽃무늬 상의를 매우 좋아했기 때문에 스타일리스트가 비슷하면서도 더욱 생기 넘치는 이 옷을 찾았고 알고리즘도 잘 맞을 것이라고 제안했다.

 고객이 이전 박스의 핑크색 셔츠를 매우 좋아해서 스타일리스트가 비슷한 색조의 다른 종류를 찾았다. ☑

 고객은 새 가방을 원했고 알고리즘이 같은 나이대의 여성들 사이에서 유행하는 이 가방을 찾았다. 스타일리스트는 박스에 든 빨간색 계열의 상의들과 매치했을 때 돋보일 수 있는 연한 녹색을 골랐다. ✕

픽스 3

알고리즘이 다용도로 입을 수 있고 가격도 싼 인기있는 이 코트를 골랐다. ☑

고객이 이전 박스의 캐시미어 스웨터를 가졌기 때문에 스타일리스트는 이 옷이 조금 대담하기는 하지만 위험을 감수할 가치가 있다고 생각했다. ☑

스티치픽스는 이제 고객이 선호하는 청바지의 색과 핏을 알기 때문에 스타일리스트는 가격대가 조금 비싼 이 청바지를 자신있게 골랐다. ☑

고객이 이전 박스에 든 옷의 색조를 마음에 들어했기 때문에 알고리즘이 이 블라우스를 추천했다. ☑

스티치픽스는 이 고객이 미혼이고 연애를 한다는 사실을 알고 있기 때문에 스키니진과 함께 신을 수 있는 발랄한 하이힐을 선택했다. ☑

출처: 하버드 비즈니스 리뷰

② 성공전략

2.1 차별화된 비즈니스 모델

스티치픽스가 2011년 설립할 당시 온라인 시장은 이미 포화상태로 빅 레드오션이었으나, 발상의 전환으로 고객 1:1 맞춤 서비스를 도입하여 한 달에 20달러만 내면 전체 스타일링을 도와주는 전략을 통해 일정한 수익원을 확보하고, 스타일링 된 의류 중 한 개라도 고객이 구매하면 금액을 되돌려주고 옷값을 할인해주는 제도를 활용해 소비자의 니즈를 충족시켰으며, 결국 성공적인 기업으로 성장할 수 있었다.

스티치픽스 창업자 카트리나 레이크는 바쁜 생활 속에서 옷을 사는 데 많은 시간을 들였던 경험을 토대로 창업을 결심하였고, "한 벌의 옷을 사는데 너무 많은 시간과 고민을 할 필요가 없다!"를 기업 슬로건으로 내세워, 창업에 성공했다.

2.2 알고리즘을 활용한 추천 방법

'스티치픽스'가 스타일리스트들에만 의존해 상품을 추천하는 회사였다면 다른 의류쇼핑몰과 큰 차이도 없을뿐더러 규모가 커질수록 비용도 커지는 부담을 지게 될 것이다. 하지만 '스티치픽스'는 2012는 '넷플릭스'의 알고리즘 책임자였던 '에릭 콜슨'을 스카웃하였다. 스티치픽스의 데이터 기반 알고리즘은 각각의 고객이 작성한 스타일 프로필에 따라 가장 적합한 상품 그룹을 계절별, 시기별로 스타일리스트에게 추천한다. 이렇게 추천된 상품 중에 5가지를 스타일리스트들이 골라 고객에게 보내주는 것이다.

시의적절한 선택만 남은 상황에서 스타일리스트들의 안목이 반영되기 때문에 추천에 걸리는 시간이 절약됨은 물론이고, 고객들 역시 제품을 받기 위해 다른 쇼핑몰보다 오래 기다릴 필요도 없어진 것이다. 이러한 과정을 '콜라보레이팅 필터링'이라 부른다. 콜슨은 "기계 알고리즘으로 사람의 판단을 넓힐 수 있었다"며, "기계와 전문가 인간을 조합해야 했다. 이는 내 예상보다 더 잘 맞아떨어졌다"고 밝혔다.

현재 스티치픽스에는 많은 알고리즘이 있다. 고객에게 제품을 조합시키는 스타일링 알고리즘, 스타일리스트와 고객을 조합하는 알고리즘, 고객이 서비스에 얼마나 만족하는지를 계산하는 알고리즘, 회사가 얼마나 많은 수와 종류의 재고를 준비해야 하는지 알아내는 알고리즘 등이다. 더불어 '스티치픽스'는 이미지로 학습하는 알고리즘도 있어 고객의 핀터레스트 핀을 확인하고 이용자가 설명하기 어려운 취향까지도 학습한다.

2.3 반품 제도와 유통관리 시스템

'스티치픽스'에 가입하게 되면 성별, 나이, 사이즈, 패턴 등에 대해 100문제가 넘는 퀴즈를 풀게 된다. 또한 SNS와 연동하여 고객들이 '좋아요'를 누른 제품에 대한 정보를 수집하기도 한다.

이렇게 입력된 정보를 기반으로 '스티치픽스'에 전속된 스타일리스트들이 단 20달러의 요금만을 받고 5벌의 옷을 골라 고객들에게 건네주게 된다. 옷을 받은 고객들은 자신이 원하는 옷만 가진 후 나머지는 반송시키면 되는 시스템이다. 심지어 반송비 역시 '스티치픽스'의 부담이며, 한 벌이라도 옷을 구매할 시 스타일링 비용 20달러도 돌려받을 수 있다. 이러한 방식은 '스티치픽스'를 한 번 이용해 본 사람들이 다시 찾게끔 만드는 매력이라고 할 수 있다.

이렇게 막대한 물류비가 들어갈 수밖에 없는 시스템에도 '스티치픽스'가 성장을 거듭하는 이유가 무엇인가? 그 답은 바로 '스티치픽스'의 '클라우드를 통한 자동화된 유통관리'에 있다. 클라우드 ERP는 배송, 물류, 재고, 출고 관리를 통합된 솔루션에서 관리할 수 있도록 도와주는 역할을 한다. 예를 들어, '스티치픽스' 사이트에 드나드는 수많은 이용자들의 정보를 조합해 어느 지역에서 어떤 제품이 많이 팔릴 것인지 예측하고, 그에 따라 상품을 배치한다.

2.4 지배구조

스티치픽스는 공식사이트에 이사회 구성원과 지위, 활동 내역을 투명하게 공개하고 있다.

그림 5 | 스티치픽스의 이사회 구성

출처: https://investors.stitchfix.com/committee-composition

❸ 국내 유사 사례

3.1 이웃

국내에서는 스티치픽스와 매우 유사한 '이웃'이란 회사가 있으며, 벤치마킹을 통한 성공여부는 아직 더 시간이 필요한 상황이다. '이웃'에게는 어떤 추가적 전략이 필요할 것인가?

그림 6 다양한 종류의 스타일을 추천해주는 옷

다양한 종류의 스타일을
도전해 보세요!

편안한 캐주얼부터, 오피스룩까지
13가지의 스타일 추천을 통해 언제 어디서든
상황과 장소에 맞는 스타일링이 가능해요.

출처: 이웃 홈페이지 (https://www.e-ot.io/)

조조타운

❶ 기업소개

　조조타운의 전신은 1998년 5월 설립된 주식회사 스타트 투데이로, 2004년 일본 최대 인터넷 의류판매 사이트인 조조타운을 오픈하였다. 조조타운의 의미는, '상상SOZO, 想像'과 '창조SOZO, 創造'가 왕래하는 '거리'라는 의미다. 조조타운은 2022년 기준 6,100개 이상의 인기 브랜드를 취급하고 최신 패션아이템을 상시 52만 개 이상 판매하는 등 발전을 거듭하고 있다.

　조조타운 운영 방식의 80%는 위탁판매로 운영되고 있다. 의류 브랜드 측에서 상품 재고를 조조타운에 보내면 조조타운 측에서 상품의 보관, 판매, 관리를 모두 담당한다. 자체 물류센터를 위탁 브랜드에게 제공하여 상품을 보관하고 주문과 동시에 상품을 발송할 수 있는 구조이다. 조조타운의 2017년 상반기 매출은 전년도 대비 35.3% 증가한 426억엔이며, 소비자 1인당 상품 연간 구매액은 전년도 대비 2.4% 증가한 4만 8,000엔이다. 조조타운의 시가총액이 2017년 기준 1조엔을 돌파했다. 매년 1회 이상 상품을 구입하는 연간 구매자 수는 632만 명으로 최근 3년간 약 300만 명이 증가하였다. 총 고객의 70%가 여성이며, 이 중 40% 가량이 수도권 지역에 거주하고 있어 소비 영향력이 더욱 클 것으로 예상된다. 조조타운의 주요 매출액은 수수료이다. 상품을 조조타운에서 위탁관리하는 대가로 조조타운의 모기업인 스타트투데이는 각 브랜드로부터 수수료를 받는데, 사실상 조조타운의 주요 수입원이라고 할 수 있다.

2016년 결산 기준 매출액의 72%가 수수료 수입이었다. 수수료율은 의외로 고율인 30% 초반대로 예상되는데, 업체들이 이러한 고비용을 지불하면서까지 입점하는 이유는 비용을 지불하더라도 입점하는 것이 이익측면에서 더 크기 때문이다. 그리고 수수료만 지불하면, 위탁 브랜드 상품들의 입점부터 배송까지 모두 조조타운이 맡아서 해주기 때문에 고율의 수수료가 그렇게 가혹하지 않다.

조조타운이 설립된 2000년에는 인터넷 보급률이 지금처럼 높지 않았고, 의류 상품을 입어보지 않고 인터넷으로 판매한다는 것에 대한 거부감이 강했었다. 따라서 설립 초기에는 입점업체를 찾기 위해 순탄치 못한 과정을 거쳐야 했지만, 2022년 현재 6,100점 이상이 입점해 있고 현재 동사는 도쿄증권 거래소에 상장된 기업으로 패션의류업계 비즈니스 모델로 본보기가 되고 있다.

❷ 성공전략

조조타운을 운영하는 스타트 투데이의 창업자이자 대표이사인 마에자와 씨는 조조타운의 성공비결이 동종업계와는 다른 차별화 전략이라고 말한다. 기존의 인터넷에서 판매하는 패션의류는 '저가격 저품질'이라는 인식이 팽배했는데, 조조타운은 업체 및 상품 선별에 우선순위를 두어 셀렉트숍의 독특함과 높은 품질의 의류 이미지메이킹에 성공했다. 동사는 개별 브랜드만의 세계관을 존중하며, 실제 점포에서 구입하는 것 이상의 고객 경험 가치 제공에 집중했다고 한다.

2.1 '패션'이라는 단일 카테고리에 집중

조조타운의 최대 경쟁업체는 일본 내 이미 입점해 있는 아마존이다. 〈표 2〉는 조조타운과 동종업체의 서비스를 비교한 표인데, 아마존과 비교하였을 때 조조타운이 서비스 면에서는 우위에 있다. 조조타운은 무료배송을 원칙으로 하지만, 아마존은 프리미엄 멤버십을 구매한 소비자에게만 무료배송 서비스를 제공하고 있다. 추가적으로 조조타운은 멤버십 대상자에게 10%의 할인율을 제공하지만 아마존재팬은 제공하지 않는다.

표 2 주요 패션업체의 서비스 목록

	Mailing cost (In case of the companies* website)	Membership discount ratio in the usual case (Excl. special discount periods)	Parking fees	Opening hour (store)
ZOZOTOWN	Free	10%	None	24h
AMAZON	Y 350~500, Free with annual membership fee of Y3,900	None	None	24h
Isetan* (Shinjuku store)	Y 315~1,334	1~10% (Avg. slightly more than 6%)	1 hour parking with purchases of Y 5,000 or more, Y 600/hour after that	10:00~20:00
LUMINE* (Shinjuku store)	Y 400 with purchases of less than Y 10thou	5%	2 hour free parking with purchases of Y 3,000 or more, Y 500/hour after that	11:00~22:00
PARCO* (Shibuya store)	Y 315~1,000	5% with purchases of Y 10thou or more per year	1 hour free parking with purchases of Y 2,000 or more, Y 600/hour after that	10:00~21:00
Marui* (Yurakucho store)	Y 380 with purchases of less than Y 10,000	1%	1 hour free parking with purchases of Y 3,000 or more, Y 600/hour after that	11:00~21:00

출처: Company data, Credit Suisse

전체 매출액으로만 비교했을 때 현재까지는 아마존재팬이 조조타운보다 높은 것이 사실이다. 아마존은 1조 5,000억 원의 매출액을 기록하고 있고, 조조타운의 매출액은 5,000억 원에도 미치지 못한다. 하지만 여기서 알아야 할 사실은 취급하는 상품의 종류이다. 아마존은 모든 카테고리의 상품을 취급하지만, 조조타운은 오직 의류만을 취급한다. 조조타운이 패션전문 쇼핑몰이기 때문에 의류상품을 사고자 하는 소비자들은 아마존보다 조조타운에서 상품을 구매할 확률이 높다. 만약 조조타운이 아마존처럼 다중 카테고리를 취급하는 사이트였다면 아마존재팬과의 경쟁에서 살아남기 힘들었을 것이다. 하지만 조조타운은 패션이라는 단일 카테고리에 모든 역량을 집중하였기 때문에 아마존과의 직접적인 경쟁을 피하면서 매출을 올릴 수 있었다.

2.2 고객 간 커뮤니케이션 활성화

조조타운은 현재 WEAR라는 유저간의 커뮤니케이션 기능을 강조한 어플리케이션과 ZOZOTOWN 쇼핑몰, 그리고 ZOZOUSED라는 중고 상품 쇼핑몰을 운영하고 있다. WEAR 어플리케이션을 통해 유저 간의 활발한 정보 공유와 실제 상품 착용 사진을 제공함으로써 반품을 획기적으로 낮추고 스마트폰에 익숙한 주 고객층인 20~30대의 구매율을 증가시켰다. 또한 중고의류 카테고리를 추가함으로써 셀렉트숍의 상품이 가격적으로 부담되는 소비자들을 효과적으로 공략했다.

빅데이터를 활용하여 조조타운은 개별 고객들이 열람하는 상품, 구매 빈도수, 시간대별 유입경로 등을 판별해 각 개인에게 맞춘 프로모션을 WEAR앱이나 SNS 등으로 알린다. 기존의 일괄적으로 같은 내용을 송신하는 방식과 차별화를 두어 커스터마이징에 초점을 맞추었다고 볼 수 있다. 또한 조조타운은 기존의 위탁판매에 그치지 않고, 자체브랜드로 'ZOZO'를 런칭하였다. 마에자와 사장은 "고품질의 기본아이템 위주로 판매할 계획"이라고 밝혀 기본 의류 품목을 메인 아이템으로 하고 있는 유니클로와 경쟁이 치열할 것으로 예상된다.

그림 7 조조타운 회원 나이 분포도

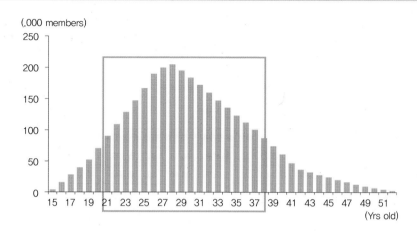

출처: Credit Suisse estimates

2.3 '후불결제' 시스템과 '배송비 자유' 서비스

조조타운만의 성공전략으로, '후불결제시스템'이 있다. 이러한 외상결제시스템은 조조타운이 2016년 11월 새롭게 선보인 시스템이다. 이용방법은 구매자가 물건을 주문하고 결제대금을 최대 2개월 후에 지불하는 방식이다. 5만엔5만 4천원이라는 금액 제한이 있지만, 대금을 바로 지불하지 않아도 된다는 것과 상품수령 후 마음에 들지 않으면 바로 반품할 수 있다는 점에서 후불결제시스템 이용자가 100만 명을 돌파했다.

그림 8 조조타운 배송비 선택화면

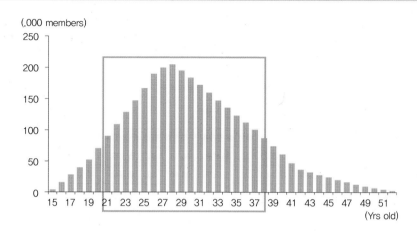

출처: brunch.co.kr

또 다른 전략으로는 조조타운이 최근 선보인 '배송비 자유' 서비스이다. '배송비 자유'라는 개념은 조조타운이 처음 도입한 개념이다. 사진은 실제 조조타운 마지막 결제 창에 뜨는 화면인데, 실제로 빨간색 박스 안에 구매자가 지불하고 싶은 배송비를 입력할 수 있는 란이 있다. 구매자는 0엔을 내던 500엔을 내던 자신이 원하는 만큼 배송비를 지불할 수 있다. 이러한 마케팅전략을 도입한 조조타운의 의도는 자유롭게 가격을 정해주는 행위로 '배송을 직접 수행하는 택배사와 구매자 간의 어떤 감정이나 기분의 교환이 생겨나면 좋겠다'라는 것이다.

그림 9 각 지역별 평균 지불 배송료

順位	都道府県	平均送料	順位	都道府県	平均送料	順位	都道府県	平均送料	順位	都道府県	平均送料	順位	都道府県	平均送料	順位	都道府県	平均送料
1	福島県	111.73	11	沖縄県	103.22	21	静岡県	98.53	31	香川県	96.37	41	愛媛県	92.33
2	岩手県	111.08	12	山梨県	102.65	22	佐賀県	98.40	32	新潟県	95.82	42	埼玉県	92.15
3	青森県	110.79	13	鹿児島県	102.63	23	鳥取県	98.25	33	岡山県	95.23	43	京都府	90.48
4	長野県	108.50	14	山口県	102.45	24	群馬県	97.50	34	徳島県	94.43	44	滋賀県	89.02
5	島根県	107.99	15	茨城県	101.81	25	宮崎県	97.16	35	千葉県	93.62	45	兵庫果	88.78
6	山形県	105.63	16	高知県	101.28	26	三重県	96.85	36	岐阜県	93.12	46	大阪府	88.68
7	秋田県	105.61	17	長崎県	101.26	27	福岡県	96.78	37	愛知県	93.09	47	奈良県	86.05
8	大分県	104.82	18	福井県	99.37	28	北海道	96.68	38	広島県	92.81	※平均送料は円、税込です。		
9	熊本県	104.51	19	富山県	99.343	29	石川県	96.44	39	神奈川県	92.73			
10	栃木県	103.38	20	東京都	99.341	30	宮城県	96.39	40	和歌山県	92.69			

출처: brunch.co.kr

모두 0엔을 지불할 것으로 예상했지만, 구매자들은 의외로 평균 100엔 정도의 배송비를 지불하고 상품을 구입하였다. 0엔을 입력한 구매자들은 전체 구매자의 43%로 과반수를 넘지 않았다. 조조타운의 성공전략은 다른 기업들이 생각하지 못한 '새로운 개념의 도입'이다. 앞서 소개한 '후불결제시스템'과 '배송비 자유' 시스템은 일률적인 시스템이 팽배한 쇼핑몰 시장에서 소비자들의 시선을 끌 수 있는 수단이다. 수익적 리스크가 분명히 존재하지만 결과적으로 많은 고객을 유치할 수 있었다. 현재 의류apparel산업은 사양산업이다. 하지만 조조타운은 변화하는 세태에 맞추어 IoT의 도입 등 신속하게 대응했기 때문에 꾸준히 2자리 수 매출증가 추세를 유지할 수 있었다.

2.4 초개인화 컨텐츠 사업

조조타운은 4차 산업혁명에 따른 기술발달을 놓치지 않고 비즈니스로 연결시켰다. 조조타운의 CEO 사와다 코타로는 조조타운을 일종의 '패션 놀이터'로 만들고자 했다. 이 전략의 핵심은 고객의 '온라인 쇼핑 내역'과 신체 측정 디바이스를 통해 축적한 '소비자 신체데이터'가 있다. 이 2가지 데이터를 적극적으로 활용해 초개인화된 적합한 콘텐츠를 제공하고자 한다.[3]

조조타운이 신체 데이터에 집요한 이유는 이를 통해 축적한 소비자 데이터가 미래 전략에 기반이 된다고 여기기 때문이다. 조조타운이 발표한 성장 전략의 핵심은 자사의 온라인 쇼핑 내역을 통해 이미 파악된 '고객 취향 데이터'에 신체 사이즈 데이터를 더해 고객 한 사람 한 사람에게 적합한 패션을 제안한다는 것이다. 조조타운이든 다른 온라인 쇼핑몰이든 판매하는 제품은 사실 비슷하다. 제품으로 차별화가 어려운 의류 유통에서 퍼스널 쇼퍼와 같은 역할을 통해 확실한 팬층을 확보하겠다는 전략이다.[4]

그림 10 퍼스널 쇼퍼

출처: Cheil magazine

2.5 D2C, 신생 브랜드 생산지원 산업

조조타운은 고객의 신체 데이터를 기반으로, 자체 PB 브랜드를 개발하기도 했다. 고객의 신체 데이터를 바탕으로 맞춤형 제품을 생산한다는 아이디어는 좋았지만 조조슈트로 사이즈를 측정 후 실제 구매로 이어진 고객이 별로 없었기 때문이

---

3 https://brunch.co.kr/@sueyeonko/11

4 https://magazine.cheil.com/50702

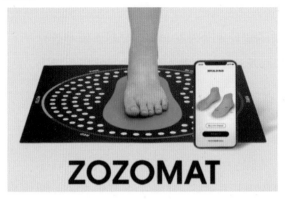

그림 11 조조매트

출처: ZOZO

다. 그래서 조조슈트는 PB 브랜드 런칭을 위해 다품종 소량생산, 저비용, 단기 납기가 가능한 생산 시설을 구축하고 D2C 전략을 성공적으로 접목시켰다. 자사의 사업은 성공하지 못했지만 여기에서 얻은 자산을 활용해 2020년부터 D2C 브랜드의 생산을 지원해줌으로써, 또 하나의 비즈니스 모델을 생성할 수 있었다. 단지 생산 설비를 제공하는 것만이 아니다. 조조타운은 고객의 구매 이력 데이터를 통해 상품 수요를 예측하고 이에 따른 적정한 생산량을 제안했다. 자본이 부족한 신생 브랜드에 토탈 생산지원 플랫폼을 제공함으로써 Win-win 전략을 실행한 것이다.[5]

2.6 계측기술 라이선스 판매

조조타운은 신체 데이터를 측정할 수 있는 기술 라이선스를 타 기업에 판매하거나, 취득한 데이터를 타사가 활용할 수 있도록 할 예정이다. 예로 조조매트 포 핸즈손 모양 측정 기술는 주얼리 브랜드가 활용할 수 있고, 조조매트의 경우 타 신발 브랜드가 활용할 수 있을 것이다. 이는 규모의 경제가 이룬 유의미한 데이터 결과이기에 가능한 것이라고 생각하는데, 실제로 2020년 2월 말부터 무료로 배포한 조조매트는 4개월 동안 무려 113만 명이 이용했다.

---

5 조조타운 패션 기업인가 데이터 기업인가?, http://fpost.co.kr/board/bbs/board.php?bo_table=fsp32&wr_id=36

③ 인터넷 의류 판매의 혁명, 조조슈트

조조타운은 4차 산업혁명에 따른 기술발달을 놓치지 않고 비즈니스로 연결시켰다. 4차 산업에서 초연결 사회를 가능하게 해주는 IoT와 센서를 의류에 접목시킨 것이다. 이것이 바로 2017년 11월 22일, 조조타운을 운영하는 스타트 투데이의 신체 사이즈 측정용 바디슈트인 '조조슈트ZOZOSUIT'이다. 최근 인터넷 쇼핑몰을 통

한 의류 구매가 증가하고 있지만, 사이즈 측정의 문제, 크기와 착용감의 불안으로 아직까지도 매장에서 구입하는 경우가 많다. 이를 해소하기 위해 IoT 기술을 활용하였는데, 전용 슈트를 사용하여 신체 사이즈를 측정하고 이를 기초로 최적 사이즈의 제품을 추천하여 의류 사이즈 및 착용감에 대한 고객 불만을 해소하는 것을 목표로 하고 있다.

그림 12 조조슈트

기존품 개선품

출처: 조조타운 홈페이지

"사람이 옷에 맞추는 시대에서 옷이 사람에 맞추는 시대로 변모하면서, '조조슈트'는 압도적인 속도로 전 세계에 무료로 퍼질 것이며, 체중계나 체온계처럼 각 가정에 하나씩 보유하게 될 것이다."
-조조타운 설립자, 현 CEO인 마에자와 유사쿠-

뉴질랜드의 소프트센서 개발기업인 'StretchSense'와 공동 개발한 신축센서를 해당 슈트에 탑재, 손님이 상하의를 입고 스마트폰 블루투스로 연결하면 인체 모든 부위의 치수를 즉시 측정, 신축 센서로 신체의 1만 5,000개소를 측정하는 것이다. 2018년 4월 27일 출시된 새로운 모델의 조조슈트는 슈트에 부착된 화이트 마

그림 13 조조슈트와 촬영 데이터

커를 스마트폰 카메라가 인식하여 신체 치수를 측정하는 방식이다.

조조슈트를 착용하고 스마트폰으로 360도 촬영하면 카메라가 화이트 마커를 인식하여 신체 치수가 자동으로 측정이 된다.

출처: 조조타운 어플리케이션

촬영한 체형데이터는 3D모델로 모바일 앱에 표시되어 자신의 체형을 다양한 각도에서 확인할 수 있고 측정 결과는 앱을 통해 조조타운 사이트로 전송되고, 쇼핑 시 나의 사이즈와 가장 적합한 제품을 추천해준다. 사이즈 측정을 통해 기성 제품은 어느 사이즈가 맞을지 알려주고 맞춤 제작도 가능하다. 조조타운에서는 뉴모델 조조슈트 출시에 맞춰 앱에서 측정한 사이즈대로 제작해주는 'ZOZO'란 브랜드도 론칭했다. 현재 티셔츠1,200엔, 약 1만 2,000원와 청바지3,800엔를 판매 중이다. 스타트 투데이 홍보실의 홀든 씨는 "슈트를 통해 사이즈를 측정한 고객의 50% 이상이 실제 구매한다"고 밝혔다.

조조슈트는 언제, 어디서나, 누구라도 패션을 즐길 수 있는 환경을 제공한다. 도시의 백화점에서 멀리 떨어진 시골과, 의류 매장이 열려있지 않은 심야·새벽에는 옷을 입어 볼 수가 없어서 구입을 포기하는 사례도 많다. 소위 신장 차이는 물론, 체형의 특징 탓에 자신에게 맞는 옷을 찾지 못해, 옷 구입을 주저하거나 포기하는 경우도 있다. 또한 유아는 신체가 아직 부드러워 조금 작아도 신기면 들어가고 의사표현도 정확하지 않아서 구매 시 항상 사이즈가 걱정된다. 이는 유아뿐만 아니라 노인, 장애인에게도 해당이 된다. 조조슈트는 그들의 착용감에 대해 묻지 않아도 실제 입어보는 것보다 더 정확하게 알 수 있기 때문에 가장 적합한 옷을 선택하는 데 도움이 된다. 이와 같이 패션을 즐기고 싶지만 실질적으로 즐길 수 없던 사람들의 잠재적 수요를 발굴하여 의류업계 전체에 큰 기회를 가져올 것으로 기대된다.

'일본 EC의 미카타 편집부'의 설문조사에 따르면 기존 인터넷 쇼핑몰에서 67%의 응답자는 의류 사이즈가 맞지 않았던 경험이 있고, 조조슈트의 성능을 이용하여 저스트 사이즈를 구매할 경우 인터넷 쇼핑몰을 이용하는 빈도가 증가한다고 생각하는 응답이 절반52% 이상에 달하고 있다. 조조슈트는 확실히 인터넷 쇼핑몰 및 실제 매장 판매에 큰 영향을 줄 것으로 생각된다. 하지만 인터넷 쇼핑몰의 단점은 사이즈 뿐 만이 아니라는 것을 기억해야 한다. 사이즈 뿐 만 아니라 실제 색상과 질감의 문제로 인터넷 쇼핑몰을 기피하는 사람도 있기 때문이다. 또한 정확한 사이즈를 아는 것은 좋은 일이지만 조조슈트를 통해 측정된 나의 사이즈가 나에게 어울리는 사이즈인가에 대한 의구심도 있다. 단순한 사이즈 측정에 그치지 않고 경험이 있는 장인이나 소비자 본인의 감성과 같이 측정할 수 없는 부분이 존재하는 것이 패션이다. 조조슈트는 아직까지는 전문 재단사가 직접 측정한 것과는 약간의 오차가 있는 것으로 나타나 추후 보완이 필요하다고 생각된다.

그럼에도 조조슈트의 출시는 본래의 패션 저변을 크게 확대시킬 혁신적인 제품이라 평가된다. 스타트 투데이는 브랜드로부터 제품을 받아 판매하는 위탁판매가 핵심 사업으로서, 상품 판매 대금과 각 브랜드의 수수료를 수익원으로 하고 있다. 현재 트렌드 패션 EC시장의 과반 정도의 점유율을 차지하고 있어 의류 분야에서 영향력이 매우 큰 기업이다. 이러한 스타트 투데이의 조조슈트 출시는 '기성복에서 맞춤형으로의 큰 변화'가 예상되고 이러한 흐름은 단순한 옷의 취향에 그치지 않고 라이프 스타일과 트렌드, 나아가 가치관에도 큰 변화를 가져올 것으로 기대된다.

④ 국내 사례 - 무신사

무신사는 2017년부터 매년 매출 50% 이상의 성장폭을 보이면서 단순히 옷만 사고파는 기능 이상의 놀이터를 고객들에게 제공하고 있다.[6] 주요 소비층은 MZ세

---

6 https://www.ktnews.com/news/articleView.html?idxno=121064

그림 14 무신사

출처: 무신사 홈페이지

대로, MZ세대의 80% 이상이 이용하고 있다. 2018년부터 매년 59%, 103%, 51%씩 성장하며, 3년간 약 4배의 매출을 기록했다. 2020년 기준 매출 규모는 3,319억 원으로 코로나19로 오프라인 유통체제 위기에 무신사는 성장가도를 달렸다. 패션 콘텐츠 생산과 UX디자인에 집중하고 소규모 디자이너 브랜드 간 기획전 주기적으로 제안하며, 매거진과 유튜브로 콘텐츠를 제작한다.

⑤ 조조타운의 ESG 경영

5.1 환경(Environment)

그림 15 100% 재활용된 운반소재(재생파레트, 재생종이 완충재)

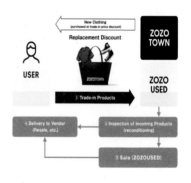

출처: ZOZO

2022년 2월, '2030 탄소중립선언'에서 구상한 '2025 회계연도까지 회사에서 사용하는 전력의 80% 이상을 재생 가능 에너지원을 통해 생산한다.'는 중간 목표를 달성했다. 물류센터 ZOZOBASE Tsukuba 1, ZOZOBASE Narashino 1에 재생 에너지를 기반으로 생산되는 전기를 도입했고 당사 소비전력의 60%를 대체할 수 있었다. 물류센터 ZOZOBASE Tsukuba 2, ZOZOBASE Narashino 2에도 100% 재생 에너지를 기반으로 만들어지는 전기를 도입하고 두 시설에서 소비되는 전력의 90% 이상이 대체될 것으로 보고 있다.

또한 지속가능한 사회 구현을 위해 물류센터에 100% 재활용 된 플라스틱으로 만들어진 팔레트를 도입하고, 이 팔레트가 파손 등의 사유로 사용할 수 없게 되더라도 폐기물 수거 업체와 협력해 한번 더 재활용해서 새 팔레트로 만들거나 고체 연료로 활용할 것이라고 한다. 2020년 10월부터는 택배 배송 시에 사용했던 플라스틱 완충재를 '100% 재생종이'를 활용한 완충재로 전환했다. 조조타운이 운영하는 또 다른 쇼핑몰 ZOZOUSED를 통해 소비자들이 헌 옷을 다시 활용할 기회를 제공하기도 한다. 소비자가 ZOZOUSED에 헌 옷을 제공하면 ZOZOUSED 측에서 수선 후 다시 판매한다. 헌 옷을 제공한 소비자는 ZOZOTOWN에서 구매 시 제공한 헌 옷 가격만큼 할인받을 수 있다.

5.2 사회(Social)

2022년 6월 코로나로 학생들이 조조타운이 제공하는 직업 프로그램에 참여할 수 없게 되자 지바현에 있는 츠바키모리 중학교 2학년 학생 122명을 대상으로 직접 학교에 방문했다. 조조타운 서비스가 어떻게 기획되고 개발되어 소비자에게 전달되는지 알려주고, 각 사업부가 하는 일을 배우면서 학생들의 진로교육에도 도움을 주고 있다. 또한 2022년 3월 Chiba Commerce University의 학생 40명을 대상으로 'Honors Program 2021'을 개최하고 기업에서 발생할 수 있는 문제를 주제로 학생들과 같이 해결 방법에 대해 토론했다. 새로운 시각에서 해결책을 얻을 수 있고, 젊은 세대의 조조타운에 대한 관심과 이용 빈도 역시 높이는 계기가 될 수 있다.

그림 16 조조타운이 하는 일을 학생들에게 알려주는 진로교육

출처: ZOZO

2022년 3월 지역사회와 협업해 기업의 철학을 알리고 같이 지속가능성에 대해 재고해보는 것을 주제로 미도리초 공원에서 '구루구루 서커스 생각 서클 & 이웃사랑Guruguru Circus think circle & love neighbors을 개최하고, 비건 카페를 통한 가벼운 식사 판매와 지속가능성에 관한 워크샵을 열었다. 이는 기업과 지역사회의 상생 및 소통의 기회가 되었다. 또한 PGA Tour ZOZO Championship 2021에서는 약 2000명의 자원봉사자와 함께 자선행사를 개최하고, 개최지인 지바현에서 중학생 골퍼를 양성하는 일본중고등학교연맹 등 3곳에 3,000만 엔을 기부한 바 있다. 앞으로도 PGA Tour ZOZO Championship을 개최해 지역사회에 적극적인 공헌과 차세대 육성에 힘쓸 것이다.

5.3 지배구조(Governance)

기업경영의 정직성, 투명성, 효율성 및 신속성을 중시하는 조조타운은 이사회 및 감사위원회 중심의 지배구조를 강화하였으며, 이를 공식사이트를 통해 모두에게 세세하게 공개하고 있다. 사외이사 포함 8명으로 구성된 이사회는 3명의 사외감사위원으로 구성된 감사위원회의 감독 아래에 있으며, 감사회의 구성원은 변호사 및 공인회계사이다. 이사회 및 감사는 월 1회를 원칙으로 하며, 2021년 3월 기준 이사회 전원이 100% 출석했다. 소액주주의 이익을 고려해 대주주지배주주와 소액주주간 이해가 상충되는 중요한 거래에 대해서는 심의 및 검토하는 것을 목적으로 하는 그룹간 거래심의위원회Inter-group Trading Revies Committee를 개설했다. 구성원은 모두 사외이사와 사외감사위원이다.

렌트 더 런웨이

① 기업소개

공유경제는 다보스 포럼이 제시한 4차 산업혁명의 중심이며, 오프라인 시장은 온라인이 융합하는 O2O 플랫폼이 등장하면서 공유경제가 급속도로 확장되고 있다. 이미 전 세계 선도 기업들의 60%가 공유경제에 관여하고 있고, 4차 산업 초연결의 공유경제 플랫폼은 의류산업에서도 찾아볼 수 있다.

공유경제 모델에 패션을 접목시킨 대표적인 사례가 바로 Rent The Runway이다. '하이패션계의 아마존'을 꿈꾸는 렌트 더 런웨이는 2009년 하버드 대학의 MBA 과정에서 공부하던 2명의 젊은 여성 제니퍼 하이먼Jennifer Hyman과 제니퍼 플라이스Jennifer Fleiss가 뉴욕에서 창업한 회사이다. 두 사람은 하이먼의 동생이 친구의 결혼식에 입고 갈 옷을 구하느라 고생하는 것을 보고, 중요한 이벤트나 모임에 쉽게 옷을 빌려갈 수 있는 서비스를 제공하기로 했다. 이른바 여성들에게 '합리적인 가격으로 멋진 하루를 선물'하는 서비스인 것이다. 주로 유명 브랜드의 옷과 가방, 액세서리를 고객의 신청을 받아 하루나 이틀 동안 빌려주는 사업이다. "우리는 고객이 돈이 없거나 돈 낭비라고 생각해 구입하지 않는 물건을 사용할 수 있게 해

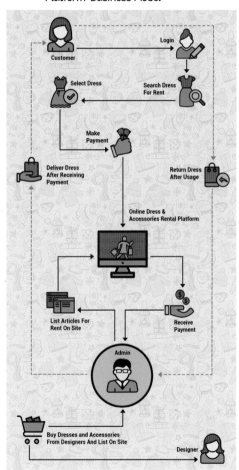

그림 17 Online Dress & Accessories Rental Platform Business Model

출처: FATbit

준다"고 설명했다.

이들은 넷플릭스나 게임플라이와 같이 영화 타이틀과 비디오게임을 우편을 통해 빌릴 수 있는 사업모델에 착안하여 입을 옷을 택배로 배송받는 서비스를 만들기로 하고 고급 여성 패션 드레스들을 목표로 삼았다. 스피드가 생명이라고 생각한 이들은 특별한 사업계획도 없이 무작정 사업을 시작하였다. 그렇게 시작한 고급 드레스 렌트 사업은 현재 600만 명의 회원들과 이름만 대면 알 수 있는 전 세계 유명 디자이너 브랜드의 옷들이 진열되는 커다란 성공을 거두게 되었다. 이들이 노린 것은 유명 디자이너의 옷을 비싸서 살 수는 없지만, 일생에 몇 차례 밖에 없는 이벤트에 저렴하게 입고 반납할 수 있는 확실한 소비자들의 불충족 욕구였다. 이들의 참신한 시도는 언론들에게도 집중적인 조명을 받게 되는데, 뉴욕타임즈나 포브스와 같은 매체는 물론, 글래머Glamour나 틴 보그Teen Vogue와 같은 유명한 패션 전문지에도 실리면서 사업이 탄력을 받았다.

렌트 더 런웨이는 베인 캐피탈에서 2009년 초기 투자를 유치할 때 진부한 사업계획서가 아니라 '하버드 대학과 예일 대학의 학생들을 대상으로 시장조사를 직접 수행한 자료'를 바탕으로 투자자들을 설득한 것이 또 하나의 성공 포인트가 되었다. 이들은 100벌의 드레스를 사서 하버드 대학과 예일 대학의 학부생들에게 실제로 드레스를 대여하는 실험을 시작하였다. 하버드 대학에서는 드레스를 입어보고 빌려가도록 하였는데, 실험 결과 학생들은 드레스를 1/10 가격에 잘 빌려가기도 하거니와 돌려줄 때에도 매우 조심스럽게 입고 처음 상태 그대로 돌려주었다.

이를 통해 사업성과 드레스를 여러 차례 입게 할 수 있다는 확신을 얻은 두 창업자들은 예일 대학에서는 드레스를 입지는 못하고 보기만 하고 빌려가는지 실험하였다. 그랬더니 빌려가는 학생들의 수가 조금 줄기는 했지만 역시 많은 사람들이 드레스를 빌려갔다. 그 다음에는 드레스의 사진만을 보고 드레스를 오프라인에서 빌려가는 비율을 실험하였는데, 드레스를 찾는 여성들 중에서 5%가 사진만으로도 빌리겠다는 의사를 표명한 것을 보고 웹 서비스가 성공할 것이라는 확신을 얻었고, 이런 정교한 실험결과가 베인 캐피탈의 투자를 유치하는 결정적인 계기가 되었다.

이들은 사업을 진행하면서도 그 결과를 빈틈없이 분석하기 시작했다. 드레스와 액세서리를 한 세트로 하여 4~8일 정도 빌려주면서 실제로 사는 가격의 10% 정도를 받았는데, 싼 것은 40달러 정도에서 시작해서 좀 더 고급스러운 것들에 이르기까지 적절한 라인업을 갖추었다. 사용자들이 늘어나면서 멤버십의 형태로 계절이나 월간 렌탈을 할 수 있는 서비스도 제공하였고, 사

그림 18 Rent The Runway 홈페이지 화면

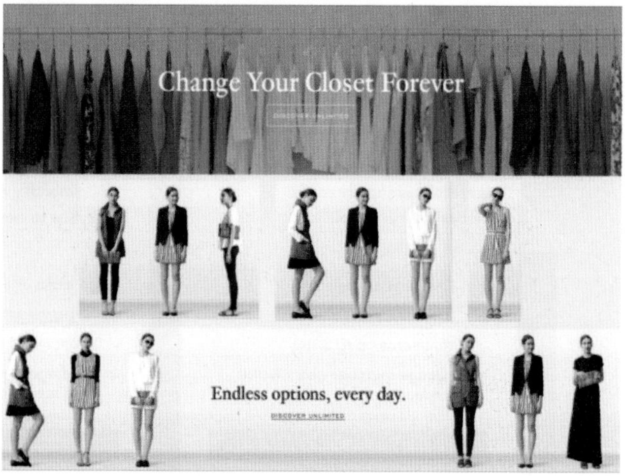

출처: Rent The Runway 홈페이지

용자들이 우편을 통해 빌릴 때 처음 입는 것 보다는 90% 정도가 과거에 자신이 빌렸던 브랜드나 구매했던 브랜드의 것을 선호한다는 것을 알아내고 인기가 있는 특정 디자이너 브랜드와의 보다 공격적인 제휴를 추진하기 시작했다.

유명한 디자이너 브랜드인 Lela Rose, Karen Scheck 등은 젊고 아름다운 여성들이 자신들의 제품을 입어보고 이에 대한 명성을 확산시키는 것이 브랜드 드레스의 판매에도 도움이 될 것이라는 이들의 설득에 과감하게 드레스 렌탈을 도와주는 결정을 내린다. 이렇게 해서 고급 드레스의 공급문제가 해결이 되자 회사는 빠르게 성장하였다.

렌트 더 런웨이의 무서운 성장 속도는 수치만 봐도 알 수 있다. 2016년에는 매출이 125% 늘어 총 1억 달러약 1,200억 원의 매출을 기록하면서 창업 후 최대 수익을 거두었다. 또한 2014년 6,000만 달러약 680억 원의 투자를 받은 데 이어 2016년 말 다시 한번 6,000만 달러를 투자받는 데 성공하면서 입지를 다졌다. 현재 기업 가치는 최대 8억 달러약 8,525억 6,000만 원 정도로 평가된다. 렌트 더 런웨이는 매일 6만 5,000벌 이상의 드레스와 2만 5,000개가 넘는 귀걸이, 팔찌, 목걸이를 미국 전역의 회원 600만 명에게 배송한다. 최근 렌트 더 런웨이 구독 서비스의 활성 구독자 수를 보면, 2021년 기준 11만 6,883명으로 전년 대비 6만 5,545명에서 78% 증가했다.[7]

그림 19 구독료 모델

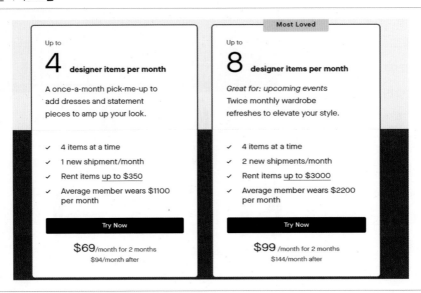

출처: Rent The Runway 홈페이지

구독료 모델은 크게 2가지로 나뉘어 있다. 4개의 디자이너 아이템을 빌려 입을 수 있는 69달러 모델과 8가지 아이템을 빌려 입을 수 있는 99달러 모델이 있는데, 8개의 아이템을 입을 수 있는 모델이 더욱 인기가 많다고 한다.

② 성공전략

2.1 주요 타겟층, 오피스 우먼 공략

하이만은 "드레스는 트로이의 목마일 뿐, 내구성이 떨어져 가장 대여하기 힘든 상품인 옷으로 사업을 시작했다. 이제 우리는 세상의 어떤 제품이든 대여할 수 있다"고 말했다. 렌트 더 런웨이의 주요 타겟은 오피스 우먼, 특히 전문직에 종사하는 20~40대 여성들이다. 매일 아침 '오늘 뭐 입지?'라고 고민하거나 철마다 옷을

---

7 한국섬유신문

새로 사 입는 것이 부담스러운 직장 여성들에게는 더할 나위 없이 유용한 서비스다. 특히 유명 브랜드의 값비싼 의상을 저렴한 가격에 빌려 입을 수 있다는 점은 이들에게 분명 매력적으로 다가온다. 하이먼은 "직장에서 일한다는 것은 다양한 출근 의상이 필요하다는 것을 의미한다. 그리고 어느 정도는 새롭고, 세련되어야 한다. 특히, 전문직 종사자들이라면 그에 걸맞은 일종의 복장 규정이 존재한다. 그리고 그런 복장은 대개 값이 비싸기 마련이다"라고 이야기했다. 그녀는 또한 "렌트 더 런웨이의 주력 고객들은 바쁜 전문직 여성들이다. 이들의 삶에 있어서 진정한 럭셔리는 아마도 시간과 편리성일 것이다. 우리는 주력 고객들에게 이 두 가지 모두를 적어도 패션에서만큼 실현시켜 주고자 한다"라고 덧붙였다.

렌트 더 런웨이는 드레스 뿐 만 아니라 월간 렌탈 서비스도 운영하고 있다. 이번에 새롭게 내 놓은 'RTR 업데이트RTR Update'는 한 달에 89달러한화 약 10만 원를 내고 총 4개의 아이템을 대여해 주는 서비스이다. 새로운 플랜을 제공하면서, 기존의 'RTR 언리미티드RTR Unlinited'는 159달러한화 약 18만 원로 한 달 이용료를 높이고, 대신 한 달 동안 무제한으로 아이템들을 대여할 수 있도록 변경했다. 또한 동시에 3개까지의 아이템만 대여가 가능했다면, 이제는 한 번에 총 4개의 아이템을 대여할 수 있게 되었다. SPASpecialty store retailer of Private label Apparel 브랜드의 저렴한 옷 두 벌 정도를 사는 가격이면 적어도 명품 의상을 매일 갈아입을 수 있는 것이다.

2.2 오프라인 매장으로 확대

온라인 매출에 힘입어 렌트 더 런웨이는 오프라인 매장 사업도 확대하고 있다. 현재 미국에서만 총 여섯 곳의 매장이 운영되고 있으며, 첫 번째 매장은 지난 2013년 문을 연 뉴욕 5번가의 헨리 벤델 백화점에 입점해 있다. 앱과 웹사이트, 그리고 오프라인 스토어를 연결하여 고객과 온라인뿐만 아니라 오프라인에서도 상호작용하고자 하는 렌트 더 런웨이의 전략이라 할 수 있다.

고객과의 온라인 소통을 오프라인으로 끌어 오기 위해 아이패드 체크인 스테이션과 고객과의 소통이 가능한 삼성의 디스플레이형 거울을 설치해 두었다. 고객이 온라인상에서 혹은 앱을 통해 수많은 아이템들을 자세히 살펴보고 자신에게 어울

그림 20 Rent The Runway 오프라인 매장

출처: Rent The Runway 홈페이지

리는 아이템인지 아닌지 선택하는 일은 결코 쉬운 작업이 아니다. 렌트 더 런웨이는 오프라인 스토어를 통해 고객의 브랜드 경험을 보다 효율적으로 만들고자 하고 있다. 제니퍼 하이만은 "우리는 온라인에서부터 오프라인까지 제공할 수 있는 서비스의 흐름을 보다 능률적으로 만들고자 노력하고 있다. 특히 다수의 테크놀로지들이 여기에 결합되면서 고객은 다양한 방식으로, 그리고 다양한 장소에서 렌트 더 런웨이의 서비스를 경험할 수 있게 될 것이다"라고 밝혔다.

2.3 제조사 수익 채널 다변화[8]

렌트 더 런웨이는 의류 브랜드제조사의 수요를 충족시켰다. 의료 제조사들은 렌트 더 런웨이와 계약을 맺고 제품을 납품하면 기존의 '판매'와는 다른 '대여'라는 새로운 수익원이 생긴다. 실제 클럽모나코Club Monaco 등 유명 브랜드들은 렌트 더 런웨이에 제품을 공급하고 대여 수익 중 일부를 가져간다. 또 제조사들은 '경험 마케팅'의 플랫폼으로 렌트 더 런웨이를 활용한다. 고객이 대여한 옷이 마음에 들 경우 향후 실구매로 이어질 가능성이 생기는 것은 물론 브랜드의 신흥 디자이너 제품을 디자이너에게 미리 소개하는 창구로도 활용된다.

---

8 http://economychosun.com/client/news/view.php?boardName=C01&t_num=13606775

2.4 밀레니얼세대 타깃으로 성공

렌트 더 런웨이의 주 타깃은 밀레니얼세대1981~2000년대생로 이들은 같은 옷을 여러 번 입지 않고 충동적인 구매도 잦다. 또 대여는 밀레니얼세대가 가진 환경보호에 대한 인식도 충족시킬 수 있는 방법이다. 대여가 일상화되면 옷장에 쌓인 오래된 옷을 버리지 않아도 되기 때문이다. 밀레니얼세대는 사치보다 가치를 추구하는 특성이 있어 자연 친화적인 소비에 대한 포용성이 높다.

2.5 빅데이터와 구독 효과(AI 기술 활용)

렌트 더 런웨이는 고객이 회원가입 시 직접 입력한 신체 정보를 토대로 고객에게 가장 적합한 의류를 빅데이터 분석을 통해 추천한다. 여기에 스마트 운송물류 시스템을 도입해 당일 반환받은 의류를 즉시 검사하고 세탁한 후 같은 날 다른 고객에게 발송하고 있다. 아울러 구독경제 효과도 누리고 있다. 2009년 렌트 더 런웨이는 여성들이 특별한 날 입을 만한 드레스나 사무실에서 입을 의류 중 고가로 분류되는 제품을 대여해 주는 서비스를 제공하면서 출범했다. 2016년에는 현재와 같은 구독제Subscription 서비스를 도입한 후 연매출 1억 달러를 돌파하기도 했다.

③ 공유경제와 렌트 더 런웨이

소유하는 것보다 공유하는 것의 가치를 더 높이 평가하는 사람들이 늘고 있다. 이들에게는 무언가를 소유한다는 것은 구세대적 사고 개념일 뿐이다. 이를 증명하듯 공유경제는 이미 다양한 분야에서 꽃을 피우고 있다. 카셰어링은 물론, 에어비앤비 덕분에 여행지에서 다른 사람의 집을 빌리는 것도 이제는 흔한 일이 됐다. 패션 역시 대여의 대상이 아닌 소유의 대상으로 인식해 왔지만, 렌트 더 런웨이가 패션업계 전반에 걸쳐, 고객의 패션에 대한 개념 자체를 바꿔 놓는 혁신을 가져왔다.

특히, 공유경제에 익숙한 젊은 층 사이에서는 더욱 각광받고 있다. 패션 트렌드 분석회사인 WGSN의 로나 홀은 "패션 공유는 신세대들 사이에서 특히 인기다. 이들은 물건을 소유한다는 개념에 유연한 태도를 보이고 있다"라고 말했다. 그러면서 "이들은 트레이더 제너레이션이다. 빌리고, 반납하고, 또 빌린다"라고 덧붙였다.

또한 젊은 층에게 인기 있는 이유로 인스타그램 효과도 있다. 시시콜콜한 일상 생활을 SNS에 공유하는 것을 즐기는 10~30대들에게 패션은 중요할 수밖에 없다. 매일 똑같은 옷을 입고 찍은 사진을 올리길 원하는 사람은 아무도 없기 때문이다. 그렇다고 사진을 찍을 때마다 옷을 새로 사거나 수백만 원을 호가하는 명품가방을 살 수도 없는 노릇이기 때문에 패션 공유는 이들에게 딱 맞는 서비스이다. 하이만 은 "페이스북과 인스타그램이 유행하면서 여성은 더 부담을 느끼게 됐다"고 설명 했다. "친구들이 SNS를 통해 자신이 어떤 옷을 입었는지 보기 때문에 같은 옷을 계속 입기 어려워졌다. 그 때문에 우리 사업은 번창한다"라고 이야기했다.

렌트 더 런웨이는 디지털 시대로의 변화, 소비자 세대의 교체, 사회적 문제에 대한 인식 차이와 같은 물결 속에서 새로운 패러다임을 제시하는 패션기업이다. 매일 새로운 유행 제품을 전부 구매할 수 없는 답답함, 몇 번 입고 나면 금방 망가지는 패스트 패션 제품들에 지친 소비자들에게 렌트 더 런웨이는 '소비'가 아닌 '공유'라는 패러다임을 제시하고 있다.

④ 렌트 더 런웨이의 ESG 경영

렌트 더 런웨이는 향후 5년간 최소 50만 벌의 의류를 환경 친화적으로 생산한 다. 창고 운영을 위해 매립지에서 폐기물의 90%를 처리하고 있고 사용할 수 없는 의류의 거의 100%를 매립지에서 처리하고 있다. 2022년부터는 고객과의 운송에서 발생하는 탄소배출량을 100% 줄였다. 또한 렌트 더 런웨이는 직원의 다양성을 보장하는 기업이다. 향후 5년간 흑인 디자이너와 함께 1,000만 달러를 지원한다.

지속가능성은 렌트 더 런웨이의 ESG 경영의 핵심이기 때문에 ESG 문제에 대한 책임은 최고 수준에서 시작된다. ESG 경영의 전략과 진행은 ESG 위원회가 책임지고 있다. 렌트 더 런웨이는 진행 상황을 투명하게 파악하기 위해 노력하고 있으며,

2023년부터 시작되는 연례 보고서에 주요 전략 목표에 대해 보고할 계획이다.[9]

맺음말: 4차 산업혁명과 패션산업

4차 산업혁명으로 패션산업은 점점 더 개인화·맞춤화가 되어가고 있다. 지능 정보기술로 고객 개개인 중심의 서비스를 제공할 수 있게 되면서 상품 제공을 넘어 고객의 상황이나 특성, 취향에 맞게 특화된 '경험'을 제공하게 된 것이다. 지금까지 살펴본 스티치픽스, 조조슈트, 렌트 더 런웨이는 이러한 산업의 변화를 잘 보여주는 사례다. 스티치픽스는 4차 산업혁명의 중요한 요소인 인공지능과 빅데이터를 활용한 알고리즘을 통해 고객의 니즈에 맞춰 옷을 추천해 집까지 배송해 준다. 스티치픽스의 성공 사례는 이제는 다양한 상품 확보나 빠른 배송이 중요하지 않다는 것을 의미한다.

공급자가 소비자에게 맞춘, 대중을 위한 유통이 아닌 개인을 위한 유통으로 패러다임이 변하고 있음을 의미한다. 조조슈트는 IoT를 활용하여 신체 사이즈 측정하는 슈트로, 측청 후에는 옷을 추천해 주거나 측정 사이즈대로 옷을 제작해 준다. 트렌드 패션 EC시장의 과반 정도의 점유율을 차지하고 있어 의류 분야에서 영향력이 매우 큰 기업인 스타트 투데이의 이러한 행보는 기성복에서 맞춤형으로의 큰 변화가 예상되고 이러한 흐름은 단순한 옷의 취향에 그치지 않고 라이프 스타일과 트렌드, 나아가 가치관에서도 큰 변화를 가져올 것으로 기대된다.

렌트 더 런웨이는 유명 브랜드의 옷과 가방, 액세서리 등을 대여할 수 있는 스타트업이다. 패션산업에서 공유경제 플랫폼을 이용한 새로운 패러다임을 제시하는 기업으로서, 옷이 기존의 소유에서 공유의 대상으로 고객의 패션에 대한 개념을 바꾸고 있다. 이 세 기업의 공통점은 바로 개인화·맞춤화이다. 개인의 개성을 중시하는 시대로 접어들면서 자신만의 상품을 요구하는 고객에 맞추어 성공을 이

---

9 렌트 더 런웨이 공식 홈페이지.

룬 혁신적인 기업들이다. 차별화 전략을 통해 고객의 니즈를 파악하고 4차 산업혁명에 맞춘 지능정보기술의 활용으로 성공적인 혁신기업으로 성장할 수 있었다.

　한편, 이제 패션계에서도 ESG 경영이 빠르게 도입되고 있다. 이러한 추세를 어떻게 전략적으로 활용할 수 있으며, 어떤 새로운 비즈니스 모델을 만들어야 할 것인가?

Assignment Questions

1. 빅데이터와 알고리즘이라는 스티치픽스의 핵심성장 동력을 통해, 국내 패션관련 기업에게 필요한 것은 무엇이고, 어떻게 해야 그것을 획득할 수 있을 것인가?

2. 스티치픽스를 벤치마킹한 사례들이 한국에서 실패한 요인에 대해 논의해보자.

3. 조조타운이 출시한 조조슈트가 인터넷 의류 판매에 어떠한 영향을 미칠 것으로 기대되는가?

4. 조조타운의 조조슈트 실패 요인에 대해 서술해보자.

5. 공유경제의 확산과 4차 산업혁명의 기술혁신으로 인해 전반적인 산업은 어떠한 방향으로 변화해 갈 것이며, 이에 대한 기업 및 정부의 대응전략은?

6. 렌트 더 런웨이의 비전에 대해 논의해보자.

알리바바의
신유통 전략

학습목표

- 알라바바의 성장과정과 핵심 성장동력을 고찰한다.

- 알리바바가 투자한 동남아의 아마존이라 불리우는
  '라자다'에 대해 살펴본다.

- 알리바바의 '신유통 전략'에 대해 알아본다.

- 향후 알리바바의 미래 사업다각화 전략과 ESG 경영에
  대해 생각해본다.

알리바바의
신유통 전략*

"불확실한 시기, 최고의 투자는 우리 자신에게 하는 투자이며,

핵심역량을 구축하고 지속적인 자기 계발을 하는 것이다."

- 장융(알리바바 그룹 CEO) -

"As part of the Alibaba Group,

our mission is to make it easy to do business anywhere.

We do this by giving suppliers the tools necessary to reach a global audience

for their products, and by helping buyers find products

and suppliers quickly and efficiently."

- Alibaba Group -

---

* 본 사례는 정진섭 교수의 지도하에 홍수민, 한우종, 고아라 학생이 작성하고 길선숙, 박소연, 박소현, 변희수,
우희진 학생이 업데이트한 것이다.

알리바바의 개요

알리바바는 중국 전자상거래 시장에서 최대 80%에 이르는 점유율을 기록했던 중국 최대의 전자상거래업체다. 최근에는 징둥닷컴, 핀둬둬 등 다양한 전자상거래 기업들에 점유율을 뺏겼지만 여전히 중국 내 1위 기업으로 다양한 사업영역에서 비즈니스를 진행하는 거대 기업이다. 현재는 아마존에 이어 전 세계 온라인 커머스 기업 중 2위의 시가총액을 기록하는 기업이다.

2020년도 3분기 기준, 알리바바의 연간 실소비자는 12억 9,000만 명으로, 중국 소비자가 9억 7,900만 명에 달한다. 알리바바의 탄생은 1999년 영어강사 출신 마윈이 중국 제조업체와 국외 구매자를 위한 기업 대 기업B2B사이트 '알리바바닷컴'을 개설하며 출발했다. 알리바바닷컴은 1인 기업부터 대기업까지 철저하게 기업만을 대상으로 서비스를 제공했다.

그림 1 알리바바의 사업영역

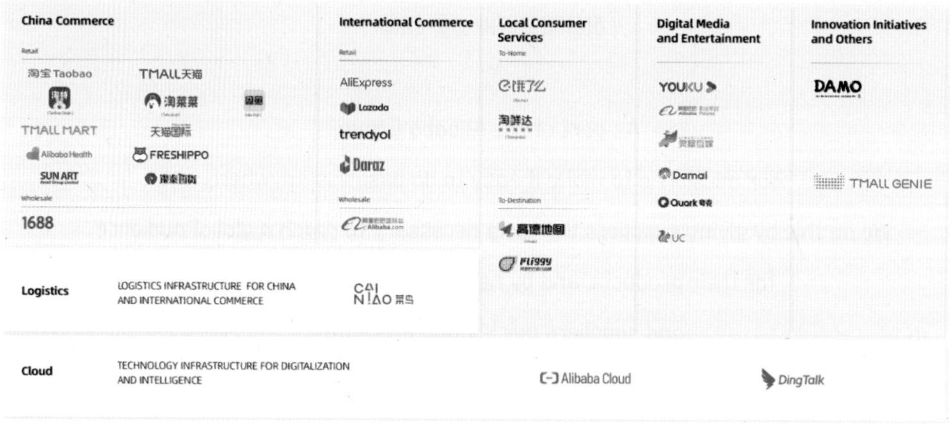

출처: ExamineChina.xom

설립자 마윈은 중국 내 중소·중견기업이 바이어 확보의 어려움을 겪고 있다는 점에 착안해 이 서비스를 기획했다. 대기업은 브랜드 인지도와 자금을 바탕으로 바이어를 찾기 수월하지만 상대적으로 중소기업은 인력, 자금, 시간 부족으로 해외 바이어를 확보하기 어렵기 때문이었다. 이를 시작으로 현재 중국 알리바바그룹은 전자상거래, 온라인 결제, B2B서비스, 클라우드 컴퓨팅, 모바일 운영체제 등 다양한 사업을 진행 중이다.

이 가운데 핵심 사업은 단연 전자상거래이다. 계열사로는 타오바오 마켓 플레이스, 티몰닷컴, 이타오, 알리바바닷컴 인터내셔널, 알리바바닷컴 차이나, 알리익스프레스 등이 있다. 16년 전 직원 18명으로 시작한 알리바바닷컴은 현재 25만 명이 넘는 직원을 보유한 알리바바 그룹으로 성장했으며, 중국의 아마존을 내세우며, 쇼핑과는 전혀 무관했던 매년 11월 11일을 '중국판 블랙프라이데이'로 탈바꿈시켜 2021년 기준 사상 최고 매출액인 5,403억 위안을 달성했다.

그림 2 알리바바의 연도별 광군절 매출액 추이

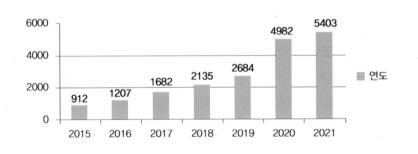

출처: Insider Intelligence, Emarketer

최근 시장점유율은 2021년 기준 47.1%를 기록했다. 코로나로 인한 경기침체와 중국 정부의 규제에도 불구하고 동사는 지속적으로 성장하고 있다. 알리바바 그룹은 어떻게 이렇게 거대한 성장을 이룰 수 있었을까?

알리바바의 성장동력

알리바바닷컴 개설 이후 알리바바는 C2C, B2C사이트인 알리익스프레스, 타오바오 마켓플레이스, 티몰닷컴 등을 통해 기업에서 소비자로 시장을 넓혔다. 사업 초기에 알리바바의 목표는 중국의 소규모 수출기업들을 지원하는 전자상거래 기업이었기 때문에 우선적으로 해외 상거래 플랫폼이 될 알리바바닷컴에 역량을 집중시켰다.

하지만 시장의 상황이 예상했던 것과 달라지자 알리바바의 비전도 바뀌게 되었다. 중국의 국내 소비가 폭발적으로 증가하자 알리바바는 소비자들에게 서비스를 확대할 수 있는 기회라고 봤고, 2003년 타오바오라는 온라인 마켓플레이스를 출범시켰다. 이때 중국 소비자들은 단순히 물건을 사고파는 사이트 이상으로 온라인 지불수단에 대한 안정성이 필요했다. 이에 알리바바는 2004년 온라인 지불 서비스인 알리페이를 만들게 되었다.

알리페이는 에스크로 서비스[1]와 거래상 평가시스템이라는 두 가지를 모두 제공함으로써 투명성과 신뢰를 구축하기에 충분했고, 전자상거래가 중국 전역에 빠르게 확산하는 데 기여했다.[2] 그 이후 전자상거래 생태계의 개발 촉진에 중점에 두고 온라인 B2C마켓플레이스로 '티몰'을 창설하고 2010년에는 온라인 해외소비자 웹사이트인 알리익스프레스를 출범시켰다. 타오바오는 중국의 인기 인터넷 쇼핑몰이며, 티몰닷컴은 고급 브랜드 제품을 판매하는데 특화된 일종의 프리미엄 쇼핑몰로, 애플과 샤오미와 같은 검증된 대형업체만 입점할 수 있다. 알리익스프레스는 전 세계를 대상으로 하는 글로벌 전자상거래 웹사이트이다. 다음에서는 알리바바의 성장동력이라고 할 수 있는 대표적 3개 사이트 타오바오, 티몰, 알리익스프레스와 이를 뒷받침할 수 있었던 알리페이에 대해 고찰하고자 한다.

---

1 상거래 시 판매자와 구매자 사이에 신뢰할 수 있는 제3자가 중개하여 거래하는 결제 시스템이다.
2 [中 현금없는 사회] 중국을 휩쓴 알리페이, 어떻게 여기까지 왔나, china focus.

① 타오바오

알리바바가 작은 B2B 전자상거래 업체에 불과했던 2003년, 미국의 거대 C2C전자상거래 플랫폼인 이베이가 중국에 진출했다. 모두 이베이가 중국 시장을 장악할 것으로 예상했고 예상대로 많은 기업들이 이베이 플랫폼에 입점했다. 자연스럽게 이베이의 수익도 증가하기 시작했다. 알리바바는 같은 해 타오바오라는 C2C플랫폼을 만들어 이베이의 공세에 대응했다. 그러면서 이베이와는 달리 "① 거래수수료를 받지 않는 파격적인 전략"을 구사했다. 일단 시장을 장악하는 것이 중요했기 때문이다. 대신 소비자가 제품 검색을 하면 화면 상단에 노출시켜 광고수익을 노렸다. 그러면서 "② 제3자 결제시스템"을 구축했다. 소비자가 결제한 직후부터 물품배송 기간 동안 구매대금을 보유하고, 구매자가 물품 수령을 확인한 후에 판매자에게 구매대금을 전해주는 시스템이다. 서로를 잘 믿지 못하고 확인하고 싶어 하는 중국인들의 속성을 파악해 신용의 갭을 충족시킨 것이다.

이와 함께 중간 판매자가 최종 고객의 요구를 훨씬 잘 알고 있다는 점을 중시해 "③ 중간 판매자 우선정책"도 중요한 성공요인 중 하나로 꼽힌다. 이와 같은 전략에 힘입어 오픈 6개월 만에 글로벌 사이트 100위 안에 올랐고 9개월 후에는 50위 이내, 1년 후에는 20위 이내로 순위가 급상승하게 된다. 2005년 초에는 타오바오 회원 수가 600만 명을 돌파했다. 1,000만 명 회원을 거느린 이베이 보다는 적었지만, 취급 상품 수와 검색량, 거래금액 등 실질적인 지표는 모두 이베이를 넘어섰다는 점에서 큰 의미가 있었다. 이후 타오바오가 수수료를 유료화했지만, 판매자와 소비자는 이미 중국 최대 온라인 시장이 된 타오바오를 계속 이용했으며, 결국 이베이는 2006년 중국 시장에서 철수하며, 2015년 타오바오는 시장점유율 78%에 육박하는 독점 기업으로 발돋움하였다.[3]

그러나 2021년 51%로 중국 전지상거래 시장에서 시장점유율이 급락하면서 알

---

3 서욱태, 중국판 알리바바와 40인 도적, 주간무역, 2017.12.28.

리바바의 전성시대가 저물고 있다는 평가가 나오고 있다. 중국 소비자들이 단일 플랫폼 의존에서 여러 전자 상거래 매장을 둘러보는 형식을 선호하게 되었으며, 영상 스트리밍 기술을 이용해 고객과 실시간으로 소통하며, 제품을 판매하는 라이브 커머스의 트렌드가 시장 점유율 하락의 주요 원인이다. 또한 경쟁업체들이 이러한 트렌드 변화에 민첩하게 반응하기 위해 메신저앱, 숏폼 플랫폼 등과의 협업이 타오바오를 위협하는 요소가 되었다. 이에 맞서기 위해 알리바바는 전년 대비 이익 증가분을 전액 재투자하는 방침을 세우고 콘텐츠 제작과 라이브 커머스, 가격인하에 박차를 가하고 있다.[4]

❷ 티몰닷컴

이베이를 중국에서 철수시킨 알리바바는 2008년 기업형 판매자들을 위한 B2C사이트인 '티몰'도 시작하며, 중국 최대 전자상거래 기업으로서의 위치를 확고히 굳히게 된다.

2.1 티몰 글로벌

알리바바그룹은 2014년 크로스보더 B2C 플랫폼 티몰 글로벌을 출시했다. 소비자의 더욱 선진화된 물품 구매에 대한 니즈를 반영한 플랫폼으로 기본적인 가정용품을 시작으로 지난 8년간 약 4만개의 뷰티, 패션, 건강, 식품 부문까지 7,000여 개의 해외브랜드가 티몬 글로벌을 통해 중국에 진출해있었다. 지난해 기준 티몰 글로벌 이용자 절반은 중국 1·2·3선 도시에 살고 있으며, 전체 이용객의 80%가 알리바바그룹 생태계에 가장 중요한 소비자 단체를 대표하는 알리바바의 88VIP 클럽 회원이다. 2022년 7월 기준 12개월 동안 티몰 글로벌을 이용한 연간 활성 소비자 수는 1억 명에 달했으며, 이중 70%는 여성이었다.

지난 2022년 5월 온라인 시장조사기관 onepoll에서 진행한 온라인 여론조사에

---

4 저무는 알리바바 시대... 경쟁 격화·소비자 트렌드 변화에 시장점유율 급락, 한국무역협회, 2021.10.22.

따르면, 티몰 글로벌에서 쇼핑을 하는 이유로는 '정품 보증70%'이 가장 많았으며, 그 다음으로는 '높은 퀄리티63%', '우수한 고객 서비스57%', '가격경쟁력50%' 등이 꼽혔다. 한편 티몰 글로벌의 소비자의 3분의 2는 1990년 이후에 출생한 젊은 중국인이며, 대부분은 Z세대에 속했다. 티몰 글로벌은 중국 젊은 여성 소비자들의 상품 수요를 충족시킴과 동시에 기업 성장을 노리는 해외 기업에게 진출 발판을 마련해 주고 있다. 티몰 글로벌은 2025년 말까지 연간 총 상품 가치 1,000만 위안148만 달러을 달성할 수 있도록 브랜드 마케팅 및 해외 물류를 지원할 예정이다.

티몰글로벌, 전 세계 5대륙 스토어에서 글로벌 디스커버리 브랜드
24시간 실시간 스트리밍 릴레이 시작[5] (2022.11.10.)

티몰 글로벌이 최근 해외직구 사업을 개선하고 '글로벌 디스커버리(全球探物)' 브랜드를 발표했다. 한국, 일본, 유럽 등에 위치한 티몰 글로벌의 6대 구매 센터 공식 구매팀은 위스키, 디자이너 향수, 인기 완구, 디지털 기술 제품 등 트렌디한 해외 제품을 직매입한 뒤 전용기로 배송한다. 이에 소비자들은 올해 11.11 글로벌 쇼핑 페스티벌 동안 집 안에서 전 세계의 제품을 직구할 수 있다. 인터넷과 모바일을 통해 타오바오 라이브를 시청하고 '티몰 글로벌'을 검색하면 공식 생방송 룸으로 들어가 이어 시청할 수 있으며, 공식 생방송 룸에서 제공하는 '글로벌 게임'도 즐길 수 있다.

위 기사에서 알 수 있듯이 티몰 글로벌 사업 전략은 좋은 물건, 좋은 서비스, 좋은 쇼핑에 집중하고 있다. 해외직구와 티몰 글로벌 업무의 융합을 통해 직매인, 플랫폼, 자체 운영 등 3대 공급모델 매트릭스를 형성하여 3대 모델이 시너지를 발생시켜 상인들의 성장동력이 되어주고 있다. 또한 물류서비스와 고객서비스 경험중심의 서비스로 소비자 경험 향상에 큰 영향을 미치고 있다. 티몰 글로벌은 쇼핑 경험 개선을 위해 부드러운 상호작용이 되는 인터페이스, 소규모 브랜드 스토리, 글로벌 문화 및 라이프 스타일 콘텐츠를 제공하면서 소비자의 검색 경험을 향상시키고 있다.

---

5 티몰 글로벌, 전 세계 5대륙 스토어에서 '글로벌 디스커버리' 브랜드 24시간 실시간 스트리밍 릴레이 시작.
https://kr.alibabanews.com/tmall-global-holds-24-hr-live-streaming-around-the-world/

2.2 티몰과 타오바오의 광군절

매년 11월 11일은 중국 독신자의 날인 광군절光棍節이다. 광군제는 알리바바가 지난 2009년 처음 시작한 쇼핑행사다. '솔로데이'인 11월 11일을 맞이해 할인 행사를 시작한 것이 선풍적인 인기를 끌기 시작하면서 다른 전자상거래업체들도 합류했다. '중국판 블랙프라이데이'로 불리던 광군제는 2015년 미국 추수감사절 쇼핑 시즌 거래액을 뛰어넘고, 세계 최대 쇼핑행사로 자리매김했다.[6]

2019년까지 매년 광군제 행사 때마다 거대한 화면에 실시간 매출액을 띄워 판매액을 대대적으로 홍보했다. 알리바바의 티몰과 타오바오는 2021년 광군제 하루 동안 5,403억 위안약 99조 9,070억 원의 상품을 판매했으며, 매년 광군제마다 최고 매출액 기록을 갈아치우고 있다. 382개 브랜드의 판매액은 1억 위안약 185억 원을 넘었으며, 이들 브랜드에는 중국 브랜드뿐만 아니라 외국 브랜드도 포함되어있으며, 대기업 브랜드는 물론 중소브랜드의 매출 역시 증가하는 추세다.

그림 3 알리바바 광군제 행사 매출 추이

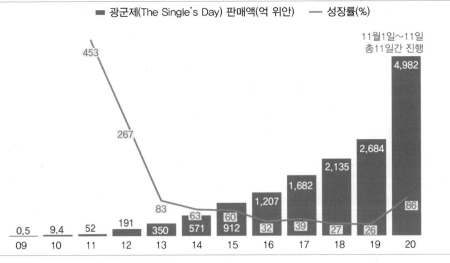

출처: 트렌드차트

---

6 중국 올해 광군제 매출액 99.9조 원 사상최고...전년비 10% 증가, 한국무역협회, 2021.11.12.

❸ 알리익스프레스

2010년 알리바바는 해외시장으로의 확대를 위해 전 세계를 대상으로 한 온라인 쇼핑몰인 글로벌 전자상거래 웹사이트 '알리익스프레스'  를 출범했다. 알리익스프레스는 뛰어난 편리성과 가성비가 높은 중국 소비재 제품을 내세워 전 세계 해외 직구족의 마음을 사로잡으며, 중국 최대 해외직구업체로서, 전 세계 224개국에 고객을 확보하고 있다. 현재 전 세계 2,000만 명의 '해외직구족'이 매일 알리익스프레스 온라인 플랫폼에서 쇼핑을 즐기고 있다.

그림 4 알리익스프레스 해외고객규모 추이

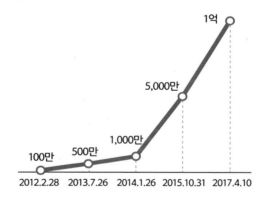

출처: 알리익스프레스

다음은 알리익스프레스의 동향에 대한 기사이다. 알리익스프레스는 해외 고객 규모 1억 명을 돌파하며, 여전히 성장세를 지속하고 있다.

해외직구 알리익스프레스는 '무역상사' '바이어' 1억 명

"중국의 해외직구 플랫폼 알리익스프레스는 최근 해외고객규모 1억 명을 돌파하며, 수출 무역기업으로서 역할을 톡톡히 하고 있다. 알리익스프레스는 바이어 격인 해외 엄지족 고객을 2014년 1,000만 명에서 불과 3년만에 10배나 늘리며, 비약적인 성장을 실현하고 있다. 2016년 알리익스프레스를 포함한 해외직구업체들의 거래액은 연간 30%의 폭발적인 성장률을 기록하며, 6조 5,000억 위안에 달했다. 해외직구업체들은 중국 무역을 촉진하는 신무역채널로서 조만간 중국 전체 무역의 20%를 차지할 전망이다."[7]

3.1 스마트 물류 서비스, 차이냐오 네트워크[8]

알리익스프레스는 2013년 스마트 물류회사이자 알리바바그룹의 물류 계열사로 차이냐오 네트워크를 설립하였다. 고객 가치 창출 노력의 일환으로 물류에 대한 협업적 접근 방식을 채택해 모든 참여자와 공급망의 효율성과 고객 경험의 향상이 주된 이유다. 24시간 내 중국 전역에, 72시간 이내에 전 세계 어디든 배송하는 것을 목표함으로써 어디서든 비즈니스를 쉽게 할 수 있도록 돕는다는 알리바바의 사명을 수행하고 있다.

2022년 3월 알리익스프레스 크로스보더 배송 서비스 강화를 위해 한국에도 차이냐오 네트워크를 구축하였다. 차이냐오는 가까운 시일 내에 현지 택배 파트너를 늘려 라스트 마일 배송망을 확장하고 서울을 넘어서는 전국적인 물류 네트워크를 구축할 계획이다. 한국의 수도이자 가장 큰 도시인 서울에서부터 자동차로 1시간 거리에 위치한 1500㎡ 규모의 물류센터는 전략적으로 세관 근처에 구축되었다. 챠이냐오의 국내 물류센터는 자동 조립 라인과 같은 혁신적인 스마트 기술과 대량의 소포 분류를 돕는 스마트 유통 설비를 갖춰 약 10%의 운영비용 절감과 12시간 이상의 크로스보더 배송 처리 시간 단축을 지원한다.

---

7 "해외직구 알리익스프레스는 '무역상사' '바이어' 1억 명", 뉴스핌, 2017.04.19.
8 차이냐오, 국내에 물류센터 오픈 및 간선수송 노선 개통...중국에서 오는 알리익스프레스 배송 신속하게 처리, 알리바바뉴스, 2022.03.25.

④ 알리페이

알리바바 결제시스템인 알리페이의 가입자 수는 8
억 4,000만 명, 월간이용자수MAU는 4억 5,000만 명으로
중국 내 간편 결제시장 점유율은 51.8%를 차지하며,
모바일 결제시장의 약 80%를 점유하고 있다. 알리바바

그룹의 타오바오Taobao, 티몰Tmall 사이트뿐 아니라 온오프라인 마켓, 온라인 게임
등에서 결제수단으로 사용 가능하며, 각종 요금 납부, 대출 및 펀드 가입까지 가능
하다.

4.1 알리페이의 초기성장

알리페이는 초기에 타오바오 등 알리바바 계열회사에 대한 서비스를 위해 온라
인 신용시스템 구축으로 시작하였다. 2003년 중국의 인터넷쇼핑시장은 막 시작하
는 단계였고, 당시 타오바오는 결제수단이 인터넷쇼핑의 발전을 가로막고 있는 중
요한 요소임을 발견했다. 구매자는 돈을 지불한 후 상품을 받지 못할까 염려되었
고, 판매자는 상품을 발송한 후 돈을 받지 못할까 걱정이었다. 구입자와 판매자 양
측의 불안 심리로 인해 사람들이 인터넷쇼핑을 멀리하고 있었다.

그림 5 알리페이의 에스크로 플랫폼

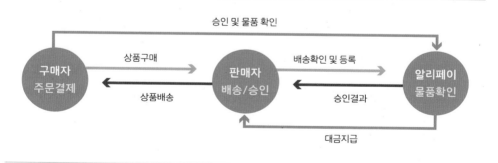

출처: 중국인터넷정보센터

이와 같은 문제를 해결하기 위해 2003년 에스크로 플랫폼인 알리페이를 선보였다. 상품 구매자가 온라인에서 상품을 구입하여 결제한 후, 이 대금은 알리페이 플랫폼에서 최장 7일 동안 머물러 있게 되며, 알리페이는 중간업체로 대금을 대신 보관하여 상품에 문제가 생기면 배상 책임도 부담하였다.[9] 그 이후 2004년 타오바오에서 독립한 알리페이는 중국 최대 온라인 결제 플랫폼으로의 성장을 시작하며, 2008년에는 모바일 결제 서비스를 출시하면서 모바일 결제 시장의 문을 열었다.

이로써 알리바바는 알리페이를 통해 스마트폰과 각종 메신저로 송금과 결제가 쉽게 이뤄지게 만들어 소비자가 쉽게 물품을 구입할 수 있게 되었다.

그림 6 최근 5년간 중국 모바일 결제시장

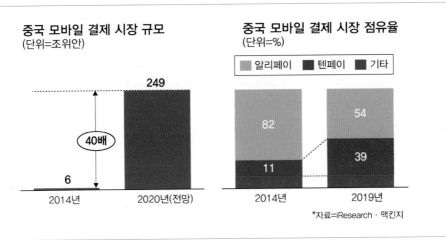

출처: 맥킨지 리포트

알리페이는 온라인 결제플랫폼으로의 성장을 시작으로 현재 중국의 모바일 결제시장을 장악하게 되었다. 그렇다면 어떻게 알리페이의 신속한 성장이 가능할 수 있었을까? 알리페이의 첫 번째 경쟁력은 전자상거래 플랫폼인 티몰 및 타오바오와의 연계에서 나온다. 특히, 별도의 결제시스템 구축 여력이 없거나 사업영역이 다

---

9 "중국을 휩쓴 알리페이, 어떻게 여기까지 왔나", china focus, 2017.11.07.

양하지 않은 수많은 사이트에서도 알리페이를 선택하고 있는데, 이것이 중요한 경쟁우위가 된다. 알리페이는 알리바바 그룹의 쇼핑 플랫폼과 연계하여 다양한 서비스를 제공할 수 있다. 또한, 알리페이는 알리바바 온라인 쇼핑 플랫폼에서 생성되는 빅데이터를 소유하고 가공하여 사업자에게 통계를 제공하고 있다. 나아가 사용자 위치 기반의 알리페이 온라인 플랫폼 앱의 데이터를 이용하여 오프라인 사업자가 다양한 홍보 효과도 누릴 수 있다. 알리페이의 두 번째 경쟁력은 가맹점에게 다양한 인센티브를 제공하는 것이다.

알리페이는 대규모의 프로모션을 자주 기획하고, 이에 수반하는 큰 비용을 일정부분 부담하고 있다. 가맹점이 이러한 행사에 참여하면 알리페이가 브랜드 및 매장의 행사 비용의 일부를 부담한다. 또 알리페이의 수수료 부과 방식을 살펴보면, 상품 판매 기업회원에게는 기본적으로 거래금액이 증가할수록 수수료가 감소하는 체계를 적용하고 있으며, 개인회원에게는 제공되는 부가 서비스별로 차별화된 수수료 체계를 적용하여 회원의 특성에 맞는 인센티브를 제공하고 있다. 이를 기반으로 알리페이는 사업영역을 확장해 나가며, 전자결제로 가능한 신용카드 대금결제, 세금납부, 교통비 결제는 물론 알리페이의 가상계좌에 남은 돈으로 금융상품에 투자를 하거나 소액 대출까지 금융서비스도 제공한다.

4.2 알리페이의 확장: 은행 송금과 투자

(1) 은행을 대체하는 송금과 결제 서비스 제공

알리페이는 자신의 계정에 현금을 충전하면 제휴 가맹점에서 결제할 수 있고, 다른 알리페이 계정으로 송금할 수 있도록 하는 '전자 지갑 서비스'도 제공하고 있다. 전통적인 은행계좌로도 송금이 가능하며, 수수료와 이용 제한이 없다. 이로 인해 알리페이는 다양한 매장에서 신용카드를 대신한 결제수단이 될 수 있었다. 또한 중국 항저우의 콜택시앱은 알리페이를 통해 요금을 계산할 수 있고, 땅이앤푸 앱도 알리페이 계정을 통해 계좌이체를 지원하며, 교통 서비스 이용 시에도 지불이 가능하다.

(2) 금융투자업으로의 확장

알리페이는 금융투자로도 진출하여, 현지 투신사인 티엔홍펀드와 제휴해 연 6% 이상의 수익을 일일 계산해서 지급하는 위어바오 서비스를 출시했다. 이는 1위안을 하루라도 계정에 예치하면 연금리 6%의 이자를 받을 수 있는 서비스로서, 이용자들의 폭발적인 호응을 얻어 출시 보름만에 66억 위안의 자금이 몰렸고, 이용자 수는 1년 만에 1억 명을 돌파했다.

그림 7 위어바오 자금 운용 흐름도

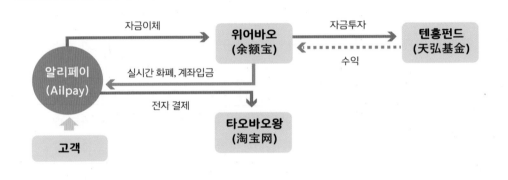

출처: 人民网, People.cn

(3) 소셜 네트워크 기능 도입과 신용 평가 서비스로의 진출

알리페이는 결제수단에 그치지 않고 소셜 네트워크로의 전환을 도모하고 있다. 아직 사용자는 많지 않지만 채팅, 위치기반 서비스와 커뮤니티 서비스의 추가 도입을 검토하고 있다. 또한 알리페이로 결제를 하면 '개미포인트'라고 불리는 마일리지 포인트를 쌓을 수 있고, 이러한 마일리지 포인트로 알리바바가 만든 신용등급인 즈마신용[10]이 올라가게 했다. 결국 이는 신용평가 서비스로 진출할 수 있는 발판을 마련하는 계기로도 작용하게 되었다.[11]

---

10 모바일 결제, 온라인 쇼핑몰 이용 실적, 인터넷 납부 데이터를 기반으로 한 알리바바의 신용평가 서비스이다.

11 '중국의 모바일 결제와 해외 진출 현황: 알리페이와 위챗페이를 중심으로', 연세대학교 4차 산업혁명 플랫폼,

(4) 글로벌 크로스보딩 알리페이 플러스

알리바바의 자회사인 앤트그룹은 2020년 글로벌 크로스보더 결제 및 마케팅 솔루션을 위한 알리페이 플러스Alipay+를 출시했다. 한국의 카카오페이를 비롯해, 홍콩 알리페이HK, 필리핀의 지캐시GCash, 태국의 트루머니TrueMoney, 인도네이사의 다나Dana, 말레이시아의 터치앤고Touch'n'Go 등 각국의 간편결제 시스템을 지원하고 있다. 2022년 기준 전 세계 약 13억 명의 사용자들에게 서비스를 제공한다. 아시아권에서의 활발한 서비스 확대에서 더 나아가 유럽 지역에서의 결제 편의성 제공을 위해 스페인 온라인 송금전문 기업 스타페이StarPay, 글로벌 전자결제 기업 유로넷 월드와이드 이페이epay, 전 세계 4위 결제 서비스 제공기업 월드라인Worldline 등과의 파트너쉽 체결을 통해 유럽에서의 입지를 공격적으로 확장하는 중이다. 국내에서는 카카오페이와의 협력을 진행 중이다.

카카오페이 측은 "포스트 코로나로 해외여행 수요 증가가 예상되면서 국내 사용자들이 해외에서도 편리한 결제 서비스를 이용할 수 있도록 인프라를 구축했다"면서 "카카오페이는 알리페이플러스와 장기적 비전을 공유하며, 글로벌 협력을 확대하고 있다"고 설명했다. 현재 카카오페이는 국내, 중국, 싱가폴, 마카오, 일본에서 서비스를 제공 중이며, 이용자들은 카카오페이나 알리페이플러스 로고가 비치된 오프라인 매장에서 별도 환전 과정 없이 결제할 수 있다. 알리페이 플러스와의 제휴는 해외 여행객의 환전의 번거로움, 현금관리의 불편함, 카드결제 수수료 부담을 해소시켜 줄 것으로 기대된다.

❺ 알리바바 클라우드

5.1 알리바바 클라우드의 성장

알리바바는 글로벌 클라우드 시장에서 급성장 중이다. 미국 클라우드 기업들 AWS, MS, 구글이 독식하던 시장에서 점유율을 빠르게 올려 3위 사업자인 구글 클라우

2017.11.

드를 바짝 추격했다. 알리바바 클라우드는 중국 최대 이커머스&핀테크 그룹인 알리바바가 제공하는 클라우드 서비스다. 화웨이, 텐센트, 바이두 등과 함께 중국의 4대 클라우드 플랫폼이라고 불리는데, 이 중 알리바바 클라우드의 점유율이 가장 높다.[12] 타오바오, 알리페이와 같은 서비스들이 알리바바 클라우드상에서 제공되고 있기 때문이다.

　　매년 11월 11일 중국의 온라인 쇼핑 축제인 광군제처럼 엄청난 트래픽 폭탄이 터지는 날에도 안정적으로 서비스가 운용됨을 수년 동안 증명해왔다. 2월 개최를 앞둔 중국 동계 올림픽 시스템도 100% 알리바바 클라우드로 운영된다.[13] 앞서 일본에서 열린 하계 올림픽에서도 알리바바 클라우드가 활용됐다. 시장조사업체마다 결과가 조금씩 다르긴 하지만 시장조사업체 가트너가 2021년 4월 발표한 보고서에서는 알리바바 클라우드가 전 세계 인프라형서비스IaaS 시장에서 3위, 아시아

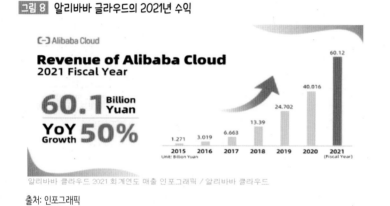

그림 8 알리바바 클라우드의 2021년 수익

알리바바 클라우드 2021 회계연도 매출 인포그래픽 / 알리바바 클라우드

출처: 인포그래픽

태평양 지역 1위를 차지했다. 알리바바는 2021년 회계연도 기준 91억 8,000만 달러11조 원의 클라우드 서비스 매출을 올리며 전년도보다 50% 성장했다.

5.2 알리바바 클라우드의 한국 진출

　　알리바바 클라우드 인텔리전스 글로벌 사업 회장인 셀리나 위안 회장은 코로나19 팬데믹으로 한국 내 e커머스, 디지털 결제, 물류 분야에서 클라우드 수요가 급

---

12 바이라인 네트워크, 심재석, 〈알리바바 클라우드가 한국에 리전을 만들었다〉, 2022.3.30.
13 IT조선, 류은주, 〈미중 패권 다툼에 등 터지는 알리바바 클라우드〉, 2022.01.21.

증했으며, 한국 데이터센터 가동을 계기로 소매, 물류, 미디어, 엔터테인먼트 분야에서 알리바바의 검증된 기술을 한국 기업에 적용한다고 한다. 한국 중소기업과 스타트업 지원도 확대할 방침이다. 이를 위해 알리바바 클라우드와 효과적 협력을 위한 자원을 제공하는 'AGTAccelerate Growth Together' 프로그램을 활용한다.[14] 알리바바 클라우드는 중국에 대한 이해가 높은 만큼 현지 비즈니스 전문성, 기술력, 생태계 등을 활용해 아모레퍼시픽 중국 법인을 비롯한 한국 기업의 중국 내 성장도 지속 지원할 것이라고 한다.

또한 동사는 아모레퍼시픽 차이나의 디지털화를 지원해 중국 고객에 개인화된 쇼핑 경험을 제공했으며, 아모레퍼시픽 차이나는 컴퓨팅 기술과 AI로 뒷받침된 알리바바 클라우드의 디지털 인텔리전스 플랫폼을 활용하여 효과적인 디지털 마케팅 캠페인을 론칭했다고 한다.

지금까지 알리바바 클라우드의 한국시장 공략

그림 9 알리바바 x 아모레퍼시픽

AMORE PACIFIC

Alibaba Group
阿里巴巴集团

출처: 알리바바

전략은 중국 시장에 진출하는 한국 기업에 클라우드 서비스를 제공하는 것이었다. 중국 시장은 다양한 규제로 인해 많은 제약이 있는데 데이터를 알리바바 클라우드에 올려놓으면 상대적으로 손쉽게 중국시장에 다가갈 수 있다. 중국 뷰티 시장을 놓칠 수 없는 아모레퍼시픽의 선택이었다.[15] 2022년 출범한 알리바바 클라우드의 한국 데이터 센터는 국내 고객의 글로벌 진출과 특히 아시아 태평양 진출을 돕는 로컬 허브 역할을 하고 있다. 한국은 중요한 시장이기에 한국에 진출하고자 하는 글로벌 기업에도 한국 내 서비스를 제공할 것이다.[16]

알리바바 클라우드는 내부 보안 관련 규정과 산업 표준을 준수하기 위해 최선을 다하고 있으며, 고객과 소비자의 개인 정보를 보호하는 게 최우선 과제이고, 일반 데이터 보호 규정GDPR 인증과 국제 정보 보안 표준 ISO27001, IS27018, PCI−DSS 등 세계 80개 이상 보안 및 컴플라이언스 인증을 보유하고 있다.[17]

---

14 전자신문, 권혜미, 〈"알리바바 클라우드로 韓 기업 글로벌 진출 돕겠다"〉 2022.3.30.
15 전자신문 ,송혜영, 〈알리바바 클라우드 "한국, 매우 중요한 시장…매년 세 자릿수 성장"〉 2022.8.9.
16 조선비즈, 박수현, 〈中 알리바바, '가성비' 앞세워 韓 클라우드 시장 공세〉 2022.9.28.

그림 10 알리바바 클라우드 x 아모레퍼시픽

메가존소프트·알리바바 클라우드, 글로벌 파트너십 체결 (이미지=메가존소프트)

출처: 메가존소프트

메가존소프트는 2021년 알리바바 클라우드의 총판 파트너십을 획득하고 2022년 3월 알리바바 클라우드의 국내 데이터센터 론칭 행사를 공동 개최하는 등 알리바바 클라우드의 국내 파트너사로서 국내외 기업 고객들의 디지털 전환을 지원해오고 있다.[18] 이 파트너십을 통해 양사는 글로벌시장 진출 지원과 선도적인 클라우드 서비스 및 기술 제공 등의 부문에서 협력해 국내외 클라우드 비즈니스 확장을 도모할 예정이다.

5.3 알리바바 클라우드의 인공지능 활용

알리바바그룹의 디지털 기술 및 인텔리전스 중추인 알리바바 클라우드가 사업 활동 및 제품의 탄소 배출량을 측정, 분석 및 관리하는 지속가능성 플랫폼 '에너지 엑스퍼트Energy Expert'를 출시했다. 에너지 엑스퍼트 플랫폼은 알리바바 클라우드에 호스팅된 딥러닝 기반 인공지능AI 모델을 통해 에너지 효율 및 배출량 예측에 대한 최첨단 분석을 제공한다. 에너지 엑스퍼트 플랫폼은 고객의 탄소 발생량 계산 및 보고 과정을 자동화하고, 실시간 지속가능성 영향 통계를 제공하여 고객이 이러한 정보에 입각한 의사 결정을 내릴 수 있도록 한다. 이를 통해 고객은 PAS 2060 및 ISO 14064 탄소 중립성 기준에 기반하여 일상적인 비즈니스 활동에서 발생하는 탄소 배출원과 제품의 전체 수명 주기를 식별할 수 있다. 또한 공개된 배출 요인 데이터 세트와 에너지 엑스퍼트 플랫폼 전용 데이터 세트로부터 사전 구축된 계산

---

17 전자신문, 송혜영, 〈알리바바 클라우드 "한국, 매우 중요한 시장…매년 세 자릿수 성장"〉 2022.8.9.
18 지디넷코리아, 남혁우, 〈메가존소프트-알리바바 클라우드, 글로벌 진출 손잡아〉, 2022.10.27.

모델을 통해 고객의 탄소 발자국도 수치화할 수 있다. 더불어 시각화된 대시보드와 온라인 보고서를 통해 실시간 탄소 배출 패턴과 지속가능성 진행 성과에 대한 가시성을 제공한다.[19]

알리바바 클라우드는 지난 5년간 알리바바 다모 아카데미에서 연구 개발해 온 300개 이상의 AI 모델을 오픈 소스로 제공하는 서비스형 모델MaaS 플랫폼 '모델스코프'를 출시했다. 모델스코프 플랫폼은 컴퓨터비전, 자연어 처리MLP, 오디오 등 다양한 분야에 적용될 수 있으며, 약 150개 이상의 SOTA AI 모델을 제공한다. 50억개 매개변수를 지원하는 텍스트투이미지 모델 '통이Tongyi'와 이미지 캡션 생성이나 비주얼질의응답VQA 등의 OFA 사전학습 모델 등이 포함된다. 연구원과 개발자는 모델스코프를 통해 무료로 AI 모델을 테스트할 수 있으며, 몇 분 내에 테스트 결과를 확인할 수 있다. 플랫폼 상에서 기존 모델을 파인튜닝하고 알리바바 클라우드 플랫폼을 포함한 클라우드 플랫폼 또는 로컬 환경에서 배포·실행할 수 있다.[20]

알리바바의 해외직접투자 '라자다'

① 동남아의 아마존 '라자다'

라자다는 2011년에 독일 벤처투자기업 Rocket Internet이 투자한 회사로, 2012년 3월 싱가포르에서 처음 본사를 설립했고, 2012년에 인도네시아, 말레이시아, 필리핀, 싱가포르, 태국, 베트남 등 6개국에 쇼핑몰을 개설하면서 진출했다. 라자다의 경우, 2016년 4월 알리바바가 지배지분을 확보했고, 2017년 6월 알리바바가 추가 투자를 통해 83%까지 지분율을 높였다. 라자다는 동남아시아 최대 규모의 온라인 쇼핑 플랫폼으로서, 6개국에서 각 시장에 특화된 플랫폼을 운영하고 있다.

---

19 인공지능 신문, 최광민, 〈알리바바 클라우드, 인공지능 통해 에너지 효율 및 배출량 예측…'에너지 엑스퍼트' 출시〉 2022.7.1.

20 지디넷코리아, 김우용, 〈알리바바 클라우드, AI 모델 서비스 '모델스코프' 공개〉 2022.11.9.

2017년 8월 기준, 13만 5,000여 명의 국내외 셀러와 3,000여 개의 브랜드가 입점해 있는데, 라자다는 이들에게 동남아시아 6개국 5억 6,000만 명 규모의 거대 소비자 시장에 접근할 수 있는 플랫폼뿐만 아니라 각 시장에 특화된 마케팅 전략, 소비자 데이터 및 서비스 솔루션 등도 지원하고 있다.

표1 알리바바 vs. 라자다

알리바바		라자다	
설립	1999년	본사	싱가포르
연간거래규모 (GMV)	143억 달러(약 16조 3,500억 원)	설립	2011년
		진출 국가	인도네시아, 말레이시아, 필리핀, 싱가포르, 태국, 베트남
		연간거래규모 (GMV)	13억 6,000만 달러(약 1조 5,500억 원) 동남아 최대

* 연간거래규모(GMV)는 온라인몰을 통해 소비자가 구매한 상품 금액의 총합, 전자상거래 업체의 규모를 측정하는 지표로 쓰인다.

라자다는 2022년 현재 가전제품에서 생활용품, 장난감, 의류, 스포츠 용품 및 식료품에 이르기까지 다양한 카테고리에 걸쳐 총 2억 5,000만 개의 상품SKU, Stock-Keeping Unit을 보유하고 있다. 2022년에 모회사인 알리바바는 2022년에만 총 12억 9,100만 달러를 라자다에 투자했다. 이 투자는 스핀오프Spin-off와 라자다 IPOInitial Public Offering, 기업공개의 전조로 여겨진다고 블룸버그는 분석했다. 중국 정부가 알리바바와 같은 기술기업에 대한 규제를 지속하고 있으며, '제로코로나' 정책이 여전히 시행되면서 중국의 소비재 부문은 포화상태에 성장도 둔화되었다. 이러한 시장변화는 알리바바가 해외시장으로 눈을 돌리게 하였다.

실제로 알리바바 2분기 매출은 2,055억 6,000만 위안310억 달러으로 성장률이 거의 정체되었다. 알리바바는 라자다를 통해 동남아에서 야심찬 사업을 계획하고 있다. 동남아 지역에서 2030년까지 라자다 상품의 총 거래액을 1,000억 달러, 사용자수를 3억 명으로 늘리고, 유럽 등 새로운 시장으로 사업영역을 확대할 것이라는 장기목표를 발표하였다.[21] 또한 신용카드 사용에 익숙하지 않은 동남아 소비자들을 위해 배송 후 현금결제COD, Cash-on-Delivery를 통해 소비자 편의를 높인 결제 방식을 도입했다. 그리고 섬과 지방을 연결하는 물류인프라는 60여 개의 물류업체와 제휴를 맺어 협력시스템을 형성하고, 라자다 자체 물류서비스인 LGSLazada Global Shipping Solution의 견고한 라자다만의 자체 물류 시스템을 구축했다.[22]

그림 11 라자다 물류시스템

LGS는 동남아 시장의 주된 운송방법으로 활용했던 우편 시스템보다 배송 시간 단축, 무료 반송, 관부가세 절차 개선으로 까다로운 크로스 보더 상품 판매를 이전보다 더 간편하게 만들었다.

라자다는 배송과 결제 통합서비스인 COD와 물류시스템으로 신속한 배송 및 손쉬운 반품 서비스 등 소비자에게 최고의 쇼핑 경험을 제공하기 위해 다각적으로 노력하고 있으며, 이는 라자다가 다른 전자상거래 업체와 경쟁에서 유리한 입지를 다졌다.

이외에도 라자다의 온라인 레볼루션은 동남아시아 최대 온라인 쇼핑행사로 소비자, 판매자 모두

그림 12 라자다 COD 시스템

21 INSIDE VINA, 〈알리바바, 라자다에 9억여달러에 추가투자…올해만 13억 달러〉, 응웬 녓, 2022.09.05.

22 Yi Yang, 잠재력이 큰 아세안 전자상거래 시장을 잡아라, KOTRA 싱가포르 싱가포르무역관, 2016.09.13.

그림 13 라자다 온라인 레볼루션

성과를 얻어 연례행사로 확대되었는데, 이를 통해 브랜드와 셀러가 폭발적으로 증가하고 있는 동남아시아 온라인 소비자와의 접점을 늘릴 수 있었다. 또한 모바일 기기를 이용한 거래액 비율이 총 거래액의 70% 이상으로, 이는 동남아시아 지역의 급증하는 스마트폰 사용자와 중산층이 이 행사의 주요 소비층임을 증명하고 있다. 라자다의 온라인 레볼루션은 수도권 지역은 물론, 동남아시아 외딴 마을에서의 소비자가 늘어나고 있으며, 2016년 이벤트 첫날에만 200만 제품이 거래됐다.[23]

2020년 코로나19 사태에도 소비자들과 직접적인 교류를 이어갈 수 있도록 비대면 형식인 온라인 교류를 진행하였다. 라이브 커머스 채널인 LazLive를 통해 발생한 총 매출은 20년 4월 기준으로 전월 대비 45% 상승하여 브랜드들과 셀러들이 코로나19이후에도 높은 매출을 올릴 수 있는 기회를 제공했다. 라자다는 알리바바의 첨단 기술을 활용하여 동남아시아 현지에서 가장 우수한 수준의 라이브 스트리밍 서비스를 제공하였으며, LazLive를 통하여 현장직구 See-Now-Buy-Now 서비스를 제공할 수 있는 지역의 전자상거래 사업자가 되었다. LazLive에 한 번 참여한 고객들은 대게 다음날에도 다시 서비스를 이용하는 경향을 높이며, 재방문의 비율을 약 40%에 달한다.

그림 14 Lazlive 서비스를 통한 쇼퍼테인먼트

---

23 라자다, '동남아판 블프' 첫 날 거래량 300% 증가, KLN 물류신문, 2017.11.17.

라이브 스트리밍을 통해 쇼핑과 엔터테인먼트라는 두 분야를 융합하여 소비자들이 자택에서도 쇼핑 과정을 보고 즐길 수 있도록 하는 Lazada의 '쇼퍼테인먼트쇼퍼+엔터테인먼트' 전략을 사용하였다. 더 나은 쇼핑 경험을 제공할 수 있도록 지속적인 서비스 개선에 임하는 혁신은 기업의 철학적 기반 그 자체라고 할 수 있다.[24]

② 동남아의 온라인 쇼핑 시장 현황 및 전망

최근 아세안 각국은 IT 인프라 구축을 적극적으로 추진하고 있어, 인터넷 보급률과 인터넷 속도가 빠른 속도로 개선되고 있다. 이와 같이 아세안 지역의 인터넷 및 이동통신 데이터 속도 개선에 따라, 아세안 주요 국가의 온라인 및 모바일 쇼핑객 수가 대폭 증가하고 있다.

2015년 기준 아세안 지역의 인터넷 사용 인구는 전체 인구의 41%에 불과해 앞으로도 성장 가능성이 높은 시장이다.[25] Google과 Temasek의 공동 연구에 따르면, 2025년까지 아세안의 인터넷 평균속도는 현재 3.5Mbps에서 10Mbps로 증가하고, 인터넷 보급률도 70%에 달할 것이다. 모바일 어플리케이션을 이용한 모바일 쇼핑 대비 온라인 쇼핑의 이용자 비중이 평균 13.7%로 높으며, 필리핀의 경우 그 차이가 8%로 가장 작다. 그러나 베트남을 제외한 주요 국가에서 모바일 쇼핑 이용자 수의 증가율이 온라인 쇼핑 증가율보다 크기 때문에, 향후 빠른 성장세가 예상된다.[26]

---

24 라자다, Lazada 라이브 스트리밍, 브랜드와 소비자의 소통 창구로서 동남아시아 지역의 고용 창출을 이끌다, 2020.05.20.
25 동남아 온라인 유통시장 현황 및 진출방안, KOTRA Global Market Report, 17-022.
26 상게서.

표 2 동남아 전자상거래 시장 성장 전망(2015-2025)

	2015		2025		연평균 성장률(%)
	전자상거래 시장규모(억 달러)	전체 유통시장에 차지하는 비율(%)	전자상거래 시장규모(억 달러)	전체 유통시장에 차지하는 비율(%)	
합계	55	0.8	878	6.4	32
인도네시아	17	0.6	460	8	39
태국	9	0.8	111	5.5	29
필리핀	5	0.5	97	4.7	34
말레이시아	10	1.1	82	5.4	24
베트남	4	0.6	75	4.7	33
싱가포르	10	2.1	54	6.7	18

출처: Google&Temasek(E-conomy SEA), KOTRA

　　인터넷 보급 확산과 속도 개선에 따라 2015년 기준 55억 달러 규모인 아세안 주요 국가의 전자상거래 시장은 2025년에는 그 규모가 878억 달러에 이르고, 전체 소매 판매의 비중 또한 2015년 기준 0.8%에서 6.4%로 증가해 연평균 32%의 성장 률을 기록할 것이라고 보고 있다.

　　경제성장률이 높은 동남아시아에서 이커머스 시장 역시 빠르게 커지고 있다. 2억 7,000만 인구를 자랑하는 인도네시아는 이커머스 시장 규모가 2019년 기준 188억 달러약 23조를 기록하여 5년 새 1,204% 성장했다. 같은 기간 태국, 말레이시아, 베트남도 이커머스 시장 규모가 3배로 확대되었다.[27]

　　인도네시아, 필리핀, 베트남의 전자상거래 시장은 향후 10년 동안 빠른 속도로 성장할 것으로 전망되는 잠재력이 큰 시장이다. 특히 인도네시아는 20~30대 젊은 인구가 많고 인터넷과 모바일 사용도 빠른 속도로 보급돼 아세안에서 발전 잠재력이 가장 큰 전자상거래 시장이라고 할 수 있다. 2025년까지 인도네시아의 전자상거래 시장 규모는 460억 달러에 이르러 전체 소매 판매 규모의 8%를 차지할 것이다.

---

27 전파신문, 산업팀, 동남아 이커머스 中 알리바바로 '통일', 2020.04.15.

그림 15 동남아 전자상거래 시장

선불폰 이용자
98%

스마트폰 개통 인구
65.7백만

인도네시아 전체 인구
2.499억명

모바일 ONLY Web 접속자 44%
41.8백만

E-commerce 인프라
75.7백만명

인터넷 사용가능 인구
91.7백만

62%
스마트폰 개통 대비 Mifi 사용

4.9백만명
연간 250달러 이상 온라인 구매자

유선 브로드밴드 이용자
15백만

전체 리테일 거래량 US$ 330 billion
현지 조사기관 DataStatistik, 추정 US$ 1~2 billion

대표적인 업체는 아세안 주요 시장에서 시장을 주도하고 있는 라자다를 꼽을 수 있는데, 2013년부터 자체 상품뿐만 아니라 오픈마켓도 운영하고 있으며, 현재 말레이시아·태국·필리핀·베트남 시장에서 1위를 차지하고 있다.[28]

동남아 전자상거래 시장은 2020년 기준 70조 원 규모에 달한다. 2015년에 비해 약 10배 이상 급성장했다. 동남아 소비자 1인당 온라인 쇼핑 지출액도 커질 전망이다. '베인앤컴퍼니'는 2018년 기준 1인당 125달러약 14만 원를 지출하던 것에서 2025년 390달러약 43만 원로 늘어날 것으로 분석했다.

코로나19 확산으로 동남아의 이커머스 시장이 더욱 커졌다. 싱가포르 정부 투자기관인 테마섹Temasek Holdings에 따르면, 코로나19로 인해 동남아 주요 6개국에서의 디저털 환경 소비자가 36% 증가했다고 한다. 새롭게 유입된 소비자 가운데 94%는 코로나19로 인한 위기가 끝난 후에도 디지털 서비스를 계속 활용할 계획이

---

28 상게서.

라고 밝혔다.[29]

표3 주요국 온라인 모바일 쇼핑 이용자 비중

	싱가포르	말레이시아	태국	베트남	필리핀	인도네시아
1	Qoo10.sg	Lazada.com.my	Lazada.co.th	Lazada.vn	Lazada.com.ph	Tokopedia.com
2	Carousell.com	Mudah.my	Kaideo.om	Thegiodidong.com	Olx.ph	Olx.ph
3	Amazon.com	Lowyat.net	Aliexpress.com	Tiki.vn	Amazon.com	Lazada.co.id
4	Taobao.com	Taobao.com	Alibaba.com	Amazon.com	Alibaba.com	Bukalapak.com
5	Lazada.sg	11street.my	Ebay.com	Sendo.vn	Zalora.com.ph	Elevenia.co.id

출처: Similar Web

아세안 인구는 6.3억 명으로, 그중 40세 이하의 젊은 연령층 비중이 66%로 전 세계 최고 수준이다. 동남아 국가들이 상대적으로 젊기 때문에 상대적으로 온라인 시장 전망이 밝다. 40세 이하 세대는 다른 세대보다 인터넷 및 모바일 사용에 능숙하고 트렌드에 민감하기 때문에 온라인 쇼핑몰의 성장·견인이 가능하다. GDP 2.6조 달러 규모의 아세안은 연평균 4.7%의 경제 성장을 거듭하며, 성장률이 둔화되고 있는 중국 등을 대체할 시장으로 부상 중이다.[30] 젊은 인구의 모바일 사용량은 최고 수준이다. 이러한 높은 모바일 인터넷 사용량은 이커머스 시장 활성화로 이어진다.

---

29 이코노미스트, 허정연, 한국보다 10살 젊은 동남아… 이커머스 중심지로 급부상, 2021.05.26.
30 상게서.

그림 16 국가별 모바일 이커머스 이용 비율

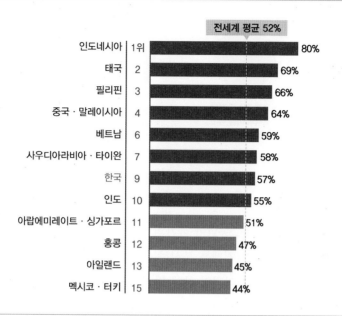

출처: 디지털 2020보고서, 위아소셜(We are social) 훗스위트(Hootsuite)

아마존 등이 동남아에 진출하면서 선진적인 결제 배송 시스템이 도입되었다. 특히 알리바바는 동남아 물류 허브 구축 계획을 공개하였으며, 이는 2019년부터 운영될 예정으로 성장이 가속화될 것이다. 태국, 인도네시아, 필리핀 등의 정부는 인프라 예산을 늘리고, FDI를 유치하는 등 항만, 도로, 공항 등 물류 인프라 건설을 추진하고 한다. 그러나 현재까지 이 지역은 현금 후불 결제COD, Cash on Delivery의 일반화 및 느린 배송이라는 문제점을 갖고 있다. COD는 일종의 배송 결제 통합시스템으로, 물류회사가 고객에게 물품을 배송한 후 온라인 쇼핑몰 판매자 대신 대금을 현금으로 수금하는 방식이다.

그림 17 COD 절차

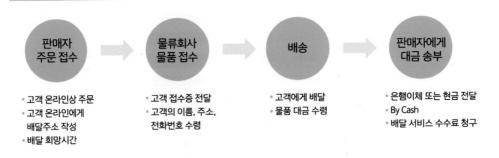

출처: KOTRA

World Bank에 의하면, 동남아 국가의 신용카드 보급률은 6% 이하싱가포르, 말레이시아 제외이며, 은행 및 전자결제를 불신하는 경향이 매우 뚜렷하다. 도서 국가인 인도네시아, 필리핀 등은 지리적인 한계 및 낙후된 도로망 등으로 인해 물류 인프라가 제대로 구축되지 않은 국가가 많아 배송이 지연되는 경우가 많다. 소비자들은 온라인 구매가 오프라인에서 직접 구매하는 것처럼 온라인에서 제품이 최대한 빠르게 배송되는 것이 중요하다.[31]

표 4 국가별 온라인 쇼핑 구매 시 희망 결제수단

결제수단	국가명					
	한국	싱가포르	태국	인도네시아	말레이시아	베트남
상품 수령 후 지불 (COD: Cash on delivery)	2.6%	12.8%	30.7%	17.6%	25.5%	59.5%
계좌이체	11.9%	8.9%	34.7%	49.7%	24.8%	13.7%
신용카드	77.5%	53.5%	20.7%	19.5%	22.3%	15.7%
전자지갑	3.8%	7.0%	4.7%	8.2%	6.4%	6.5%
직불카드	4.4%	17.8%	9.2%	5.0%	21.0%	4.6%
총계	100.0%	100.0%	100.0%	100.0%	100.0%	100.0%

출처: 신흥국 온라인 유통 시장 진출 전략 연구

---

31 상게서.

❸ 알리바바 라자다의 Copy Cat 전략

라자다는 동남아 전자상거래를 틈새시장으로 표적화하는 경영상의 능력을 갖추고 있으며, 동남아 전자상거래업체들과는 다른 차별화된 전략이 있다. 이미 성공적으로 평가받고 있는 기업들의 경영 노하우나 물류 인프라를 그대로 복제하는 Copy Cat 전략을 사용한다는 것이다.[32] 즉, 라자다는 카피캣 전략을 활용해서 현지에 최적화된 이커머스-물류 시스템을 만들어 판매자와 소비자 모두를 만족시켰다. 라자다는 이 전략을 활용해서 부족한 신경영, 기술 능력을 쉽게 획득할 수 있었다.

알리바바가 다른 전자상거래업체가 아니라 라자다를 인수한 이유는 두 기업의 비즈니스 전략이 비슷하기 때문이다. 알리바바는 아마존과 이베이를 골고루 복제한 중국판 전자상거래업체라고도 불리며, 인터넷을 유통에 활용한 선두기업인 아마존의 아이디어를 모방하면서 성장하게 되었다. 이와 유사하게 라자다는 아마존의 이커머스-물류 시스템을 모방하면서 아마존 스타일로 외주를 주지 않고 직접 물류센터, 배달허브, 자체 배송팀을 운영하고 있다. 또한 각 국가별 특색에 맞는 이커머스-물류 시스템과 결제방식을 현지화하면서 동남아의 아마존으로 자리 잡게 되었다. 현재 알리바바와 라자다는 Copy Cat이라는 공통전략으로 출발하여, 아마존이나 이베이와

그림 18　아마존 물류창고

출처: 아마존

그림 19　라자다 물류창고

출처: 라자다

---

32 신흥국 온라인 유통 시장 진출 전략 연구, 세종대학교 산학협력단/유통 · 프랜차이즈 연구소, 2015.

같은 기업들의 틈새시장에서, 정상의 위치까지 도달한 기업이 되었다.

④ 알리바바 라자다의 시장방어 전략

라자다는 또한 아마존의 프라임 서비스의 동남아시아 진출에 대항하기 위한 방안으로 멤버쉽 기반의 통합 서비스인 '라이브업'을 런칭했다. 라이브업은 알리바바의 오픈마켓 서비스인 타오바오Taobao Collection, 동영상 스트리밍 서비스 넷플릭스Netflix, 차량 공유 서비스 우버Uber, 우버의 음식 배달 서비스 우버잇츠UberEats 등 4개의 글로벌 온라인 브랜드를 합친 서비스로 정기배달과 비디오 스트리밍을 구독을 함께 이용할 수 있다. 고객들은 쇼핑, 교통, 식사, 문화생활 등 다양한 서비스를 하나의 계정에서 사용한다.

아마존의 프라임 서비스 경우 자사의 서비스만을 이용할 수 있는 것과 달리, 라이브업은 여러 업체의 서비스를 한 번에 누릴 수 있다는 점에서 소비자들의 관심

그림 20 **라자다 라이브업**

출처: 라자다

을 끄는 데 더 효과적일 것이다. 쇼핑, 엔터테인먼트, 교통, 음식 배달 서비스를 하나의 서비스처럼 주문하고 활용할 수 있기 때문이다. 라이브업이 서비스를 시작한 국가는 아직 싱가포르뿐이지만, 라자다는 앞으로 진출 국가를 늘리고 제휴 업체도 점차 추가해 나갈 예정이라고 밝혔다.[33]

라자다의 성공요인

라자다는 로켓인터넷의 자회사 중 하나로 '동남아시아의 아마존'이 미션이다. 인접한 5개 국가의 온라인 마켓을 타겟으로 하였으며, 아마존의 존재감이 거의 없

---

33 모비인사이드, 이채령, '라자다, 4가지 서비스로 아마존에 맞서다' 외, 2017.4.24.

는 틈새시장인 점 또한 타겟의 이유 중 하나가 된다. 라자다는 소비자들을 대상으로 소매 플랫폼을 운영하고 있으며, 소비자들에게 다양한 결제방식을 통해 특별한 어려움 없는 쇼핑 경험을 가능하도록, 물류배송 문제를 해결하고 라자다만의 인프라를 구축하는 데 초점을 맞춘다.

그 결과 판매자에게 뿐만 아니라 소비자에게 더 나은 쇼핑 경험을 제공할 수 있게 되었으며, COD와 광범위한 고객 관리, 무료 환불이 가능해졌다. COD와 무료 환불이 가능하도록 인프라를 구축한 것은 동남아시아 소비자들의 온라인 쇼핑에 대한 인지된 위험을 낮추고 수용성을 높이는데 큰 영향을 미치고 e-커머스 시장을 활성화시키는 결과를 낳았다.

베트남의 VERCITA Report 2014에 따르면, 베트남 소비자들이 온라인 쇼핑을 꺼리는 이유는 상품 품질에 대한 의구심과 실제로 확인해 보는 어려움이 있기 때문이라고 나타났으며, 물류인프라 구축을 통한 COD 및 무료 환불은 이러한 문제 해결에 크게 기여했다. 라자다의 급속한 성장의 또 다른 요인은 바로 안드로이드와 iOS의 스마트폰, 테블릿에 맞추어 개발된 어플리케이션인데, 이 어플리케이션은 2014년 12월 말까지 600만번이 다운로드 되었다.

그림 21 온라인 쇼핑하지 않는 이유(베트남)

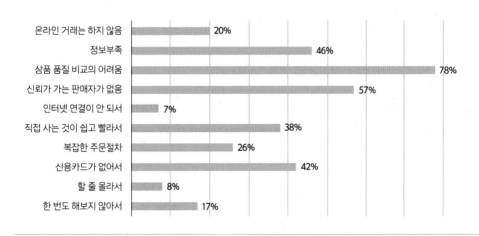

출처: VERCITA

그림 22 2018 Lazada Wallet 서비스 도입

출처: 라자다 월레트

동남아시아 전반에 스마트폰 및 인터넷 이용률 상승에 맞춰서 앱을 적극적으로 활용하려는 시도는 소비자들에게 바람직한 전략이었다고 평가된다. 라자다의 플랫폼은 동남아시아 5개국에서 모두 동일한 모습을 취하고 있으나, MD는 다른 모습을 보여주고 있는데 현지화해서 운영하고 있기 때문이다.

라자다는 2022년 현재 현지에 적합한 결제시스템인 COD를 사용하여 이질감을 줄이고 신뢰를 얻으려 하는 현지화 전략 방법과 Gcash, 직불/신용카드, Lazada wallet 서비스를 도입하면서 소비자들의 선호에 맞게 결제 시스템을 구축했다.

그리고 현지에서 발생하는 배송관련 문제를 해결하고자 동남아 60여개 이상의 물류회사와 파트너십을 통해서 배송인프라를 구축하는 전략을 구사했다. 현지 회사와 파트너십은 현지 소비자들이 가질 수 있는 이질감을 줄일 뿐 아니라, 현지 물류회사가 가지고 있는 신뢰감 및 브랜드 가치를 이용할 수 있는 전략이다. 라자다는 결제, 물류 인프라뿐만 아니라 동남아 국가별 고객센터 운영방식도 조금씩 다른 모습을 보여주고 있다.[34]

⑤ 알리바바와 라자다의 시너지효과

알리바바와 라자다가 결합하면서 라자다에 타오바오 컬렉션이 생겼다. 즉, 알리바바는 라자다 쇼핑몰에 알리바바의 오픈마켓인 타오바오 컬렉션을 만들어 판매하고 있으며, 2017년 광군제때 동남아 고객들도 할인상품을 구매할 수 있게 했다. 뿐만 아니라 신선식품 배송도 이러한 결합으로 개선되었다.

알리바바는 라자다로 하여금 싱가포르 신선식품배송 스타트업인 '레드마트

---

34 이동일(2015), 신흥국 온라인 유통 시장 진출 전략 연구, 산업통상자원부.

Redmart'를 인수하게 했다. 원래 아마존이 싱가포르에 진출하면서 인수하려 했으나, 알리바바가 선수를 친 것이다. 이제 알리바바는 '레드마트'와 '라자다'의 물류경쟁력을 결합해 동남아 신선식품 시장을 선점하겠다는 의지를 갖게 되었다. 레드마트는 냉동창고와 저온 배송 차량을 갖추고 풀 콜드체인 시스템을 활용해 주 7일 배송 서비스라는 차별화된 배송 경쟁력을 갖고 있다.

한편, 라이브업 알리바바는 라자다의 멤버십 프로그램 '라이브업LiveUp'도 내놓았다. 라이브업은 타오바오, 넷플릭스, 우버, 우버이츠우버의 음식배달를 합친 서비스를 말한다. 라이브업은 동남아 진출을 추진 중인 아마존의 프라임에 대응하는 서비스이며, 앞으로 다양한 콘텐츠를 활용하여 고객을 끌어들일 것이다.

이외에 모바일 결제시장도 장악했다. 알리바바는 2014년 라자다의 헬로페이를 알리페이로 통합했으며, 라자다와 레드마트에서도 알리페이로 결제할 수 있다. 이를 통해 QR코드를 동남아의 대표 결제수단으로 활용하려고 한다. 현재 태국의 대형마트와 편의점, 싱가포르 백화점에서도 알리페이 QR코드로 결제할 수 있다.

그림23 라자다 쇼핑몰의 타오바오 컬렉션

출처: 라자다

알리바바는 라자다 인수를 통해 동남아를 알리페이 사용자로 만들고 있다. 중국의 QR코드 결제까지 합세해 동남아 모바일 결제가 알리바바 속으로 들어갈 것이다.

추후 알리바바는 전자상거래와 소셜 채팅은 물론, 라이브 스트리밍과 결제 등을 통합적으로 제공하는 생태계 서비스를 전개할 것이다. 이에 따라 라자다는 전자상거래를 넘어 각종 서비스를 한 곳에서 이용할 수 있는 통합 플랫폼으로 변신할 것이다.

알리페이를 통해 얻은 '결제 데이터'는 구매이력, 프로모션 사용 여부, 고객 정보, 판매 채널 등 고객 접점에서 생성되는 많은 데이터를 선물해준다. 이를 통해서 소비 트렌드의 변화에 대한 인사이트를 도출할 수 있다. 알리바바는 이를 바탕으로 상품과 서비스에 콘텐츠를 결합하는 '트랜스 리테일Trans Retail'을 연구하고 있다.[35]

그림 24 알리페이 QR코드 결제

또한 라자다는 마켓컬리와 손잡으며, 동남아시아를 넘어 유럽시장에 진출을 계획하고 있다. 2022년 8월 마켓컬리는 라자다의 계열사인 레드마트에 마켓컬리 브래드관을 열고 한국 제품 판매를 시작했다. 동남아시아에서 탄탄한 입지를 구축한 라자다는 유럽 시장 진출을 저울질하고 있다. 알리바바의 지원을 바탕으로 시장 확대에 나서는 것이다.[36] 알리바바 역시 라자다를 통해 유럽시장 진출을 준비하고 있다.

알리바바의 신유통 경영전략

① 중국 전자상거래의 변화

그림 25 마켓컬리 X 라자다

2010년 이후, 인터넷과 스마트폰이 보급되며, 중국 IT 서비스는 빠르게 성장하였다. 그중에서도 알리바바를 필두로 한 온라인 쇼핑 플랫폼, 현금이 필요 없는 모바일 페이먼트 시스템, 빅데이터를 활용한 고객 관리 및 파격적 유통구조 개선 등으로

---

35 프롬에이, 핀테크, 리테일을 넘어 플랫폼 기업으로, 2018.08.06.
36 더구루, 김형수, 마켓컬리 해외공략 가속 …'맞손' 라자다, 동남아 유럽 진출 만지작, 2022.10.26.

인해 중국은 독자적인 전자상거래 생태계를 구축할 수 있게 되었다.

그림 26 2011~2019년 중국 제3자 모바일 결제 거래 규모

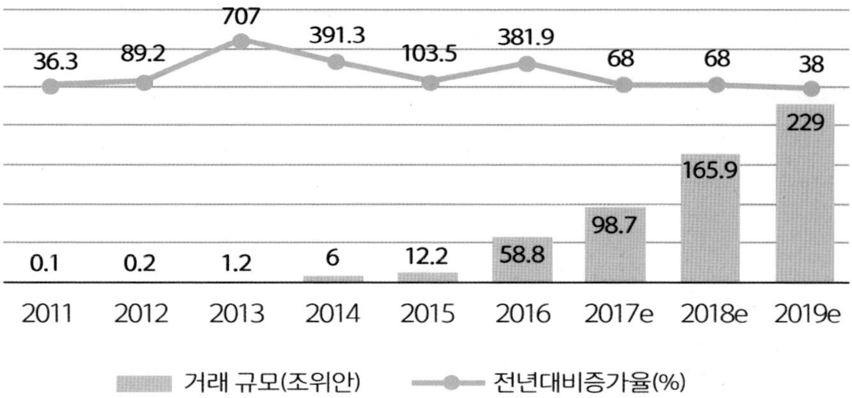

	2011	2012	2013	2014	2015	2016	2017e	2018e	2019e
전년대비증가율(%)	36.3	89.2	707	391.3	103.5	381.9	68	68	38
거래 규모(조위안)	0.1	0.2	1.2	6	12.2	58.8	98.7	165.9	229

거래 규모(조위안)　●　전년대비증가율(%)

출처: 상하이무역관, 중국 대외경제정책의 新 시그널, 2022.11

중국의 전자상거래는 거대한 고객 수요를 기반으로 세계 1위로 등극했다. 온라인 기반 기업들은 경쟁력 있는 가격, 모바일을 활용한 편리한 검색, 혁신적 물류 배송 시스템 등으로 오프라인 시장의 성장률을 빠르게 뛰어넘었다. 오프라인 기업들은 대세인 온라인 시장에 진입하기 위해 사업 모델을 전환하기도 하였으나, 기술에 익숙하지 않고 부동산을 위주로 하던 전통적인 유통기업들은 도태될 수밖에 없었다.

온라인이 세상을 장악할 것만 같았지만, 기업들은 이제 다시 오프라인 시장에 주목하고 있다. 이전처럼 온라인 시장의 성장 속도가 빠르지 않고, 오프라인 시장은 여전히 온라인에 비해 훨씬 큰 규모이기 때문이다. 온라인 매장에서는 오프라인의 경험 가치를 전달할 수 없으며, 여전히 대·소형 소매업체들은 고객의 가장 가까운 곳에서 쇼핑을 돕고 있다. 이에 온라인 기업들은 오프라인 기업들과 협력해 유통업을 개척하고자 하는 움직임을 활발하게 보이고 있다. 지난 몇 년 동안 소매 시장의 주도권이 오프라인에서 온라인으로 급격하게 옮겨갔다면, 이제는 온라인과 오프라인이 유기적으로 연계해 각자의 장점을 통합한 새로운 형태의 유통 구조로의 진화가 시작되고 있다.[37]

중국은 최근 대외 무역에 관해 2022년 9월 27일 상무부에서 대외 무역의 안정적 발전을 지원하기 위한 정책 조치 6조를 발표했다. 예를 들어, 기업의 대외무역 계약이행 능력을 강화하고 전시회 참가를 지원하며, 크로스보더 전자상거래 확대를 추진하고 있다.

② 알리바바의 미래 트렌드, 신유통 경영전략이란?

비즈니스 컨설팅기업 프라이스워터하우스쿠퍼스 차이나PwC CN는 중국 소비시장 규모를 2017년 5조 7,100억 달러에서 2021년 8조 달러 이상으로 성장할 것으로 전망했다.[38] 이와 관련하여 2017~2021년 온오프라인 소비시장의 연평균성장률CAGR은 온라인 분야 21%, 오프라인 분야 6%, 전체 9% 성장할 것으로 분석되었으며, 특히 온라인 분야의 급격한 성장을 알 수 있다. 이에 대한 근거로 중국 소비자의 50%가 매주 온라인을 통해 제품을 구매하고 있으며, 86%가 모바일을 통하여 결제한다. 중국의 인구로 판단했을 때, 전 세계 온라인 비중의 22%를 차지하고 있으며, 지속적 성장이 예측된다.

그림 27 **중국 모바일 결제의 오프라인 비즈니스 디지털 전환 가속화**

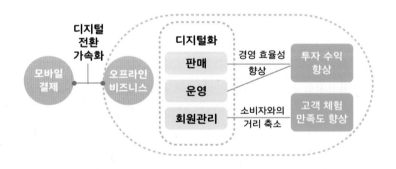

출처: iResearch

---

37 상하이무역관, 김해연, 중국 대외경제정책의 新 시그널, 2022.11.02.
38 강상혁 관세사, 중국 소비시장의 성장과 신유통시대 전망, 2019.01.29.

신유통 경영전략은 알리바바 마윈이 2016년 10월 알리윈阿里云 개발자 컨퍼런스 '항저우杭州 윈시云栖대회'에서 발표한 5新 전략[신유통新零售, 신제조新制造, 신금융新金融, 신기술新技术, 신자원新资源][39] 중 하나인 신유통新零售을 가리킨다.[40] 2021년 4월 10일 알리바바는 중국의 新零售신유통·New Retail 시장이 2017년부터 2020년 사이 초기 단계에서 성숙기로 접어들었다고 지적했다. 이른바 '신소매 전략'이라고 불리기도 하는 신유통은 '5新' 중에서도 그야말로 핵심이 되는 전략이라고 할 수 있으며, 온라인 서비스와 오프라인 체험과 물류를 융합한 새로운 판매 형태로, 기업이 인터넷, 빅데이터, 인공지능 등의 기술을 이용하여 제품의 생산, 유통, 판매까지 전반적인 과정을 업그레이드하고 산업체인을 재구성하는 것이다.

공간적·물리적 제약이 존재하던 과거의 소비 환경은 모바일, 인터넷 등 신기술의 발전으로 혁신적으로 진화해 왔다. 과거 쇼핑 행동은 상점에서 구매하거나, 온라인으로 주문하는 형태였으나 '스마트폰'의 등장으로 소비자는 공간과 시간에 얽매이지 않고, 언제 어디서나 쇼핑을 할 수 있게 되었다. 또한 소비자들의 디지털 디바이스에 대한 이해도가 높아지면서, 그들은 더욱 다양한 경로를 통해 제품을 구매할 수 있게 되었고, 기술을 기반으로 한 편리함에 더욱 익숙해지고 있으며, 저렴한 가격보다는 제품의 퀄리티Quality, 품질를 중요시하고 더 나은 쇼핑 경험을 기업에게 요구하는 수준까지 이르게 되었다.

> "전자상거래 그 자체도 이미 옛 개념이 되고 있다.
> 앞으로 30년 안에 온라인·오프라인·물류데이터 공급체인이
> 서로 연결된 신소매 업종을 마주하게 될 것이다."
> - 2017년 10월 마윈 알리바바 회장이 주주들에게 보낸 이메일 서신 중에서 -

---

39 5新 전략이란 온·오프라인과 모바일 그리고 인공지능을 결합한 '신유통', 개성과 맞춤형이 강조되는 '신제조', 데이터를 기반으로 한 신용체계인 '신금융', 인터넷과 빅데이터를 융합한 '신기술', 데이터 주도형 에너지 혁명을 이끌어갈 '신에너지'를 가리킨다.

40 중앙일보, 김은수 기자, '신유통 전성시대', 소름 돋는 마윈의 15년 전 예언, 2021.05.13.

그림 28 신유통 산업 체인[41]

온라인 플랫폼 + 오프라인 매장 + 물류 인프라

新 생산 서비스	新 금융 서비스	新 통합 공급망 서비스	新 매장 운영 서비스
생산 공정의 디지털화 스마트 제조	새로운 금융 공급망 모바일 결제 시스템	스마트 물류 디지털 공급망 전자상거래	디지털 서비스 교육 디지털 디스플레이

출처: 플래텀 차이나 리포트 2017.07

이처럼 변화하는 소비자 행태에 맞게 기업들은 물류 체계를 재구성하고 온·오프라인을 총동원해서 고객 편의를 제공하고자 노력하고 있는데, 이러한 노력 중의 하나가 바로 '신유통 전략'이다. 신유통 플랫폼은 인공지능, VR/AR, IoT 등 최신 기술 및 빅데이터를 활용해 온·오프라인 시스템을 통합하며, 기존 유통 구조의 변혁과 새로운 쇼핑 경험을 소비자에게 선사한다.

스마트 물류 인프라를 통해 배송 시간은 더욱 단축되고, 오프라인 접점에서 제공하는 다양한 서비스 및 체험은 소비자와의 물리적, 심리적 거리를 좁혀준다. 오프라인 소매 생태계 전체가 모바일 기반의 온라인으로 연결되고 고객이 언제, 어디서, 어떤 물건을 구매하는지 모든 패턴을 분석해서 새로운 생활 패턴을 형성하게 된다. 또한 기업들은 실시간 제품 수요 및 재고 파악을 통해 효율적 시스템 개선 및 비용 절감을 이끌어내며, 유통 손실이 0에 가까워질 수 있도록 리모델링하는 것이 가능해진다. 2016년 10월, 중국 알리바바의 마윈은 온·오프라인과 물류의 결합을 통해 새로운 흐름을 만들어 갈 것을 밝히며, 신유통新零售 시대의 포문을 열었다.[42]

신유통은 알리바바뿐만 아니라 중국 대다수 유통기업의 행동 강령이 됐다. 현

---

41 한승희, 빠르게 변화하는 중국의 유통 혁명: 중국 신유통 현황, 플래텀 차이나 리포트, 2017.07.
42 중앙일보, 김은수 기자, '신유통 전성시대', 소름 돋는 마윈의 15년 전 예언, 2021.05.13.

재 각 기업은 온라인과 오프라인의 경계를 허무는 시도가 진행 중이다. 이는 세계 최대 전자상거래 시장 및 모바일 결제 시스템을 보유한 중국이기에 더욱 용이한 일이다.

❸ 신유통 탄생의 배경

신유통이 탄생하게 된 배경요인을 3가지로 분류하면 첫째는 기술, 둘째는 소비자, 셋째는 소매업의 변화이다.

첫 번째로 '기술의 변화'에는 빅데이터, 클라우드 컴퓨팅, 모바일 인터넷, 스마트 물류의 등장으로 인해, 새로운 비즈니스 인프라가 형성되고 모바일 페이먼트 시스템을 근간으로 중국 전자상거래 및 O2O가 빠르게 발전될 수 있었다. 두 번째로 '소비자의 변화'에는 소비자의 디지털 이해도가 향상되었고 기존 저렴한 가격을 선호하던 소비자들이 이제는 상품의 질과 서비스를 함께 중시하게 되면서, 간편한 온라인 검색과 체험 비중이 향상되었으며, 중국의 소비가 성장하고 있다는 점이다. 세 번째로 '소매업의 변화'는 소비 단가 하락, 물류비용에 대한 경쟁이 심화됨에 따라 온라인 기업의 성장이 정체되고 있다는 것이다. 또한 중국 소매 업종은 아직 초기단계로 유통의 효율성이 전반적으로 낮은 편이고 고급 소매 브랜드가 부족하며, 다양한 소매 형태가 한꺼번에 나타나는 경향이 존재한다.

이러한 세 가지 변화로 인해 공간적, 물리적 제약이 존재하던 과거의 소비자 소비 환경은 모바일 인터넷 및 기술의 발전으로 새롭게 진화하고 있으며, 온·오프라인에서의 소비자 경험에 기반한 구매 행태가 디지털화되고, 이 데이터를 수집해 활용·분석하여 유통 구조의 효율적 시스템 개선 및 비용 절감이 가능해졌다. 이에 따라 기업들은 변화하는 소비자 행태에 맞게 물류체계를 리모델링하고, 신유통을 통해 미래 경쟁력을 꾀하게 된다.

④ 신유통과 중국 모바일 결제

중국이 신유통新零售 혁명을 주도할 수 있는 근간에는 중국의 발전된 모바일 결제 생태계가 존재한다. 중국의 모바일 결제 시장은 IT 기술의 빠른 발전 및 스마트폰의 본격적 보급으로 2012년부터 태동했다. 이후 중국은 O2O 서비스의 폭발적인 성장과 함께 세계에서 가장 최적화된 모바일 결제 시스템을 구축했다. 모바일 결제가 온라인에서 오프라인 시장으로 서비스를 확장하며, 소비자들은 온·오프라인에 구애받지 않고 모바일 결제 서비스 사용을 할 수 있게 되었고, 중국에서는 현금과 지갑 없이 모바일로만 대부분의 소비 생활을 할 수 있을 정도가 되었다. 중국 아이리서치에 따르면, 2016년 모바일 결제 거래 규모는 약 58.8조위안약 9,942조 원으로 집계된다.

기존 현금으로 제품을 구매할 때에는 소비자들의 소비 패턴에 대한 데이터를 얻기 힘들었다. 그러나 모바일 결제 시스템은 오프라인 비즈니스 내에서 판매, 운영, 회원 관리의 디지털 전환을 가속화했고, 모바일 결제 생태계는 판매자와 구매자 사이에 데이터가 오가는 기반이 됐다. 기업은 모바일 결제를 통해 소비자들의 디테일한 구매 데이터를 더욱 빠르게 확보하고 분석할 수 있게 됐다. 이 데이터는 수요와 공급을 조절하고, 물류와 배송 체계를 효율화하며, 유통의 혁신에 일조하는 핵심이 된다. 이러한 모바일 결제 시스템을 기반으로 중국은 다양한 신유통 플랫폼을 선보이며, 무인 결제, 완전 자동화 결제가 가능한 사회로 점점 변화하고 있다.

⑤ 신유통 구조

플랫폼－결제－물류－배송의 파이프라인을 하나로 구축하고 디지털화된 데이터를 활용하여 소비자의 니즈를 파악하고 체험에 초점을 맞추는 구조이다. 오프라인 소매 생태계 전체가 모바일 기반의 온라인으로 연결되고 고객이 언제, 어디서, 어떤 물건을 구매하는지 모든 패턴을 분석해서 새로운 생활 패턴을 형성하는 것을 가능케 한다.

그림 29 신유통 산업 구조[43]

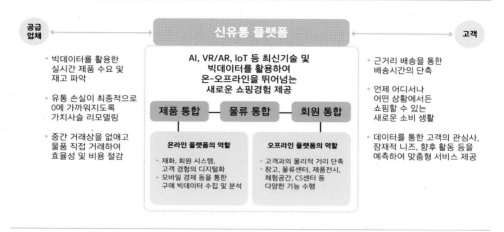

신유통 플랫폼

| 공급
업체 | | 고객 |

AI, VR/AR, IoT 등 최신기술 및
빅데이터를 활용하여
온-오프라인을 뛰어넘는
새로운 쇼핑경험 제공

제품 통합 ― 물류 통합 ― 회원 통합

온라인 플랫폼의 역할
· 재화, 회원 시스템,
고객 경험의 디지털화
· 모바일 경제 등을 통한
구매 빅데이터 수집 및 분석

오프라인 플랫폼의 역할
· 고객과의 물리적 거리 단축
· 창고, 물류센터, 제품전시,
체험공간, CS센터 등
다양한 기능 수행

공급업체
· 빅데이터를 활용한
실시간 제품 수요 및
재고 파악
· 유통 손실이 최종적으로
0에 가까워지도록
가치사슬 리모델링
· 중간 거래상을 없애고
물품 직접 거래하여
효율성 및 비용 절감

고객
· 근거리 배송을 통한
배송시간의 단축
· 언제 어디서나
어떤 상황에서든
쇼핑할 수 있는
새로운 소비 생활
· 데이터를 통한 고객의 관심사,
잠재적 니즈, 향후 활동 등을
예측하여 맞춤형 서비스 제공

출처: 플래텀 차이나 리포트 2017.07

⑥ 알리바바의 해외투자 사례

30분 만에 신선식품이 집으로 배송된다: 허마센셩

중국 전자상거래 기업 징둥의 물류 총괄 출신 호우이가 2015년에 설립한 허마
센셩盒马鲜生은 2016년 3월에 알리바바로부터 투자 유치를 받은 후 알리바바 생태
계에 편입되어 현재 신유통을 대표하는 모델이 되었다. 2017년에는 상하이에 10
개, 베이징에 2개, 닝보에 1개 매장을 오픈하여 빠르게 확장했다.[44] 2021년 기준으
로는 중국 전역에 200여 개 매장을 보유하며, 여전히 빠른 성장세를 보이고 있다.
최근에는 허세권盒区房이라는 말도 등장했다. 반경 3km 이내에 허마센셩 매장이
존재하는 지역을 말하는 용어다. 이 허세권에 속하는 지역은, 집값이나 월세가 더
비쌀 정도로, 허마센셩 서비스에 대한 수요는 더욱 증가하고 있는 상황이다.

---

43 한승희, 빠르게 변화하는 중국의 유통 혁명: 중국 신유통 현황, 플래텀 차이나 리포트, 2017.07.
44 http://lyb1837.tistory.com/46. 2017.11.22.

허마센셩의 특징

허마센셩이 다른 일반 마트와 차별화된 점은 모바일 어플리케이션이나 현장에서 구매한 제품을 마트 3km 이내의 고객에게 30분 내로 배송이 가능하며, 주력 취급 품목은 식품으로 그중 20%가 신선식품으로 구성되어 있다는 것이다. 또한 매장 내에 외부에 있는 물류센터와 연결된 컨베이어 벨트를 설치하여, 주문 접수 후 매장 내에서 직원이 제품을 수령하여 물류센터로 보낸 즉시 출고가 가능하다는 특징이 있다.[45] 특히, 허마센셩은 '눈에 보이는 신선함'으로 승부하고 알리바바의 IT가 집약된 허마센셩의 주문 배송 시스템, 체계화된 주문 및 배송 시스템의 구축으로 신유통 전략을 매우 효과적으로 이뤄내고 있다.

허마센셩의 구매 프로세스

그림 30 **허마센셩 구매 프로세스**[46]

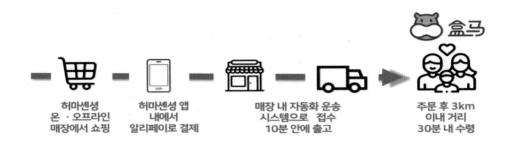

| 허마센셩 온·오프라인 매장에서 쇼핑 | 허마센셩 앱 내에서 알리페이로 결제 | 매장 내 자동화 운송 시스템으로 접수 10분 안에 출고 | 주문 후 3km 이내 거리 30분 내 수령 |

출처: 에스비스뉴스, 2020.12

허마센셩 매장은 제품 전시, 창고, 배달센터 등 복합적인 역할을 동시다발적으로 수행하고 있으며, 소비자와 제품을 만나게 해주는 오프라인 거점이다. 주 취급 제품인 신선식품은 일반 제품보다 더욱 신속하고 안정한 배송을 필요로 하기 때문에 신선식품 e-커머스의 완벽한 물류망 구축이 중요한데, 허마센셩의 경우 매장

---

45 에스비스뉴스, 손남용, 중국 기술 기반 슈퍼마켓 체인 허마센셩의 사업 전략, 2020.12.14.
46 에스비스뉴스, 손남용, 중국 기술 기반 슈퍼마켓 체인 허마센셩의 사업 전략, 2020.12.14.

내 구축된 효율적인 물류 배달 시스템을 통해 신선식품의 신속한 배송 프로세스가 가능하다.

주요 소비자층 분석: 주요 고객 80허우,[47] 90허우[48]

2017년 3월 '중국소비디지털화혁신콘퍼런스中国零售数字化创新大会'에 참여한 허마셴성 호우이 대표가 허마셴성의 철학과 주요 고객에 대해 직접 소개했다. 중국 최대 이커머스 연구소인 이빵동리에서 정리한 내용에 의하면, 허마셴성 고객의 80%는 80허우80后, 90허우90后라고 한다.

2030세대로 인터넷 원주민이라고 불리기도 하며, 개혁개방 이후 중국의 빠른 경제 성장 수혜를 본 1세대 소비자이기도 하다. 이들은 가격보다는 품질에 중점을 두고 있으며, 허마셴성은 이들의 소비 심리를 비즈니스 철학으로 삼은 서비스다. 이들 80허우와 90허우의 구매 속성을 파악하는 것을 넘어, 이들을 커뮤니티화할 계획이다. 호우이 대표는 "허마셴성을 통해 신선식품 이미지, 조리 DIY 레시피 및 소셜 네트워킹할 수 있도록 할 것"이라고 밝혔다. 즉, '먹는다'는 행위에 '엔터+소셜' 속성을 가미해 트래픽을 일으키고, 충성 고객층을 만들고자 하는 것이다.

허마셴성의 코로나 전후 영향

코로나19를 기점으로, 허마셴성을 비롯한 신선식품 온라인 플랫폼에 대한 이용률은 크게 증가했다. 2019년 2월 기준, 중국 신선식품 기업 중 상위 3개 기업인 메이르요우셴, 둬디엔, 허마셴성의 월별 활성 이용자 수는 212만 명, 852만 명, 174만 명을 기록했다. 더불어, 각 플랫폼을 방문한 소비자가 신규로 서비스에 가입하는 비율은 52.7%에 달했다. 이렇게 시장에 유입된 소비자들은 코로나 방역기간이 지난 후에도, 남아있는 것으로 조사되었다. 2020년에 신규로 플랫폼에 가입한 이용자를 대상으로 조사를 진행한 결과, 2020년을 기준으로 2019년도와 비슷하게

---

47 1980년 이후 출생한 중국의 외동아들, 딸들을 지칭하는 말로 소황제(小皇帝)라 불리우며, 모든 가족의 관심 아래 부러울 것 없이 자란 세대이다.

48 1990년 이후에 태어난 '소황제(小皇帝) 2기'에 해당한다. '80后'가 10대나 20대에 풍족함을 느낀 세대라면 '90后'는 유아기부터 풍족함을 접한 세대이다.

그림 31 온라인 신선식품 시장 규모

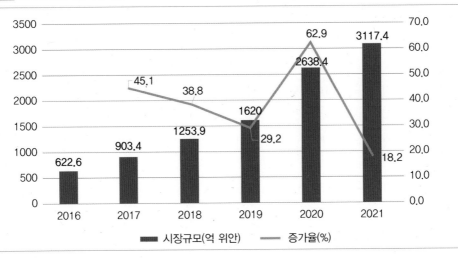

출처: 아이미디어 iimedia

구입 빈도를 유지한다고 밝힌 응답자가 50.1%, 구입 빈도가 늘어났다고 밝힌 응답자가 38.5%를 차지했다.

외식이 어려워지고, 사람간의 접촉을 최소화하도록 생활 방식이 변화하면서, 기존에 신선식품 서비스를 이용하던 젊은 층 이용자에 더해, 전 연령대에서 수요가 증가하기 시작했다. 2019년을 기준으로 1,620억 위안이던 시장 규모는, 2020년 62.9% 증가한 2,638억 위안을 기록했다. 여기에 중국 정부의 정책적 지원도 시장 규모 확장에 일조했다.[49]

2021년 현재 허마셴성은 중국 전역에 230개의 점포를 운영하고 있으며, 코로나19 창궐 이후 허마셴성의 광저우, 선전 및 기타 지역 온라인 주문량은 전년 대비 5~10배로 증가했다.

허마셴성 등장의 의의

옴니채널,[50] AI, 생체인식 등을 오프라인 매장에 접목한 무인화 시스템, 오프라

---

49 중앙일보, 김은수 기자, '신유통 전성시대', 소름 돋는 마윈의 15년 전 예언, 2021.05.13.
50 고객이 온라인, 오프라인 경계를 넘나들며, 검색 및 구매를 할 수 있도록 오프라인을 디지털화한 것을 말한다.

인 매장을 복합 문화공간으로 디자인함으로써 체험매장 이미지 구축, 신선식품의 신속한 배송 등이 현실화된 것이다. 또한 온·오프라인 플랫폼에 관계없이 현금, 카드, 위챗페이를 받지 않고 오로지 알리페이로만 결제가 가능하다. 때문에 알리페이의 영향력은 더욱 확대될 것이다. 과거 현금 결제의 경우에는 오프라인 고객 데이터 및 구매 패턴 파악이 어려웠으나 허마센셩 앱을 활용한 회원제, 오프라인 재화의 디지털화를 통해 소비자의 온라인·오프라인 데이터 수집 및 소비 패턴 추적·분석이 용이해졌고 이를 결합한 빅데이터를 기반으로 광고 또는 마케팅에 적극 활용 가능해졌다.

저렴한 상품과 다양함이 해외로부터 배송된다: 알리익스프레스

알리익스프레스는 알리바바에서 운영하는 해외직구 사이트이다.[51] 중화권에 집중된 오픈마켓 판매자들의 특성을 살려 저렴한 상품과 다양성을 무기로 삼아 한국 해외직구 소비자들을 공략하는 데 집중하는 전략을 쓰고 있다. 즉, 11번가와 쿠팡 등 한국 주요 전자상거래업체의 해외직구 서비스가 주로 미국 상품에 집중되어 있다는 점을 고려해 틈새시장을 노리고 있는 셈이다. 또한, 알리바바가 알리익스프레스를 통한 해외사업 강화에 힘을 쏟는 이유는 기존 주력 시장인 중국 전자상거래 분야에서 경쟁이 갈수록 치열해지고 있기 때문이다.

한편, 상반기 알리바바의 집계자료에 따르면, 2021년 한국의 알리익스프레스 이용자 수는 전년 대비 50%, 구매 물량은 44% 증가했다. 알리바바는 2020년 한국 소비자가 알리익스프레스에서 의류를 구매하면 3~5일 안에 받을 수 있는 배송서비스도 새로 도입했다. 이런 시도를 통해 사용자를 늘린 데 성과를 본 것으로 분석된다. 코로나19 사태 영향으로 해외여행을 가기 어려워진 소비자들이 해외직구를 늘린 점도 알리익스프레스의 성장에 기여한 것으로 추정된다.

---

51 중국 알리바바 "한국에 올해만 100억 투자", 해외직구 수요 급증에 대응, 비즈니스 포스트 김용원 기자, https://www.businesspost.co.kr/BP?command=article_view&num=297524

⑦ 신선식품 e-커머스 시장 - 중국 내 시장점유율 1위 둬디엔

중국의 신선식품 e-커머스 시장은 계속해서 급성장 중이며, 매년 80% 이상의 성장세를 보이고 있다. 그러나 보기 만큼 절대 쉽지 않은 시장이다. 징둥이 신선식품 이커머스 시장부분에서 2018년 1분기에 가까스로 적자를 면했는데, 중국 내 300곳이 넘는 도시에 당일 배송을 하기 위해 물류를 수직계열화했고, 이것이 곧 엄청난 비용으로 연결됐기 때문이다.

징둥 외에도 2016년 한 해 동안 신선식품 e-커머스의 선두주자들은 감원, 해고, 사업 축소라는 선택을 할 수밖에 없던 이유가 여기에 존재한다. 징둥의 신선식품 카테고리인 징둥따오지아京东到家는 다다达达를 합병한 뒤 원래 보유하고 있던 물류부서를 해산시키고 담당 직원들은 징둥의 택배 부서로 가거나, 사표를 내야 했다. 업계 2위인 티엔티엔궈위엔天天果园은 문을 닫았으며, 6위인 아이시엔펑爱鲜蜂은 감원을 강행하는 등 이 업계에 속한 서비스가 4,000개인데 그중 88%가 하락세를 걷고 있는 상황이다. 정리하면, 신선식품 이커머스는 자체적으로 수익을 내는 측면에서는 상당히 불리한 위치에 있다고 볼 수 있다. 지난 1년 사이 유명업체들이 문을 닫는 상황도 빈번히 발생한 것이 그 증거이다.

그러나 이 영역은 고객의 생활환경 패턴 자체를 바꿀 수 있는 원동력을 지니고 있어 신유통의 측면에서 시너지를 낼 수 있는 유력한 플랫폼 중 하나임에는 틀림이 없다. 신선식품 카테고리의 강력한 온·오프라인 플랫폼 허마셴성과 물류·결제·e-커머스를 모두 갖고 있는 알리바바 생태계가 만난 것은 우연이 아니라 서로를 위해 반드시 필요한 존재였기 때문이 아니었을까?

신선식품 e-커머스 시장 - 성공요소와 실패요소

허마셴성이 서비스를 시작한 2015년, 디몰의 둬디엔도 같이 사업에 뛰어들었다. 코로나 기간 동안 두 그룹은 중국 내에서 각각 1, 2위를 점유하는 기업들이지만, 규모 면에서 차이가 존재했다. 그렇다면 왜 같은 시점에 비즈니스를 시작한 두 기업이 차이가 나는지, 그동안 두 기업을 따라가려고 했던 다른 기업들이 실패한 이유는 무엇이었을까?

O2O Online to Offline 비즈니스가 활발히 진행되던 2015년경, 허마셴성과 뒈디엔은 공격적으로 사업을 확장했다. 뒈디엔은 13개 도시를 포괄하는 China Resources, Wumart와의 협업을 통해 500개 이상의 오프라인 슈퍼마켓 매장과 협력하여 서비스 지역을 늘려갔다. 허마셴성 또한 100위안 어치의 물건을 사면, 그 절반인 50위안 가치의 쿠폰을 제공하는 등 고객들을 끌어모으기 위한 공격적인 전략들을 취했다.

기존의 오프라인 대형 마트들도 대응전략을 취했다. 중국의 대형 유통기업 '용휘마트'는 '차우지우종'이라는 신 유통마트를 내세워, 타 기업들과 다르게 고객들에게 온라인 서비스도 제공하지만, 오프라인 매장으로 고객을 불러들인다는 전략을 취했다. 허마셴성이 제공하는 30분 배송 서비스에 더해, 푸드코트 강화, 셀프 결제 시스템 구축 등 매장에서의 매력적인 경험을 제공하겠다는 목표였다. 그러나 이러한 조치들은 O2O 비즈니스의 본질인 신유통과, 고객이 원하는 편리함을 위한 배송·편리함을 위한 오프라인 매장·편리함을 위한 온라인 매장이라는 목적을 파악하지 못한 것이었다.

허마셴성과, 뒈디엔은 무엇에서 가장 큰 차이점은 무엇이었을까? 공격적인 사업 확장 이후, 수익모델이 명확하지 않고, 많은 돈이 들어가는 전략이 지속가능하지 않다고 판단한 뒈디엔은 2016년 넓게 분포되어 있던 매장들을 줄여나가기 시작했다. 신선식품 배송 비즈니스의 가장 큰 단점은 수익에 비해 비용이 많이 든다는 점이다. 배송 비용, 물류 창고 비용, 오프라인 매장 운용비용, 마케팅 비용 등 다양한 부문에서 사업비용이 발생한다. 따라서 효율적인 유통 시스템을 구축해, 고객이 가장 원하는 서비스를 수익 모델을 유지하면서 제공할 수 있는 것이 포인트다.

뒈디엔은 이러한 조건들을 충족시키기 위해 다음과 같은 전략을 취했다. 첫째, 택배와 당일 배송의 두 가지 서비스를 제공한다. 시간 단위의 배송이 아닌 당일 혹은 익일 배송을 원칙으로 하며, 배송지에 따라 배송비를 차별적으로 부과한다. 둘째, 오프라인 매장의 운용비용을 최소화한다. 자체 콜드체인을 구축하는 것이 아닌 기존에 탄탄한 소비자층을 갖고 있던 지역 마트와 협업하여 초기 비용을 줄였다. 셋째, 빅데이터를 사용한 소비자 선호와 물류를 일치시켰다. 또한 텐센트와 협력해, 각 소비자의 디지털 정보를 종합하여 빅데이터 분석 모델을 이용, 사용자들의 관심과 행동 선호도와 적합한 마케팅 전략을 취했다.

그 예로 베이징 왕징 지점은 텐센트와의 협력 전후로 매장 광고 비용과 온라인 마케팅 비용은 각각 38%, 30% 감소했으나 신규 고객의 첫 주문은 80%까지 늘어났다. 더불어 소비자 수요에 맞게 재고관리를 유동적으로 할 수 있어 SKU[52] 비중을 줄이고, 신선식품의 비중을 늘렸다. 또한 매장 규모를 2층에서 1층으로 줄이는 등, 오프라인 매장의 최대한 비용을 줄여, 저렴한 가격의 빠른 배송이라는 서비스 제공에 성공했다. 직접 자체 콜드 체인을 구축해, 3km 이내 고객들에게 30분 이내 배송하며, 오프라인 매장을 오픈형으로 유지하여 집으로 배송되는 식품의 신선도를 홍보했다.

특히 고급 해산물을 직접 매장에서 요리해 줌으로써, 오프라인 매장에서만 경험할 수 있는 허마셴성 만의 서비스를 제공했다. 또한 1·2선 도시를 중심으로 주요 고객층인 20~30대 층을 겨냥해 다른 신선식품 기업들에 비해 약간 높은 가격대이더라도 직접 농가와 협업해 고급 식재료를 제공한다는 고객층을 목표로 전략을 취했다.

⑧ 알리바바의 ESG 경영

8.1 알리바바(阿里巴巴)의 ESG 경영 추진

알리바바阿里巴巴의 CEO 장융张勇은 2021년 12월 투자자의 날에 ESG는 회사 미래 발전 가치의 기초라고 밝혔다. 알리바바는 "2021년 탄소중립 행동 보고서"를 발표해 2030년까지 그룹 내 사업장에 대한 탄소 중립을 실천하고 2035년까지 에너지 전환, 과학기술 혁신, 직원과의 공동 협력을 통해 15억 톤 규모의 탄소 감축을 실천하겠다고 밝혔다. 또한 2021년에 친환경 채권을 발행해 10억 달러를 조달했다. 이 중 45.7%는 에너지 효율 프로젝트, 35.7%는 친환경 건설 프로젝트,

---

52 Stock Keeping Unit: 재고관리를 위한 최소한의 단위.

14.9%는 코로나19 확산 대비 프로젝트에 사용됐으며, 나머지 자금은 신재생에너지와 순환 경제 프로젝트에 활용했다. 알리바바의 MSCI ESG 평가 등급[53]은 2018년의 B등급에서 2021년에 BBB 등급으로 상승했다.[54]

중국 정부는 2060년까지 온실가스 순 배출을 '0'으로 만들겠다는 탄소 중립을 실현하겠다고 선언했다. 이후 중국 내 기업의 ESG 공시 가이드라인이 발표되었다. 알리바바 또한 '알리바바 탄소중립 이행 보고서'를 발표했다. 알리바바 그룹은 2030년까지 Scope 1과 2의 탄소 중립과 Scope 3의 상위, 하위 협력사들과 함께 2020년도 기준 대비 탄소 집약도 50% 감축을 목표로 하고 있다. Scope 1, 2의 목표는 2030년까지 탄소배출을 감소하겠다는 목표로, ① 전기화 및 디지털화 ② 에너지 효율성 개선 ③ 재생 에너지 개발 ④ 탄소 상쇄 및 제거의 4가지 세부전략을

그림 32 Scope 1, 2, 3, 3+[55]

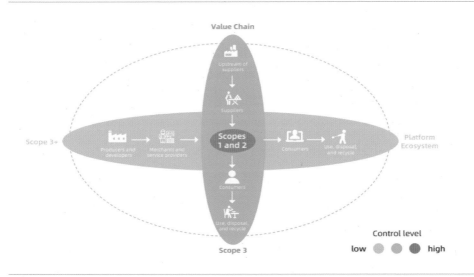

출처: 아이미디어 iimedia

---

53 미국 모건스탠리의 글로벌 ESG 평가기관인 모건스탠리캐피탈 인터내셔널(MSCI)에서 발표하는 ESG 평가 등급.

54 https://dream.kotra.or.kr/kotranews/cms/news/actionKotraBoardDetail.do?SITE_NO=3&MENU_ID=180&CONTENTS_NO=1&bbsGbn=243&bbsSn=243&pNttSn=195186

55 사진 출처: 알리바바 홈페이지.

포함한다.

　Scope 3은 2030년까지 상위, 하위 협력사들과 함께 2020년도 기준 대비 50%를 감축하겠다는 목표이다. 또한 스코프 3+라는 새로운 차원을 탄소 중립 목표에 추가해 2035년까지 알리바바 에코시스템 전반에 걸쳐 1.5기가톤의 추가 탄소 배출 저감을 이룰 예정이다. Scope 3+ 달성을 위해서, 알리바바는 "지속가능한 소비, 중고품 상거래의 디지털화, 스마트 교통, 저탄소 운영 및 관리, 녹색물류 및 재활용 등의 분야에서 노력할 것"이라고 밝혔다. 또한 알리바바 중고시장 플랫폼인 아이들 피시idle fish의 활용 장려, 지속가능한 라이프스타일 추구 등 각 ESG 목표 달성을 위해 에너지 절약 및 효율성 증대 작업에 집중할 것이라고 강조했다.

8.2 알리바바의 주요 ESG 활동

(1) E(Environment: 친환경)

탄소배출

　업무 단지 내 탄소 배출 관리 능력을 최적화하는 다양한 조치를 통해 알리바바는 2019년부터 2년 동안 1인당 에너지 소비를 10% 이상 감소시켰다. 항저우 데이터센터에서 청정에너지를 사용함으로써 연간 7,000만 KWH의 전력을 절감했으며, 또한 쇼핑 페스티벌 기간 동안 풍력 발전 비중을 확대해 8천 톤 이상의 이산화탄소를 감축시켰다. 알리바바 그룹이 출시한 '88탄소 계정' 서비스는 일회용 수저 없는 배달 옵션을 제공하여 400톤 규모의 탄소 배출량을 감축했다.

에너지 관리 및 자원관리

　항저우 하이퍼 스케일 데이터센터의 연평균 전력 사용 효율PUE은 1.09 미만으로 전 세계 최저 수준을 기록한다. 데이터센터에서는 현재 사용하고 있는 10kV 교류 입력 일체형 직류 전원 시스템을 그대로 유지한 채 배전 구간을 66% 감소시켜 전력 손실을 줄였다. 이는 기존 방식보다 전체 작업 효율성을 97.5% 이상 향상시켰으며, 업계 최고의 수준이다. 중고 마켓플레이스인 아이들 피쉬는 지난 4년간 약 3억만 명의 소비자가 의류 약 50만 톤, 책 2,370만 권, 휴대폰 366만 개, 가전제품 145만 개를 재활용할 수 있게 만들었다.

환경개선

물류 사업 자회사인 차이냐오 네트워크에서는 재사용 종이박스 포장을 보급하고 있다. 2018년부터 자동화 상자 절단, 포장 크기를 최적화하는 스마트 포장 알고리즘[56] 등의 다양한 기술을 개발해 포장재 사용량을 평균 15%를 줄일 수 있었다. 디지털 협업 플랫폼인 딩톡은 전통적 사무실을 종이 없는 사무실로 변화시키고 종이 사용량을 줄여 약 1,100만 톤 정도의 탄소 배출을 감축시켰다.[57]

(2) S(Social: 사회적 책임)

코로나19 사태에 맞서 실제 방역 지원에 2021년 3월까지 약 34억 위안약 6,591억 원을 투입해 전국과 다른 150개국에 2억 건의 방역물자를 기부했다. 2017년에는 '1년에 1인당 3시간' 공익플랫폼을 공식 출시했다. 또한 한 사람이 1년 동안 최소 3시간의 공익활동에 참여하는 캠페인으로 알리바바 내부에서 2년간 추진해온 공익사업을 전 국민이 참여하는 캠페인으로 탈바꿈시켰다.

2021년 기준 타오바오와 알리페이와 연동된 250만 명에 달하는 온라인 판매자와 수억 명의 소비자들은 '공익보배公益宝贝'[58]나 사회적 온라인 쇼핑몰에서 '선인구매善因购买'[59]를 통해 사회적 상품을 거래하고 직접 기부할 수 있었다. 모인 기부금은 '버팀목 프로그램'을 통해 빈곤 가정 300만 명의 건강 의료 지원에 쓰였다. 또한, 200여 개 농촌지역 학교에 정수기를 기증해 12만 명의 교사와 학생들에게 도움을 주었다. 마지막으로 10만 명의 농촌지역 아이들을 위한 전문 음악 교실도 설립됐다.

---

56 1000억 개의 택배에 전자 라벨을 적용하고 적절한 크기의 박스를 선택해준다.
57 출처: https://blog.naver.com/e2_mentor/222884777622
58 타오바오 판매자가 상품의 수익금 중 일부를 자선단체에 기부하는 프로그램.
59 공익과 연계된 상품을 소비하는 것, 착한소비.

(3) G(Governance: 지배구조 개선)

알리바바는 빠른 변화와 치열한 경쟁에서 민첩히 대처하기 위해 그룹 최고위층부터 구조 조정에 나섰다. 2021년 알리바바는 '다각화 지배구조' 체제로 전환하고 '중국 디지털 비즈니스'와 '해외 디지털 비즈니스', 두 개의 큰 부문으로 분리했다. 그리고 다이산戴珊과 쟝판蔣凡이 각 부문의 총재로 임명돼 총괄업무를 담당한다. '중국 디지털 비즈니스'에는 타오바오淘宝, 티몰天猫, 알리마마阿里妈妈, B2C소매, 타오차이차이淘菜菜, 타오터淘特, 1688 등의 업무가 포함된다. '해외 디지털 비즈니스'는 알리익스프레스全球速卖通, ICBU, Lazada 등 해외시장을 대상으로 하는 자회사가 포함된다.[60]

중국기업혁신과 발전 연구회에서는 2022년《기업 ESG 공시 지침企業ESG披露指南》단체 표준을 발표해 중국 기업의 ESG 경영 사업의 기준과 발전방향을 제시했다. "알리바바는 102년간[61] 지속될 수 있는 회사가 되기 위해, ESG는 선택이 아닌 필수 요소"라고 강조했다.[62]

맺음말: 4차 산업혁명과 유통산업의 변화

4차 산업혁명으로 신유통 전략방식이 점점 확산됨에 따라, 신속한 소비자 맞춤형 상품화가 진행되고 있다. 지능정보기술의 발달로 인해, 고객 개개인 중심의 서비스를 제공할 수 있게 되면서, 단순한 상품 제공을 넘어 고객의 상황이나 특성, 취향에 맞게 특화된 '경험'을 제공할 수 있는 유통 서비스가 점차 나타나게 될 것

---

60 출처: https://dream.kotra.or.kr/kotranews/cms/news/actionKotraBoardDetail.do?SITE_NO=3&MENU_ID=180&CONTENTS_NO=1&bbsGbn=243&bbsSn=243&pNttSn=195186

61 알리바바 그룹이 102년간 지속하는 것을 목표하는 이유는 1999년 창립 이후 지속가능한 발전을 추구해 기업을 3세기 동안 유지하는 것을 의미함.

62 출처: https://dream.kotra.or.kr/kotranews/cms/news/actionKotraBoardDetail.do?SITE_NO=3&MENU_ID=180&CONTENTS_NO=1&bbsGbn=243&bbsSn=2

이다.

징동의 '7fresh'는 빅데이터와 클라우드 기술 기반의 새로운 형태의 슈퍼마켓인데, 최근 돌풍을 일으키고 있다. 이는 직접 매장을 방문하지 않고도 온라인 배송이 가능하며, 매장 상단에 선로가 설치되어 있어서 주문 제품을 30분 내로 받을 수 있으며, 매장 내 별도 조리대에서 수산물을 구입하여 조리비용을 지불하면, 그 상태 그대로 신선한 음식을 즐길 수 있다. 이러한 신유통 전략은 플랫폼－결제－물류－배송의 파이프라인을 하나로 구축하고 디지털화된 데이터를 활용하여, 각 개별 소비자의 니즈를 파악하고 체험에 초점을 맞추는 유통방식이다. 가까운 미래에는 오프라인 소매 생태계 전체가 모바일 기반의 온라인으로 연결되고, 고객이 언제, 어디서, 어떤 물건을 구매하는지 모든 패턴을 분석해서, 새로운 소비생활 및 유통 패턴을 가능케 할 것이다.

모바일 결제시장을 주도하는 알리바바 역시 다양한 인수합병 및 투자를 통해 온라인과 오프라인을 결합하는 신유통 시장으로 빠르게 그 영역을 확장해가고 있다. 4차 산업혁명 기술을 활용해 자신의 기업이 관련 산업생태계에서 중심이 되는 전략을 구사하고 있는 것이다.

이젠 한국 유통시장에서도 그러한 측면을 고려하여 새로운 유통 전략에 대응하고 있다. 즉, 빅데이터, 클라우드, 인공지능 등 4차 산업혁명 기술을 유통산업 부문에 활용해서 온라인과 오프라인을 긴밀하게 연결하고, 개별 소비자 중심의 특화된 신유통서비스를 제공하는 유통시스템이 가까운 미래에 현실화될 것이다. 쿠팡, 마켓컬리 등의 등장은 우연이 아니다.

이번 알리바바의 사례에서는 4차 산업혁명의 기술과 유통산업의 미래에 특히 주목했다. 그리고 최근 부각되고 있는 ESG 경영도 살펴보았다. 이러한 새로운 변화는 기업들에게 위기이면서 새로운 비즈니스의 기회일 것이다. 한국 유통산업의 혁신을 기원한다.

Assignment Questions

1. 알리바바에 대한 STP(Segmentation-Targeting-Positioning) 분석과 알리바바의 동남아시아 시장진출에 대한 SWOT 분석을 수행해보자.

2. 중국 내 모바일 결제시장을 장악한 알리페이가 글로벌 시장 진출을 통해 세계적인 결제 서비스로 성장할 수 있을까?

3. 알리바바 신유통 전략의 핵심인 '허마센셩'은 신선식품 e-커머스 시장의 한 부분이라고 할 수 있다. 그렇다면 가까운 미래에 중국 내 신선식품 이커머스 시장의 전망은?

4. 한국 유통산업의 관점에서, 마윈회장의 신유통 개념 및 아마존의 최근 행보와 관련하여 정부 및 기업이 취해야 할 전략에 대해 논의해보자.

5. 알리바바 그룹은 중국 정부의 기술기업 규제 및 제로코로나 정책 등 위기를 맞고 있다. 이 가운데 위기를 극복하고 수익률 및 시장 점유율을 유지하거나 성장할 수 있는 방법은?

6. 중국 정부가 알리바바에 정보요구를 할 수 있는 권한을 갖고 있는데, 이는 클라우드 서비스의 정보 신뢰도에 대한 문제와 연관된다. 알리바바는 이러한 우려를 어떻게 해결하고자 하는가?

기업생태계의 창조자,
실리콘밸리은행

학습목표

- 벤처기업이 성장할 수 있는 비즈니스 생태계에서
  금융의 역할에 대해 알아본다.

- 실리콘밸리은행(Silicon Valley Bank, SVB)의 성공요인을
  이해한다.

- 실리콘밸리은행(SBV)의 ESG 경영에 대해 살펴본다.

- 한국의 상황에서 미국에 비해 실리콘밸리은행이나
  벤처기업 생태계가 조성되기 어려운 이유에 대해
  고찰해본다.

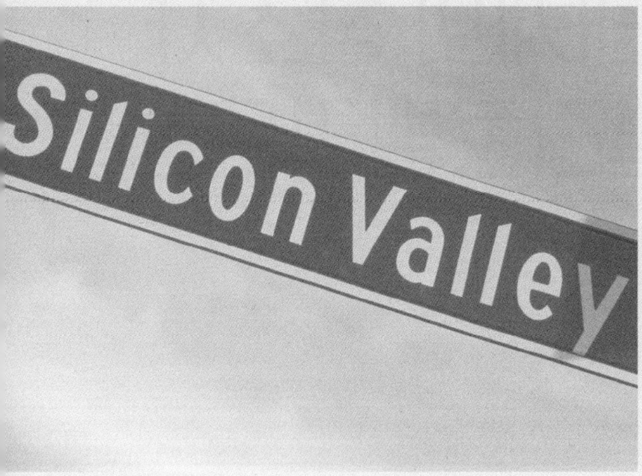
Silicon Valley

기업생태계의 창조자,
실리콘밸리은행*

"돈만 빌려주는 것이 아닌 기업생태계를 만든다!"

- 그레고리 베커 -

실리콘밸리은행SVB, Silicon Valley Bank의 CEO 그레고리 베커는 돈을 빌려주는 것에 그치는 것이 아닌 총체적이고 활력 있는 기업생태계를 만드는 것이 궁극적인 목표라고 선언했다. SVB는 혁신기업 및 스타트기업에게 대출뿐 아니라 벤처캐피탈VC, Venture Capital의 효율적인 운용과 소신껏 스타트업 기업에게 투자할 수 있도록 자금을 지원하고 보증을 서주는 역할을 한다. 이런 시스템은 실리콘밸리의 스타트업 붐과 이어지면서 SVB를 미국에서 가장 빠르게 성장하는 금융회사로 만들어 주었다. 기존 대형 투자은행들은 이미 검증이 된 기업들 위주로 대출 및 자본운용을 수행했다.

그러나 SVB의 금융시스템은 수수료만이 은행의 수익을 창출할 수 있는 것이

---

* 본 사례는 정진섭 교수의 지도하에 권승규, 이주형, 이재선, 백현조 학생이 작성하고 최지원, 박아영, 홍주원, 임수영, 홍윤경 학생이 업데이트한 것이다.

아니며, 혁신기업의 가능성 및 수익성을 보고 제대로 된 기업으로 만드는 과정을 통해 돈을 벌 수 있다는 금융업계의 새로운 비즈니스 모델을 보여주었다. 이는 일률적이고 주로 금리에 치우쳐 있는 수익구조를 가진 금융 산업에 있어서, 새롭게 벤치마킹할 만한 전략적 사업모델이 될 수 있을 것이다.

실리콘밸리은행은?

그림 1 SVB 지역 분포

● 지점(총 29개)
✦ 서비스 영역
● 해외네트워크

출처: SVB 홈페이지

실리콘밸리은행SVB, Silicon Valley Bank 그룹은 실리콘밸리 붐이 태동하던 1983년 미국 실리콘밸리에 설립되어, 오직 벤처기업의 기술력만을 평가하여 금융서비스와 멘토링, 컨설팅 등을 지원하는 벤처금융 전문은행이다. SVB는 설립당시 18백만 달러약 218억 원의 자산으로 출발하여, 2023년 1월 기준

2,020억 달러에 달하는 자산규모를 보유한 대형 은행으로 성장하였다. 동사는 시장의 폭발적인 성장과 SVB의 유능한 실행력으로 미국에서 가장 수익성이 높은 대형 은행 중 하나로 평가되고 있다. 미국 상업은행commercial bank 중에서 39위를 기록했다.

SVB는 본사가 있는 캘리포니아Santa Clara를 중심으로 지역 비즈니스의 속성을 강하게 갖는 벤처금융의 특성상 미국 국내 위주의 사업을 영위하고 있으며, 해외 사업부문도 점차 늘려가는 중이다. 2016년 말 전체 대출자산의 대부분이 캘리포니아와 뉴욕의 두 지역에서 발생CA 33%, NY 11%하였고, 해외대출은 전체 대출자산의 8.2%에 불과하다. 그러나, 인도2004, 영국2004, 중국2005, 이스라엘2008에 차례로 자회사를 설립하였으며,[1] 2011년 런던에 첫 해외지점을 개설하였고 2012년에는 중

국의 상해포동발전은행과 조인트 벤처로 진출
하고, 2022년 기준 스웨덴 독일 덴마크 캐나다
등 자회사를 설립하여 사업을 확장하고 있다.

새로운 은행모델로 부각된 SVB는 미국 실
리콘밸리 지역의 하이테크 기업과 벤처캐피탈
VC, 사모펀드PE를 주요 타겟으로 한다. SVB의
고객은 상환 능력이 안정적인 대기업이 아닌
기술력을 평가받은 벤처기업이다. 실리콘밸리
스타 기업인 에어비앤비Airbnb, 우버UBER, 트위
터Twitter 등을 포함하여 2015년에는 기업공개
IPO[2]에 성공한 미국의 테크·생명과학 분야 벤
처기업의 47%가 SVB와 거래했다. 2016년 기

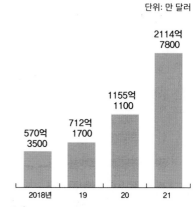

그림 2 SVB 자산규모 추이

단위: 만 달러

*자료:SVB Annual Report, SVB FINANCIAL GROUP 기준

출처: SVB 연차보고서

준으로 71억 5,000만 달러 규모로 추정되는 벤처 대출 시장의 50~60% 정도를 차
지하고 있는 것으로 추산되었다.[3] 또한 은행에 있어 가장 중요한 자기자본이익률
인 ROE[4]도 업계 평균을 상회하는 등 안정적인 성장세를 보여주고 있다.

❶ SVB의 사업모델

1.1 평균손실률

벤처 대출의 특성상 손실률이 높아 월스트리트 같은 대형 은행들도 시장 진출
을 망설인다. 미국 상업은행의 평균 손실률이 대출액의 1~1.5%인 데 비해 SVB는
7~8%에 이른다. 높은 손실률 속에서도 SVB가 성과를 내고 있는 건 '벤처캐피탈

---

1 박희원(2017), 해외벤처기업 전문은행의 성공사례 분석 및 시사점, 산은 조사월보.
2 IPO는 주식공개상장·기업이 최초로 외부투자자에게 주식을 공개 매도하는 것으로 보통 코스닥이나 나스닥
 등 주식시장에 처음 상장하는 것을 말한다.
3 이종현, 실리콘밸리은행, 미국 벤처 대출 50~60% 차지 … 벤처 붐에 고속 성장, 조선비즈, 2018.01.06.
4 ROE(Return On Equity)는 투입한 자기자본이 얼마만큼의 이익을 냈는지를 나타내는 지표이다.

－벤처기업－은행'으로 이뤄진 3각 협업 관계와 자금의 대부분을 고객 예수금 Deposits을 통해 조달하고, 예수금의 80% 이상을 무이자예금으로 구성한 자금 조달 및 운용 전략 덕이다.

그림 3 SVB의 매출액, 영업이익, 순이익

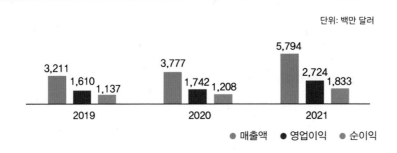

또한 글로벌 및 국내 수익률－달러 강세로 인해 다른 중앙은행들이 자국 통화의 약세를 막기 위해 금리를 인상하도록 압력을 가했기 때문에 글로벌 수익률은 전년 대비 평균에 비해 높다. 기준 금리가 높아짐에 따라 광범위하고 단기적인 고정 수입에 대한 올인 수익률은 각각의 평균에 비해 더 높아졌다.

1.2 3각 협업관계 '벤처기업 - VC/PE- SVB'

SVB는 VC[5]Venture Capital /PE[6]Private Equity Fund와의 오랜 금융거래를 통해 우수 벤처기업투자 딜을 확보하는 전략을 사용하였는데, 이는 VC와 PE가 상업화될 수 있는 기술과 기업을 선정하는 능력에 있어서 은행에 비해 우위에 있기 때문이다.

성장 가능성과 기술력이 입증되는 벤처기업들은 우량 VC/PE에 의해 초기 자본

---

5 VC(Venture Capital)는 위험 부담을 안고 신규 사업에 참여하는 기업에의 투하 자본 또는 위험 부담 자본을 뜻한다.

6 PE(Private Equity Fund)는 비공개 기업투자 펀드(투자자를 비공개 모집해 자산이 저평가된 기업에 투자, 가치)를 높인 뒤 주식을 매각하는 고수익 중기형 투자 회사이다.

투자가 이루어지며, 후속 투자의 가능성이 크다. SVB는 이러한 벤처기업을 대상으로 대출을 집중적으로 제공했다. 현금창출능력과 담보가 없어 대출을 받기 어렵고, 아직 수익도 발생하지 않는 스타트업의 경우, SVB는 대출의 상환재원을 영업현금흐름이나 담보매각대금이 아닌 VC/PE의 추가 자본투자 계획과 가능성에서 도출한다.

1.3 SVB의 대표적인 융자모델 상품 'Venture Debt'

이는 VC로부터 초기 투자를 받은 벤처기업에게 운영자금, 장비구입 등의 자금 용도로 제공하는 대출로, 후속 자본투자를 통해 확보한 자금으로 상환되는 것이 특징이다.[7] 이로 인해 벤처기업은 저렴한 자금을 확보하면서도 추가 자본투자로 주식가치가 희석되는 것을 제한할 수 있게 된다. 'Venture Debt'를 통하여 낮은 추가 투자비용을 들이면서 VC/PE는 기 투자한 벤처기업의 안정적인 성장을 도모할 수 있고, 결국 은행은 벤처기업에 대한 대출 리스크를 낮출 수 있게 됨으로써, 최적의 3각 협업이 형성된다.

그림 4 SVB의 3각 협업 관계

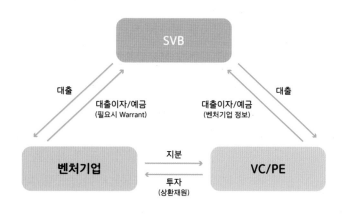

---

7 박희원, 해외벤처기업 전문은행의 성공사례 분석 및 시사점, 산은조사월보, 2017.10.

1.4 3각 협업관계에서 타 금융기관과의 차별성

SVB는 VC/PE의 광범위한 금융욕구를 충족시키는 고객중심전략을 토대로 벤처기업의 건전성 정보를 공유, 추가 자본투자를 유도하는 등 비즈니스적 협업관계를 형성해왔다. 2017년 6월 말 기준, 벤처기업에 대한 대출거래 비중39.4%을 넘어서는 VC/PE에 대한 대출거래 비중42.2%을 기록하기도 했다. SVB는 풍부한 투자자금을 모집한 VC/PE로부터 저리의 예금을 조달하여 출자금이 필요한 VC/PE를 대상으로 대출을 제공하였는데, 이는 단순히 예금을 받거나 대출을 제공하는 차원을 넘어서 고객VC/PE의 대차대조표 차변과 대변 모두를 고려한 고객 중심의 마케팅이다.

② SVB의 자금 조달 및 운용전략

2.1 대부분 고객 예수금, 80%는 무이자예금으로 구성

SVB는 벤처기업이나 VC/PE로부터 유치한 예수금을 통해 자금을 조달하고 있다. 벤처기업과 VC/PE의 투자금 유치에서 유동성을 가진 자금을 조달할 수 있고 SVB는 이들의 유동성 있는 예수금을 통해 안정적인 자금조달원을 확보할 수 있다. 주 고객은 벤처기업, 스타트업기업, VC/PE가 있고 그 외의 개인 고객들의 비율은 미미하다. SVB는 2016년 6월 말 기준으로, 실리콘밸리 지역에서 가장 많은 예수금을 확보하고 있으며, 약 25%의 시장점유율을 차지하고 있다.

SVB의 예수금의 80%를 차지하고 있는 무이자예금은 조달비용이 굉장히 낮다. 예수금의 대부분이 무이자예금으로 구성되어 있는 이유는 주요 고객인 벤처기업, VC/PE는 이자수익률 보다 언제든 투자가 가능한 현금상태의 보유를 더욱 선호하기 때문이다. 2021년 3분기 동사는 2,880억 달러의 고객 자금을 보유했으며, 그중 67%는 평균 비용이 5%에 불과한 무이자 예금이다. 따라서 대부분의 대형 은행의 이자율보다 확연히 낮다.

그림 5 SVB의 자금 구성(2016년 말)

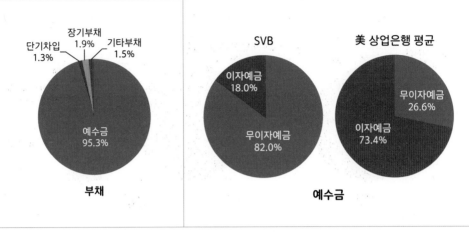

출처: SVB 연차보고서

2.2 대출자산의 고객 및 투자섹터별로 다양한 포트폴리오를 구성

SVB는 대출자산의 고객을 벤처기업, VC/PE, PB[8]고객으로 구성했다. 이후 고객구성을 다시 소프트웨어·인터넷, 생활과학·의료, 하드웨어 부분으로 구성해 다양한 포트폴리오를 구성했다. 2016년에는 벤처기업에 대한 대출이 43.5%를 차지했고 투자섹터별로는 소프트웨어 부분에 28.3%의 대출을 진행했다. SVB는 포트폴리오를 다양화시켜 대출에 의한 자금의 위험성을 분산시켰고, 유동적인 자금운용을 가능케 했다.

2021년 첫 9개월 동안 은행의 610억 달러 대출 포트폴리오 중 55%는 사모펀드 및 VC에 대한 것이고, 그중 대부분이 이러한 회사가 내부 현금 흐름을 관리하는 데 도움이 되는 저위험 자본 형태이다.

---

8 PB(Private Banking)는 유통업체에서 직접 만든 자체브랜드 상품을 뜻하며, 자사상표, 유통업자 브랜드, 유통업자 주도형 상표라고도 불린다.

그림 6 SVB의 자산 및 대출 구성(2016년 말)

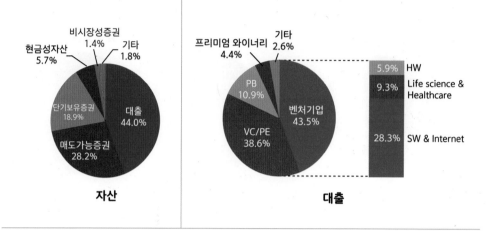

출처: SVB 연차보고서

2.3 차별화된 금융상품 및 서비스 제공

SVB는 대출자산의 운용을 기업의 마진과 벤처기업의 성장단계별로 차별화된 금융상품 및 서비스를 제공하며, 수익을 창출한다. 즉, 기업의 규모나 자본금뿐 아니라 성장단계별로 차별화된 서비스를 제공함으로써 유동성 있고 위험성을 낮춘 수익 구조를 가질 수 있다.

매출규모와 단계별로 ① SVB Accelerator, ② SVB Growth, ③ SVB Corporate Finance로 구분해, 기업 상황별로 적절한 대출양식을 제공받을 수 있다. 특히 초창기 스타트업이나 혁신기업은 기존 은행들로부터 대출을 받지 못하는 경우가 많은데, SVB는 early-stage 벤처기업, 스타트업 기업에도 대출 서비스를 제공하고 있다. Venture Debt를 제공하는 방식으로 대출을 진행하며, 이는 전체 대출자산의 6%를 차지할 만큼, 초창기 혁신기업에 대한 적극적인 대출 서비스를 진행하고 있다.

SVB 그룹이 벤처대출에 대한 집중위험을 최소화하는 전략을 구사해온 점도 우수한 건전성 지표를 실현하는 데 기여를 했다. SVB 그룹은 특정 벤처기업에 대한 대출 한도를 5천만 달러약 600억 원로 제한하고 있으며, 우수한 담보를 보유한 경우 등에 한해서만 5천만 달러 이상으로 대출을 허용하고 있다.

2010년 초부터 2021년 말까지 수행된 16,775건의 벤처대출 평균금액은 3천 2백만 달러이나 SVB 그룹이 수행한 벤처대출의 평균금액은 2천 4백만 달러로 SVB 그룹의 대출 금액이 30% 이상 작다. 더불어 SVB 그룹은 산업 섹터를 분산하여 벤처기업 대출을 수행함으로써 집중위험을 줄이고 있다. SVB 그룹은 VC와 PE가 운용하는 글로벌 뱅킹펀드에 대출해주는 비중이 57%로 대출 포트폴리오에서 가장 큰 비중을 차지하고 있는데, 해당 글로벌 뱅킹펀드는 테크37%, 생명과학12%, 소비재7%, 부동산7%, 제조업5%, 핀테크4% 등 섹터가 잘 분산되어 있다.

SVB 그룹이 우수한 신용리스크 심사 인력을 보유한 점도 SVB 그룹의 차별화된 리스크관리 능력에 크게 기여한 요인이다. SVB 그룹은 1983년 설립 초기부터 벤처기업 여신평가 경험을 보유한 인력을 대거 채용하여 고위험 벤처기업 여신평가 역량을 갖추어 나갔다. 벤처기업의 채무불이행 시 벤처기업이 보유한 무형자산을 회수할 수 있는 능력을 갖춘 것도 차별화된 장점이다.

표1 기업 성장단계별 대출운용 프로세스

구분	SVB Accelerator	SVB Growth	SVB Corporate Finance
대상기업	• emerging/early-stage	• mid-stage/late-stage	• more mature stage • established companies
매출규모	• 500만 달러 이하 • pre-revenue	• 5~75백만 달러	• 75백만 달러 이상
투자단계	• 지인투자, seed, angel • VC 최초 투자	• VC 펀딩	• IPO 등
주요 상품	• 벤처투자, 투자자문	• 성장자금 Loan	• Total Banking 서비스

출처: SVB 연차보고서

❸ SVB의 사업분야

동사는 SVB 파이낸셜을 중심으로, SVB 애널리틱스, SVB 뱅크, SVB 캐피탈의 세 가지 자회사를 가지고 있다. SVB는 〈그림 7〉과 같이 세 종류의 자회사들을 통해서 기업금융, 프라이빗 뱅킹, 벤처캐피탈 등의 사업을 영위하고 있다.

SVB 애널리틱스의 경우 벤처기업, 벤처캐피탈, 사모펀드 등을 대상으로 전략에 대한 자문이나 가치평가, 리서치 등을 의뢰 받아 수행하는 역할을 한다. SVB 캐피탈의 경우는 SVB 파이낸셜이 보유한 자체적인 벤처캐피탈이라고 보는 것이 적절하다. SVB가 자체적으로 벤처캐피탈의 역할을 하면, 사모펀드나 다른 벤처캐피탈과의 협력경험이 미국 주요 펀드에 출자해 수익을 얻는 데 도움이 되기 때문이다.

그림 7 SVB의 주요 자회사

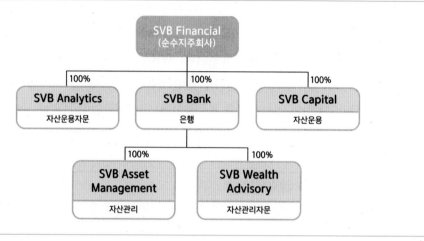

출처: 산업은행 조사월보, 2017.10.

가장 중요한 자회사는 SVB 뱅크라고 할 수 있다. SVB 뱅크의 경우 SVB 파이낸셜의 세 가지 사업분야인 기업금융, 프라이빗 뱅킹, 벤처캐피탈 중 기업금융과 프라이빗 뱅킹의 두 가지 부문을 수행하는 곳이기 때문이다. 이 중 기업금융 부문 수익은 그룹 전체 수익의 80%를 넘는다.

기업금융 부문의 주요 사업에는 IT, 헬스케어, 생명과학과 같은 하이테크 기업이나 벤처캐피탈 혹은 사모펀드를 대상으로 한 예금, 대출, 외환 업무가 주를 이루고 있다. 한 가지 재미있는 점은 실리콘밸리 은행의 본사가 캘리포니아 지역에 위치해 있어 지리적인 특성상 '나파'나 '소노마' 같은 프리미엄 와이너리들에게 대출 등의 금융서비스를 제공한다는 점이다.

표2 SVB의 사업 포트폴리오

구분	기업금융 (Global Commercial Back)	프라이빗뱅킹 (SVB Private Bank)	벤처캐피탈 (SVB Capital)
주요 대상	• 하이테크 기업 • VC/PE • 프리미엄 와이너리	• 벤처기업 사업가 • VC/PE 파트너	• 벤처기업 • 벤처펀드
주요 업무	• 예금 및 대출 • 외국환	• PB 서비스 • 현금관리 서비스	• 벤처기업 투자 • 벤처펀드 투자
관련 자회사	• SVB Bank • SVB Asset Management • SVB Analytics	• SVB Bank • SVB Wealth Advisory	• SVB Capital
비중 (2016년) 수익	84.7%	3.5%	3.0%
비중 (2016년) 자산	94.3%	4.6%	0.8%

출처: 조사월보, 2017.10.

기존의 상업은행은 대출이자를 통해 수익을 확보했지만 SVB는 유망한 벤처기업에 대출을 해주고 대가로 주식을 취득하여 벤처기업의 성장에 따라 수익을 올리고 있다.[9]

또 다른 실리콘밸리은행의 서비스인 '커머스 닷 이노베이티드'는 금융결제 분야의 스타트업을 육성하기 위한 멘토링 프로그램이다. 이 프로그램을 통해 금융결제 분야의 스타트업은 전략적인 부분부터 팀 구성까지 SVB의 도움을 받을 수 있다. 특히 마스터카드나 퓨처퓨어, 웨이페이, 컨텍스 등 사진을 찍어서 결제하거나 급여, 렌트 등을 앱을 통해 지급하고 130개국 이상에서 결제할 수 있는 시스템을 갖춘 기업들이 멘토 역할을 하기 때문에 스타트업 입장에서 다양한 방식의 사업수단을 익힐 수 있는 기회를 제공받을 수 있다.[10]

---

9 박희원, 해외벤처기업 전문은행의 성공사례 분석 및 시사점, 산은 조사월보, 2017.10.
10 이종현, 10년 만에 자산 7배로 실리콘 밸리의 대모 美SVB, 이코노미 조선, 2017.12.21.

그림 8 커머스 닷 이노베이티드의 멘토기업

Candex
Candex is the easy way businesses engage, track and pay service vendors. Partners can collaborate in the company's app environment, and when it's time for a transaction, Candex provides the paying organization a fully compliant invoice and directly takes care of the vendor.
www.candex.com

WayPay
WayPay streamlines the accounts payable process for businesses by connecting to any AP system and automatically reconciling payments sent to local or international suppliers from any combination of bank and credit card accounts.
www.waypay.ca
@WayPayInc

Teampay
Teampay products enable businesses to request, approve, pay for and track employee purchasing in real-time. Using a combination of a web interface and a natural language-processing chatbot, Teampay ties each expenditure to a virtual card that can be approved through a single click, over Slack, on your phone, or via the web. It's the first purchasing software built for modern, technology-enabled businesses.

FutureFuel
FutureFuel.io exists to crush student debt via a B2B2C SaaS platform that makes student debt repayment and refi easy for the enterprise. Introducing a new category of employer-sponsored financial health and wellness benefit, FutureFuel.io empowers organizations of all sizes to attract and retain scarce talent while enabling students and growing professionals to go beyond — beyond debt, into wealth.
futurefuel.io

출처: 이코노미 조선, 2017.12

3.1 최근 사업현황

저성장 기조가 계속해서 이어지고 있지만 SVB의 경우 대출규모와 예수금, 부외 펀드 등을 포함한 고객 전체 자산도 연평균 19%씩 꾸준히 증가하고 있다. 이와 같은 현상은 SVB가 대중적인 상업은행들에 비해 상대적으로 지점 수도 적고 규모도 협소하지만 벤처캐피탈이나 사모펀드와 같이 유동성이 큰 고객들을 위주로 서비스를 제공하기 때문이다.

또한 예수금이 많이 쌓이면 그것이 부채로 기록되어 회사의 부채비율이 높아 보이는 현상을 방지하기 위해 해당 예수금 고객들을 대상으로 양도성예금증서[11] 나 전환사채[12]에 투자하게끔 하는 등 중개인 역할을 수행하고, 수수료 수익을 얻고 있기도 하다.

---

11 양도성예금증서는 제3자에게 양도가 가능한 정기예금증서이다.
12 전환사채는 일정한 조건에 따라 채권을 발행한 회사의 주식으로 전환할 수 있는 권리가 부여된 채권이다.

3.2 기후 기술 관련 성공 사례

Sunrun - SVB 그룹은 미국 최고의 가정용 태양광, 배터리 저장 및 에너지 서비스 회사 중 하나인 Sunrun을 성공으로 이끌었다. Sunrun은 주거용 태양광 서비스에 중점을 두고 자신들의 비즈니스 모델이 수익이 창출하려면 오랜 기간이 필요할 것을 인지하여 지속적인 자본을 조달해줄 파트너를 확보하고자 노력하였으며, 2014년에 SVB는 Sunrun의 은행그룹에 합류하였고, 이들의 장기적인 전략을 파악하여 빠르고 유연하게 자본을 조달하였다.

이후 에너지 환경의 변화와 SVB에 조달 받은 자본을 성장의 기초 삼아 급속한 발전을 이루었고 친환경에 대한 소비자의 욕구의 증가로 인해 Sunrun의 시장은 나날이 성장하고 있다. 또한 지속가능한 경영을 추구하는 시스템은 환경에 좋은 영향을 미쳐, 누적 1,120만 미터 톤의 탄소 배출량을 감소시키고 지속가능한 경영에도 좋은 영향을 끼쳤다.

다음은 재생 가능한 에너지 회사인 Longroad Energy이다. 롱로드 에너지는 북미 전역의 풍력, 태양열 및 저장 에너지 프로젝트의 개발, 소유권 및 운영, 자산 관리에 중점을 둔 재생 에너지 개발업체이며, 미국 전역에 대규모 풍력, 태양열 및 저장 프로젝트를 개발하여 성공시키기 위해 많은 자본이 필요했다. 막대한 자본이 필요함을 아는 그의 동료들이 폴 게이너에게 SVB 기후 기술 및 지속가능성 실행 및 프로젝트 금융 팀을 소개해주었다.

SVB팀은 Longroad Energy의 재무파트너가 되어 설비를 건설해주고 자본을 조달하며, 대규모 에너지의 도입을 위한 중요한 재정 파트너로서 큰 역할을 수행했다. 이렇게 각 두 개의 회사들은 SVB와의 동반자적 성격을 띠며, 동반성장을 도모해나갔다. 그로 인해 ESG 경영에도 좋은 영향을 불어넣으며, 사람들의 신뢰를 얻고 있다.

④ SVB의 ESG 경영

SVB Financial Group의 CEO인 Gregory W. Becker는 다음과 같은 연설을 했다.

"SVB는 더 많은 사람들을 위해, 정의롭고 공정하며, 지속가능한 세상을 추구합니다. 2022 ESG 보고서는 우리가 마주한 문제를 해결함으로써 이를 달성하기 위한 우리의 전략과 이니셔티브를 제시합니다. 따라서 지속가능한 세상을 추구하는 것은 SVB, 직원, 고객 및 이해 관계자에게 중요한 문제입니다."

CEO 베커의 연설에서 볼 수 있듯 최근 SVB는 지속가능한 경영을 추구하는 트렌드에 발 맞춰 ESG 경영에 대한 중요성을 강조했다.

이들의 ESG 전략 및 목표는 크게 4가지로 볼 수 있다. 첫째, 사람에 대한 투자이다. 사람에 대한 투자란 다양한 배경 및 관점을 가진 사람들에게 더 많은 기회를 제공하는 것이며, 둘째, 건강한 지구를 위한 금융 솔루션을 통해 지속가능성 기술을 발전시키는 기업을 내부적인 목표로 설정하는 것이다. 셋째, SVB 그룹의 커뮤니티 지원 프로그램이다. 그들의 커뮤니티 지원 프로그램이란 2021년 기준, 112억 달러 규모의 5년 동안의 커뮤니티 혜택 계획을 발표하였다. 이러한 5개년 커뮤니티 혜택이란 소기업 지원, 저렴한 주택을 위한 자금 조달, 매사추세츠 및 캘리포니아의 저소득 및 중간 소득 지역 사회에 대한 재투자, 자선 및 자원 봉사를 통해 자선 활동을 지원하는 것을 의미한다. 마지막으로 고객과 지역사회의 이해를 통해 ESG 경영을 우선 순위로 이끌기 위한 혁신을 추구하며, 기업 가치를 실현하는 것이다. 이러한 전략 및 목표를 바탕으로 SVB는 지속가능한 가치를 추구하고 있다.

2021년 기준, SVB는 온실가스 배출저감, 탄소중립 목표를 달성하였으며, 자선 단체에 1,800달러를 기부했다. SVB는 1% 기업 자선활동 서약을 통해 매년 순이익의 최소 1%를 자선 단체에 기부하고자 한다. 또한 구조적 측면에서는 2018－2020년 동안 지역사회 재투자법인 CRA인 전략 계획에 대해 뛰어난 평가를 받으며, ESG 경영을 수행해나가고 있다.

그림 9 SVB의 ESG 가치 전략

Environmental

4,643,500

Tons of annual CO$_2$ avoided
across 18 deals completed by
SVB's Project Finance team

52%

Reduction in GHG emissions
from 2019 baseline in
alignment with our Carbon-
Neutral Operations goal

$5 Billion

Sustainable Finance
Commitment by 2027

TCFD

Published our first TCFD
Report in 2021

Social

6

Employee Resource Groups
established, fueling a culture
of belonging

$18 Million

Donated approximately $18
million to charitable causes in
2021, surpassing our annual
Pledge 1% goal

6,058

Lives reached through events
and mentorships via our
Access to Innovation program

$11.2 Billion

Established 2022-2026
Community Benefits Plan

Governance

45%

Of our Board of Directors
are women, including our
new Chair as of 4/21/2022

Outstanding

Received our first ever
Outstanding rating for
our 2018-2020 CRA
Strategic Plan

4

Disclosed against 4 ESG
disclosure frameworks:
CDP, SASB, TCFD and WEF

OKR

Instituted OKR measuremen
system, enabling efficient
review of results versus goal

출처: SVB, ESG Report, 2022

4.1 지속가능한 금융

SVB는 ESG 경영의 가장 중요한 가치 중 하나인 '지속가능한 금융'에 대한 약속을 하고 있다. 지속가능한 금융이란 저탄소, 탄소중립의 의미인 넷제로Net Zero의 전환을 내세우며, 지속가능성을 추구하는 것이다. 또한 지속가능성을 추구하는 그들의 고객, 즉 기업들에게 향후 최소 50억 달러의 대출, 투자 및 기타 금융 제공을 약속하는 것을 의미한다. 더 나아가 온실가스의 배출량 감소를 위한 노력을 내포하는 의미이기도 하다.

4.2 SVB의 환경과 사회적 측면에 관한 ESG 경영

(1) 탄소중립

SVB는 2025년까지 탄소중립 운영을 달성하고자하는 목표를 세웠다. 또한, 에너지 및 산업의 탈탄소화, 지속가능한 저탄소 및 순제로 배출의 전화를 가속화하고자 하는 회사를 지원한다. 이를 통해 환경적 측면에서 노력하는 기업을 지원하며, 함께 성장을 도모하고 있다.

(2) 혁신에 대한 접근 확대 - Access to Innovation

이들의 혁신은 SVB의 시그니처 프로그램인 Access to Innovation은 여성, 흑인/아프리카계 미국인 및 히스패닉 라틴계 개인에게 포용 및 기회를 발전시키기 위해 고안된 것이다. 이를 바탕으로 실리콘밸리 은행은 매년 만 명의 개인에게 정보, 교육 및 취업의 기회를 제공하고 있다.

국내 은행들의 SVB 벤치마킹

불확실성이 높은 혁신기업에 자본투자가 아닌 대출 형태로 모험자본을 공급하면서 리스크와 비용은 매우 낮게 유지하는 실리콘밸리은행SVB의 사업모델은 국내 은행의 벤처금융에 대한 인식전환의 계기가 될 것이다. 또한 성장성이 높은 스타트업을 가려내는 SVB의 능력과 노하우를 잘 활용한다면 금융 중개기능 강화를 통해 은행산업의 부가가치를 제고하는 기회가 될 수 있다.[13]

SVB와 국내 은행들 사이의 금융환경 차이는 있지만, 완전히 차별화된 금융서비스를 제공하는 SVB의 사례는 비즈니스 모델 다변화 차원에서 은행업계에 하나

---

13 문혜정, 성장세 막힌 뱅킹산업 … '벤처대출'에서 답을 찾다, 대한금융신문, 2017.11.10.

의 벤치마킹할 수 있는 사례를 제공하고 있다.

❶ 국내 금융 산업의 발전을 위한 특화은행 출현의 필요성

실리콘밸리은행의 비즈니스 모델은 혁신기업에 대한 대출이나 지분 투자다. 7,000여개 핀테크FinTech[14] 업체를 분석하고 추적하면서 대출은 물론 필요에 따라서는 해당 업체의 주식을 사고 인수하기도 한다. 이는 투자은행과 차별화한 실리콘밸리식 '현장 밀착형', '기업 공존형' 금융으로 불린다.

실리콘밸리은행은 핀테크 기술력을 바탕으로 위험과 비용을 상당히 낮게 유지·운영하고 있다. 기본적으로 불확실성과 위험이 높은 혁신기업에 자금을 공급하면서 안정적인 비즈니스 모델을 가져가는 것이다.

그림 10 금융위기 전·후 국내은행 성장성 비교(주: 성장률의 기간 평균)

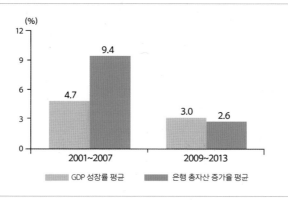

출처: 금융감독원, Thomson Reuters

---

14 핀테크는 Finance(금융)와 Technology(기술)의 합성어로, 금융과 IT의 융합을 통한 금융서비스 및 산업의 변화를 통칭한다.

그림 11 국내 은행의 구조적 이익률 추이(2020년)

─── 총자산순이익률(ROA) ━━━ 구조적 이익률

1.10 (%)
1.00
0.90 **0.89**
0.80
0.70   **0.80**
0.60 **0.56**
0.50
0.40   **0.47**
0.30

2015년   2016년   2017년   2018년   2019년   2020년   4월4일
1월4일   1월4일   1월4일   1월4일   1월4일   1월4일

금융기관 업무보고서 자료

출처: 금융감독원

업력이 25년 된 실리콘밸리은행은 자기자본 8~9조 원, 자산은 70~80조 원 수준이다. 이익률이나 수익성이 통상적인 상업은행에 비해 대단히 높다. 수익성으로 국내 1등인 신한은행보다 업력도 짧고 자산규모도 작지만, 차별화된 비즈니스모델을 통해 금융생태계를 바꾸고 있다. 국내 은행들이 제공하는 서비스는 대부분 비슷한데, 천편일률적인 비즈니스 모델이 이젠 경쟁력을 점차 잃어가고 있다. 국내은행의 이익이 점점 줄어들고 있어 새로운 활로를 찾아야 하는데 우리나라에서도 실리콘밸리은행 같은 은행의 출현이 요구된다. 은행을 포함한 금융 산업이 여러 기술을 받아들이고, 정보를 효과적으로 사용해서 필요한 곳에 적절한 자금을 공급할 수 있는 능력을 제고해야 한다.

국내 금융 산업의 발전과 혁신을 가로막은 장애물은 '진입장벽'이다. 즉, 지나치게 기존 플레이어에 의존하면, 변화나 혁신이 미흡할 가능성이 높다. 지금까지는 금융 산업이 복잡하고 어려운 쪽으로 진화했지만, 이젠 '진입장벽'을 걷어내고, 빠르고 편리한 금융서비스를 제공할 수 있는 체계로 가야 한다.

한편, 최근 한국에도 핀테크 산업에 좋은 환경이 나타나고 있다. 핀테크 산업에도 투자가 증가하고, SVB 비즈니스 모델을 차용한 국내 은행의 적극적 시도가 나타나고 있다.

그림 12 한국 금융 산업의 변화

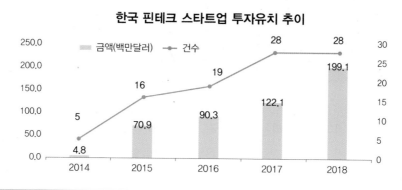

한국 핀테크 스타트업 투자유치 추이

출처: CB Insights

미래금융의 핵심 3가지 키워드는 '모바일Mobile', '낮은 비용Low Cost', '소비자 중심'이다. 물리적 공간의 제약을 뛰어넘는 금융, 적은 비용으로 세분화할 수 있는 서비스로의 분업화아웃소싱, 공급자금융회사 중심이 아닌 소비자개인, 기업 중심으로의 금융서비스 이동을 의미한다.

기술 발전으로 소비자가 원하는 것을 금융회사가 선제적인 파악과 분석을 하고 소비자에게 맞춤형 서비스를 전달하는 형태로 금융 산업이 진화할 것이며, 이것이 결국 '기술'과 '금융'이 결합된 미래금융의 핵심이다.[15]

② IBK 기업은행의 벤치마킹

IBK 기업은행은 4차 산업혁명 시대를 맞아 미국 실리콘밸리은행 벤치마킹 등 디지털금융 시장에서 주도권을 잡아 나가고 있다. 실리콘밸리은행을 벤치마킹하면서, 기업은행의 중소기업 지원책을 보완하려는 계획이다. 실리콘밸리은행은 일

---

15 김연순, 실리콘밸리은행처럼 업그레이드, 뉴스핌, 2017.01.04.

그림 13 기업은행의 창업기업 육성을 위한 'IBK창공(創工) 센터' 개소식

출처: IBK기업은행

반 은행들이 수행하기 어려운 벤처창업금융을 실시하고 있는데, 은행이 대출자이면서 멘토도 자청하며, 투자자 역할까지 하는 현장밀착형 금융을 추진하는 것이다. 벤처창업 분야에서 노하우가 쌓이다보니 '벤처창업금융=실리콘밸리은행'이라는 공식까지 생겨났다.

기업은행은 이미 2017년 말 실리콘밸리은행의 일부 기능을 본 딴 'IBK형 벤처보육체계'를 선보였다. 중소·벤처기업 특화은행이라는 완성 모델의 전 단계인 셈이다. 은행이 사무공간을 제공하고 입주기업에게 컨설팅, 투자 및 융자 등을 지원하는 공간인 'IBK창공創工 센터'로, 5년간 500개 창업기업 지원에 나선다.[16] IBK창공 센터는 기업은행이 추진하는 '동반자금융'의 일환으로, 창업기업이 성공적인 사업모델을 만들 수 있도록 은행이 사무공간을 제공하고 입주기업에게 컨설팅, 투·융자 등을 지원하기 위해 마련됐다.

다른 은행의 소호SOHO 창업지원이 자영업 중심의 창업지원 형태라면, 기업은행의 창공은 기술혁신형 창업으로 일자리 창출과 산업의 부가가지 창출에 중점을 두고 있다. 또한 엑셀러레이팅, 판로개척, 멘토링, 기업 풀POOL을 갖추고 있어 창업기업을 여러 측면에서 안정적인 성장이 되도록 지원한다. IBK창공 입주 기업에는 ACAssessment Center와 VCVenture Capital를 통해 최대 5,000만 원을 간접 투자한다. 이후 유망, 기술 창업기업에 최대 5억 원을 직·간접 투자하며, 마지막으로 벤처 혁신기업 대상으로 직접투자에 나선다.

2018년 3월에는 IBK창공 1호점에 입주한 20개의 기업을 대상으로 집중 진단컨설팅 등을 진행한 결과, 플랫폼베이스와 지와이네트웍스 2개 기업에 총 5억 원을 직접 투자할 것을 확정했다. 기업은행은 창공센터를 서울을 비롯한 다른 지역으로

---

16 유인호, 방미 김도진 기업은행장, 실리콘밸리은행 벤치마킹한다, 아시아경제, 2018.02.08.

확대해 5년간 약 500개의 창업기업을 지원할 계획이다.[17]

그림 14 IBK 창공센터 자금지원 단계

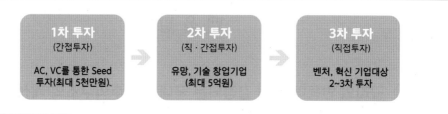

출처: IBK기업은행

이를 통해 직접 벤처기업 육성 프로그램을 보고 한 단계 발전시킬 것으로 예상되며, 정부의 생산적 금융 정책과 기업은행의 동반자금융이 시너지 효과를 낼 것을 기대해 본다.[18]

2.1 IBK의 최근 실리콘밸리식 금융상품 출품

IBK기업은행이 재무성과와 담보가 부족해 일반대출을 받기 어려운 유망 스타트업을 대상으로 후속투자 유치 시까지 브릿지론Bridge Loan 방식으로 자금을 지원하는 'IBK벤처대출' 상품을 출시한다. 'IBK벤처대출'은 기업은행이 미국 실리콘밸리식 벤처 대출을 국내 환경에 맞게 수정 보완한 상품으로, 벤처투자기관으로부터 투자받은 유망 스타트업에게 저리로 대출을 지원해주고 은행은 신주인수권부사채의 워런트를 활용해 향후 기업가치 상승이익을 공유할 수 있는 금융상품이다.

기업은행 관계자는 "최근 금리인상 등 대내외 경제불안으로 많은 스타트업들이 자금난을 겪고 있는 상황인 만큼 'IBK벤처대출'을 통해 혁신창업기업들이 데스밸리를 극복하고 지속성장하는 데 도움이 될 수 있도록 적극 지원하겠다"고 말했

17 송두리, 기업은행, IBK창공센터로 창업기업 지원 … 최대 5억 원 투자, 에너지경제, 2018.05.25.
18 유인호, 방미 김도진 기업은행장, 실리콘밸리은행 벤치마킹한다, 아시아경제, 2018.02.08.

다. 이는 한국도 실리콘밸리식 은행의 시작을 알리는 좋은 징조이다.[19]

맺음말

❶ 금리의 변동에 의해 결정되는 국내은행 수익구조의 개선

국내 은행산업은 시중금리에 따라서 수익성이 좌지우지된다. 특히 미국의 기준 금리연방기금금리에 따라 한국은 금리인상의 압박을 받고 있다. 이러한 상황에서 금리에 따라 수익을 얻는 기존의 국내 은행사업은 안정적인 수익성 창출을 할 수 없게 되었다. 따라서 국내은행의 수익성 개선을 위해 은행 경영진이 보다 장기적인 시각을 가지고 새로운 영업기회를 발굴해야 하며, 새로운 수익시장을 창출해 은행사업의 부가가치를 제고해야 한다. SVB 사례는 이러한 국내 은행산업에 있어서

그림 15 SVB와 국내은행의 ROE 비교

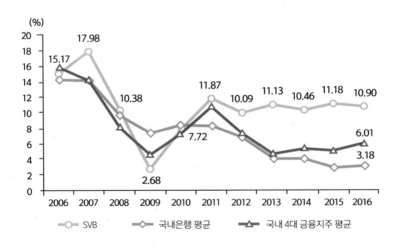

출처: SVB 연차보고서

---

19 출처: 포춘코리아(FORTUNE KOREA), http://www.fortunekorea.co.kr

벤치마킹할 수 있는 새로운 비즈니스 모델을 보여주었다. 즉, 기존의 은행산업과는 다른 차별화된 직·간접 투자 및 컨설팅 서비스를 제공함으로써, 비즈니스 모델을 다변화시켰다.

SVB는 10%가 넘는 ROE를 꾸준하게 기록하며 안정성을 보였고, 당연히 국내 은행의 평균에 비해 수익성이 훨씬 뛰어나다. SVB는 벤처그룹, 스타트업 기업에 자본투자가 아닌 대출의 형태로 모험자본을 공급하며, 겉으로 보기에는 불확실성과 위험이 높은 부문에 위험이나 비용을 상대적으로 낮게 유지하는 비즈니스 모델을 갖고 있다. 성장성이 높은 혁신기업을 가려내는 SVB의 노하우나 기술력, 컨설팅 능력, 다른 유관기관들과의 협력방안 등을 국내 은행산업에서 벤치마킹한다면, 금융 중개기능 강화를 통해 은행산업의 부가가치 제고 및 전반적으로 한국 경제의 활성화에 기여할 수 있을 것이다.

한편, SVB는 미국 동종업계 대비 ROE나 주주환원shareholder return 측면에서도 탁월한 성과를 보이고 있다.

그림 16 SVB의 동종업계 대비 ROE와 주주환원 성과

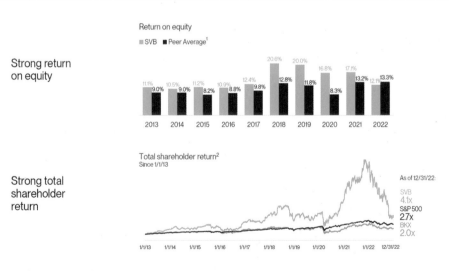

출처: SVB 연차보고서

❷ 국내 도입의 한계와 미래 비전

　미국에서는 충분한 자금력과 경영지배권의 확보를 통해 VC의 위상이 높다. 은행의 대출 심사의 경우, 해당 기업에 어떤 VC가 투자했는지가 중요하다.

　은행이 자산을 얼마나 효율적으로 운용했는지 보여주는 총자산이익률ROA이 대표적이다. 국내 4대 은행의 1분기 평균 ROA는 0.72%다. ROA가 0.72%라는 것은 은행이 1,000원을 굴려 연간 7.2원의 이익을 냈다는 뜻이다. 미국 4대 은행은 ROA가 1%를 넘는다. 국내 4대 은행의 평균 자기자본이익률ROE도 11.54%로 최고 18%에 달하는 미국 은행들에 비해 뒤진다. ROE는 투입한 자본이 얼마만큼의 이익을 내고 있는지 나타내는 지표다.[20]

　국내는 아직까지 VC가 미국만큼의 규모나 자금력, 기술력을 지니고 있지 않다. 국내에서 VC는 정책자금에 대한 의존도가 높아 정부자금 목적에 충실한 펀드를 운용하려는 형상이 많다. 이런 과정 속에서 국내 VC의 규모나 위상은 그만큼 저조할 수밖에 없다. 국내 VC는 미국과 비교했을 때 투자의 규모가 적고, 단기성 투자가 많아 스타트업, 혁신기업에 대한 장기적인 투자의 기능을 수행하기 어렵다. 따

그림 17 한국 벤처기업 신규 자금조달의 유형별 비중

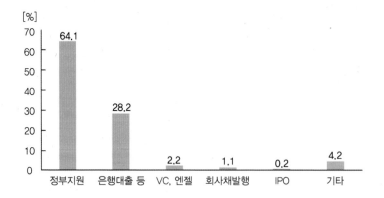

출처: 한국벤처기업협회(2021)

---

20 한국경제신문 (금융), 2022. 6.21, 자료는 2021년 1분기 실적 기준.

라서 벤처금융에 온전히 주력하는 SVB의 비즈니스 모델은 미국과 다른 한국의 은행산업에서 자리 잡기가 용이하지 않을 것이다.

상술하면, 무엇보다 한국 벤처기업 생태계에서는 미국과 다르게 낮은 이자로 대출해주는 정책금융 비중이 매우 큰 점을 주된 이유로 꼽을 수 있다. 앞에서 살펴보았듯, 국내 벤처기업들은 정책금융기관의 보증기반 대출을 통해 자금을 조달하고 있어, 높은 이자 비용을 내고 벤처대출을 활용할 유인이 크지 않다.

민간 금융회사들 역시 SVB식 사업모델을 활용하는 데 제약이 많다. 우선 한국에서는 IP금융이 활성화되어 있지 않아 벤처기업이 보유한 무형자산을 담보로 활용하기 어렵다. 또한 독립형 워런트를 발행하는 것이 금지되어 있어 민간 금융회사가 벤처기업으로부터 지분 워런트를 수취하는 것이 쉽지 않다. 즉, 민간 금융회사가 SVB식 사업모델을 도입하는 데 금전적 유인체계가 부족하다.

그뿐 아니라 한국에서는 세컨더리 시장이나 고수익 회사채 시장이 활성화되어 있지 않아 벤처대출에서 부실이 발생하면 회수가 어려운 점도 민간 금융회사가 SVB식 벤처대출을 수행하는 데 장애 요인으로 작용한다.[21]

❸ 한국형 Venture Debt 방식의 도입

Venture Debt는 은행대출과 스타트업이 모두 이익을 볼 수 있는 구조로 되어 있는 상품이다. 은행 입장에서는 유동성이 풍부한 벤처기업을 예수금 고객으로 확보할 수 있다는 장점이 있다. 회사가 어려워지면 좋은 가격으로 매각이 가능하기 때문에 Venture Debt의 위험성은 상대적으로 낮을 수 있다. 한국형 Venture Debt를 도입하기 위해서는 기본적으로 우량 VC들에 대한 실적과 평판, 담보로 활용되는 IP지적재산권에 대한 유통시장의 활성화가 필요하다.

최근 한국에서도 SVB 벤처 대출 모델에 주목해야 한다는 목소리가 더욱 뜨겁다. 신성환 금융연구원장은 "금융의 무게 중심이 소비자 금융에서 기업 금융으로 옮겨가야 할 때"라면서 "실리콘밸리은행을 벤치마킹할 수 있을 것"이라고 강조했다.[22]

---

21 실리콘밸리은행그룹 모델의 국내 도입 가능성 진단, 한국벤처기업협회, 2021.

현재 시행되는 은행의 성과평가, 인력, 경험으로는 벤처대출의 직접 도입하기 힘들 수도 있지만 지금과 같은 IBK은행의 벤처기업 투자펀드 출자는 이미 시행되고 있으므로 대출형 펀드 구성은 가능할 수도 있다. 대출형 펀드 구성을 통해 금융생태계를 만들고 벤처 인프라를 구축한다면 SVB식 국내 은행도 가능할 것이다. 또한, 여러 기업들과 정부자금을 활용하여 벤처기업의 활성화를 다각적으로 모색해야 할 것이다.[23]

정부에서는 중소기업벤처부를 만들고 중소기업 및 벤처기업의 육성을 위해 다각도로 노력하고 있으나, 코로나 팬데믹, 미중 무역전쟁 등으로 청년 일자리 창출, 스타트업 및 중소기업의 어려움은 지속되고 있다.

그럼에도 불구하고, 우리는 패러다임을 전환할 수 있는 새로운 시대를 만들어야 한다. 4차 산업혁명, 새로운 금융경제 패러다임에 맞는 금융시스템, ESG 경영등 실리콘밸리은행과 같은 새로운 비즈니스모델이 구축될 수 있는 한국형 금융생태계의 조성을 기다려본다.

Assignment Questions

1. 국내 벤처시장의 환경에 대해 서술하고, 국내에서 SVB의 사업모델이 실현되기 어려운 이유를 논의해보자.

2. SVB가 당면한 환경을 다각적으로 고찰해보고, SVB 사업모델의 향후 전망에 대해, M. Porter(1990)의 다이아몬드 모델을 활용하여 탐구해보자.

3. 벤처금융의 활성화를 위해 국내에서 정책적으로 선행되어야 할 요소들에 대해 분석해보자. 특히, 향후 국내에 특화은행 출현의 필요성에 대해 논의해보자.

4. 21세기 경영의 패러다임인 ESG 경영에 관해 SVB가 환경에 기여하는 측면과 사회에 공헌하는 부분을 파악하고, 경영환경의 변화에 발맞춰 향후 금융기관이 어떤 전략을 취할 것인지 고찰해보자.

라인프렌즈(IPX)의
글로벌 전략과 콜라보레이션

학습목표

- 라인프렌즈의 글로벌 전략을 통해, 캐릭터 산업에서
  라인프렌즈의 핵심역량과 그 성공요인을 살펴본다.

- 캐릭터 산업에서의 라이선싱 비즈니스에 대한 개념과
  그 중요성을 고찰하고, 캐릭터의 특징을 이용한 다각적
  비즈니스 모델을 이해한다.

- 끊임없이 변화하는 캐릭터 산업 환경 속에서 국내
  캐릭터의 경쟁력 강화를 위해 필요한 전략을 논의해본다.

- 모바일 시대 O2O(Online to Offline)가 앞으로 국내
  산업에 가져오게 될 변화를 생각해본다.

라인프렌즈(IPX)의
글로벌 전략과 콜라보레이션*

> "'나는 변화를 원하는가?' 이런 질문은 무가치한 것이다.
> 단지 '변해서 무엇이 되고 싶은가, 그리고 어떻게 그렇게 될 수 있는가?'
> 라는 질문만이 진정한 질문이다."
>
> – 스티븐 호킹 –

캐릭터 산업은 고부가가치산업으로서 21세기 최대의 '황금 알을 낳는 거위'로 발전하고 있다. 캐릭터는 출판만화, 애니메이션, 게임 등의 소프트산업과 밀접한 관계를 통해 부가가치를 확대 재생산하는 종합엔터테인먼트 산업으로서, 산업적 중요성이 점차 높아지고 있다.

본 사례는 이러한 캐릭터 산업 부흥기의 흐름 속에서 한국 내 주도적 위치를 점유하고 있는 라인프렌즈의 글로벌 전략을 중심으로, 캐릭터 산업의 동향과 국내 캐릭터가 성공적으로 진출하기 위해 필요한 역량 및 방향을 모색하고자 한다.

---

* 본 사례는 정진섭 교수의 지도하에 배세은, 김다슬, 이경민 학생이 작성하고, DO THI HONG, NGUYEN VAN THANG, PHAM MANH CUONG, YAN XU, 박서현, 배은영 학생이 업데이트한 것이다.

라인프렌즈는 O2O 전략을 바탕으로, 다양한 비즈니스 분야에 진출하며, 브랜드스토어, 콜라보레이션, 감성마케팅과 유연하고 능동적인 조직문화를 통해 끊임없이 경쟁우위를 높이고 있다.

캐릭터 산업이란?

① 바야흐로 캐릭터 전성시대

캐릭터 산업이란 만화나 동영상에 존재하는 인물들을 문구나 장난감 등에 응용하여 판매하는 사업이다.[1] 요즘은 캐릭터 전성시대라는 말이 어울릴 정도로 캐릭터 산업은 문화콘텐츠 산업의 핵심 분야로 자리를 잡고 있다.

캐릭터 산업은 국내시장뿐 아니라 세계시장에서도 각광을 받고 있다. 캐릭터 시장은 매년 꾸준한 성장세를 기록하고 있다. 특히 국내에서는 시장규모가 2015년에 10조 807억 원을 기록했는데 매출액 10조 원을 이때 처음으로 돌파하였다. 국내 캐릭터 시장이 2005년에는 2조 759억 원에 불과하던 것을 생각한다면 단기간에 엄청난 성장이다.

한국콘텐츠진흥원에 따르면, 지난 2018년 기준 국내 캐릭터산업 시장 규모는 12조 2,070억 원으로 연평균 7.8%씩 성장하고 있다. 2020년 기준 12조 2,200억 원 규모였던 캐릭터 산업 시장은 2022년 20조 원을 넘어설 것으로 예상된다.[2]

이러한 흐름에 힘입어 최근 유통업계는 브랜드나 자사 캐릭터를 활용한 세계관을 만들어 MZ세대를 공략하고 있다. 또한 기술 측면에서는 캐릭터를 활용한 대체불가토큰NFT을 판매하는가 하면 베스트셀러 제품을 의인화한 아이돌 그룹을 공개하는 등 고도화된 마케팅 활동을 펼치고 있다.

---

1 두산백과.
2 민경하, 'MZ가 열광하는 브랜드에는 '세계관'이 있다', 전자신문, 2022.10.06.

국내 콘텐츠 기업들도 캐릭터를 활용한 사업분야에 뛰어들었다. 특히 기존 애니메이션이나 완구 제작을 넘어 보유한 지식재산권(IP)을 기반으로 패션·뷰티, 모바일 게임, 카페 등 다양한 영역으로 확장하고 있다. 캐릭터 시장의 지속성장에 따라 지식재산권에 대한 중요도도 함께 높아지고 있다.

표 1 국내 주요 콘텐츠 기업의 지식재산권 활용 사업 현황

기업명	대표 지식재산권 (IP)	IP 활용 주요 사업
SAMG엔터테인먼트	캐치 티니핑, 미니특공대	• 캐치 티니핑 패션·뷰티상품 출시 • 미니특공대, 캐치 티니핑 모바일 게임 출시 등
로이비쥬얼	로보카폴리	• 메이필드호텔과 협업해 로보카폴리 객실 패키지 출시 • 도서, 식기, 의류, 생활잡화 등 영역에서 상품 출시
초이락컨텐츠컴퍼니	터닝메카트, 헬로카봇	• 인기 IP 활용한 '브라보키즈파크' 오픈 • 뮤지컬 및 웹툰 제작 등

출처: 장유하, 20조 시장 잡아라… 패션·카페 등 '캐릭터 사업' 무한 확장, 파이낸셜뉴스, 2022.08.02.

② 현재, 캐릭터 산업이 엄청난 관심을 받고 있는 이유는?

첫째는 캐릭터 소비자층이 다양화되었다는 것이다. 캐릭터 산업에 대한 인식도가 성숙해지면서, 캐릭터를 좋아하는 어른들, '키덜트Kidult'가 하나의 문화로 대두되면서 나타난 변화이다. 그동안 캐릭터는 유·아동들의 전유물로만 생각되었지만 키덜트가 트렌드가 되고 이러한 키덜트가 증가하게 되면서 유아나 청소년층에 국한되었던 소비자층을 확대시켰다.

실제로 캐릭터 이용자 실태조사 결과인 〈그림 1〉을 보면, '캐릭터 상품은 어린이들이나 사는 것이다'라고 생각하는 응답자의 비율과 '그렇지 않다'고 응답한 비율이 거의 차이가 없다. 키덜트는 구매력이 있는 20대, 30대의 성인들이 주를 이루고 있기 때문에 캐릭터 산업에 종사하는 기업들은 이들을 대상으로 타깃을 변경하고 있다. 그리고 이러한 변화를 캐릭터 산업이 식품, 화장품, 의류 등과 같은 다양한 분야와 접목하도록 노력하고 있다.

그림 1 소비자들의 캐릭터에 대한 인식

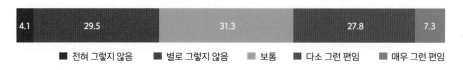

캐릭터 상품은 어린이들이나 사는 것이다

| 4.1 | 29.5 | 31.3 | 27.8 | 7.3 |

■ 전혀 그렇지 않음　■ 별로 그렇지 않음　■ 보통　■ 다소 그런 편임　■ 매우 그런 편임

출처: 한국콘텐츠진흥원

둘째, 정부의 캐릭터 관련 지원이 확대되었다. 캐릭터 산업에 대한 전망이 유망하다고 판단되어, 현재 정부에서는 국내 캐릭터 산업의 활성화를 위해 다양한 지원을 시행하고 있다. 국내외 시장에 유통되지 않은 다양한 캐릭터의 초기 개발 지원을 통해 국산 캐릭터의 창작역량을 강화하고 시장진출의 기회를 제공하거나, 국산 캐릭터 개발 프로젝트 지원을 통해 시장 활성화를 유도하고 있다. 이 외에도 캐릭터 공모전을 개최하여 신규 캐릭터 사업화 진입경로를 확대하고 국산 캐릭터 유통 활성화 지원을 통해 국산 캐릭터의 유통판로를 확대하고 있다.

표 2 국내 캐릭터 산업 역량강화를 위한 지원

구분	추진내용
마케팅 역량강화	• 마케팅 역량 진단(분석보고서) • 마케팅 교육 워크숍 2회 진행
판로개척·네트워킹 지원	• 비즈니스 매칭데이 1회 개최 • KOCCA 행사 연계
홍보지원	• 개발 시 상품, 사업 직접 홍보 • 지원사업 홍보지원
사후관리 지원	• 캐릭터 페어 참여 사전지원 • 캠페인 유통매장 이벤트 참여지원 • 해외마켓 참여유도

출처: 2016 콘텐츠 산업백서 연차보고서

셋째, 시장의 변화와 관련이 있다. 인터넷 사용 환경이 PC에서 모바일로 이전되고 스마트폰이 대중화되기 시작하면서 커뮤니케이션 방식이 기존에 사용하던 음성 통화나 문자가 아닌 모바일 메신저를 사용하는 방식으로 바뀌게 되었다. 이는 곧 모바일 메신저의 스티커나 이모티콘의 사용과 수요의 증가를 불러왔다. 스티커와 이모티콘의 경우 가장 기본적인 캐릭터 사업 중 하나로서, IT기술과 캐릭터의 디자인과 스토리, 이미지적인 측면이 융합한 것으로 디지털 캐릭터를 이용한 캐릭터 시장이 새로 창출된 것을 의미한다.

이러한 새로운 시장은 한국의 경우, 정보기술IT 업체인 카카오의 '카카오프렌즈'와 네이버의 '라인프렌즈'를 중심으로 진행되고 있다.

그림 2 카카오 이모티콘 2111~2021의 기록

숫자로 보는 카카오 이모티콘 10년(2011-2021)의 기록

누적 발신량	누적 개별 이모티콘 수	기브티콘을 통해 기부한 사람
2,200억건	**300,000**개	**1,754,000**명

※ 기브티콘(Give-ticon)이란? 이모티콘 구매를 통해 기부할 수 있는 상품

이모티콘 수익 시장 규모	**7,000**억 원	매출 100억 원 이상	**5**개
		매출 50억 원 이상	**43**개
		매출 10억 원 이상	**92**개
※ 카카오 이모티콘 창작이 수익으로 연결돼 창작 생태계에 기여한 규모		매출 1억 원 이상	**1,392**개

출처: 전자신문, 2022.10.06

카카오 이모티콘은 스토어를 오픈한 지 10년을 맞은 작년 2021년 기준 창작수익 규모가 7,000억 원을 넘어섰다. 매출액별 이모티콘 개수는 1억 원 이상이 1,392개로 가장 많았으며, 다음으로 10억 원 이상92개, 50억 원 이상43개, 100억 원 이상5개 순을 기록했다. 10년간 이모티콘 누적 발신량은 2,200억 건이나 된다. 카카오의

관계자는 "이모티콘은 이용자들의 모바일 채팅을 더욱 유쾌하고 생생하게 만들었다"면서 "누구나 작가로 데뷔하고 콘텐츠 제작자로 성장할 수 있는 플랫폼으로 '이모티콘 작가'라는 새로운 직업을 탄생시켰으며, 지난 10년간 창작자와 함께 성장해왔다"고 밝혔다.

한편, 캐릭터 시장에서 라이벌 관계인 카카오와 라인이 이모티콘 시장에서 손을 잡았다. 두 업체 간 경쟁이 치열한 만큼 이전까지 상상할 수 없는 일이었지만 메신저뿐만 아니라 각 캐릭터가 갖는 가치가 점차 커지면서 이러한 움직임도 활발해지는 모습이다.

카카오톡에 출시된 BT21 이모티콘은 각종 SNS, 커뮤니티에 화제가 되며, 당일 '많이 선물하는 이모티콘 TOP' 1위를 기록했다.[3] 카카오톡에는 라인의 이모티콘을, 라인 메신저에는 카카오톡 이모티콘을 선보이며, 두 경쟁업체가 협업하는 모습은 캐릭터 시장이 불러온 신산업이 엄청난 파급력을 발휘하고 있음을 보여주고 있다.

라인프렌즈

① 라인프렌즈의 탄생

그림 3 LINE FRIENDS (IPX 기업정보)

매출액	2015년 1월 30일	사원수	사업형태
918억 5,341만원	**설립 3년차**	**285명**	**중견기업**

참고: 라인프렌즈가 2022년 IPX 주식회사로 변경됨

---

3 박현익, 카톡에 라인프렌즈가 떴다… BTS로 하나된 카카오-라인, 조선비즈, 2020.06.27.

라인프렌즈는 2011년 6월 모바일 메신저인 '라인'이 출시되면서 스티커 캐릭터로 탄생하여, 해당 캐릭터 관련 사업을 하는 기업이다. 동사는 제품, 공간, 애니메이션, 게임, IT 등 캐릭터 기반의 콘텐츠로 새로운 문화를 만드는 글로벌 기업으로 도약하고 있다. 라인프렌즈는 네이버 산하 계열사로서, 2022년 3월 17일 회사명이 IPX 주식회사로 변경되고 라인프렌즈는 브랜드명으로 존속한다. 라인프렌즈는 IPX의 오리지널 캐릭터 사업분야의 총괄 브랜드 및 온·오프라인 스토어 브랜드로서의 역할을 하고 있다.

라인프렌즈는 코니, 브라운, 문, 제임스, 샐리, 레너드, 보스, 제시카, 에드워드, 레인저스 등 라인이 자체 디자인한 다양한 오리지널 캐릭터로 구성되어 있다. 최근에는 라인프렌즈 오리지널 캐릭터가 공식 BI인 브라운 앤 프렌즈BROWN & FRIENDS로 변경되었다. 현재 브라운 앤 프렌즈를 포함하여 BT21, WDZY, TRUZ 등의 캐릭터 브랜드를 추가적으로 개발하였다.

1.1 어려운 상황과 사람들의 연결고리

2011년 3월, 일본 동북부에 대지진이 일어나자 일본 소비자들은 전화 연결이 어려운 상황에서도 서로 연락할 수 있는 커뮤니케이션 방식을 찾기 시작했다. 라인은 이러한 일본 소비자들의 니즈에 맞춰 네이버의 일본 자회사였던 NHN 재팬에서 출시되었다. NHN 재팬은 빠른 출시를 위해 3개월이라는 짧은 준비기간을 거쳐 라인을 개발했다. 급하게 출시된 탓에 사진과 같은 데이터 전송에 문제가 생겼고, 이에 대한 대안으로 다양한 표정을 가진 캐릭터 이모티콘을 확장하기 시작했다.

라인의 이와 같은 전략은 이모티콘 캐릭터의 인기를 증가시킬 뿐 아니라 라인의 사용자 수 증가라는 긍정적 결과를 가져왔다. 특히 라인은 일본에서 큰 호응을 얻었는데, 이는 일본의 '케이타이 문화'라는 이모티콘이나 데코메일과 같은 문화의 존재로, 일본의 문화적 특성과 잘 맞물렸기 때문이다. 그 결과 라인은 일본에서 사용자수 6,600만 명이라는 기록을 세웠으며, 국민메신저로 자리 잡게 되었다.

1.2 오프라인으로 진출하고 라인에서 분사하다!

이모티콘 캐릭터들은 처음엔 이름조차 없었지만 사용자들이 궁금해 하자 라인 측은 임직원들이 회사에서 쓰던 영문 이름을 캐릭터에게 붙여줬다. 이모티콘 전송량이 확연하게 증가함에 따라, 캐릭터들에게 스토리나 콘셉트를 부여하면서 더 큰 수익을 얻기 시작했다.

라인프렌즈는 2014년 3월, 오프라인 브랜드 스토어 매장을 오픈할 만큼 높은 인기를 얻었다. 라인프렌즈 브랜드 스토어 매장은 연일 높은 수익을 거뒀고 이러한 외부환경은 라인프렌즈를 캐릭터 사업에 본격적으로 뛰어들게 만들었다. 그 결과 라인프렌즈는 캐릭터 사업에 집중하기 위해 2015년 3월 단독법인 라인프렌즈를 설립하며, 라인에서 분사했다.

라인프렌즈는 O2O 전략을 바탕으로 온라인을 이용해 캐릭터에 대한 인지도를 높이고 오프라인 스토어를 마련하여 판매 창구를 확장한 후, 다시 온라인 스토어를 오픈하며, 오프라인과 온라인을 연계시켰다.[4] 즉, 라인프렌즈는 O2O 전략으로, 캐릭터 산업 외에도 애니메이션, 게임, 카페 등 다양한 영역으로 사업을 확대하여 수익을 창출할 수 있게 되었다.

그림 4 라인타운

출처: 라인프렌즈 홈페이지

(1) 애니메이션

라인프렌즈는 라인프렌즈의 캐릭터들을 주인공으로 한 애니메이션 '라인타운'을 일본 공중파 채널 TV도쿄에서 2013년 4월 3일부터 2014년 3월 26일까지 방영했다. 모바일 메신저 캐릭터를 애니메이션으로 방영한 최초의 사례이며, 라인타운은 기존 프로그램 대비 동시간대 시청률이 2배 가까이 오르는 기록을 세웠고, 종영된 이후에도 재방송을 할 만큼 높은 인기를 얻었다.

---

4 이선영 · 이승진(2016), 디지털캐릭터 O2O에 따른 캐릭터산업의 가치네트워크 분석, 애니메이션연구, 12(1), 69-83.

라인프렌즈는 2019년 12월 넷플릭스Neflix와 글로벌 파트너십을 체결하고 새로운 넷플릭스 오리지널 콘텐츠를 제작하기도 했다.[5]

'브라운 앤 프렌즈' 11명을 주인공으로 제작되는 넷플릭스 오리지널 콘텐츠는 전 세계 밀레니얼 세대를 포함하여 다양한 연령대의 공감을 불러일으키는 도시의 일상을 배경으로 벌어지는 다양한 에피소드들로 구성된 3D 애니메이션으로 펼쳐진다. 라인프렌즈가 선보이는 첫 넷플릭스 오리지널 애니메이션 시리즈는 190개 이상의 국가를 대상으로 공개될 예정이다.

(2) 게임

라인프렌즈는 자사 캐릭터인 'BT21'을 활용한 '퍼즐스타 BT21'을 2018년 4월 선보였다. BT21은 방탄소년단과 콜라보레이션을 통해 라인프렌즈가 선보인 캐릭터이다. 라인프렌즈 특유의 친밀하고 호감가는 캐릭터로 기존의 방탄소년단의 팬들뿐 아니라 캐릭터 매니아층의 마음까지 사로잡았다.

그림 5 퍼즐스타 BT21

출처: BT21 홈페이지

2022년에는 디지털 캐릭터 생성 플랫폼 '프렌즈'를 공개하기도 했다.[6] '프렌즈'는 소비자들이 직접 캐릭터 지식재산권IP를 만들 수 있고, 향후 NFT 게임 및 메타버스 서비스로 확장할 수 있는 캐릭터 생성 플랫폼이다.

최근 메타버스 진출을 선언한 기업들이 '디지털 휴먼' 형태의 IP를 주력으로 내세운 것과 달리, 프렌즈에서는 동물, 사람 등 외형을 자유롭게 선택할 수 있다. 라인프렌즈는 프렌즈에서 제작된 캐릭터 IP를 향후 라이브방송과 숏폼 등의 디지털 콘텐츠로의 제작은 물론, NFT 게임 및 메타버스 서비스 내에서 플레이할 수 있는 등 멀티 플랫폼으로 호환 가능하도록 할 예정이다.

---

5 이건희, 라인프렌즈 캐릭터가 넷플릭스 오리지널 콘텐츠로 제작된다, 아이스매거진, 2019.12.12.
6 김근욱, 라인프렌즈, 캐릭터 창작 플랫폼 '프렌즈' 공개…"NFT 게임 적용", 뉴스1, 2022.02.24.

(3) 카페

라인프렌즈는 2015년 중국 상하이에 라인프렌즈 카페&스토어 1호점을 오픈했다. 라인프렌즈는 수많은 프랜차이즈 카페들과의 경쟁 속에서도 높은 수익을 얻고 있는데, 이것은 라인프렌즈가 라인프렌즈 캐릭터를 통해 차별화 전략을 시행했기 때문이다. 라인프렌즈 카페에는 기존 카페에서는 찾아보기 어려운, 캐릭터를 이용한 식품을 판매하고 있다.

한국 아이돌 그룹인 '트레저'와 라인프렌즈의 콜라보레이션으로 탄생한 트루즈 캐릭터 카페가 일본 도쿄 시부야 오모테산도 거리에서 운영되기도 했다. 트레저와 라인프렌즈의 IP 프로젝트 '트레저 스튜디오'를 통해 탄생한 캐릭터 트루즈는 제작과정에서부터 전 세계 팬들의 눈길을 끌었다. 방탄소년단에 이어 라인프렌즈는 글로벌 팬덤의 영향력을 고려하여 아이돌 그룹을 캐릭터화하고, 이를 굿즈와 게임 등의 산업으로 확대해나가고 있다.

그림 6 라인프렌즈 카페 1호점 디저트

출처: 라인프렌즈 홈페이지

② 라인프렌즈의 글로벌 전략

라인프렌즈는 해외진출이라는 목표로 다양한 글로벌 전략을 펼쳤다. 다음에서는 캐릭터를 상품화해서 판매하는 브랜드 스토어와 외국 브랜드와의 협업을 통한 인지도 확장, 감성마케팅으로 고객층 확보, 유연하고 능동적인 조직문화로 시너지 효과 창출까지 라인프렌즈가 성공적으로 해외진출을 할 수 있었던 주요 전략들을 살펴보자.

2.1 브랜드 스토어[7]

네이버는 온라인 기반의 콘텐츠 사업자였다. 이는 이모티콘을 탄생시킨 근원지라고 할 수 있지만, 비즈니스 영역은 온라인에 갇힌 상태였다. 이모티콘이 본격적으로 라인프렌즈로 캐릭터화되면서 오프라인 시장으로 진출함에 따라 브랜드 스토어가 전 세계적으로 진출할 수 있었다. 라인프렌즈는 브랜드 스토어를 설립하기 전 단계인 팝업스토어

그림 7 뉴욕 타임스퀘어 라인프렌즈 브랜드 스토어 오픈

출처: LINE FRIENDS corporation

에서 캐릭터 상품의 수익성을 검증하고 정규매장 브랜드 스토어로 확장하는 순서로 진행하였다.

라인프렌즈 브랜드 스토어는 과감하게 그 매장 수를 확대하고 생활형 아이템으로 소비자를 공략했다. 이는 이모티콘 캐릭터가 오프라인 시장에서 주로 주목하는 분야는 일반 대중들에게 접근성이 용이한 생활용품임을 간파한 것이다. 예를 들어, 주로 인형이나 문구용품클리어 파일, 볼펜, 수첩, 필통 등, 생활용품머그컵, 쿠션, 핸드폰 케이스, 방향제 등 등 소소하고 아기자기한 아이템을 중심으로 한 캐릭터 상품 판매에 주력하였고, 카페와 결합하여 각 국의 소비자들의 관심을 모으고 있다.

더 나아가 라인프렌즈는 캐릭터를 상품에만 담지 않고 적극적인 콜라보레이션과 파트너십을 통해 영역 확장에 나서고 있다. 동사는 콘텐츠, 애니메이션, 게임 등 다양한 분야로 캐릭터 IP를 확장하고 새로운 길을 개척한다.

---

7 한 가지 브랜드만 파는 원브랜드 매장을 뜻하며, 브랜드숍이라고도 한다.

2.2 콜라보레이션[8]

(1) 고집스러운 라인프렌즈의 프리미엄 콜라보레이션

브랜드 스토어뿐만 아니라 캐릭터를 이용한 상품을 개발하기 위해 다른 브랜드와 협력하는 콜라보레이션을 활용하는 것도 라인프렌즈의 주요한 글로벌 전략이다. 국내 콜라보레이션 사례로는 카페베네의 눈꽃빙수와 미샤의 쿠션팩트, 립스틱, CU편의점 식음료 제품 등을 꼽을 수 있다. 또한 해외 콜라보레이션 사례로는 라미의 만년필, 구스타프베리의 핸드메이드 커피잔, 미스터마리아의 조명 등이 있다. 이렇게 해외에서도 각국의 다양한 브랜드들과 성공적인 콜라보레이션을 맺을 수 있었던 배후에는 라인프렌즈의 보이지 않는 노력이 있었다.

라인프렌즈는 충분한 가치를 지닌 캐릭터 제품을 만들기 위해 하나의 신념을 정했는데, '겉으로 보이는 화려함보다는 시간이 걸리더라도 좋은 제품을 만들겠다'는 철학이다. 이러한 신념을 바탕으로 영역을 불문하고 세계 글로벌 기업들과 콜라보레이션 및 협업을 진행해왔다. 현재 협업을 통해 개발된 제품은 2만 4,000여 종이고 협업하는 기업은 450곳이 넘는다.

서두르지 않는다!

라인프렌즈 직원들은 '되면 되고, 안 되면 그만'이라는 식의 참을성 없는 여타 한국 기업들과는 달리 '서두르지 않는 방법'을 택했다. 만일 거절당하더라도 실망하지 않고, 그들에게 아시아에 라인이라는 기업이 존재하고 라인의 캐릭터들이 인기가 있다는 것을 상대방이 서서히 인식하게 하는 것이 목표다.

제3의 지역에서 만난다!

그들에게 라인프렌즈를 천천히 인식시키는 과정에서 라인프렌즈는 그들과 직접 대면해야 할 필요성을 느꼈다. 아무래도 e메일과 전화보다 얼굴을 맞대고 얘기해야 순조로운 협업이 가능한 경우가 많았다. 그러나 호의적이지 않은 기업들에게

---

8 한 브랜드가 다른 브랜드와 협력하여 새로운 제품을 창조해 내는 것으로서, 협업의 일종이다.

무작정 찾아간다면 콧대 높은 그들에게 아시아의 신흥기업들은 문전박대 당하기 쉽다.

그러므로 주요 기업의 마케팅 담당자들이 홍콩이나 싱가폴에 출장을 가는 것을 이용한다. 출장을 나온 사람들은 경계심이 어느 정도 풀어지고 남는 시간도 많기 때문에 좋은 결과로 이어질 가능성이 크다.

집으로 초대한다!

서울이나 홍콩, 상하이 등과 같이 이미 설립된 라인프렌즈 브랜드 스토어에 초대하여 그들의 눈으로 직접 보고 경험하게 한다. 성공적인 매출을 올리고 있는 모습을 보여주어 그들에게 라인프렌즈의 성장성과 완성도를 인식시킨다.

비디오 아카이빙

라인프렌즈는 한 브랜드와 협업 제품을 내놓을 때마다 포트폴리오를 정리하고 협업제품 제작과정을 영상으로 찍어 놓는다. 그렇게 남겨진 포트폴리오와 비디오는 새로운 협업파트너를 구할 때 또는 판매촉진용으로 사용될 수 있다.

(2) 세계 곳곳의 라인프렌즈 콜라보레이션 상품들

CU 델라페 라인프렌즈

본격적인 '편의점×캐릭터 콜라보레이션'의 세계를 전도한 CU 델라페 라인프렌즈 상품군이 있다. 샐리와 같은 색상의 과일을 이용한 허니 오렌지 파인애플과 허니 아이스, 브라운의 동족과도 같은 아이스초코와 블랙 커피, 초록색의 개구리인 레너드에게는 모히또 레몬라임을 출시해

그림 8 CU 델라페 라인 프렌즈 상품군

출처: CU 델라페

캐릭터와의 색감까지 맞춘 센스 있는 콜라보레이션 상품이었다.

대만 패밀리마트 X 헬로키티 라인프렌즈 피규어

캐릭터 사업이 다양하게 발전되어 있는 대만은 이미 몇 년 전부터 대만인이 사랑하는 헬로키티와 라인프렌즈의 협업을 진행해 '헬로프렌즈' 브랜드를 출시하고 있다. 퀄리티도 상당해 대만과 중국 내 많은 마니아층을 형성했다.

그림 9 대만 패밀리마트 라인피규어 / B+AB&라인 콜라보상품

출처: 대만 세븐일레븐   출처: B+AB 페이스북

홍콩 의류 브랜드 B+AB와 라인프렌즈 콜라보레이션 상품

한국에서 진행한 일반적인 면 티셔츠에 화보만 찍힌 콜라보레이션 상품이 아닌 다양한 아이템의 의류와 콜라보레이션 된 상품이다. 안정감 있는 스트라이프 패턴에 라인프렌즈 캐릭터가 포인트로 들어가 세련된 느낌을 준다.

라스베가스 라이선싱 엑스포

그림 10 2017 라스베가스 라이센싱 엑스포

출처: 글로벌 라인

라인프렌즈는 여기서 멈추지 않고 전 세계 더 많은 고객을 만나기 위해 지난 2017년 5월, 미국 라스베가스 만다레이 베이 컨벤션 센터에서 열리는 세계 최대 규모의 '라이선싱 엑스포 2017LICENSING EXPO 2017'에 처음으로 참여했다. 라인프렌즈의 귀여움과 깜찍함 덕분인지 엑스포에서는 수천 여 명의 관람객 및 바이어들로부터 큰 관심을

받고 200개 이상의 업체와 미팅을 진행하고, 약 1,000만 달러 이상의 계약을 성사시키는 등 큰 성과를 거뒀다.

영역 불문, 라인프렌즈의 콜라보레이션 상품9

그림 11 라미와의 콜라보 상품

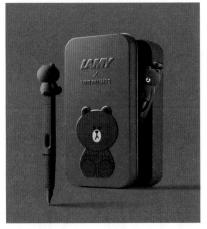

출처: 시사저널 (http://www.sisajournal.com)

그림 12 레페토X 라인프렌즈

출처: 시사저널 (http://www.sisajournal.com)

위 이미지는 독일 필기구 브랜드 라미와 손잡고 출시한 '브라운 인 더 레드 리미티드 에디션', 프랑스 슈즈 브랜드 레페토와 출시한 '레페토 X 라인프렌즈 초코 리미티드 에디션'이다. 라인프렌즈는 이처럼 의외의 브랜드와의 협업, 예상 밖의 제품들을 출시하여 기존의 브랜드 색깔에서 과감히 벗어나 소비자들의 이목을 이끈다. 10주년을 맞이한 2021년에는 '힙한 폰 케이스'로 알려진 글로벌 테크 패션 브랜드인 케이스티파이 등 MZ세대에게 인기 있는 브랜드와 콜라보레이션을 선보였다.

또한 라인프렌즈는 캐릭터와 캐릭터의 조합으로 서로 다른 영역에 있던 캐릭터들을 하나의 세계관으로 묶는 시도를 과감하게 펼치며, 서로 다른 팬들을 하나로 묶고 재미를 추구하는 편슈머들까지 함께 움직인다.

---

9 조유빈, 글로벌 MZ세대 꽉 잡은 라인프렌즈의 저력, 시사저널, 2021.08.19.

2.3 감성마케팅

앞선 전략들로 제품을 생산한 라인프렌즈는 소비자를 유치시키기 위한 차별화된 마케팅을 고안했다. 그 결과 캐릭터라는 사업의 특징을 살려 사람들의 감성적 동인을 자극하여 판매를 촉진시키는 감성마케팅을 선택했다.

그림 13 스토리를 가진 캐릭터/ 연인, 보스

출처: 라인 메신저, LINE FRIENDS corporation

일반 기업에서 상품을 개발하고 상품라인을 관리하는 것과 달리 라인프렌즈는 각 캐릭터를 상품이 아닌 연예인으로 생각한다. 즉, 각각의 캐릭터들을 끼워 넣거나 늘려야 할 필요가 있는 의사결정 대상의 상품으로 보는 대신, 계약을 통해 맺어지고 지원해야 할 생명체로 대하고 있다. 즉, 라인에 등장하는 9명의 캐릭터를 의인화하여 저마다의 성격과 스토리를 가진 존재로 형상화하여 그들의 가치를 극대화하는 것이다.

또한 사람들의 키덜트적[10] 특성을 이용하여 제품을 가장 귀엽고 사랑스럽게, 하지만 너무 유치하지는 않게 만들어 모든 사람들이 사용할 수 있게 만들었다. 예를 들어 브라운의 생일은 8월 8일이고 온순하고 소심한 성격을 지녔으며, 말이 없어

---

10 키즈(어린이)와 어덜트(성인)의 합성어로 아이들 같은 감성과 취향을 가진 어른들을 말한다.

감정이 잘 드러나지 않지만 행동으로 표현하는 캐릭터로 친구들이 문제를 일으키면 조용히 나서서 해결한다는 스토리를 가졌다. 브라운은 코니라는 캐릭터의 남자친구로 둘의 애정 어린 관계는 많은 연인들이 자신의 모습을 투영하여 사랑받고 있다. 또한 보스라는 캐릭터는 국내에서는 부장님으로 불리며, '문의 회사생활'이라는 애니메이션에는 실제로 부장님 같은 모습을 보여준다. 이렇게 다양한 연령층의 캐릭터를 제공하기 때문에 아이들부터 어른들까지 캐릭터들의 설정에 공감을 느낄 수 있었고, 자연스레 자신이 좋아하는 캐릭터가 들어간 상품들을 찾게 되었다.

2.4 조직문화

라인프렌즈가 다양한 전략들을 구축함에 있어서는 차별화 된 조직문화가 그 바탕이 되었다. 이들의 조직문화는 다음과 같은 특징으로 설명할 수 있다.

(1) 모든 직원이 알게 하라: 투명성과 공유

먼저 투명성과 공유문화이다. 라인프렌즈는 업무의 대부분을 라인과 네이버 SNS인 밴드를 활용해 공유하기 때문에 문서를 서류화할 필요 없이 모바일에서 중요한 사안들을 언제, 어디서나 결정할 수 있다. 직원들의 투표를 모바일을 통해 진행하고, 그 결과를 대표에게 보내 최종 결정이 내려진다. 업무의 진행과정과 그 결과가 모바일을 통해 모두에게 투명하게 공개되는 것이다.

또한 공유를 중요시하는 조직문화는 사무실 좌석 배치에서도 볼 수 있다. 대부분의 기업에서 팀장급 임직원들의 자리는 가장 안쪽에 배치되지만 라인프렌즈는 정반대로 팀장급 직원들의 자리를 사무실 가장 바깥쪽에 위치시켰다. 단계별로 결재를 받아야 하는 번거로움을 줄인 것이다. 그뿐만 아니라 특정한 업무를 실시할 경우 부서별로 나눠 앉는 것이 아닌 연관 업무를 하는 다른 팀과 섞여 앉게 된다. 예를 들어 상품 개발을 위한 회의에는 상품 기획자, 디자이너, 제작 담당자, 마케터, 품질검사 책임자, 물류 전문가, 영업 책임자 등이 참여한다. 그로 인해 다양한 분야의 전문가들이 전혀 다른 분야에 대한 이해도를 높이는 데 도움을 줄 수 있어서 유연한 업무 처리가 가능하다.

(2) 즉각적인 피드백에서 오는 자신감: 융통성과 속도

투명성과 공유문화로 인해 즉각적인 피드백이 가능한 상황에서 라인프렌즈는 다른 기업에 비해 업무 진행이 굉장히 빠르게 전개된다. 예를 들어 2015년 3월 문을 연 가로수길 스토어의 경우, 준비기간이 5개월에 불과했다. 제품도 마찬가지로 처음 아이디어 기획부터 매장에 진열되기까지 불과 3~4개월이면 마무리되었다.

디자인 작업도 융통성과 점진적 개선에 초점을 두었다. 해외의 유명 캐릭터 회사들은 까다로운 가이드라인을 가지고 있다. 예를 들어 특정 캐릭터는 특정 상황에만 등장할 수 있다거나 한 페이지 안에 같은 캐릭터가 몇 회 이상 등장해선 안 된다는 식이다. 라인프렌즈는 이렇게 세세하게 규제하기 보다는 '우리가 이해할 수 있는 수준이면 괜찮다'는 식으로 느슨한 가이드라인을 세웠다. 어차피 SNS로 다 공유하기 때문에 시행착오가 있더라도 빨리 고쳐나갈 수 있다는 자신감이 있기 때문이다. 피드백 문화가 자연스럽게 정착될 수 있었던 이유는 직원들 간에 공유되는 프로젝트의 수가 워낙 많고 각각의 프로젝트가 시시각각 빠르게 진행되다 보니 혹시 다른 사람들의 비판을 받게 되더라도 거기에 집착할 필요가 없다는 것을 알게 되었기 때문이다.

그림 14 **자유로운 분위기의 회사**[11]

1 사내 캐릭터 매장이 있는 카페

2 샘플이 있는 회의장

3 '스탠딩 책상'에서 소화시키는 중

4 입구에 있는 쇼룸으로 오른쪽 '브라운'은 실제 사람

---

11 이현주, '앉는 곳이 내 자리'… 랜덤 좌석제 실험, 한국경제매거진, 2015.07.29.

2.5 성과

라인프렌즈는 2015년 라인에서 분사한 이후 보다 실질적인 성과를 내고 있다. 〈그림 15〉에서 알 수 있듯이 자본총계는 2021년 1,571억 6,115만 원에서 2022년 1,130억 4,328만 원으로 소폭 감소했지만, 매출액은 6배 정도 증가했다. 그 성장 속도를 알 수 있다.

그림 15 라인프렌즈의 자본총계와 매출액

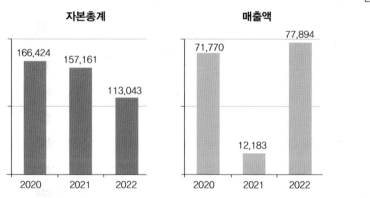

출처: 인크루트 홈페이지

2017년 8월 1일 뉴욕 타임스퀘어에 라인프렌즈 정규 매장이 오픈되었다. 도심 속 커다란 전광판에 떡하니 라인프렌즈의 브라운이 자리하고 있다.

라인프렌즈는 현재까지 서울, 뉴욕, LA, 도쿄, 상하이 등 전 세계 15개 국가 및 주요 지역에 270개 이상의 매장을 오픈하고 다양한 온라인 커머스 플랫폼을 선보이며, 글로벌 MZ세대와 활발하게 소통·교감하고 있다. 정규 매장의 방문객 수는 하루 평균 6,000명 정도이고 400여 종류의 제품이 약 5,000개 정도 있다. 그중 가장 잘 팔리는 상품은 브라운 인형이고, 현재까지 25만 개 이상이 팔렸다.

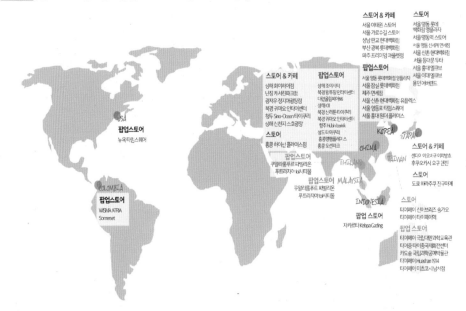

그림 16 전 세계 라인프렌즈 팝업스토어와 브랜드 스토어 현황[12]

2018년 1월 17일에는 새벽 6시부터 서울 이태원 스토어 앞에 사람들이 줄을 서고 있었다. 인기 아이돌그룹 방탄소년단이 라인프렌즈와 콜라보로 선보인 BT21 제품을 사기 위해서였다. 라인프렌즈 BT21은 방탄소년단이 직접 캐릭터를 그렸단 사실이 알려지면서 폭발적인 관심을 모았다. 서울 라인프렌즈 스토어 소비자 중 70%는 외국인이라고 할 정도로 인기가 있었는데, 2018년 5월 말 빌보드 200에서 1위를 차지한 세계적인 아이돌그룹과의 협업으로 기존 키덜트 고객뿐만 아니라 방탄소년단의 팬층도 새로운 고객으로 유치하고 있다.

그림 17 BT21 캐릭터 인형

출처: kpopfactory, BTS-BT21 standing plush doll

2021년 8월 27일, 토론토에 위치한 캐나다의 대표적인 쇼핑센터 요크데일몰Yorkdale Mall 주차

---

12 정은서(2016), 브랜드 커뮤니케이션 전략 브랜드북 '라인프렌즈', 숙명여대.

장에는 이른 아침부터 대규모의 대기줄이 이어졌다. 이들은 8월 26일부터 시작한 라인프렌즈 팝업스토어 오픈을 기다리는 인파였다. 인기와 함께 하이브 엔터테인 먼트, 넷플릭스 등의 글로벌 회사와 전략적 파트너십을 맺어 온라인 게임, 애니메이션 등을 비롯한 다양한 미디어 콘텐츠들도 선보이며, 사업 다각화 전략을 펼치고 있다.[13]

❸ (舊)라인프렌즈, 이제는 디지털 IP 플랫폼 기업 IPX로

3.1 디지털 IP 사업

라인프렌즈는 2022년 2월 디지털 IP플랫폼 기업으로 도약을 선언하며, 사명을 IPX로 변경했다. 기존 오프라인 스토어 등을 통한 캐릭터 지식재산권IP 판매를 넘어 메타버스와 대체불가능토큰NFT으로 영역을 확장하겠다는 것이다. 신규 사명인 IPX 는 "오프라인 중심의 리테일소매 비즈니스를 넘어 디지털, 버추얼가상 IP 중심의 비즈니스 전환을 위해 법인 설립 7년 만에 새로운 기업 정체성을 확립

그림 18 IPX 인형

출처: 라인프렌즈

하기 위함"이며, "새로운 사명은 '다양한 IP 경험IP eXperience'과 잊지 못할 선물 같은 특별한 경험을 선사한다Impressive Present eXperience"는 중의적 의미를 담고 있다.

2022년 3월부로 사명만 변경되고 기존 '라인프렌즈'란 이름은 캐릭터와 오프라인 스토어의 브랜드명으로 계속 사용된다. 주요 사업분야는 오리지널 캐릭터 사업으로 획득한 캐릭터 IP 관리 경험을 통해서, 타 브랜드 및 기업과의 IP 캐릭터 비즈니스 협업이다.[14]

13 고한나, 토론토 라인프렌즈 팝업스토어, 오픈 전 밤샘 대기줄까지, WelCon, 2021.08.31.
14 한승만, '라인프렌즈, IPX로 사명 변경하고 디지털 IP플랫폼으로 도약, 디자인정글, 2022.02.27.

3.2 IPX, 디지털 세상 속 다채로운 경험을 제공하다!

(1) 가상 아티스트 'WADE' 공개

웨이드는 회사가 크리에이티브 컨설턴트 이규범과 함께 만든 가상 캐릭터 IP 다. 남극을 탐험하던 한 부부가 우연히 빙하 속에서 웨이드를 발견했다는 설정을 가지고 있다. 물로 이뤄진 웨이드는 일상생활에 소소하게 사용하는 염력이나 순간 이동 능력 등 초자연적인 힘이 있으나, 디제잉을 사랑하고 패션에 관심이 많다. 스 케이트 보드 등 스트리트 컬쳐를 즐기는 아티스트이기도 하다.

IPX는 그동안 선보였던 귀여운 SDSuper Deformation 타입 캐릭터가 아닌, 메타버 스 트렌드 속 다양하고 확장된 활동이 가능한 가상 IP 웨이드를 오래전부터 준비 해왔다. 이를 위해 나이키와 협업하며, 스트리트 패션의 대가로 이름을 알린 KB와 손을 잡았다. 자사의 독보적인 디지털 IP 크리에이티브 역량을 바탕으로 기존 가 상인간과는 차별화해, 유니크한 비주얼과 서브 컬쳐 감성, 풍부한 스토리텔링까지 갖춘 웨이드를 선보였다는 것에 의의가 있으며, 가상 IP의 새로운 트렌드를 만들 어 나갈 것이다.[15]

(2) 'IP3.0' 대표 플랫폼 'FRENZ' 글로벌 론칭

FRENZ는 전 세계 누구나 자신만의 유니크한 캐릭터 IP를 만들고 블록체인 게 임 및 메타버스 서비스까지의 확장은 물론, IP 소유를 넘어 비즈니스 권한까지 제 공하는 것이 특징이다.

일부 전문기업이나 브랜드들의 전유물로 여겼던 '캐릭터 IP'를 소비자들이 직 접 제작, NFT화를 통한 소유 및 수익화가 가능하며, 더 나아가 IP비즈니스까지 전 개할 수 있는 'IP3.0'의 경험을 제공한다.

FRENZ에서는 눈·코·입·스킨, 헤어 및 패션 스타일, 액세서리, 배경화면, 동 작애니메이션 등 수천 개의 파츠Parts를 활용해 동물, 사람 등 무한대로 고퀄리티 캐릭터 IP를 커스터마이징할 수 있다. 제작된 캐릭터 IP를 활용해 유저는 향후 라

---

15 이영아, 메타버스 힘주는 'IPX', 가상 초능력 아티스트 '웨이드' 띄운다.

이브 방송, 웹툰 등 디지털 콘텐츠를 제작할 수 있으며, 캐릭터 제품, 2차 창작, 라이선스 등 자신만의 IP로 캐릭터 비즈니스까지 가능하다. 또한, 유저들은 자신만의 캐릭터 IP에 대한 소유권을 인증하기 위해 FRENZ 안에서 간편하게 NFT화할 수 있으며, 해당 IP를 글로벌 NFT 마켓플레이스 연동을 통해 솔라나Solana 체인 기반의 거래도 가능하다.

IPX는 일반 유저들 외에도 메타버스·NFT 분야 등 경쟁력 있는 IP가 필요한 다양한 기업들과의 B2B 파트너십 기회도 확장해 나갈 예정이다.[16]

(3) 플레이댑과의 전략적 업무협약

IPX는 앞서 언급한 FRENZ에서 만든 캐릭터 IP를 활용해 메타버스 공간을 체험할 수 있을 뿐 아니라, 직접 게임까지 가능하도록 해 캐릭터 IP 경험을 보다 다채롭게 할 전망이라고 밝혔다. 따라서 '블록체인 게임'까지 영역을 넓혀 블록체인 서비스 플랫폼 '플레이댑PlayDapp'과 전략적 업무협약MOU을 체결했다. 플레이댑은 블록체인 기술 기반의 '크립토도저', '신과함께' 등 여러 플랫폼을 이동하며, 이용할 수 있는 멀티호밍게임Multi-Homing Game 출시는 물론, NFT 마켓플레이스 서비스를 제공하는 디앱dApp 게임 포털이다. 전략적 비즈니스 협약을 통해 IPX의 'FRENS'에서 생성한 IP들을 메타버스-NFT 서비스까지 확장할 수 있는 다각적인 협업을 추진한다.

IPX 김경동 부사장은 "이번 플레이댑과의 전략적 업무협약으로 자신이 만든 IP를 NFT화하고 블록체인 게임에 연동케 하는 등 활동 영역을 확장, 새로운 '디지털 IP 엔터테인먼트 비즈니스' 모델을 구축해 나갈 것"이라고 밝혔다. 향후 IPX는 'FRENZ'와의 연계로 유저들이 자신이 만든 IP로 디지털 세상 속에서 다채로운 경험을 할 수 있게 할 것이다.[17]

---

16 손봉석, IPX, 누구나 나만의 IP 오너 될 수 있는 'IP3.0' 대표 플랫폼 'FRENZ' 글로벌 론칭, 스포츠경향, 2022.10.17.

17 박정훈, IPX, 캐릭터 IP NFT에 이어 '블록체인 게임'까지 영역 넓힌다, 이코노믹 리뷰, 2022.03.02.

맺음말

라인프렌즈現, IPX는 라인프렌즈의 오리지널 캐릭터 상품을 개발, 판매하는 캐릭터 산업에 종사하고 있는 기업이었다. 라인프렌즈의 오리지널 캐릭터는 다양한 캐릭터로 구성되어 있으며, 각 캐릭터마다 성격과 스토리를 가지고 있다.

라인프렌즈는 2011년 6월 모바일 메신저인 '라인'이 출시되면서 함께 탄생하였으나, 본격적인 사업은 2015년 3월 독립법인 라인프렌즈를 설립하여 라인에서 분사하면서 시작했다. 라인프렌즈의 캐릭터는 라인을 일본에서 국민 메신저로 자리를 잡게 할 만큼 높은 인기를 얻고 있는데, 이는 라인프렌즈가 이모티콘을 통해 다른 모바일 메신저보다 높은 경쟁적 우위를 창출했기 때문이다.

라인프렌즈는 O2O전략을 바탕으로 애니메이션, 게임, 카페 등 여러 사업분야에 진출하고 있다. 캐릭터를 이용한 오프라인의 진출은 경쟁기업들과 차별화하게 만들었으며, 이는 포화시장 상태에서도 라인프렌즈가 많은 수익을 거둘 수 있게 해주었다. 라인프렌즈는 내부적으로는 투명성과 공유, 속도, 피드백을 바탕으로 한 조직문화를 통해 역량을 개발하고 외부적으로는 브랜드 스토어, 콜라보레이션, 감성마케팅을 사용하는 전략을 통해 글로벌 시장에 진출하고 있다. 특히 감성마케팅은 키덜트 트렌드와 맞물려 큰 호응을 얻고 있다. 그 결과 라인프렌즈는 결산일 2017년 12월 31일 기준 918억 5,341만 원이라는 매출을 기록하며, 말레이시아, 인도네시아를 포함한 10개국에 팝업스토어 매장을 오픈할 수 있었다.

라인프렌즈의 성공은 국내 캐릭터 시장에서 캐릭터 시장의 규모를 확장시키고, O2O 서비스를 통한 타 산업과의 동반 성장을 모색하는 계기를 제공했다. 또한 중소 캐릭터의 지원 플랫폼을 통한 글로벌 시장 공략을 가능하게 해주었다. 이러한 국내 캐릭터 시장의 긍정적 전망을 기반으로 향후 국내 캐릭터의 성공적인 해외 진출 방안을 모색해 볼 수 있었다.

온라인 이모티콘 캐릭터를 오프라인 사업과 다른 장르까지 확장하고 있는 라인프렌즈의 사업 전략은 몇 가지 측면에서 국내 캐릭터 산업에 큰 영향을 미쳤다. 라인프렌즈가 국내 캐릭터 산업에 미친 주요 영향을 살펴보면 다음과 같다.

첫째, 국내 캐릭터 시장 규모의 확장이다. 캐릭터 산업에서 가장 중요한 것 중

하나는 대중에게 호소력 있는 캐릭터를 개발하는 것이라고 할 수 있다. 그러나 개개인의 다양한 취향과 선호에 의존하는 캐릭터 산업 특성상 불확실성이 매우 큰 분야이기도 하다. 이러한 점으로 인해 국내 캐릭터 시장은 한정적 캐릭터 자원에 의존하고 있는 경향이 있었다. 라인프렌즈는 캐릭터를 메신저 커뮤니케이션 수단으로 반복적으로 이용하고 이용자들에게 친밀감을 형성함으로써 사업기회를 확장시켰다. 또한 온라인과 모바일에서 친근한 이미지를 쌓아놓은 이모티콘 캐릭터는 성인 이용자층, 특히 20~30대 여성에게 매력적인 콘텐츠로 소구하고 있어 국내 키덜트 시장을 확장하는데 한 축을 담당했다고 할 수 있다.

둘째, O2O Online to Offline 서비스를 통한 타 산업과의 동반 성장 모색의 계기가 되었다. 라인이 비즈니스 전략의 원천 소재로 이모티콘 캐릭터를 활용함으로써 보다 많은 수익 창출의 기회를 확보할 수 있을 것으로 보인다. 앞서 보았듯이 이미 문구와 완구 이외에 뷰티용품, 패션의류 등 다양한 분야에서 이모티콘 캐릭터를 이용하고 있다. 특히 개성 있는 캐릭터 간의 관계가 만들어 낸 이야기들을 이용한 N차 상품의 개발도 진행되고 있어 다른 산업과의 시너지를 창출할 수 있을 것으로 기대된다. 이처럼 이모티콘 캐릭터는 오프라인 영역으로 비즈니스를 확장할 수 있는 매력적인 수단이 될 수 있을 것이다.

셋째, 중소캐릭터의 한류 도약에 대한 기대가 확장되었다. 즉, 중소 캐릭터의 지원 플랫폼을 통한 글로벌 시장 공략을 가능하게 했다. 현재 라인처럼 큰 회사가 주도하는 국내 캐릭터의 해외 진출은 향후 중소 캐릭터의 진출로 이어질 것으로 보인다. 인터넷과 모바일의 발달은 네트워크상의 국적을 무의미하게 만들었으며, 현재에도 국제적인 오픈 마켓 시장인 이베이 eBay와 알리익스프레스 Aliexpress에서도 많은 국산 캐릭터 상품들이 전 세계로 팔려 나가고 있다. 국내에서는 지마켓 Gmarket 등의 오픈마켓에서 상품을 해외로 배송하는 서비스를 수행하고 있다. 한국콘텐츠진흥원 등의 지속적인 국가적 지원을 통해, 다양하고 많은 신규 캐릭터들이 시장에 나오고 있으며, 상품화 사업을 통해 국내외로 판매되고 있는 것은 고무적인 일이다. 이러한 오픈마켓 시장은 점점 그 규모가 증가될 것으로 보이며, 향후 신규 캐릭터 상품의 주요 유통처로 성장할 것이다.

글로벌 지향의 라인프렌즈 vs. 콘텐츠 지향의 카카오프렌즈

라인프렌즈의 경우, 특정한 나라의 정체성을 확실하게 드러내지 않는 글로벌 브랜드를 표방한다. 따라서 세계 어느 나라에 소개되더라도 거부감이 적다는 장점이 있으며, 이는 전 세계로 캐릭터 마케팅을 진행할 수 있는 원동력이 된다. 국제 라이선싱 박람회의 참가 혹은 라인프렌즈 뉴욕 스토어 오픈 등으로 볼 때 라인프렌즈는 디즈니와 같은 글로벌 캐릭터 브랜드를 지향하는 행보를 보인다. 그러나 우리나라 내에서의 인지도는 국민적 지지를 받고 있는 카카오프렌즈에 비해 밀리는 경향이 있다.

한편, 카카오프렌즈는 우리나라에서의 절대적 인지도를 바탕으로 다양한 콘텐츠에 대한 활용을 우선하는 방향성을 나타낸다. 이를테면 카카오톡 메신저 친구들과 함께 즐기는 카카오프렌즈 게임, 식품과 관련한 캐릭터, 다양한 테마의 이모티콘에 금융상품까지 광범위한 제품군에 활용된다. 그러나 철저하게 우리나라 소비자들의 취향과 정서를 반영한 캐릭터 콘셉트는 국내에서는 절대적 입지를 자랑하지만 글로벌에서의 캐릭터 인지도는 라인프렌즈에 비해 다소 떨어진다.

본 사례에서는 캐릭터 산업 중에서 특히 라인프렌즈에 초점을 맞추고, 어떻게 글로벌 성장이 가능했는지를 그 핵심적 요소를 고찰하였다. 4차 산업혁명 시대에는 초연결성의 중요한 매체가 모바일이고, 모바일과 가까이 있는 캐릭터 산업 또한 중요한 비즈니스로 재탄생할 수 있음을 살펴보았다. 나아가 IPX로 사명을 바꾸고 새로운 출발을 시도하고 있는 현 상황도 고찰하였다.

최근 코로나 팬데믹으로 가상세계, 특히 디지털 세계에 대한 관심도 급격하게 증가하고 있다. 4차 산업혁명의 초연결 시대에, 캐릭터 산업의 패러다임 전환을 위해서는 어떠한 철학과 전략적 사고가 필요할까?

Assignment Questions

1. 현재 캐릭터 산업은 문화콘텐츠 산업의 핵심 분야로 자리 잡고 있다. 캐릭터 산업이 높은 성장을 이룰 수 있었던 이유를 국내외 산업 환경과 연관지어 설명해보자.

2. 국내 캐릭터 산업이 미국이나 일본과 같이 문화콘텐츠 선진국에 비해 실질적으로 성공하지 못했던 이유는 무엇이라고 생각하는가?

3. 라인프렌즈의 전략 중 콜라보레이션의 개념은 무엇인가? 또한 성공적인 콜라보레이션을 위해 라인프렌즈는 어떠한 노력을 하였는가? 이를 통해 국내 기업이 배워야 할 점은?

4. O2O(Online to Offline)란 무엇인가? 또한 기업의 전략적 측면에 있어서 O2O 비즈니스 모델을 사용할 수 있는 경우에 대해 논의해보자.

5. 라인프렌즈는 2022년 사명을 IPX로 변경하며, 4차 산업혁명 기술, 특히 메타버스와 NFT, IP 관련 사업에 집중하고자 한다. 이에 대한 구체적인 예시를 들고, 향후 전망을 논의해보자.

Paradigm Shift를 위한
4차 산업혁명 시대의 경영사례 1

구글의
크로스 라이선싱 전략

학습목표

- 글로벌 시대에 전략적 제휴의 필요성과 그 개념을
  이해한다.
- 크로스 라이선싱(Cross-licensing)의 개념을 고찰한다.
- 기업운영에 있어서, 특허권의 중요성을 인식한다.
- 스마트폰 등 기업의 경쟁구도를 비즈니스 생태계
  관점에서 이해한다.
- 구글의 ESG 경영을 살펴본다.

CHAPTER
12

구글의
크로스 라이선싱 전략*

본 사례에서는 최근 모바일 소프트웨어 산업의 핵심 키워드인 특허, 안드로이드, iOS, 지능정보사회, 인공지능에 주목하여, 산업 환경이 급격하게 변화함에 따라 변화하는 비즈니스 생태계에서 경쟁력을 창출할 수 있는 방안을 모색하고자 한다. 특히 글로벌 소프트웨어 시장에서 라이벌로서 경쟁하고 있는 구글의 '안드로이드'와 애플의 'iOS'를 통해 최근 글로벌 시장에서의 특허경쟁과 기업 간의 전략적 제휴를 통해 경쟁우위를 확보하는 전략에 대해 고찰하고자 한다. 이를 위해 구글과 삼성전자의 크로스 라이선싱Cross-licensing과 구글과 LG전자의 크로스 라이선싱을 고찰하면서, 전략적 제휴의 방안에 대하여 알아보고, 그 필요성을 살펴보고자 한다.

끝으로 최근 부상하고 있는 ESG 경영에 대한 구글의 대응도 분석하고자 한다.

---

* 본 사례는 정진섭 교수의 지도하에 최재혁, 박승현, 이나라, 정민영, 김한솔 학생이 작성하고, NGUYEN THI DAO, DO TRONG QUY, DINH VAN DANG, NGUYEN VAN HIEU, ZHOU XINYA, LINXUAN, WEI QILI, 안혜진, 임선영 학생이 업데이트한 것이다.

구글의 크로스 라이선싱

"때로는 거대한 꿈이 더 이루기 쉽다.
아무도 그런 일을 하지 않아 경쟁이 거의 없기 때문이다."
- Lawrence E. Page -

위의 구절은 구글의 창립자 중 한 명인 래리 페이지[1]의 명언들 중 하나이다. 많은 사람들이 큰 꿈을 이루는 것이 당연히 어렵다고 생각하여 시도조차 해보지 않고 포기하는 경우가 많다. 그러나 래리 페이지는 오히려 그것이 기회가 될 수 있다고 말한다. 다들 어렵다고 생각하여 시도조차 하지 않는 일은 경쟁이 거의 없어 생각보다 쉽게 꿈을 이룰 수 있다는 것이다. 이 구절은 우리에게 도전 정신을 일깨워준다. 당신이 꿈꾸는 것이 너무 거대하게 느껴지는가? 그래도 도전하라. 그것은 당신에게만 어려운 것이 아니라 모두에게 어려운 도전이다.

오늘날 정치, 경제, 사회문화, 기술 등 기업의 국내외 외부환경은 끊임없이 변하고 있다. 따라서 기업의 경영은 과거에 비해 거의 모든 측면에서 고도화되었으며, 그 복잡성이 증가하였다. 특히 국제화, 세계화 시대에 직면하여 기업들은 전세계 시장을 대상으로 경쟁을 하기에 이르렀다. 세계의 기업들이 서로 치열하게 경쟁하는 것이 당연하게 된 지금, 기업들은 경영 전략적인 측면에서 다양한 방법을 통하여 시장에서 자신의 위치를 유지하고 기업을 성장시켜야만 한다.

2007년 6월 29일, 애플이 아이폰을 처음 출시한 이래 스마트폰 시장 역시 그 지리적, 기술적 영역을 넓히며 성장해 왔다. 그 과정 속에서 스마트폰의 운영체제를 만드는 회사는 크게 구글과 애플의 두 회사로 압축되었다. 각각 안드로이드와 iOS를 개발하였지만 그 활용에서는 차이를 보이고 있다. 먼저, 구글은 크로스 라이선싱을 통해 다양한 스마트폰 단말기 업체들과 제휴를 맺어 안드로이드를 공급하는 형태를 취하고 있다. 한국에 본사를 둔 다국적 기업 삼성전자와 엘지전자의

---

1 래리 페이지(Larry Page)는 1998년 세르게이 브린(Sergey Brin)과 함께 구글을 공동으로 창업하였다. 2018년 현재 구글의 모회사인 알파벳의 CEO직을 맡고 있다.

스마트폰 역시 구글의 안드로이드를 사용하고 있다. 반면 애플은 자사 직접 개발 제품인 아이폰에만 iOS를 공급한다. 이에 우리는 구글아 애플과의 경쟁에서 다른 기업들과 크로스 라이선싱을 체결함으로써 어떻게 경쟁에서 생존과 번영을 이룰 수 있었는지 고찰해보고자 한다.

전략적 제휴

지식 기반 글로벌 경쟁 구도에서는 어떤 아이디어나 혁신적 대안이 있다 하더라도 어느 한 기업이 이를 제품화해 성공하기란 쉬운 일이 아니다. 이에 글로벌 기업들은 경쟁력을 높이기 위해 시장에서 경쟁기업이든 아니든 상관없이 전략적 제휴를 추진해 혁신적 사업 구도를 형성하고자 혼신을 기울이고 있다.

전략적 제휴는 제조업뿐 아니라 엔터테인먼트 산업 등 전 산업 분야에서 일어나고 있는 현상이다. 4차 산업혁명으로 글로벌 경영환경과 기술수준이 빠르게 변화하면서, 기업 간의 전략적 제휴는 더욱 중요해지고 있다.

① 전략적 제휴의 등장 배경

오늘날 ICT의 혁명적 진화는 제품 수명주기를 단축하고 있다. 이는 기업에 과거에 비해 더욱 빠른 속도로 더욱 혁신적인 제품과 서비스를 내놓으라고 요구하는 것을 말한다. 이에 따라 자사의 핵심 역량만으로 이를 감당하기에 부족한 기업들은 외부 역량을 적극 활용하는 쪽으로 시선을 돌려야만 하게 되었다. 이제 경쟁의 초점은 현재보다 미래의 능력을 얼마나 잘 선별하고 그 역량을 살리느냐 하는 것으로 바뀐 것이다. 즉, 새로운 변신을 요구받은 기업들은 서로의 약점을 보완하고 극복하기 위해 자신의 특화된 기술과 정보력으로 전략적 제휴를 추진함으로써, 다양한 소비자의 요구를 수용하고 시장을 창출해 자신과 파트너가 함께 생존해 나갈 수 있다고 생각하게 되었다.

이에 따라 지속적인 성장과 혁신을 갈망하는 기업들의 경우 제휴는 더 이상 선택 사항이 아닌 필수 요건이다. 그래서 하루가 멀다 하고 기업들의 제휴 소식이 쏟아지고 있다. 이는 제휴의 증가 건수나 그에 따른 매출 실적을 보면 알 수 있다.

파트너십 전문 컨설팅사인 밴티지Vantage의 2006년 연구 결과에 따르면, 전략적 제휴는 1980년대 중반 이래 해마다 25%씩 증가해 왔으며, 제휴로 인해 발생되는 기업 매출도 상당했다. 연구 대상 기업 중 30%는 최소 3억 달러 이상의 매출 실적을 올렸으며, 절반의 기업은 매출의 20%를, 25%의 기업은 30%를 각각 제휴로 얻는 것으로 나타났다.[2]

② 전략적 제휴의 개념

전략적 제휴는 다수의 기업들이 자신의 경쟁우위 요소를 바탕으로 각자의 독립성을 유지하면서 전략적으로 상호협력 관계를 형성함으로써 타 경쟁기업에 대해 경쟁우위를 확보하려는 경영 전략이다. 일방적이 아니며 대등한 수준에서 쌍방 간 합의된 경영 전략의 결과라는 점에서 과거의 제휴와 구별된다. 물론, 이것은 어디까지나 개념적 구분이며, 현실적으로 이와 같은 구별을 한다는 것은 매우 어렵다.

전략적 요소는 경쟁력 강화를 위한 의도적·장기적 경영 전략 수단임을 의미하며, 제휴는 기술, 경영능력, 자원 자산 등을 공유하는 협력 관계를 의미한다.[3] 즉, 전략적 제휴란 둘 이상의 기업들이 각자의 전략적 목표를 달성하기 위해 협력하는 것이다.[4]

기업은 성공적인 경영 활동을 유지해 나가기 위해 지속적으로 축적된 기술과 노하우를 고도의 기술로 특화하는 노력을 기울여야 한다. 따라서 이와 같은 기술적 특화를 이루지 못한 부분에 대해서는 막대한 신규 투자가 필요한데, 이때 전략적 제휴를 활용할 수 있다. 전략적 제휴는 피인수 기업의 강점과 약점을 모두 인수

---

2 김국태(2008), 합종연횡 시대의 기업 제휴 전략, LG Business Insight, LG경제연구원.

3 대한상공회의소(1997), 『우리기업의 전략적 제휴 실태조사』, 서울상공회의소.

4 김병태·서도원(2008), 『우량기업 로드맵』, 대경; 홍석보·송병선·김창원·이내풍(2003), 『전략적 경영 혁신기법』, 학문사.

해야 하는 기업 인수 합병M&A과는 달리 필요한 기술과 시설을 확보한 기업을 파트너로 삼아 상호 간 강점만을 큰 부담 없이 용이하게 결합할 수 있다.[5]

❸ 전략적 제휴의 동기와 목적

이상에서 보듯, 전략적 제휴의 궁극적인 동기와 목적은 지속적인 경쟁우위 창출이라 할 수 있다. 이를 정리하면 다음과 같다.[6]

① **필요한 기술과 자원의 습득**: 제휴기업들이 보유하고 있는 상호 보완적 지식과 자원들을 결집해 활용할 수 있게 해줌으로써 협력 기업의 자원 기반을 넓혀 주고 혁신 성과를 향상시킬 수 있다.

② **신제품 개발과 시장 진입 속도 단축**: 각자의 우위 분야에 전문화·특화해 기술 개발의 결과물을 공유하게 되면, 제품 개발에 소요되는 시간을 단축시켜 주고 시장 기회의 탐색 및 시장 진입을 좀 더 신속하게 할 수 있다.

③ **학습 기회 확보**: 상호 보유한 지식과 정보를 공유하고 학습하는 분위기가 조성되며, 파트너 기업의 경영 관리 시스템, 생산 시스템, 서비스 등 경영 전반에 걸쳐 다양한 분야를 배울 수 있는 기회를 제공한다.

④ **프로젝트 비용과 위험 분산**: 많은 액수의 비용이 들어가거나 결과를 확신할 수 없는 프로젝트의 비용과 위험을 협력을 통해 공동으로 부담해 위험을 분산시킬 수 있다.

⑤ **과도한 경쟁 방지와 사업성과 제고**: 기업 간 과다 경쟁을 방지하고 사업성과를 제고하려는 목적에서도 제휴를 하게 된다.

⑥ **신규 시장의 진입과 확대 모색**: 종종 새로운 시장에 대한 사업 투자비용은 시장 진입의 장애 요인으로 작용하게 되는데, 제휴를 통해 이를 해결함으로써 신

---

5 노규성 · 조남재(2010), 『경영정보시스템』, 사이텍미디어.

6 최경순(2013), 기업의 협력전략에 관한 연구, 충북대학교 대학원 석사학위 논문; 김계수 · 김용철 · 박주영 · 장정근(2008), 『프로세스 중심의 경영 혁신』, 대경; 홍석보 · 송병선 · 김창원 · 이내풍(2003), 『전략적 경영 혁신 기법』, 학문사.

규 시장 진입과 확대를 도모할 수 있다.

⑦ **표준 선도**: 자신들의 기술을 산업표준으로 제정해 해당 기술을 이용하는 후발 또는 경쟁 기업들이 자신들의 기술을 표준으로 해 제품을 생산하도록 유도한다.

⑧ **유연성 증대**: 신제품 개발과 신 시장 진출뿐 아니라 사양 산업에서 탈퇴를 용이하게 하는 수단으로 활용할 수 있으며, 사업 전망과 시장 상황에 따라 협력 체제의 전환을 제공한다.

⑨ **규모의 경제 추구**: 파트너 기업들의 자원을 집중해 투입의 규모를 확대시켜 개발·생산하게 되면, 효율 증대와 단위당 평균 비용 하락 등으로 규모의 경제를 달성할 수 있다.

⑩ **보호장벽의 회피**: 각국의 보호무역주의 팽배에 따른 높은 경제권역별 관세·비관세 장벽이 높아지고 있다. 보호무역주의의 압력은 기업들이 제휴 방안을 적극 고려하게 만들고 있다.

❹ 전략적 제휴의 방식

제휴의 방식으로는 ① 모기업에서 독립된 하나의 사업체를 제휴 기업들이 만들어 내는 제휴 합작 벤처alliance joint venture를 설립하는 방식, ② 연구개발, 생산, 마케팅, 유통 등 하나 또는 둘 이상의 분야에 걸쳐 협력 관계를 맺는 업무 제휴functional alliances 방식, ③ 차세대 전투기 개발, 인공위성 시스템 개발 등 대규모의 프로젝트를 추진하기 위해 여러 업체들이 공동 참여하는 컨소시엄consortium을 결성하는 방식, ④ 특정 파트너를 찾아 지분의 일부를 취득하는 지분 참여 제휴 방식, ⑤ 특정 분야에 국한하지 않고 여러 분야에 걸쳐 복합적으로 이루어지는 복합 제휴 방식 등이 있다.[7]

---

7 김계수 외(2008); 노규성·조남재(2010).

⑤ 전략적 제휴의 성공 조건

어떤 제휴가 되었든 공통적인 특징은 제휴에 참가하는 기업들이 자신의 약점을 보완 혹은 커버하는 차원에서 추진된다는 점이다. 즉, 생존을 위한 전략적 차원에서 제휴가 이루어지고, 서로가 이익을 향유할 수 있도록 제휴가 이루어져야 진정한 제휴로 유지·발전될 수 있는 것이다. 따라서 전략적 제휴가 이루어지기 위해서는 자신만의 특화된 기술과 경쟁우위를 갖추어야 함은 물론, 기업 간 교류에 대한 전략적 비전 수립과 이 비전의 기업 간 공유를 위한 노력이 필요하고, 방대한 고객 정보와 거래 정보의 기업 간 교류를 위한 기술적 배려와 통신 인프라의 구축이 필수적이다.[8]

전략적 제휴의 사례

2022년 4월 8일, 동남아 사람들을 위한 디지털 여행 및 라이프스타일 플랫폼인 airasia super app과 google cloud는 5년간의 전략적 제휴를 발표했다. 모든 비즈니스 및 개발자가 airasia super app의 공동 혁신 생태계를 추진하여 지역 사람들의 일상 요구 사항을 충족시킬 수 있도록 한다. 이 두 기업은 핵심 경쟁력을 결합해 기술 인재를 양성하고 공동으로 msme를 대표하는 데이터 구동 지능을 제공하는 오픈 이노베이션open innovation 소프트웨어 도구를 만들기로 했다. 또 도시와 농촌 지역의 다양한 사용자들의 사용 가능성도 확보할 계획이다.

그림1 airasia super app과 google cloud의 전략적 제휴

출처: https://newsroom.airasia.com/news/2022/4/8/airasia-super-app-google-cloud-

---

8 노규성(2014), 『비즈니스혁신의 10대 경영도구』, 커뮤니케이션 이해 총서.

Capital A의 CEO 토니 페르난데스는 "구글을 통해 우리의 생태계는 단순한 거래적 생태계가 아니라 고객뿐만 아니라 레스토랑, 항공사, 호텔, 운전기사와 같은 파트너들과 커뮤니티를 만들고 풍요롭게 하는 것이 될 것"이라고 말했다. "airasia와 Capital A의 모든 자산이 어떻게 아세안을 변화시키고 아세안을 거래 측면에서 뿐만 아니라 더욱 작은 곳으로 만들 수 있는 가치를 창출할 수 있는지 밝혀 기쁘다. 우리가 하는 것은 진화가 아니라 개혁적이다. 구글과의 협력을 즐기겠다"고 페르난데스는 덧붙였다.

구글의 PAX 라이선스 도입

모바일, 소프트웨어 시장에서 구글의 위치는 상당하다. 또한 구글은 4차 산업혁명 시대의 리더로서, 새로운 기술과 전략으로 시장을 개척해 나아가고 있다. 구글의 모바일용 소프트웨어 플랫폼인 '안드로이드'는 세계 모바일 시장에서 큰 점유율을 가지고 있다. 이러한 안드로이드의 최대 경쟁 소프트웨어는 애플의 'iOS'인데 두 플랫폼은 각자의 독특함과 장·단점을 지니고 있지만, 글로벌 시장에서 아직까지도 치열하게 경쟁하고 있는 상황이다.

경쟁의 주된 수단은 바로 특허와 관련된 분쟁이다. 따라서 특허는 지식 기반 글로벌 경쟁구도에서 매우 중요한 역할을 하며, 기업의 핵심역량과 직결된다. 구글은 이러한 특허를 기반으로 한 전략적 제휴인 'PAX팍스'를 통해 글로벌 시장에서 경쟁우위를 확보하려는 전략을 전개하고 있다.

❶ 구글의 특허 경쟁

스마트폰 사업의 경쟁은 2007년 애플의 아이폰 출시와 약 1년 후 안드로이드폰의 등장으로 본격화되었다. 시장에서는 애플은 폐쇄형 전략으로, 구글은 개방형 전략으로 가입자와 앱개발자를 유치하기 위해 치열하게 경쟁했다. 2009년 10월 노키아에 의해 촉발된 스마트폰 특허전쟁은 군소업체들과 관련된 소송들은 조속히 종결되면서, 전쟁은 안드로이드 진영의 구글/삼성 대 '반反안드로이드' 진영의 애플/마이크로소프트의 대결로 정리되어, 양 진영 간 대규모 특허전쟁이 예상되었다.

특히, 애플과 삼성의 특허문제는 전 세계 여러 지역에서 장기간 스마트폰 특허전쟁의 대표적 사건이다. 이 사건은 로열티 합의뿐만 아니라 수입 및 판매금지까지 도모한 것이 특징이다. 결과적으로, 이 사건에서 애플이 승리했다고 할 수 있지만, 이 사건이 전 세계의 관심을 끌면서 삼성은 홍보 측면에서 큰 수혜를 입은 것으로 평가된다. 2차 소송에서는 애플이 특허침해를 주장한 5건 특허 중 4건이 안드로이드 운영체제의 일부로서 삼성이 구글로부터 라이선스를 받은 것이어서 구글이 소송에 적극적으로 개입했기 때문에, 애플도 적극적인 공세를 취하기는 어려웠다.[9]

2014년에 들어와서는 그동안 치열했던 사입자 간 특허분쟁이 소강상태를 보이더니 애플과 구글은 모든 소송을 함께 취하하기로 했고, 애플과 삼성도 미국 내 소송을 제외한 모든 소송을 취하하기로 했다. 무엇보다도 그동안 특허침해 소송을 치르면서 거대 기업들은 대규모의 특허포트폴리오를 매입하는 등 대규모 특허 분쟁에 대한 준비가 되어있는 상황에서 누구도 승리를 장담할 수 없는 상황이 되었고, 이러한 상황을 인식하고 경쟁 상대에게 로열티 징수를 통해 상대의 시장경쟁력 약화를 도모하고자 했던 효과로 인해, 스마트폰 특허전쟁은 갑작스럽게 휴전을 하게 되었다.[10]

사업자 간 특허소송들이 취하되면서, 2014년 1월 27일, 글로벌 모바일 제조사 삼성이 안드로이드 운영체제 구글과 10년간 특허 크로스 라이선싱 계약을 체결한다고 밝혔다. 크로스 라이선스 범위는 기술 및 사업 영역이며, 기존에 출원 및 취득한 특허와 앞으로 10년 내에 출원하는 특허를 포함한다. 두 회사는 라이선스 비용 지급 여부와 규모에 대해서는 언급하지 않았다. 삼성전자 지식재산센터장인 안승호 부사장은 "구글과의 이번 계약 체결은 불필요한 경쟁보다 협력을 통해 더 발

---

9 손상영(2014), 스마트폰 특허전쟁의 결말과 새로운 위협, 14-0, KISDI, pp.1-2.
10 상게서, pp.7-8.

전할 수 있음을 보여 주는 것으로, IT 업계에 매우 의미 있는 일"이라고 밝혔다. 구글의 특허 담당 고문 앨런 로Allen Lo는 "삼성전자와 크로스 라이선스를 맺어 기쁘다. 이러한 협력을 통해 잠재적인 소송 위험을 줄이고 혁신에 집중할 수 있을 것"이라고 밝혔다.

2013년 3분기 안드로이드 OS 점유율은 81.3%로 애플 iOS 점유율 13.4%를 크게 앞섰다. 삼성의 스마트폰 점유율 또한 35%로 애플13.4%보다 한참 앞섰다. 구글 운영체제와 삼성의 갤럭시 디바이스가 만나 애플에 대항하는 대성공을 거두며, 삼성은 안드로이드 운영체제의 대표 주자가 되었다. 이는 '애플'이라는 공공의 적을 두고 양사가 상호 협력하여 거둔 성과이다.

2021년 3월 26일, 한국의 '관점뉴스'를 보도하는 웹사이트가 최근 글로벌 스마트TV 시장에서 삼성전자와 LG전자의 최대 경쟁 상대는 중국과 일본 업체가 아닌 구글이라고 보도했다. 스마트TV 운영체제os 경쟁력에서 삼성전자와 LG전자가 구글에 밀리는 상황이다.

세계 TV 시장 점유율 1, 2위인 삼성전자와 LG전자가 구글 운영체제의 영향력을 무시할 수 없다고 지적했다. 구글은 TV 제조업체는 아니지만 스마트TV가 보급되면서 TV업계에 막강한 영향력을 행사하고 있다.

안드로이드 스마트TV 운영체제를 탑재한 TV가 가장 많기 때문이다. 지난해 3분기 기준 글로벌 스마트TV OS 점유율은 구글 안드로이드 OS28%, 삼성전자 타이젠 OS20%, LG전자 웹OS10.5% 순이었다. 스마트 TV의 소프트웨어 경쟁력은 하드웨어 못지않게 중요하다.

삼성과 LG가 자체 운영체제os를 개발한 이유도 여기에 있다고 밝혔다. 데이터를 축적해 빅데이터 분

그림 2 TCL은 최대 경쟁자가 아니다? 삼성-LG 구글이 강적

출처: 녹색경제신문http://www.greened.kr

석으로 활용할 수 있고 플랫폼 수익도 얻을 수 있다. 삼성과 LG는 스마트TV 제조사에 운영체제를 판매해 수익을 낼 수 있다. 또한 하드웨어와 소프트웨어를 함께 개발하는 것도 TV 성능을 최적화하는 데 경쟁사보다 유리하다.

구글은 현재 USB를 연결해 안드로이드 운영체제를 설치하면 일반 TV도 스마트TV 기능을 갖출 수 있는 크롬캐스트 제품을 판매하고 있다. 기술력이 부족한 기업의 하드웨어·소프트웨어 경쟁력을 쉽게 끌어올릴 수 있을 것이다.

② 구글의 'PAX' 출범

2017년 4월 3일, 구글은 안드로이드 관련 특허침해 분쟁을 해결하기 위한 연합체 '팍스PAX'를 출범한다고 발표했다. 정식 명칭은 '안드로이드 네트워크 크로스 라이선스 어그리먼트Android Networked Cross-License Agreement'라는 긴 이름이다. 약어로 'PAX팍스'라고 부르기로 했다. PAX는 라틴어로 '평화'라는 뜻이다. 이름에서 이 연합의 목적을 확실히 알 수 있다.

PAX로 부르는 안드로이드 네트워크 크로스 라이선스는 안드로이드의 호환성 요구 사항을 충족하는 기기에 사전 설치된 안드로이드 및 구글 애플리케이션에 대한 로열티 없는 커뮤니티 특허 크로스 라이선스를 부여한다.

2016년에만 400개 이상의 업체가 4,000개 이상의 안드로이드 기기를 출시했다. 엄청난 규모인 만큼 그 안에서 많은 특허분쟁이 발생했다. PAX의 출범은 이런 혼란스러운 상황을 정리하기 위해 구글이 해결방안을 내놓은 것이라 할 수 있다. 팍스에 가입한 회사 사이에서는 안드로이드 OS, 안드로이드 애플리케이션 관련 소프트웨어 특허에 대해 서로 고소하지 않기로 했다. 대신 팍스에 가입된 업체의 특허를 안드로이드 플랫폼 내에서 로열티 없이 사용할 수 있다. 모든 PAX 회원들이 로열티 없이 라이선스를 부여해 안드로이드 생태계 내에서 특허 평화를 촉진하기 때문에 커뮤니티 라이선스로 부르며, 커뮤니티에 가입하면 다른 모든 회원의 안드로이드 및 구글 애플리케이션에 대한 장기적인 행동의 자유를 보장받는다.

PAX의 회원 자격은 무료이며, 안드로이드 관련 사업을 하는 업체는 누구나 가입하고 자유롭게 사용할 수 있다는 점에서 특허 위협을 실질적으로 줄여주고, 혁신과 소비자 선택이 안드로이드 생태계 시스템의 핵심 동력이 되도록 한다는 것이다.

구글은 이미 안드로이드를 누구나 무료로 사용할 수 있는 오픈 소스 라이선스에 따라 배포하고 있으며, 이러한 개방성을 바탕으로 안드로이드 생태계는 400개 이상의 파트너업체와 500개 이상의 사업자를 포함해 4,000종 이상의 주요 기기를 생산하고 2016년 기준으로 16억 명 이상의 사용자를 보유하고 있다. 구글의 주장에 따르면 PAX가 회원들에게 안드로이드 개방성을 더욱 확대시켜 시간과 비용을 낭비하지 않는 특허 평화를 장려하고 새로운 아이디어를 창출하는데 해당 자원을 활용할 수 있다.

2017년 기준 PAX 회원은 구글, 삼성전자Samsung Electronics Co., Ltd., LG전자LG Electronics Inc., 폭스콘Foxconn Technology Group, HMD 글로벌HMD Global, HTC, 쿨패드 Coolpad, BQ, 올뷰Allview를 포함하고 있으며, 이들은 전 세계적으로 23만개 이상의 특허를 보유하고 있다. 이 가운데 구글과 삼성전자, LG전자는 2017년 1월에, 나머지 기업들은 2월에 합류하였다.

구글의 경우, 기존에 가지고 있던 것에 모토로라 모빌리티를 인수했다가 다시 레노버에 매각하는 과정에서 15,000여 건에 달하는 특허를 그대로 소유하면서, 안드로이드 생태계에서 특허 영향력을 확대했다.

구글은 크고 작은 더 많은 회사들이 PAX에 가입하면 혁신의 자유를 통해 더 많은 특허 평화와 가치를 회원들에게 가져다 줄 것이라고 밝혔다. 대기업 입장에서는 끊임없이 발생하는 크고 작은 특허소송을 줄일 수 있고, 반대로 소규모 업체들은 특허제약이나 로열티 부담으로부터 자유로워지기 때문이다.

또한, 구글은 PAX 라이선스를 통해 모바일 운영체제인 안드로이드의 점유율을 확보하고 유지하려는 전략을 펼치는 셈이다. 안드로이드 생태계의 파트너들을 구축하고 파트너십을 강화하여 애플의 iOS를 고립시켜 시장에서 경쟁우위를 가져가겠다는 전략이기도 하다.

〈그림 3〉은 전 세계 스마트폰 OS운영체제 점유율을 나타낸 것이다. 미국의 비즈니스 및 기술 뉴스 웹사이트인 Business Insider에 따르면 2017년 전 세계 스마트폰 10억 5,200만대 중 구글 안드로이드 OS가 탑재된 스마트폰 비중은 85.1%, 애플 iOS 적용 스마트폰 비중은 14.7%로 나타났다.

두 회사의 점유율을 합하면 99.8%로 압도적이다. 기타 운영체제는 0.2%였다. 4년 후인 2021년을 보면, 안드로이드는 85.5%, iOS는 14.5%로 그 비중은 크게 달라지지 않았다. 그러나 Statcounter에 따르면, 2022년까지 안드로이드 점유율은 42.37%로 크게 하락했고, iOS는 17.6%로 상승했다.

그림 3 전 세계 스마트폰 OS 점유율

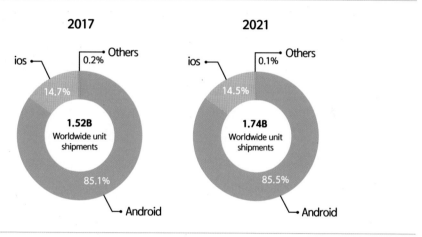

출처: 비즈니스 인사이더

구글의 삼성전자, LG전자와의 전략적 제휴

❶ 구글과 삼성전자의 전략적 제휴

1.1 구글

구글Google은 인터넷 검색 서비스를 통해 성장한 인터넷 시대의 대표 기업이다. 동사는 1998년에 래리 페이지Larry Page와 세르게이 브린Sergey Brin이 설립한 백럽

BackRub에서 출발했다. 구글은 웹 검색에서 출발해 검색 시장의 최강자가 되었고, 2008년 웹브라우저 구글 크롬을 공개해 마이크로소프트의 익스플로러가 갖고 있던 독점적 영향력에 도전했다. 구글은 2007년 모바일 운영 체제인 안드로이드를 오픈소스 프로젝트로 진행하면서 모바일 시장에도 진입했다. 최근에는 빅데이터의 중요성을 인지하면서 클라우드 컴퓨팅으로 사업을 넓혀나가고 있다.

구글은 검색 엔진 개발을 통해 성장하면서 지속적으로 다른 회사의 서비스를 구입하거나 인수 합병함으로써 사세를 키웠다. 2004년에는 키홀사Keyhole Inc.를 인수해 2005년 구글어스로 이름을 바꿔 서비스를 시작했다. 2006년에는 동영상 공유 사이트인 유튜브Youtube를 인수했다. 2007년에는 디지털 마케팅 회사인 더블클릭을 인수했다. 이러한 인수 합병과 사업영역 확대를 통해 구글은 인터넷 검색과 모바일 운영 체제, 광고, 미디어, 클라우딩 컴퓨팅까지 포괄하는 거대 기업으로 성장했다. 검색엔진과 시너지효과를 바탕으로 온라인 광고시장에서 압도적인 수익을 내면서 현재 마이크로소프트, 아마존, 애플과 함께 미국의 빅 4 테크기업으로 손꼽힌다.

구글은 미국에서 발생하는 인터넷 검색의 60% 이상을 차지하고 있으며, 현재 매일 수십억 개의 검색 결과 페이지에 이용자들이 방문하고, 수백억 개의 구글 광고가 노출되고 있다. 구글은 페이지랭크PageRank라는 검색알고리즘을 활용해 검색 엔진의 경쟁력을 확보했다.

구글 검색을 비롯한 다양한 서비스 때문에 인터넷 시대의 이용자들은 '언제 어디서나 구글과 함께 생활'하게 되었다. 그만큼 일상생활에서 구글이 미치는 영향력은 크다.

구글은 검색엔진 외에도 다양

그림 4 구글은 어떤기업인가?

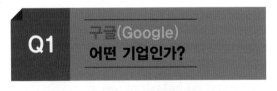

Q1 구글(Google) 어떤 기업인가?

전 세계 압도적 1위 검색엔진

미래로 뻗어나가는 기업

1998년 구글의 역사가 시작되다.
구글(Google)은 1998년 래리 페이지와 세르게이 브린이 설립한 검색엔진 회사로, 검색엔진 외에도 미래 산업 확장을 위해 유튜브와 마케팅 회사 더블클릭을 인수하며 규모를 넓혀왔다.

출처: [글로벌 기업 채용비밀] 구글을 알아봅시다!, 작성자 외교부

한 사업포트폴리오에 투자를 아끼지 않고 있다. 크롬 웹 브라우저, 안드로이드 모바일 운영체제, 픽셀 스마트폰, 구글 스마트 홈, 인공지능, 스타디아 게임 시스템, 웨이모 자율주행 자동차, 생명공학, 양자Quantum 컴퓨터 등 다양한 면에서 미래 산업을 선점하려 노력하고 있다.

1.2 삼성전자

삼성전자Samsung Electronics Co., Ltd.는 삼성그룹의 대표기업이자, 한국의 대표기업이며, 세계 100대 기업 중 하나이다. 1969년 삼성전자공업으로 창립 후, 1984년 지금의 삼성전자로 변경했다. 주력 사업은 반도체, 디스플레이, 정보모바일 기기, 소비자가전 분야다. 2018년 현재, 삼성전자는 반도체D램과 낸드플래시, 스마트폰, OLED유기발광다이오드 패널, QLED TV, 냉장고 품목에서 세계 1위 기업이며, 인공지능AI, 사물인터넷IoT, 자동차 전장산업 등 미래사업에 주력하고 있다.

1970년대에 삼성전자는 TV, 냉장고, 선풍기, 전자레인지, 세탁기 등 가전제품을 중심으로 성장했으며, 1974년 한국반도체를 인수하고 반도체 산업에 진출할 채비를 갖췄다. 오늘날 삼성전자를 글로벌 회사로 만든 1등 공신은 반도체였다.

1980년대에는 컴퓨터, 비디오, 에어컨 등으로 전자 품목을 넓혔고, 핵심사업 분야로 가전제품, 통신, 반도체를 선정했다. 삼성전자가 가전 분야 선두 주자인 금성사를 이기고 가전 부문에서 신흥 강자로 올라설 즈음인 1983년, 미국과 일본에 이어 세계 3번째로 64K D램을 개발하고 반도체 사업에 본격 진출했다. 또 이 시기에는 수원 R&D센터와 삼성종합기술원 2곳의 연구소를 통해 전자, 반도체, 광통신, 나노 테크놀로지, 네트워크 분야로 기술 영역을 확장했고, 삼성전자와 삼성반도체통신 간의 합병도 있었다.

1990년대에는 반도체 산업 이외에 휴대전화기기, LCD, LED TV 등 첨단 디지털 가전으로 사업 영역을 확대했다. 1990년대 중반에는 반도체에서 컴퓨터 모니터, TFT-LCD 스크린, 컬러TV에 이르기까지 17개의 다양한 제품들이 세계 시장 점유율 5위 안에 들었으며, 평면TV와 모니터, 낸드 플래시 메모리, 휴대전화 등 12개의 제품이 세계 1위를 기록했다.

2010년 이후로는 안드로이드 스마트폰 분야에서 확고한 세계 1위 기업 자리를 굳혔으며, 반도체 분야에서도 인텔을 꺾고 1위가 됐다. 2000년대 후반, 삼성전자는 인공지능AI 플랫폼 및 사물인터넷IoT, 자율주행과 커넥티드카 분야의 전장 산업 등 미래 사업에 주력하고 있다.

2021년 12월 조직개편을 통해 CE부문과 IM부문을 DX부문으로 통합했다. 추가로 삼성 갤럭시 시리즈를 DX부문으로 추가하고 엑시노스, 아이소셀, 메모리를 DS부문으로 변경했다. Harman 부문은 사운드JBL, AKG, 하만카돈, 마크 레빈스, 아캄, 율, 렉시콘, Infinity로 통합 또는 추가했다.

1.3 왜 구글과 삼성전자는 전략적 제휴를 했나?

'프레너미frienemy[11]'라고 불렸던 구글과 삼성전자가 대립했던 영역은 스마트폰 중심의 모바일 산업이었다. 구글이 삼성전자와 포괄적인 특허제휴를 하고 거액을 투자했던 스마트폰 제조사를 다시 매각한 것은 스마트폰 중심의 성장이 어느 정도 한계를 보이기 때문이다. 실제로 일부 선진 국가에서는 2013년에 스마트폰 시장이 역성장하기도 하였다.

구글과 삼성전자가 손을 잡은 이유는 성장의 속도가 이미 예전과 같지 않은 모바일 산업에서 불필요한 경쟁을 하는 것보다는 새로운 시대에 더 다양한 대응이 필요하다고 판단했기 때문이다. 더불어 포스트 스마트폰의 향방을 쉽게 예측하기 어렵기 때문으로 보인다. 따라서 급변하는 세계 모바일 시장 환경과 치열해지는 특허 경쟁에서 각자 경쟁우위를 확보하기 위해서는 전략적 제휴가 필요해졌다. 또한 다가오는 4차 산업혁명 시대에서 경쟁력을 확보하기 위한 파트너십 움직임으로도 볼 수 있다.

한편, 삼성전자가 특허에 대한 제휴를 강화하는 이유는 최근 스마트폰 시장의 1위로 올라서면서 글로벌 기업들의 공세에 시달리고 있기 때문이다. 대표적인 사례가 애플과의 소송이다. 2010년부터 9개국에서 애플과의 소송을 진행하면서 지

---

11 friend(친구)와 enemy(적)의 합성어로, 이해관계로 인한 전략적 협력관계이지만, 동시에 경쟁관계에 있는 것을 의미한다.

금까지 수십억 달러가 넘는 비용이 사용되었다. 따라서 향후 특허 전쟁은 더욱 치열하게 될 전망이며, 특허 확보를 통해 불필요한 지출을 미리 방지하는 것이 필요해졌다. 또한 특허 제휴는 미래 산업에 대한 투자이기도 하다.

최근 포스트 스마트폰 시대로 일컬어지는 사물인터넷 플랫폼에서 화두가 되고 있는 스마트홈이나 IoT 사업에 집중하기 위해서는 방어적인 의미에서 특허가 필요할 뿐만 아니라 제휴사들의 좋은 기술을 상품에 적용할 필요가 있다. 따라서 이제는 여러 가지 측면에서 삼성전자에게는 다양한 특허를 확보해야 할 시기이다. 〈표 1〉은 삼성전자의 특허 관련 라이선스이다.

표1 삼성전자의 특허 관련 라이선스 일지[12]

업체	시기	비고
구글	2014.1	포괄적 특허 크로스 라이선스
램버스	2014.1	반도체 관련 특허 크로스 라이선스 계약 연장
노키아	2013.11	특허 라이선스 연장
SK하이닉스	2013.7	반도체 관련 특허 크로스 라이선스
마이크로소프트	2011.9	휴대전화 운영체제(OS) 관련 기술 등 특허 크로스 라이선스
IBM	2011.2	특허 크로스 라이선스
인텔렉추얼 벤처스	2010.11	특허 라이선스
코닥	2010.1	카메라 기술 관련 특허 크로스 라이선스
도시바	2009.7	반도체 관련 특허 크로스 라이선스
샌디스크	2009.5	낸드플래시 관련 특허 크로스 라이선스
인터트러스트	2009.3	디지털저작권관리(DRM) 관련 특허 라이선스
인터디지털	2011.9	통신 관련 특허 라이선스

1.4 구글과 삼성전자의 전략적 제휴 과정

2014년 1월 27일, 삼성전자와 구글은 세계 IT 업계에 유례없는 글로벌 특허 동맹을 맺었다. 양사는 기존에 보유한 특허는 물론이고, 향후 출원할 특허까지 포함

---

12 http://www.yonhapnews.co.kr/it/2014/01/27/2405000000AKR20140127010400017.HTML

하는 광범위한 특허 크로스 라이선스 계약을 체결한 것이다.

구글은 2012년 모바일 제조사 모토로라를 인수하면서 디바이스 관련 특허 5만 건을 확보했다. 삼성전자는 주로 반도체와 디바이스에 관련된 기술 특허 10만 건을 보유하여, 이 전략적 제휴로 총 15만 건의 기술 특허를 확보하게 되었다. 따라서 이번 제휴를 통해 공유되는 특허의 건수는 삼성전자의 10만 건과 구글의 5만 건으로 총 15만 건이다.

포괄적 제휴에는 IoT, 스마트홈, 웨어러블 기기, 로봇, 헬스케어 등이 포함되어 있는데, 이는 현재뿐 아니라 미래의 제품·기술 개발 분야에서 협력을 강화하는 토대를 마련한 것으로 평가된다. 특히 삼성전자는 하드웨어 관련 특허에, 구글은 소프트웨어 분야 특허에 각각 강점을 가지고 있다.

한때 불화설까지 거론되던 두 업체가 이제는 대형 제휴를 성사시키면서 결속력을 강화하는 모습이다. 이번 계약은 기존 특허는 물론, 향후 10년 동안에 추가되는 특허도 포함하는 포괄적인 제휴로 애플의 특허 공세를 방어할 수 있을 것으로 보인다. 또한, 양사가 가지고 있는 기술을 부담 없이 사용함으로써 새로운 성장 가능성을 넓히고 있다.

구글과 삼성전자의 전략적 제휴에는 경쟁기업인 애플에 대항하기 위한 목적 또한 포함되어 있다. 애플이 아이폰을 출시하면서 기존 시장을 파괴하자 휴대폰 제조사들은 자유도가 높은 안드로이드를 채택하여 대응할 수밖에 없었다. 피처폰에 머물고 있었던 당시 가장 적극적인 대응을 하였다. 그 결과, 2013년 35%가 넘는 스마트폰 점유율을 기록하며, 전 세계 스마트폰 시장을 장악할 수 있었다. 구글 역시 삼성전자의 호조를 등에 업고 안드로이드 생태계를 넓혀갔고 2013년 안드로이드의 점유율을 81.3%까지 올릴 수 있었다.

삼성의 스마트폰 점유율 또한 31.4%로 애플13.1%보다 한참 앞서 있다. 구글 운영체제와 삼성의 갤럭시 디바이스가 만나 애플에 대항하며, 삼성은 안드로이드 운영체제의 대표주자가 된 상황이다.

양사 간 제휴를 통해 애플의 시장점유율은 따돌렸지만 애플은 삼성과 구글에게는 아직도 강력한 경쟁자다. 그러나 공공의 적이 여전하다고 구글과 삼성의 동맹이 영원할 수는 없다. 그렇기 때문에 양사는 각자의 시장점유율의 확대를 위하여 독립적인 경쟁 체제를 준비했다. 삼성전자는 안드로이드 의존도를 낮추고자 인텔 Intel과 손잡고 전용 운영체제 타이젠TIZEN을 개발하기 시작했다. 반면, 구글은 모바일 제조사 모토로라를 인수하여 모토로라를 통해 모듈형 스마트폰 플랫폼 "아라 Ara" 개발 현황을 발표했다.

그림 5 삼성과 구글의 혁신을 향한 오랜 파트너십 – 유튜브 플렉스 모드를 더하다

출처: SAMSANG NEWSROOM

양사 모두 독립적인 경쟁체제를 구축하기 위해 인텔과 모토로라를 비롯한 다수 업체를 끌어들이고 있다. 그러나 80% 점유율의 운영체제와 40% 점유율의 디바이스가 합작하여 이룬 성과를 넘기에는 아직 많은 준비와 시간이 필요하다. 따라서 양사는 일부 협력관계를 유지하되 서로 견제하는 프레너미Frienemy 경쟁체제를 취하고 있다. 서로를 내치지 못하지만 '소비자 선택권의 다양성을 제공한다'는 이유로 "운영체제 및 디바이스 다각화"를 위해 다른 협력자를 모색하고 있다.

삼성전자는 구글과의 전략적 파트너십을 통해, 사용자가 보다 많은 서비스에서 플렉스 모드를 사용할 수 있도록 안드로이드 서포트 라이브러리에 플렉스 모드를 추가한다. 안드로이드 개발자 커뮤니티와의 긴밀한 협력을 바탕으로 더 많은 타사 서비스 개발자가 더 쉽게 자신의 서비스에 플렉스 모드를 적용할 수 있게 된다.

삼성과 구글은 갤럭시 사용자들의 풍부한 모바일 경험을 위해 장기간 긴밀한 협업한다. 2018년부터 함께 힘써 온 구글의 차세대 메시지 서비스RCS, Rich Communication Services가 대표적인 예이다. RCS 지원이 추가된 삼성 메시지 앱, 와이파이와 모바일 데이터를 이용한 대화, 고해상도 사진과 동영상 송수신, 수신 확인

알림 받기, 다양한 기능을 제공하는 그룹 대화 등의 기능을 제공한다. PC에서도 이용 가능해 모바일 기기와 PC를 넘나들며, 끊김없이 대화가 가능하다.

영상 통화 서비스인 '구글 듀오'도 갤럭시에 최적화된 경험을 제공한다. 갤럭시 S20과 갤럭시 Z플립 사용자는 구글 듀오가 제공하는 고화질의 끊김 없는 영상 통화 및 최대 12명까지 참석 가능한 화상회의를 갤럭시에 최적화된 환경에서 경험할 수 있다.[13] 또한 삼성전자가 갤럭시워치4에 '구글 어시스턴트' 지원 기능을 추가한다. 삼성전자는 안드로이드 기기 간 풍성한 연결 경험을 구현하기 위해 구글과 웨어러블 기기 통합 플랫폼 '웨어OS'를 공동 개발해 지난해 선보였다.

삼성전자와 구글이 웨어러블 분야에서 협력을 강화한 데 따른 후속 업데이트다. 갤럭시워치에서는 기존 음성 비서인 빅스비와 더불어 구글 어시스턴트를 모두 사용할 수 있게 됐다. 웨어OS가 적용된 갤럭시워치4는 구글플레이를 통해 유튜브와 구글 지도 등 앱을 내려받아 설치할 수 있다.

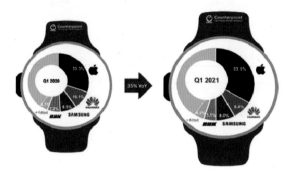

그림 6 스마트 워치

출처: 메일경제, 삼성·구글이 '스마트 워치' OS 통합한 이유는

1.5 구글과 삼성전자의 전략적 제휴 결과

4차 산업혁명을 맞이한 현재, 기존 모바일 플랫폼의 경쟁구도가 IoT로 자연스럽게 이어질 것이므로 모바일 산업의 리더인 애플과의 경쟁구도는 더욱 심해질 것이다. 이에 대해 삼성과 구글은 현재의 경쟁 관계를 유지하는 것보다는 '안드로이드'라는 공통분모를 통해 서로 손을 잡아 애플을 공략하는 편이 더욱 유리하다고 판단했다.

---

13 출처: SAMSANG NEWSROOM.

한편 구글은 2016년 삼성을 견제할 만한 프리미엄 스마트폰인 '픽셀폰'을 출시했다. 삼성전자도 자사 단말기 갤럭시S8에 빅스비가 최초로 탑재될 것으로 알려지면서 구글과 삼성의 동맹이 깨질 수 있다는 우려가 나왔다. 이에 삼성전자는 구글 어시스턴트와 빅스비를 갤럭시S8에 동시 설치하면서 구글과 '적대적 공존 관계'를 유지하고 있다.

사실 삼성전자는 플래그십 스마트폰 '갤럭시S8'에 자체 개발한 인공지능AI 서비스를 탑재할 계획이었다. 하지만 구글의 반대에 부딪혀 어려울 수 있다는 관측이 잇따라 나와 양사 갈등이 고조되었다. 이는 삼성전자가 2014년 구글과 맺은 특허 공유계약 내 비非경쟁합의non-compete pact 조항 때문에 삼성전자가 자체 개발 중인 AI 플랫폼이 삼성전자의 스마트폰에 탑재되기 어렵다는 것이다. 비경쟁합의 조항으로 인해 구글의 안드로이드 OS를 사용하는 대신 OS 내 경쟁 기능을 금지하는 것이며, 이 때문에 삼성 측에서는 삼성 단말기에 자사 AI 플랫폼과 구글의 AI 플랫폼을 함께 설치할 수밖에 없었을 것이다.

결과적으로 구글은 소프트웨어 중심으로 사업을 전개하다 '픽셀폰'을 출시하여 하드웨어적인 부분까지 관여하게 되었다. 또한 삼성도 스마트폰을 제조하는 하드웨어 중심의 사업을 펼쳐오다 AI를 개발하면서 양사가 서로의 영역을 침범하여 관계가 불편해진 것이다. 당시 제휴의 목적은 지나친 경쟁에서 벗어나 불필요한 비용을 줄이자는 것이었다. 하지만 결국 삼성은 구글과 맺은 특허 제휴 계약으로 인해 자사 단말기에 독자적인 플랫폼을 구축하지 못했다. 따라서 심성의 스마트폰 인공지능 시장의 경쟁에서 살아남기 위한 향후의 행보가 주목된다.

❷ 구글과 LG전자의 전략적 제휴

2.1 LG전자

LG전자는 2002년 4월 1일 설립된 LG그룹 계열사로 가전제품, 정보통신기기 제조 판매업체이다. LG전자의 모태는 1958년 10월 설립된 금성사이다. 2009년 말 전 세계 LCD TV 공급률 2위, 전 세계 휴대폰 시장 점유율 3위에 올랐으며, 2010년

12월 LG전자의 스마트폰 '옵티머스 원'이 출시 두 달여 만에 누적공급량 200만 대를 넘어섰다. 2011년 3D 기술과 스마트 TV 기능을 결합한 시네마 3D 스마트 TV를 출시했다.

2012년 세계 최대 84형213cm 초고해상도 UDUltra Definition 시네마3D 엔진을 탑재한 '스마트TV'를 출시하고, 퀄컴 LTE 기반의 쿼드코어 '스냅드래곤 S4 프로'를 탑재한 스마트폰 '옵티머스 G'를 출시했다. 2013년 플라스틱 OLED 디스플레이를 탑재한 커브드 스마트폰 'LG G 플렉스'를 출시하고, 세계 최대 105형 곡면 울트라 HD TV를 개발했다. 또 세계 최초로 곡면 올레드TV를 출시했다. 2014년 웹OS를 탑재한 LG 스마트 TV를 출시했다.

LG전자의 주요 사업은 TV와 모니터, 디지털 미디어 제품 등을 생산·판매하는 홈 엔터테인먼트HE 사업본부, 이동단말기를 생산·판매하는 모바일 커뮤니케이션즈MC 사업, 냉장고·세탁기·청소기 등 주요 생활가전 제품을 생산·판매하는 홈 어플라이언스HA 사업, 가정용·상업용 에어컨을 생산·판매하는 에어컨디셔닝 & 에너지 솔루션AE 사업, 자동차 부품을 설계·제조하는 비이클 컴포넌츠Vehicle Components 사업, LED사업과 광학솔루션OS사업, 기판소재사업, 전장부품사업을 영위하는 엘지이노텍 등 6개 사업부문으로 구성되어 있다.

전자제품, 모바일 통신기기 및 가전제품의 개발 및 제조에서 글로벌 기업인 LG전자는 2017년 12월 기준으로 37,653명의 직원이 근무 중이며, 해외생산법인은 13개국에 38개가 있다. TV, 휴대폰, 에어컨, 세탁기 및 냉장고 부문 등에서 시장을 선도하고 있다.

2.2 왜 구글과 LG전자가 전략적 제휴를 체결했을까?

2014년 1분기 4,787억 원이던 LG전자의 영업이익이 2015년 2분기 2,440억 원으로 반토막나며, 주력인 TV와 스마트폰 부문 모두 부진했다. 신성장동력으로 밀고 있는 자동차부품 사업도 본궤도에 오르기까지는 상당한 시간이 필요했다. LG 측에서도 가시적인 성과가 나오려면 2년 이상의 시간은 필요할 것으로 예상했다. 구글은 앞으로 다가올 사물인터넷IoT 시대에 맞춰 세트업체와의 파트너십 확대가 요구되었고, 중국업체들의 높은 빠른 성장력에도 불구하고 삼성전자와 LG전자가 아직까지 브랜드 파워나 기술력 면에서 우선 순위로 거론되었다.

이런 상황에서 삼성전자가 지속적으로 자사 플랫폼 개발에 힘을 기울이게 되면서 구글의 입장에서는 삼성전자의 이러한 시도가 껄끄러워졌다. 하지만 LG전자는 자체 플랫폼이 없다는 측면에서 양사의 이해관계가 충돌하지 않고 IoT 시대를 대비해 합작사업, 지분 거래 등 현 수준 이상의 관계가 형성되면 양사 모두에 이익을 가져다 줄 것으로 예상되었다. LG전자는 구글 레퍼런스폰이라 불리는 넥서스를 생산해왔으며, 2012년부터는 TV사업에서도 손을 잡아 LG와 구글Google의 전략적 제휴의 턱은 그리 높지 않았다.

그림 7 LG전자 2014년~15년 매출 실적

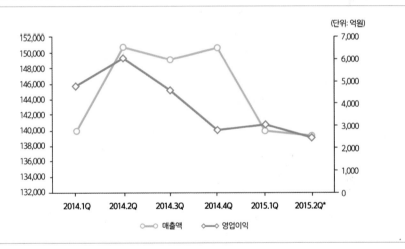

출처: Dart 공시

LG전자는 2017년, 지속적인 혁신과 변화를 통해 미래 성장 기회를 확보하고 위기를 돌파해 나간다는 전략을 세웠다. 이를 위해 LG는 OLED올레드, 고부가가치 기초소재 등 주력 사업의 경쟁력을 강화하고, 친환경 자동차 부품, 에너지솔루션 등 신성장사업을 육성하기 위한 R&D 투자를 지속한다는 방침을 펼쳐왔다.

또한 LG전자는 4차 산업혁명 시대에 대응하기 위한 인공지능 전담 조직을 신설하며, 사업 경쟁력을 강화하고 있다. 2017년 6월 CTO최고기술책임자 산하에 '인공지능'을 전담하는 '인공지능연구소'와 '로봇' 관련 업무를 전담하는 '로봇선행연구소'를 신설했다. '인공지능연구소'는 딥러닝 기반의 인공지능 플랫폼을 고도화해 고객이 제품을 사용하는 정보, 날씨와 같은 다양한 데이터를 음성·영상·센서로 인식·추론·학습하는 인공지능 플랫폼으로 구축하고, 이를 스마트가전, 모바일, TV, 자동차부품, 로봇 등의 사업에 적용한다. '로봇 선행연구소'는 지능형 로봇의 선행 기술을 개발한다.

LG디스플레이는 2017년, 5조 원 중후반대의 투자를 통해 OLED로의 사업구조 전환을 본격화하고, 전체 투자의 약 70%를 대형 OLED와 POLED의 신기술 개발 및 설비 등에 집중했다. 이를 통해 LG디스플레이의 대형 OLED의 월 생산량은 기존 3만 4,000장에서 6만장으로 확대되며, POLED 패널 양산도 3분기부터 본격적으로 시작되었다.

LG CNS는 AI 빅데이터 사업에 본격 진출하기 위해 기존 빅데이터 사업 조직 규모를 확대했다. 이미지, 음성인식, 동작인식 분야에서 인공지능 원천 기술을 확보하고, 차별화한 AI 빅데이터 플랫폼을 구축하기 위해 2017년 4월 기존 빅데이터 사업 조직을 'AI 빅데이터 사업담당'으로 개편했다. 2017년 당시, 200명 수준인 AI 빅데이터 조직 인력을 국내외 딥러닝 전문가를 채용하는 등 2018년까지 400명으로 2배 확대했다.

이처럼 LG는 4차 산업혁명 시대에 발맞춰 관련 분야에 대한 기술개발과 투자에 박차를 가하며, 글로벌 경쟁력을 확보하기 위해 노력하고 있다. 전통적인 가전제품 명가인 LG는 이러한 정보통신기술에 대한 기술력이 보완된다면 글로벌 시장에서의 경쟁력을 확보할 수 있을 것이라는 생각이었다. 즉, LG전자의 뛰어난 하드웨어 제품에 뛰어난 소프트웨어 기술이 융합된다면, 시장에서 충분한 경쟁우

그림 8 **2021년~22년 LG전자 실적 추이**

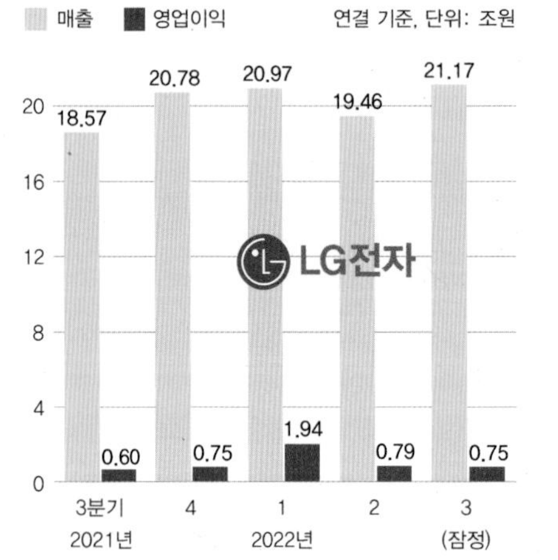

■ 매출 ■ 영업이익   연결 기준, 단위: 조원

- 18.57 (3분기 2021년)
- 20.78 (4 2021년)
- 20.97 (1 2022년)
- 19.46 (2 2022년)
- 21.17 (3 (잠정))

- 0.60 (3분기 2021년)
- 0.75 (4 2021년)
- 1.94 (1 2022년)
- 0.79 (2 2022년)
- 0.75 (3 (잠정))

출처: 금융감독원 전자공시시스템, 연합뉴스

위를 확보할 수 있다는 전략인 것이다. 이러한 계획에 부합했던 파트너가 바로 구글이었고, AI가 4차 산업혁명 시대의 중심이 되고 있는 가운데 글로벌 IT 무대를 아우르고 있는 구글과의 협업을 선택한 것이다. 앞서 설명했듯 LG는 인공지능을 자체적으로 개발해 플랫폼 시장에 진출하는 방법 대신에 구글과 삼성 사이의 벌어진 틈을 공략해, 구글과 손을 잡는 것을 선택했다. 기약되지 않은 미래에 막대한 비용을 쏟아붓는 것보다 하드웨어 부문에 충실하겠다는 '선택과 집중' 전략인 셈이다. 2021년 LG전자의 매출은 18조에서 21조로 성장하였고, 영업이익은 6천억 원에서 7천 5백억 원으로 증가했다.

2.3 구글과 LG전자의 전략적 제휴 과정

2007년 3월 28일, LG전자와 글로벌 검색기업인 구글이 전략적 제휴를 체결해 세간의 관심을 끌었다. 국내 전자회사와의 계약 체결은 지난 삼성전자와 구글의 제휴 체결에 이어 두 번째였다. LG전자는 계약에 따라 '구글 서치Search', '구글 맵Map', '지메일Gmail' 등 구글의 기본 서비스가 가능하며, 세계 최대 블로그 사이트인 '블로거닷컴Blogger.com'에 사진 업로드와 다운로드가 가능한 구글 서비스 탑재 휴대폰을 출시했다.

또한 LG전자는 2007년 4월 북미, 유럽, 아시아 등을 시작으로 구글 서비스 탑재 휴대폰을 출시했으며, 같은 해, 10여 개 이상의 제품에 구글 서비스를 탑재했다. 이러한 구글 서비스 탑재 휴대폰들은 구글 아이콘이 따로 있어서 단 한 번의 클릭으로 간편하게 이메일을 확인할 수 있고, 검색창을 통해 쉽고 빠르게 정보를 검색하는 등 다양하고 편리한 모바일 서비스를 제공하게 되었다.

한편, LG전자와 구글은 제휴를 통해 향후 LG－구글 휴대폰 마케팅에도 공조하였으며, 미래 디지털 홈 환경을 창출하기 위해서도 지속적으로 협력하였다. 이에 대해, LG전자 MC사업본부 상품기획팀 배원복 상무는 "이번 구글과의 전략적 제휴는 이용자 참여 중심의 인터넷 환경인 '웹 2.0' 시대를 대비한 휴대폰 제조업체와 인터넷 서비스업체의 필연적인 만남"이라고 평가하고, "LG전자는 획기적인 인터넷 기능을 휴대폰에 지속적으로 적용, 전 세계 LG휴대폰 고객들에게 차별화된 모바일 인터넷 경험을 제공할 것"이라고 밝힌 바 있다.

구글의 모바일 제품 총책임자 딥 니샤Deep Nishar는 제휴 당시 "전 세계 사용자들은 이제 구글의 검색엔진과 이메일 프로그램을 사용해 정보에 접근할 수 있는 옵션이 더 많아졌고 블로거와 같은 애플리케이션으로 사용자들은 전 세계 어디서나 자신들을 자유롭게 표현할 수 있게 된다"고 밝혔다.

LG전자는 2021년 하반기 구글 클라우드 게임 스타디아를 최신 웹OS 스마트TV에 적용하겠다는 구글과의 파트너십 계획을 밝히면서 웹OS를 통해 스타디아 게임을 지원하는 첫 TV 제조사가 될 것이라고 밝혔다. LG 스마트TV는 안드로이드TV가 아닌 자체 운영체제인 웹OS를 사용하는 것으로 알려져 있어 앱 개발자들이 LG 스마트TV의 특정 버전을 배포해야 한다. LG가 최신 웹OS 스마트TV에 스타디아를 적용한다고 밝힌 것은 게이머들이 LG 프리미엄 TV의 뛰어난 경험과 구글 클라우드 게임을 동시에 즐길 수 있다는 의미다.

LG는 2021년 하반기, LG 스마트TV에서 스타디아가 있는 국가와 지역의 LG 콘텐츠 스토어에서 앱을 내려받을 수 있는 서비스를 선보일 것이다.

구글 클라우드 게임 스타디아는 이미 130여 종의 게임을 서비스하고 있으며, 정기적으로 더 많은 게임을 추가하며, 이용자는 게임을 따로 구매하거나 스타디아 프로 구독을 통해 무료로 게임을 즐길 수 있다.

2022년에 LG CNS 대표이사 김영섭 사장과 구글 클라우드 토마스 쿠리안Thomas Kurian CEO는 미국 캘리포니아주 서니베일Sunnyvale에 위치한 구글 클라우드 본사에서 DX를 위한 업무협약 'DTPDigital Transformation Partnership'를 체결했다. 구글 클라우드가 국내 기업과 디지털 전환을 위한 협약을 체결한 것은 이번이 최초다.

LG CNS는 이번 파트너십을 기반으로 ① 국내 엔터프라이즈 AI1 시장 선점, ② 클라우드 AMApplication Modernization, 애플리케이션 현대화, ③ TXTotal Experience, 총체적 경험 혁신 등 사업을 추진한다.

LG CNS는 우선 국내 엔터프라이즈 AI 시장 리더십 확보에 적극 나선다. 주요 추진과제는 공급망 혁신, 품질 향상, 운영 자동화 등 제조 현장 대상의 AI기술 상용화다. 이를 위해 LG CNS는 AI기술 역량과 구글 클라우드의 AI/머신러닝 서비스를 기반으로 혁신 사례를 발굴, 확산해 나갈 계획이다. LG CNS는 AI 기반의 클라

그림 9 LG 씽큐 허브

출처: 데일리한국(https://daily.hankooki.com)

우드 AM 사업에도 적극 나선다. AM은 클라우드 환경에 최적화된 애플리케이션을 구축하는 것으로 업계 최고의 화두다.

LG CNS는 기업 고객의 직원경험 혁신을 위해 AI가 접목된 구글 워크스페이스를 단계적으로 적용, 확산하기로 했다. 구글 워크스페이스는 사용자가 언제 어디서나 모든 기기에서 업무할 수 있는 환경을 제공하는 클라우드 기반 스마트 워크 솔루션이다. 구글 워크스페이스가 적용되면 일하는 방식 및 조직문화 혁신을 통해 업무 효율성 향상이 가능할 전망이다. 이 밖에도 LG CNS는 스마트 시티, 스마트 팩토리 분야에서도 AI, 빅데이터, 에지컴퓨팅 등 DX 기술 협력을 구글 클라우드와 추진할 예정이다.

이 외에 LG전자, '구글 어시스턴트'로 AI 개방형 전략 속도를 낸다. '구글 어시스턴트'를 통해 한국어로 주요 가전제품을 연동한다. 구글이 인공지능 스피커 '구글 홈'을 국내에 출시하는 것에 맞춰 한국어 연동 서비스 준비한다. LG전자 인공지능 스피커와 스마트폰에서도 구글 홈과 동일하게 한국어로 LG전자 주요 가전을 편리하게 사용할 수 있게 된다.

LG전자는 미국에서 구글 어시스턴트가 탑재된 인공지능 스피커와 스마트폰에 주요 가전제품을 연동시켰다. 한국, 호주, 캐나다에서 서비스를 시작하는 데 이어 독일, 영국, 프랑스 등 다른 국가로 확대할 예정이다. 고객들은 음성으로 편리하게 제품의 상태를 확인하고 동작을 제어할 수 있으며, LG전자는 연동되는 가전제품을 지속적으로 확대할 예정이다. LG전자 가전은 자체 인공지능 플랫폼을 탑재한

'LG 씽큐 허브'를 비롯해 구글 홈, '아마존 에코', '네이버 클로바' 등 다양한 인공지능 스피커와 연동한다.

2.4 구글과 LG전자의 전략적 제휴 결과

앞에서 세계적인 대기업 구글의 여러 합작사들 중 하나인 한국의 LG전자와의 관계와 그들의 전략적 제휴의 동기와 과정을 살펴보았다. 많은 사람들이 4차 산업혁명 시대가 무엇인지 그 정의에 대해 어렵게 생각하고 낯설게 느낄 수 있지만 대부분의 우리는 이미 4차 산업혁명 시대를 살고 있다. 쉽게 인공 지능과 사물인터넷, 클라우드 컴퓨팅과 빅데이터 등 지능정보기술이 기존 산업과 서비스에 융합된 3D 프린팅과 나노기술들을 예로 들 수 있는데, 이 부문에서 LG전자와 구글의 전략적 제휴가 돋보인다.

구글과 LG의 전략적 제휴 이외에도 2017년 2월, LG전자가 스마트폰과 스마트워치에 구글의 새 인공지능AI과 운영체제OS를 적극 채택하는 등 접점을 대폭 강화하고 나서서, LG전자는 2017년 2월 26일 공개했던 전략 스마트폰 'G6'에 '구글 어시스턴트'를 탑재해 AI 기술을 기반으로 한 대화형 가상 비서서비스를 집중적으로 부각시켰고, 2017년 2월 중 공개 예정이었던 새 스마트워치 'LG워치 스포츠'와 'LG워치 스타일'에 구글의 최신 웨어러블 전용 OS '안드로이드웨어2.0'을 세계 최초로 탑재할 계획이다. LG전자는 2016년 9월에도 스마트폰 V20에 구글의 최신 모바일 OS 안드로이드 7.0 누가를 세계 최초로 탑재하는 등 구글과 전략적으로 협업을 추진해왔다. LG 디스플레이는 구글과의 신제품 개발 등의 제휴를 진행하고 있다고 표명했다.

구글 역시 스마트폰과 VR 세트에 들어가는 OLED 등 디스플레이를 LG 제품으로 채용하는 등 LG와의 협력시스템을 강화해 왔다. 구글은 스마트 카에 필요한 핵심 부품과 완성차 제조 부문에서도 LG그룹과 긴밀히 협력할 것으로 예상된다. LG와 구글의 전략적 파트너십 강화는 향후 글로벌 IT 시장의 화두인 AI, VR, 스마트카 등 다방면에서 양사가 상호 윈원win-win할 수 있는 접점이 많기 때문으로 풀이되며, 다가올 4차 산업혁명 시대에 현명하게 대응하는 방향으로 나아가고 있다고 볼 수 있다.

구글의 ESG 경영

❶ 구글의 ESG 경영

다음은 구글의 ESG 경영에 대해 살펴보고자 한다. 구글은 어떻게 ESG 평가에서 높은 순위를 차지할 수 있었을까?

환경(E): 구글은 최근 데이터 센터 운영을 지속가능성에 초점을 맞추어 '에너지 효율이 높은 시설'로 만든다. 2017년부터 총 전기 사용량을 재생에너지 구매량과 일치시킨 바 있고, 2030년까지 탄소 없는 재생에너지를 100% 사용하겠다는 목표도 빼놓을 수 없는 노력이다.

사회(S): 구글은 고용의 다양성 및 취업 준비 기회를 제공하고 있다. 상술하면 다음과 같다. ① 구글은 조직 전반에 거쳐 전문가 고용을 늘리는데 중점을 두고 있다. ② Apprenticeship program을 통해 체험 학습 및 기술 개발 기회를 제공한다. ③ Career Readiness for Reentry program을 운영하면서 디지털 기술 향상을 위해 무료 온라인 리소스를 제공하고 개인의 취업을 돕기도 한다.

지배구조(G): 구글은 인구 통계 데이터 & 급여 평등 & 다양성, 형평성 및 포용성을 보여주고 있다. 즉, ① 구글은 성별, 인종, 민족 및 직업 범주별로 분류하여 인구통계 데이터를 공개하고 있다. ② DEI[14]를 추진하기 위한 구글의 노력 중에는 성별, 인종, 민족, 연령별 연간 급여에 대한 분석도 포함된다. ③ 구글은 2025년까지 흑인 직원 수를 2배로 늘리고 고위직에서 잘 드러나지 않았던 그룹의 비율을 늘려 대표성을 개선한다는 목표를 가지고 있다.

---

14 DEI는 diversity, equity, and inclusion의 약어로, 다양성, 형평성 그리고 배경, 정체성, 장애 등에 의한 차별 없이 모든 사람의 공정한 대우를 포함·촉진하는 개념이다.

그림 10 구글의 ESG 경영 점수와 지향점

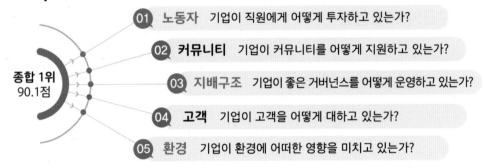

Alphabet Inc.

종합 1위
90.1점

01 **노동자** 기업이 직원에게 어떻게 투자하고 있는가?

02 **커뮤니티** 기업이 커뮤니티를 어떻게 지원하고 있는가?

03 **지배구조** 기업이 좋은 거버넌스를 어떻게 운영하고 있는가?

04 **고객** 기업이 고객을 어떻게 대하고 있는가?

05 **환경** 기업이 환경에 어떠한 영향을 미치고 있는가?

출처: 저스트 캐피털(Just Capital) 홈페이지

② 지속가능성[15]

사례 1: LA에서 한 번에 물이 새는 변기 하나씩 물 절약하기

LA 수력 발전국은 변기 누수로 인해 주의를 기울이지 않아 가구당 연간 평균 10,000갤런의 물이 손실되는 것으로 추정한다. 구글은 센서산업에 소형, 저비용, 저전력 센서 개발을 지원했다. 변기에 설치돼 변기에 물이 새면 센서가 건물 관리 부서에 실시간으로 변기 수리가 필요하다고 알려준다. 태평양 연구소의 추정에 따르면, 이 간단한 개입으로 물, 비용, 에너지를 크게 절약할 수 있었다.

사례 2: 탄소 없는 전력으로의 가속화

구글 에너지 디렉터는 인터넷의 전반적인 사용과 그 사업의 성장에 따라 구글이 사용하는 에너지의 양도 증가하고 있다고 한다. 구글은 2030년까지 전천후 탄소 없는 에너지 운영을 목표로 하고 있다. 구글이 매일 시시각각 인근 지역 전력망에서 구입한 탄소 없는 전력으로 작동한다는 의미이다. 구글은 또 2021년 '24시간

---

15 출처: sustainability.google.

탄소 없는 에너지 계약'24/7 Carbon-free Energy Compact에 가입해 탄소 없는 전력으로의 전환을 가속화하고 있다.

그림 11 탄소중립 2030

Carbon neutral since 2007.
Carbon free by 2030.

출처: sustainability.google

물: 예상되는 연간 640만 갤런의 물 절약은 약 40채의 단독 주택의 연간 총 물 사용량과 맞먹는다. 이러한 절감액은 동일한 공공시설에서 물을 공급받는 다른 고객에게까지 확대되어 물 수요를 줄이고 시스템 전반에 걸쳐 물의 신뢰성과 경제성을 향상시킨다.

비용: 물 절약은 연간 수만 달러에 달하는 동일한 15~25%의 물 및 폐수 비용 절감으로 이어진다. 수도 요금을 지불하는 비영리 건물 운영자는 이러한 절약액을 건물 개선에 사용할 수 있으며, 사실상 절약액을 주민들에게 전가할 수 있다.

에너지: 남부 캘리포니아는 수백 마일 떨어진 곳에서 많은 양의 물을 수입하며, 이 물을 LA 유역을 둘러싼 산 위로 펌핑하여 가정용으로 처리하려면 많은 에너지가 필요하다. 해당 물에 대한 수요를 줄임으로써 이 프로젝트는 물 시스템에 포함된 에너지 및 관련 온실 가스 배출을 줄인다.

사례 3: Nest Renew로 청정에너지 미래 지원

이것은 집에서 손쉽게 청정에너지의 미래를 지원할 수 있는 호환 Nest 서모스탯용 서비스이다. 사용 순위를 보다 청결하거나 저렴한 시간에 자동으로 배정할 수 있도록 도와준다. Energy Shift는 5분마다 전국의 지역 전력망 배출량 예측을 수집한다. 이러한 예측을 사용하여 알고리즘은 가정의 난방 또는 냉방을 더 일찍 또는 더 늦게 자동으로 수행하여 더 깨끗한 에너지를 활용하고 그에 따라 온도 조절기를 자동으로 조정한다. 온도의 매우 작은 변화보통 화씨 1도 미만에서 수행된다. 이러한 변화는 매우 미묘하여 고객이 알아채지 못하고 편안하게 유지되지만, 물론 고객은 서모스탯을 제어하고 언제든지 수동으로 조정할 수 있다. Energy Shift와 같은 기능을 통해 취해진 작은 조치들이 실제로 누적된다. Nest Renew 사용자들이 초기 프리뷰에서 20,000,000시간 이상 청정에너지를 함께 사용할 수 있도록 도와준다.

맺음말

　4차 산업혁명 시기에 경쟁 기업 간 일종의 동맹을 맺게 되면서 발생하게 되는 기술 공유를 통해 모바일 산업의 발전 속도는 소프트웨어와 하드웨어 두 가지 모두 더욱 빨라질 것으로 예상된다. 안드로이드가 해외 모바일 산업을 거의 독점하고 있는 상황이긴 하나, 애플 '아이폰'의 충성고객도 만만치 않아 경쟁이 점차 심화될 것으로 보인다. 애플의 추격에 구글은 다양하고 지속적인 플랫폼 개발을 통해 시장점유율 유지에 힘쓰고 있다. 모바일 운영체제 산업은 국내외를 막론하고 고도의 독과점형 시장 구조를 갖고 있다. 이는 규모의 경제가 요구되는 자본집약적인 장치산업으로서 기술에 대한 지속적인 개발과 다양한 서비스 개발이 필요하고, 전 세계적인 유통망 구축에 거액의 자금이 필요하며, 브랜드가 경쟁의 핵심수단으로써 막대한 마케팅 비용을 수반하는 산업이기 때문이다. 이와 같은 높은 진입장벽으로 인해 신규진입자의 위험 정도는 아주 낮다고 볼 수 있다.

　현재 스마트폰의 특성상 대체제로서 애플의 'iOS' 운영체제가 유일하다고 할 수 있다. 구글의 '안드로이드'와 비교해 점유율이 현저하게 올랐기 때문에 큰 위험은 존재하는 편이다. 'iOS'의 독자적인 시장과 증가하는 충성고객들로 인해 경계할 필요성이 있다. 결과적으로는 크로스 라이선싱을 수행하는 삼성전자와 LG전자 그리고 구글 등 기업들의 전략적 제휴는 특허분쟁을 완화하고, 각 기업의 경쟁력 향상은 물론 안드로이드 생태계 전체의 경쟁력을 증진시킬 것으로 예상된다.

한편, 1998년 설립 이후 구글은 획기적인 ESG 목표 달성에 큰 진전을 이뤘다. 2007년 탄소중립을 달성한 첫 번째 회사가 되었고, 10년 후, 이 회사는 재생 가능 에너지에 연간 전력 사용량을 맞추는 첫 번째 대기업이 된다. '환경과 사회에 대한 책임 있는 방식으로 우리의 사업을 운영하라'는 핵심 가치로 현재도 디지털 전환을 강력하게 추진하고 있어서, 구글은 우리 커뮤니티와 우리 행성을 도와 더욱 지속가능한 세상을 만들 것이다. 전략적 제휴를 통해 상호 생태계를 강화하고, 나아가 전 지구의 생태계와 함께 발전하려는 구글의 전략에 박수를 보낸다.

Assignment Questions

1. 모바일 산업현황을 분석하고, 이에 따른 크로스 라이선싱의 필요성에 대해 설명해보자.

2. 구글과 LG 그리고 삼성전자가 당면한 문제점과 이를 개선하기 위해 체결한 전략적 제휴가 지니는 특성이 무엇인지 논의해보자.

3. 안드로이드 생태계의 유지를 위한 기준을 제시하고, 그 이유를 설명해보자.

4. 구글의 미래 ESG 경영 방향에 대해 논의해보자.

찾아보기

저자 소개

정진섭

정진섭 교수는 현재 충북대학교 경영대학 국제경영학과 교수와 국제교류본부장으로 재직하고 있다. 서강대학교 경영학과를 졸업하고, 서울대학교 경영학 석사를 거쳐, 서울대학교에서 경영전략/국제경영으로 경영학 박사학위를 받았다. 이후, KOTRA(대한무역투자진흥공사), 산업정책연구원(IPS), 전략경영연구소, 성균관대학교 등에 재직하였다.

2023년 한국기업경영학회 회장을 비롯하여, 한국경영학회, 한국무역학회, 한국국제경영학회, 한국컨설팅학회 등에서 부회장으로 활동하고 있다.

이 밖에 대외적으로, 기획재정부의 공기업경영평가단 평가위원, 국무총리 산하의 경제·인문사회연구회의 평가위원, 충청북도 투자유치 위원, 충청남도 투자유치위원회 위원, 황해경제자유구역청 투자유치 자문위원, 기타 정부기관 평가위원, 공무원 투자유치부문 강사 등으로 활동하고 있다.

학술활동으로는 Sustainability, Kritika Kultura, Journal of Korea Trade, International Journal of Applied Business and Economic Research 등 A&HCI, SSCI, SCOPUS급 해외저널에 다수의 논문을 게재했으며, 국제경영연구, 전략경영연구, 기업경영연구, 국제경영리뷰, 컨설팅경영연구 등 한국연구재단 학술지에 약 110여 편의 논문을 실었으며, 2021년에는 충북대의 영예로운 학자에게 수여되는 'CBNU Galaxia'를 수상하였다.

한편, 지속가능경영 종합시책, Invest KOREA 중장기 전략, 아제르바이잔 외국인직접투자 활성화전략수립, 인도 및 이란의 Knowledge Sharing Program, G2G 기술교류(인도, 이란), FTA 및 TPP 관련 프로젝트, 중소기업 R&D 관련 프로젝트, NCS 관련 프로젝트, 무역 및 수출 관련 프로젝트 등 다수의 국내외 프로젝트를 수행하였다.

주요 전공분야는 국제경영(무역, 해외직접투자, 문화), ESG 경영, 4차 산업혁명, 기업의 사회적 책임, 협상 등이다.

제 2 판

Paradigm Shift를 위한 4차 산업혁명 시대의 경영사례 I

초판발행   2019년 2월 11일
제2판발행   2023년 3월 6일

지은이   정진섭
펴낸이   안종만·안상준

편 집   김민조
기획/마케팅   김한유
표지디자인   우윤희
제 작   고철민·조영환

펴낸곳   (주) **박영사**
             서울특별시 금천구 가산디지털2로 53, 210호(가산동, 한라시그마밸리)
             등록 1959. 3. 11. 제300-1959-1호(倫)
전 화   02)733-6771
f a x   02)736-4818
e-mail   pys@pybook.co.kr
homepage   www.pybook.co.kr
ISBN   979-11-303-1713-7   93320

copyright©정진섭, 2023, Printed in Korea

* 파본은 구입하신 곳에서 교환해 드립니다. 본서의 무단복제행위를 금합니다.
* 저자와 협의하여 인지첩부를 생략합니다.

정 가   30,000원